高职高专"十二五"规划教材

汽·车·系·列

汽车营销理论与实务

林 凤 汪海红 主 编

王斯斯 王 梅 邵建华 副主编

化学工业出版社

·北 京·

本教材针对职业教育自身的特点以及职业教育中“工学结合”、“能力本位”要求的规定，系统地阐述了汽车营销的内容，全书共分为6个项目，内容包括：汽车营销认知、汽车市场机会分析、汽车营销战略规划、汽车营销组合策略、汽车营销策划和汽车销售实务。此外，本书还精选了部分汽车营销案例来说明汽车营销理论和方法的应用，以提高学生的汽车营销能力。在每个项目后还附有能力训练题和其他思考练习题，以供学生检查学习情况。

本书可作为高等职业院校汽车营销、汽车检测与维修专业的教材使用，也可供从事汽车营销工作的人员培训或学习参考使用。

图书在版编目（CIP）数据

汽车营销理论与实务/林凤，汪海红主编．—北京：化学工业出版社，2013.7

高职高专“十二五”规划教材——汽车系列

ISBN 978-7-122-17626-4

Ⅰ.①汽… Ⅱ.①林…②汪… Ⅲ.①汽车-市场营销学-高等职业教育-教材 Ⅳ.①F766

中国版本图书馆CIP数据核字（2013）第129463号

责任编辑：韩庆利　　文字编辑：杨　帆
责任校对：蒋　宇　　装帧设计：尹琳琳

出版发行：化学工业出版社（北京市东城区青年湖南街13号　邮政编码100011）
印　　刷：北京云浩印刷有限责任公司
装　　订：三河市宇新装订厂
787mm×1092mm　1/16　印张14¼　字数360千字　2013年8月北京第1版第1次印刷

购书咨询：010-64518888（传真：010-64519686）　售后服务：010-64518899
网　　址：http://www.cip.com.cn
凡购买本书，如有缺损质量问题，本社销售中心负责调换。

定　　价：29.00元

前　言

随着汽车工业超高速的发展，我国已成为世界第一汽车生产大国，我国汽车工业发展取得了举世瞩目的成就。由于汽车行业的发展，汽车营销人员需求缺口巨大，其人才培养是高职高专教育的一个重点。在此情况下，我们编写了《汽车营销理论与实务》一书。

教材在编写过程中，贯彻“基础理论教学要以应用为目的，以必需、够用为度，以掌握概念、强化应用、培养技能为教学重点”的原则，突出应用能力和综合素质的培养，充分反映了高职高专特色。

本书注重理论与实践相结合，主要介绍汽车营销的基本理论和实务操作，共分以下6个项目：汽车营销认知、汽车市场分析、汽车营销战略规划、汽车营销组合策略、汽车营销策划和汽车销售实务。

《汽车营销理论与实务》可作为高职学校汽车类专业的教学用书，也可作为从事汽车市场开发、营销网络建设、汽车销售等工作的相关从业人员学习、培训参考用书。

本书由林凤、汪海红主编，王斯斯、王梅、邵建华副主编。参编人员有刘金霞、刘玉静和郭毓松。广东机电职业技术学院的林凤老师编写了汽车市场调查分析、汽车用户购买行为分析、汽车目标市场营销战略和汽车分销策略；辽宁职业学院的汪海红老师编写了汽车销售实务；广东轻工职业技术学院的王斯斯老师编写了认识市场营销、认识汽车营销和汽车市场发展战略；广东白云职业技术学院的王梅老师编写了汽车促销策略和汽车营销策划；广东机电职业技术学院的邵建华老师编写了汽车市场营销环境分析、认识汽车营销战略和汽车企业竞争战略；广东机电职业技术学院的刘玉静老师编写了汽车产品策略；广东机电职业技术学院的刘金霞老师编写了汽车价格策略。广州沙河丰田原销售经理郭毓松负责提供相关案例资料和编写相关能力训练题。

本书有配套电子课件，可赠送给用本书作为授课教材的院校和老师，如有需要，可发邮件到 hqlbook@126.com 索取。

由于时间仓促和水平所限，书中不当之处在所难免，恳请读者及有关专家批评指正。

编者

目　录

项目一　汽车营销认知 …… 001

任务一　认识市场营销 …… 002

一、市场营销学的形成与发展 …… 002

二、市场营销基本内涵及核心概念 …… 003

任务二　认识汽车营销 …… 014

一、汽车及汽车工业 …… 014

二、市场营销相关理论 …… 022

项目小结 …… 023

思考与练习 …… 024

项目二　汽车市场机会分析 …… 025

任务一　汽车市场营销环境 …… 025

一、汽车市场营销环境分析 …… 026

二、汽车市场宏观环境分析 …… 029

三、汽车市场营销微观环境 …… 037

四、汽车企业适应营销环境变化的策略 …… 039

任务二　汽车市场调查分析 …… 040

一、汽车市场调查内涵 …… 041

二、汽车市场调查的基本内容 …… 043

三、汽车市场调查的类型 …… 044

四、汽车市场调查的基本步骤 …… 045

五、汽车市场调查的方法 …… 048

六、汽车市场调查的技术 …… 051

任务三　汽车市场购买行为分析 …… 054

一、市场的分类和汽车用户的类型 …… 056

二、汽车消费者市场的购买行为分析 …… 057

三、组织购车用户的购买行为 …… 067

项目小结 …… 073

思考与练习 …… 073

项目三　汽车营销战略规划 …… 075

任务一　认识汽车营销战略 …… 075

一、认识营销战略 …… 076

二、汽车营销战略规划内容 …… 079

任务二　汽车市场竞争战略 …… 081

一、划分市场竞争地位 …… 082

二、确定竞争者 …… 086

三、市场竞争战略 …… 088
任务三　汽车市场发展战略 …… 091
一、什么是市场发展战略 …… 093
二、市场发展战略的类型 …… 094
三、市场发展战略的实施 …… 096
任务四　汽车目标市场营销战略 …… 099
一、汽车市场细分 …… 099
二、汽车目标市场选择 …… 104
三、汽车市场定位 …… 108
项目小结 …… 112
思考与练习 …… 113
项目四　汽车营销组合策略 …… 115
任务一　汽车产品策略 …… 115
一、汽车产品整体概念 …… 116
二、汽车产品生命周期 …… 118
三、汽车品牌策略 …… 121
四、汽车产品组合策略 …… 125
任务二　汽车价格策略 …… 127
一、汽车价格制订方法 …… 128
二、汽车新产品定价策略 …… 132
三、汽车产品组合定价策略 …… 134
四、汽车产品价格调整策略 …… 135
任务三　汽车分销策略 …… 139
一、汽车分销渠道策略的含义和作用 …… 141
二、分销渠道的类型 …… 142
三、国外汽车营销渠道模式现状 …… 143
四、汽车分销渠道模式的表现形式 …… 144
五、汽车营销渠道的设计和实施 …… 147
任务四　汽车促销策略 …… 151
一、汽车促销组合 …… 152
二、人员推销 …… 155
三、广告 …… 160
四、营业推广 …… 166
五、公共关系 …… 169
项目小结 …… 172
思考与练习 …… 173
项目五　汽车营销策划 …… 175
任务一　认识汽车营销策划 …… 176
一、营销策划的含义 …… 176
二、营销策划的过程 …… 178
三、营销策划的原则 …… 180

任务二　营销策划书的撰写 …… 181
一、营销策划书的撰写步骤 …… 181
二、营销策划书的必备项目 …… 182
项目小结 …… 182
思考与练习 …… 183
项目六　汽车销售实务 …… 186
任务一　汽车销售礼仪 …… 186
一、汽车销售顾问服装 …… 187
二、汽车销售员展厅礼仪 …… 189
三、汽车销售顾问标准姿势 …… 193
四、汽车销售基本话术 …… 193
任务二　汽车销售流程 …… 195
一、客户开发 …… 196
二、展厅接待 …… 197
三、需求分析 …… 200
四、商品说明 …… 201
五、试乘试驾 …… 204
六、报价签约 …… 209
七、交车过程 …… 214
八、售后跟踪 …… 217
项目小结 …… 218
思考题与练习 …… 218
参考文献 …… 220

项目一 汽车营销认知

【项目目标】

1. 知识目标

(1) 了解市场营销形成与发展的过程。

(2) 掌握汽车营销的内涵和核心概念，以及相关理论。

(3) 了解市场营销理念演变发展的过程。

(4) 了解汽车的分类。

2. 能力目标

(1) 能分析和确定某汽车企业的市场营销观念。

(2) 能结合中外汽车工业发展历程正确看待中国汽车业的发展现状。

【案例导入】

老福特的成功与悲哀

在世界汽车工业的发展史上，亨利·福特（Henry Ford，1863～1947年）是一位叱咤风云的大人物，他对人类的贡献不仅在于他发明的汽车生产流水线使得寻常百姓买得起汽车，更在于他的生产实践推动了人们对生产方式和管理科学的研究，使管理从经验走向了科学。然而就是这样一位在历史上抹不去的世界级人物也只能辉煌一时，未能辉煌一世。福特和他的汽车王国到底发生了一些什么呢？

亨利·福特于1903年创办了以自己名字命名的福特汽车公司，第一批福特汽车因实用、优质和价格合理，生意一开始就非常兴隆。1906年福特汽车公司开始面向富有阶层推出豪华汽车，结果使得普通大众都买不起，福特车的销售量直线下降。1907年福特总结了过去的经验教训，及时调整了经营指导思想和经营战略，实行“薄利多销”策略，于是销售量又魔术般回升。1908年，福特按照当时大众（尤其是农场主）的需要，做出了明智的战略性决策：从此致力于生产规格统一、品种单一、价格低廉、大众需要而且买得起的“T型车”，并且在实行产品标准化的基础上组织大规模生产，每辆售价850美元，一年便售出10600辆。此后10余年，由于福特车适销对路，销售量迅速增加，产品供不应求，福特在商业上获得了巨大成功，产销量最高一年达100万辆，到1925年10月30日，福特汽车公司一天就能造出9109辆“T型车”，平均每30秒钟生产一辆。在20世纪20年代前期的几年中，福特汽车公司的纯收入竟高达5亿美元，成为当时世界上最大的汽车公司。

到20世纪20年代中期，随着美国经济增长和人们收入、生活水平的提高，社会环境形势发生了变化。公路四通八达，路面大大改善。马车时代坎坷、泥泞的路面已经消失，消费者也开始追求时髦。此时，简陋而千篇一律的“T型车”虽价廉，但以不能招徕顾客，因此福特“T型车”销量又一次开始下降。

面对现实，福特仍自以为是，一意孤行，置顾客需求的变化于不顾，诚如他宣称：“无论你需要什么颜色的汽车，我福特只有黑色的（卖给你）。”1922 年，他在公司推销员全国年会上听到关于“T 型车”需要根本改进的呼吁后，静坐了两个小时，然后说：“先生们，根据我的经验，福特车的唯一缺点是我们生产得还不够快。”就在福特固守他那种陈旧观念和廉价战略的时候，通用汽车公司却时时刻刻注视着市场的动向，并逐渐发现了良机，当通用汽车公司意识到有机可乘，及时地做出了适当的战略性决策：适应市场需要，坚持不断创新，增加一些新的颜色和款式的汽车上市。于是“雪佛兰”车开始排挤“T 型车”。1926 年“T 型车”销量陡降。到 1927 年 5 月，福特不得不停止生产“T 型车”并进行改产。此次改产，福特汽车公司不仅耗费 1 亿美元，而且这期间通用汽车公司乘虚而入，占领了福特的大量市场份额，致使福特汽车公司的生意陷入低谷。后来，福特汽车公司虽力挽狂澜，走出了困境，但也从此失去了车坛霸主地位，让通用汽车公司占据了车坛首席宝座。

【分析与讨论】

1. 试讨论老福特的成功与悲哀到底在哪里？

2. 此案例给了我们哪些启迪？

任务一　认识市场营销

一、市场营销学的形成与发展

市场营销学 20 世纪初期产生于美国。随着社会经济及市场经济的发展，市场营销学发生了根本性的变化，从传统市场营销学演变为现代市场营销学，其应用从盈利组织扩展到非盈利组织，从国内扩展到国外。当今，市场营销学已成为同企业管理相结合，并同经济学、行为科学、人类学、数学等学科相结合的应用边缘管理学科。西方市场营销学的产生与发展同商品经济的发展、企业经营哲学的演变是密切相关的。美国市场营销学自 20 世纪初诞生以来，其发展经历了四个阶段。

1. 产生阶段

19 世纪末到 20 世纪初，世界上主要的资本主义国家相继完成工业革命，并从自有资本主义过渡到了垄断资本主义。由于科学技术的不断进步，生产方式发生了根本性变化，生产效率大大提高，导致生产能力的增长超过了市场需求的增长，企业之间的竞争日益激烈，最终使得市场上商品销售遇到了困难。一些企业为了增加销售，开始注意推销术和广告术，以刺激需求。一些经济学者根据经济环境的变化和企业销售实践活动的需要，开始研究商品销售的问题，探索营销活动的规律。

1902 年，美国加利福尼亚大学、密执安大学和伊利诺斯大学经济系正式设置了市场营销课程。1912 年，美国哈佛大学的哈格蒂（J. E. Hegerty）编写了第一本以市场营销学命名的教科书，全面论述了有关推销、分销、广告等方面的问题，它标志着市场营销学的产生和创立。但其创立初期，研究内容比较狭隘，仅限于广告推销，研究活动基本局限在商学院校里，所以没有引起社会的足够重视。

2. 形成阶段

1929 年至 1931 年，资本主义世界爆发了经济危机，生产严重过剩，商品销售困难，企业大量倒闭，市场需求大大下降，各个公司面临着如何把商品销售出去的重大问题。一些市场营销学学者为解决企业的市场和销售问题，开始研究市场调查、预测、消费需求分析及需求刺激，市场营销理论也逐渐受到社会和企业界的重视，市场营销理论的研究组织相继成立。突出的标志是1937年在美国成立了全国性的市场营销协会（AMA）。研究组织的建立，促进了市场营销理论走向社会，大大推动了市场营销学的应用和发展。但在这个时期，市场营销理论的研究仍局限于商品推销方法和广告技巧，以及推销商品的组织和策略等，并没有超越商品流通范围。

3. 成长阶段

20世纪50年代，第二次世界大战结束后，随着前苏联等社会主义阵营形成，各国民族独立解放运动兴起，资本主义国家的国际市场范围大大缩减。为了获得国际市场，企业间展开了激烈的竞争。同时，美国开始从军事工业转向民用工业，使民用工业的生产能力大大提高，加上科学技术的进步和发展，劳动生产率大幅度提高，商品数量急剧增加，商品类别也日新月异。随着战后人民收入水平和生活水平的迅速提高，消费需求和欲望也发生了根本性变化，消费者对商品的需求由量变转换为了质变，使得市场上商品普遍供过于求，逐渐由卖方市场转变为买方市场。此时，旧的市场营销理论把市场作为生产过程的终点，注重为生产出来的商品进行广告宣传和推销的销售观念已不适应形势发展的需求。市场不仅是生产过程的终点，而且应该成为生产过程的起点，即在生产之前，就必须进行市场调查，研究顾客的需求和欲望，以消费者为中心，组织企业的生产和销售活动，通过生产顾客所需的产品，满足顾客的需求和利益，从而使企业获取利润。这一新观念的提出，使市场营销理论有了一个质的飞跃：超越了商品流通范围，涉及生产、分配、交换和消费的总循环过程；深入到生产领域和消费领域，渗透到了企业的生产经营活动之中，与企业的经营管理密切结合。市场营销理论这一基本观念的变革，被西方学者称为是一次革命。

4. 成熟阶段

进入20世纪70年代，市场营销学的发展又进入了一个新的阶段，它进一步与经济学、社会学、心理学、行为学、数学、公共关系学等学科密切结合，市场营销学的理论与方法日臻完善。其原理不仅广泛应用于企、事业单位和行政机构，而且逐渐应用于微观、中观、宏观三个层次上，涉及社会经济生活的各个方面。同时，市场营销学的研究内容更为广泛，进一步向前发展，原来综合性的内容，现在逐渐形成了一个个分支，如市场调研、市场预测、广告学、消费者心理学等。并提出了许多新概念和新思想，如战略营销、数据库营销、营销网络和全球营销等。20世纪80年代营销大师科特勒提出了著名的“大市场营销”理论。

20世纪90年代以来，关于市场营销、政治市场营销、市场营销决策支持系统、市场营销专家系统等新的理论与实践开始引起学术界和企业界的广泛关注。

二、市场营销基本内涵及核心概念

（一）市场营销的基本内涵

关于市场营销，国内外营销学者和专家有许多不同的解释和定义，其中最具代表性的定义有三种：

① 美国市场营销学会（American Marketing Association，简称AMA）定义委员会将市场营销定义为：引导商品与劳务从生产者流向消费者或使用者的一切商业活动过程。

② 美国著名市场营销学专家理查德·黑斯（R. J. Hise）等人的定义是：市场营销是确定需求并使提供的产品和服务能满足这些需求。

③ 美国著名市场营销学专家菲利普·科特勒（Philip Kotler）所作的定义是：市场营销是个人和群众通过创造产品和价值并同他人进行交换以获得所需和所求的一种社会和管理过程。

上述三种定义具有以下五个方面的共同特点与丰富的内涵：

① 强调任何现代化市场所进行的市场营销活动必须以“顾客和市场”为导向。

② 市场营销活动以最大限度地满足消费者的各种需求和欲望为目的，而非以赚取最大利润为目的，赚取利润仅仅是满足消费者的副产品，而非营销活动的唯一目的。

③ 强调通过组织内外的协调，并以营销活功实现其目的。即市场营销活动不仅是企业中营销部门的职责，还是整个组织内上下一致的自觉行为。企业在向消费者进行促销活动之前，必须首先做好企业内部的营销工作，以雇佣和培训员工为顾客提供优质服务。

④ 强调交换是市场营销的核心，只有通过交换才能实现双方共赢的目的。

⑤ 强调市场营销不仅仅局限于营利组织的经营管理活动，也包括非营利组织的经营管理活动，诸如政府机构与医院等。

三种对市场营销定义的不同点在于，前两种定义仅仅是把市场营销局限在流通领域，从而容易产生市场营销与推销的混用；而菲利普·科特勒的定义则把市场营销贯穿于生产与消费的全过程，突出了市场营销的真正内涵。

综上所述，将市场营销的定义归纳为：市场营销是一种从市场需要出发的管理过程。其核心思想是交换，是一种买卖双方互利的交换，即卖方按买方的需要提供产品或劳务，使买方得到满足；而买方则付出相应的报酬，使卖方也得到回报和实现企业目标，双方各得其所。

（二）市场营销的核心概念

市场营销的核心概念包括；需要、欲望与需求；产品、交换、交易与关系；效用、价值和满意；市场，市场营销者和顾客等。图 1-1 显示了它们之间的关系。

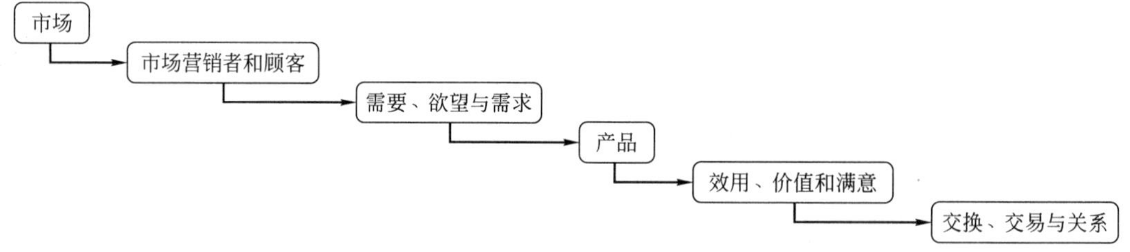

图 1-1　市场营销的核心概念

1. 需要、欲望与需求

需要、欲望与需求都有“想得到”的意思，但三者又有一定的区别。

人类的需要与欲望是市场营销活动的出发点。需要是没有得到某些基本满足的感受状态，欲望是想得到能满足基本需要的具体满足物的愿望。马斯洛将人类的需要概括为生理的需要、安全的需要、归属的需要、被尊重的需要和自我实现的需要。需要具有稳定、有限的特点，而欲望却是丰富的，它与无数的产品相联系。行为学家认为，人们感受到的最匮乏的需要，一般就是产生其行为的根本原因。因此，研究人们的需要与欲望，并设法通过恰当的产品满足这种需要与欲望，对市场营销是非常重要的。

对于企业或其他组织形式的市场主体，需要与欲望的含义和个人需要与欲望稍有差别。这时的需要与欲望带有一种集合的含义，它表示组织整体的或占有主导的需要与欲望。组织需要与个人需要的内容有所不同。如汽车销售企业有获得利润的需要，有低价购进零部件产品降低成本的欲望。组织需要与欲望的形式，主要受到组织的环境、组织文化和组织主要领导人的影响。研究组织需要与欲望，也是市场营销的起点，但对组织需要与欲望的研究要从更广泛的角度入手。忽视组织需要与欲望的研究，或将组织需要与欲望等同于个人需要与欲望，是不恰当的。

需求是经济学的概念，是指有支付能力和愿意购买某种物品的欲望。可见，消费者的欲望在有购买力做基础时就变成为需求。例如，许多人想购买奥迪牌轿车，但只有具有支付能力的人才能购买。因此，市场营销者不仅要了解有多少消费者欲求其产品，还要了解他们是否有能力购买。只有当人们对某种产品有欲望并有支付能力时，才称之为有需求；仅有欲望而没有购买能力或者反之，则称之为没有需求。但应注意的是，现在没有需求并不等于将来没有需求。在市场营销中，通常将暂时没有购买力或购买欲望不强的情况，称为潜在需求。

需要是没有得到某些基本满足物的感受状态，欲望是想得到能满足基本需要的具体满足物的愿望，而需求是对于有能力购买并且愿意购买的某个具体产品的欲望。人们为了出行方便、快捷，可以买车也可以乘公交车或出租车，出行需要可用不同方式来满足。需要是有限的，但其欲望却很多。当具有购买能力时，欲望便转化为需求。市场营销者并不创造需要，需要早就存在于市场营销活动出现之前；市场营销者，连同社会上的其他因素，只是影响了人们的欲望，并试图向人们指出何种特定产品可以满足其特定需要，进而通过使产品富有吸引力、适应消费者的支付能力且使之容易得到来影响需求。

2. 产品

产品是指能够用以满足人类某种需要或欲望的任何有形与无形的东西。

产品包括有形与无形的、可触摸的和不可触摸的。有形产品是为顾客提供服务的载体，无形产品或服务是通过其他载体，诸如人、地、活动、组织和观念等来提供的，如汽车维修服务就是由汽车修理厂（组织）提供的。实体产品的重要性不在于拥有它们，而在于使用它们来满足人们的欲望。人们购买汽车不是为了观赏，而是因为它可以提供交通便利。因此，实体产品实际是传递服务的工具。市场营销者的任务，是向市场展示产品实体中所包含的利益或服务，而不能仅限于描述产品的形貌。否则，企业将出现“市场营销近视”的情况，即在市场营销管理中缺乏远见，只看见自己的产品质量好，看不见市场需求在变化，最终使企业经营陷入困境。

3. 效用、价值和满意

效用和价值为消费者选择产品提供标准和依据。效用是消费者对满足其需要的产品的全部效能的估价，是指产品满足人们欲望的能力。效用实际上是一个人的自我心理感受，它来自人的主观评价。

例如，消费者在购买汽车时，可以选择奔驰、宝马等高档豪华车，也可以选择捷达、普桑等中低档车，这些可供选择的产品构成了产品的选择组合。但不同消费者又有不同的需求，即速度、安全、舒适及成本，这些构成了消费者的需求组合。每一位消费者都会从中选择出最接近自己理想产品的产品，它对顾客效用最大，于是不同的消费者便会作出不同的选择。

消费者选择所需的产品时，除效用因素外，产品价格高低亦是因素之一。如果消费者追求效用最大化，他就不会简单地只看产品表面价格的高低，而会看每 1 元钱所能产生的最大效用。这就涉及价值的概念。

顾客价值是指顾客期望从某一特定产品或服务中获取的一系列利益构成的总价值。顾客让渡价值则是指顾客总价值与其为获取这些价值所付出的顾客总成本之间的差额。如图 1-2 所示，当顾客总价值大于顾客总成本时，顾客便会感觉“物有所值”；反之，顾客便会觉得不“划算”。

顾客总价值包含四个方面的价值，即产品价值、服务价值、人员价值和形象价值。

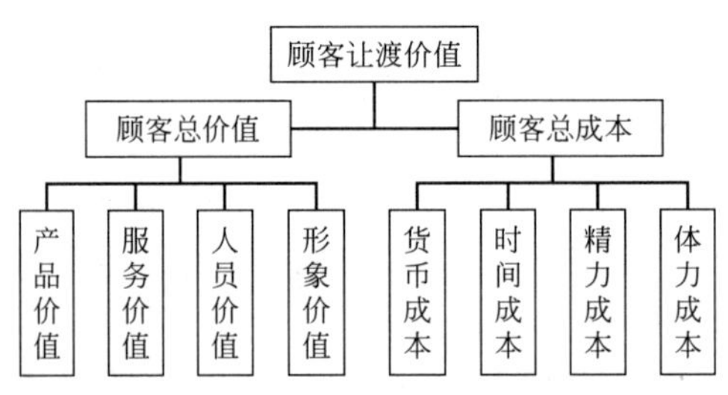

图 1-2　顾客价值与顾客让渡价值

① 产品价值指产品自身的功能、可靠性和耐用性等方面。

② 服务价值指顾客购买产品时所获得的培训、安装和售后维修等方面的服务。

③ 人员价值指顾客购买产品时与营销人员建立良好的合作关系，并能够及时获得营销人员的帮助。

④ 形象价值指顾客购买产品后，受到他人的尊敬与赞美，从而提高自己的社会地位的价值。

为获得上述价值所支付的顾客总成本则包括货币成本、时间成本、精力成本和体力成本。

① 货币成本指顾客为获得产品或服务而支付的价款。

② 时间成本指顾客在选购产品及购买产品之后学习使用产品所要花费的时间，或是为了等候服务而耗费的时间。

③ 精力成本指顾客为学习使用或安全维护产品所付出的精力。

④ 体力成本指顾客为使用、维护产品所付出的体力。

顾客价值观念认为，顾客购买产品所获得的不仅仅是产品的功能和质量，而顾客购买时所付出的也不仅仅是购买价款。顾客购买产品时的选择过程是顾客追求最大让渡价值的过程，企业只有能够提供比竞争对手更大的顾客让渡价值，才能够吸引并留住顾客。因此，营销人员应尽力通过增加顾客价值或减少顾客成本来提高顾客的让渡价值。

顾客满意度取决于产品的效用与期望值进行的比较。效用低于顾客期望的产品，不会使顾客感到满意；效用符合期望的产品才能使顾客感到满意；当效用超过顾客期望时，顾客会感到十分惊喜。精明的企业为了取悦顾客，会先对产品提供的效用作出承诺，然后再提供多于承诺的效用。

一项研究表明，75%的丰田汽车购买者感到极为满意，其中约 75%的顾客说他们还会买丰田车。因此，顾客的满意形成了产品或服务的一条感情链，而不仅仅是一种理性的偏好，从而会形成高度的顾客忠诚。顾客若感到极为满意，便会多次购买该产品，对价格也较少注意，继续光顾的时间也会更长些，并且会向其他人称赞该公司及产品。

尽管以顾客为中心的公司寻求高于竞争者的满意度，但这并不意味着使顾客的满意度最大化。企业在通过降低价格和增加服务来提高顾客满意度的同时，也会导致利润率的降低。市场营销的目的是可赢利地创造顾客价值，因此经销商必须非常细致地处理两者的平衡关系。

4. 交换、交易与关系

交换是市场营销的核心概念。当人们决定以交换方式来满足需要或欲望时，就存在市场营销了。市场营销活动就产生于人（或组织）与人（或组织）之间通过交换获得产品或服务的方式中。

所谓交换，是指通过提供某种东西作为回报，从别人那里取得所需物的行为。交换必须具备以下五个条件：

① 至少有两方。

② 每一方都有被对方认为有价值的东西。

③ 每一方都能沟通信息和传送物品。

④ 每一方都可以自由接受或拒绝对方的产品。

⑤ 每一方都认为与另一方进行交换是适当的或称心如意的。

总之，如果存在上述条件，交换就有可能发生。

在市场营销中，通常把交换看做是甲方寻找乙方、交换信息和协议磋商等活动组成的一个过程。如果达成协议，则称之为达成为一笔“交易”，它是交换的一个组成部分。

一项交易至少要涉及以下内容：至少两件以上有价值的标的（包括货币），双方同意的条件、时间和地点以及其必需的法律条款。企业应妥善保管发生的每项交易的记录，并按不同的项目予以分类，它们是市场营销信息的基本内容，也是客户管理的重要内容。

关系是交换过程中形成的社会和经济的联系，它包括市场营销者与顾客、分销商、零售商、供应商甚至竞争者等之间的关系。关系市场营销的概念最先由巴巴拉·本德·杰克逊于1985年提出，她认为：关系营销会为企业在交易市场营销中带来更多的利益。市场营销者只有以公平的价格、优质的产品、良好的服务进行交易，才能与顾客、分销商、经销商、供应商等建立起长期的互信互利的关系。同时，双方的成员之间还需加强经济、技术及社会等各方面的联系与交往。双方越是增进信任和了解，便越有利于互相帮助。企业与顾客之间的长期关系是关系市场营销的核心概念，企业可以通过保持并发展与顾客的长期关系获得长远利益。例如，北京现代汽车4S店经常召开新老客户座谈会，以及组织企业员工与新老客户之间的高尔夫球公开赛等，这些都是关系营销策略的具体表现。

5. 市场

市场是商品交换关系的总和，是商品经济中生产者与消费者之间实现产品（服务）价值，满足需求的交换关系、交换条件和交换过程。因此，市场的大小取决于有着某种需要和特定资源，并愿意通过交换来满足其需要的消费者人数。

市场营销学认为，销售者的集合构成行业，购买者的集合构成市场。行业与市场关系如图1-3所示。

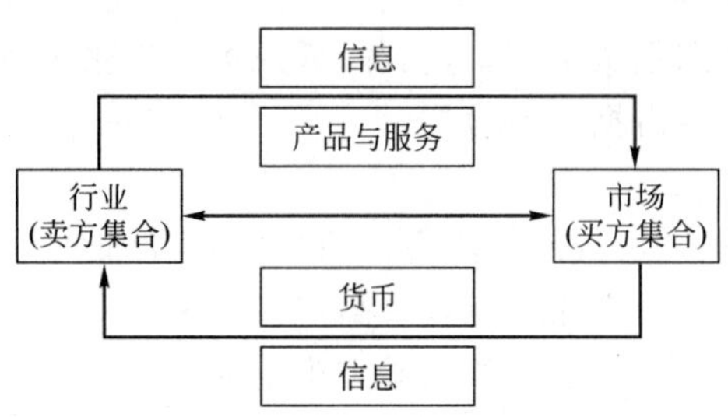

图1-3 行业与市场的关系

图1-3中圈内代表货币与产品、服务的交换，圈外代表信息的交换。行业与市场之间的交换包含资金流、物流和信息流三方面内容。

市场包含三个主要因素，即有某种需要的人、为满足这种需要的购买力和购买欲望。用公式来表示就是：

市场＝人＋购买力＋购买欲望

市场的这三个因素是相互制约、缺一不可的，只有三者结合起来才能构成现实的市场，才能决定市场的规模和容量。例如，就汽车产品而言，我国西部地区人口众多，但收入很低，购买力有限，则不能构成容量很大的市场。沿海地区购买力虽然很大，但毕竟人口有限，也不能成为很大的市场。只有人口多而购买力又强的地区，才能成为一个有潜力的大市场。此外，如果提供的汽车产品不能满足实际需要，就不能引起人们的购买欲望，也就仍然不能形成现实的市场。

6. 市场营销者和顾客

通过上述分析，可将市场营销理解为与市场有关的人类活动，即以满足人类各种需要和欲望为目的，通过市场把潜在交换变为现实交换的活动。在交换双方中，如果一方比另一方更主动、更积极地寻求交换，则前者称为市场营销者，后者称为现实或潜在顾客。市场营销者可以是卖主，也可以是买主。假如有几个人或组织同时想买正在市场上出售的某种奇缺的汽车产品，每个准备购买的人或组织都会尽力使自己被卖主选中，这些购买者就都在进行市场营销活动。在另一种场合，买卖双分都在积极寻求交换，那么双方都是市场营销者，这种情况称为相互市场营销。

（三）市场营销理念的演变

市场营销理念是人们对市场活动的根本态度和看法，是一切市场经营活动的出发点。营销理念的核心问题是以什么为中心开展企业的生产经营活动，因此营销理念正确与否，对企业的兴衰起决定性作用。市场营销理念随现代市场体系的形成而产生，并不断演变，大致经历了以下五个阶段。

1. 生产中心观念

生产中心观念（Production Concept）是一种最早的营销观念，产生于 20 世纪 20 年代以前，是一种重生产、轻市场的商业哲学。企业经营以生产为中心，其主要表现是“我生产什么，就卖什么”。这种观念认为，消费者喜欢那些可以随处买得到而且价格低廉的产品。企业应致力于提高生产效率和分销效率，扩大产量，降低成本，以扩展市场。

这种观念对消费者的假设有两个：

① 产品市场供不应求。消费者只要求获得产品，而没有条件对产品提出更高的要求。生产企业只关心扩大产量和降低成本。

② 产品的成本很高，企业设法降低成本来扩大市场。比如，20 世纪初福特汽车公司的营销观念就是通过技术改进和批量生产，达到降低成本、扩张市场的目的。这个策略使得福特公司当时在汽车市场成功地占据统治地位。

2. 产品中心观念

产品中心观念（Produce Concept）认为，消费者欢迎那些质量优、性能好、特色多的产品。因此，企业应致力于改进产品性能，提高产品质量。

这种观念产生的背景是：市场已开始由卖方市场向买方市场转化，消费者已不仅仅满足于产品的基本功能，而开始追求产品在功能、质量和特点等方面的差异性。20 世纪 20～30 年代，美国福特汽车公司一枝独秀、取得了市场的绝对统治地位，一些中小型汽车公司纷纷倒闭破产。这时的市场结构已经悄悄地发生变化，但老福特固执己见，坚持奉行单品种、大批量、低成本的生产观念。当时已是福特公司总裁的老福特的儿子向他提出对产品进行差别化改进的时候，他甚至暴跳如雷地说道：“我只要 T 型车，而且只要一个颜色——黑色。”而此时，通用汽车公司的斯隆看到了市场的微妙变化，提出了与福特公司针锋相对的产品差别化策略，组织了包括雪佛兰（低档）、别克（中档）和凯迪拉克（高档）等不同产品组合的生产经营体系。由于把握了正确的营销观念，不仅使通用汽车公司起死回生，而且市场地位也远远地超过了福特公司。

由此可见，在产品中心观念下，企业不关心消费者的真正需求，脱离市场实际生产产品的做法是行不通的。即使产品确实能够满足市场的需求，如果没有很好的推广策划，消费者也很难认识到产品的优良性能。“酒香不怕巷子深”的观念已经不能适应现代市场经济的要求了。因此，如何能为消费者提供比竞争对手更优质的产品就成了企业战略的重中之重。

3. 推销中心观念

推销中心观念（或称销售中心观念）（Selling Concept/Sales Concept）产生于 20 世纪 30 年代末至 50 年代，表现为“我卖什么，顾客就买什么”。这种观念认为，消费者通常表现出一种购买惰性或抗衡心理，一般不会足量购买某一企业的产品。因此，企业必须将经营中心从生产向销售转移，大力开展推销和促销工作，激发顾客的购买欲望，努力扩大销售。推销观念在现代市场条件下被汽车销售企业用于推销那些消费者一般不会想到要去购买的产品或服务，如汽车美容、装饰服务及各种特殊车险等。

推销中心观念通常假定被引诱购买了某产品的顾客也会喜欢上该产品。因此，简单的推销中心观念蕴含着很大的经营风险。假如消费者被哄骗购买了他们其实并不喜欢的产品，他们必将苛刻地批评或者向消费者协会投诉，甚至不再购买该企业的产品。据统计，顾客往往会将他们的不满传达给 10 个以上的熟人，正可谓“坏事传千里”。

4. 市场营销观念

市场营销观念（Marketing Concept）产生于 20 世纪 50 年代中期至 90 年代，是一种新型的企业经营哲学。它是以满足顾客需求为出发点的，即“顾客需要什么，就生产什么”。市场营销观念较之传统的营销观念是一次质的飞跃。在思想认识上，顾客导向的市场营销观念将思考问题的出发点由“企业自身”转向“目标市场”；将工作中心由“企业产品”转向“发现顾客需求”；将企业目标达成方式由“扩大销售量来获得利润”转向“通过满足顾客满要来获得利润”。在方式方法上强调协调的营销，要在市场研究的基础上，确定目标市场，并通过产品（Product）、定价（Price）、促销（Promotion）和分销渠道（Place）组合（简称 4P）来满足目标市场的需要。对企业内部，要建立顾客导向和顾客满意的企业文化，使各部门管理者和员工都能自觉地把顾客导向作为行动方针。同时，要在企业内部建立以顾客导向为核心，以市场营销为统领，以人事、生产、财务、研究与开发等职能为辅助的企业经营管理新机制。推销观念与营销观念的对比见表 1-1。

表 1-1 推销观念与营销观念的对比

	起点	核心	方法	结果
推销观念	企业	产品	推销促销	销量基础上的利润
营销观念	目标市场	顾客需求	综合营销	顾客满意基础上的利润

许多优秀的企业都是奉行市场营销观念的。如日本本田汽车公司要在美国推出雅阁牌新车，在设计新车前，他们派出工程技术人员专程到洛杉矶地区考察高速公路的情况，实地丈量路长、路宽，采集高速公路的柏油，拍摄进出口道路的设计情况。回到日本后，他们专门修了一条 9 公里长的高速公路，就连路标和告示牌都与美国公路上的一模一样。在设计行李箱时，设计人员意见有分歧，他们就到停车场看了一个下午，看人们如何放取行李。这样一来，意见马上统一起来。结果本田公司的雅阁牌汽车一到美国就备受欢迎，被称为是全世界

都能接受的好车。

5. 社会市场营销观念

社会市场营销观念（Social Marketing Concept）产生于20世纪90年代。社会市场营销观念认为，企业的任务是确定各个目标市场的需要、欲望和利益，并以保护或提高消费者和社会福利的方式，比竞争者更有效、更有利地向目标市场提供能够满足其需要、欲望和利益的物品或服务。社会市场营销观念要求市场营销者在制订市场营销策略时，要统筹兼顾三方面的利益，即企业利润、消费者需要的满足和社会利益。人类观念（Human Concept）、理性消费观念（Intelligence Consumption Concept）、生态消费观念（Ecological Consumption Concept）等，都属于注重社会公众利益的社会营销观念。从社会营销的角度看，汽车公司在制订营销决策时，应更多地考虑社会利益。汽车替代能源的研究开发以及小排量汽车的推广，都是现代汽车企业注重社会利益的表现。

以上5种营销观念的产生时间、市场特点和基本观念总结见表1-2。

表1-2 汽车营销理念的转变过程

观念	时间	特点	基本观念
生产中心观念	1920年以前	买方市场	营销重心：大量生产，解决供需，降低成本，低价扩张，不重视消费者的需求和欲望
产品中心观念	1920～1930年	供需缓和，产品有了选择	有选择的市场，消费者会选择质量最好、性能最优和特点最多的产品。营销重心：提供优质产品
推销中心观念	1930～1955年	产品质量提高，买方市场形成	要取胜就必须卖掉产品，要买产品就必须吸引消费者兴趣和欲望，因而就必须大力推销
市场营销观念	1955～1990年	生产相对过剩，竞争激烈	注意研究消费者需求与欲望，研究购买行为。营销重心：消费者。顾客是中心，竞争是基础，协调是手段，利润是结果
社会市场营销观念	1990年至今	市场充分竞争，理性价值回归	企业是社会公民。营销决策：用户需求，用户利益，企业利益和社会利益。把企业长期利益和竞争战略与用户利益和社会利益结合

2001～2002年，中国汽车市场表现为典型的生产中心观念，广州本田、奥迪A6等高档车长期加价销售，甚至夏利也有一段时间加价2000元销售。2003年，各大汽车企业加快产品更新换代速度，新车型如雨后春笋般涌现出来。据粗略统计，共有别克君威、本田新雅阁、马自达6、日产帕拉丁、帕杰罗SPORT、凯越、福特蒙迪欧、大众三厢POLO、高尔夫、奥迪A4、本田飞度、美人豹、霸道、陆地巡洋航、黑金刚、猎豹飞腾、特锐、路宝、国产宝马3系和5系、雪佛兰SPARK等国内外近30款全新车型在中国市场亮相，再加上部分企业推出的几十款改款或升级车型，几乎每个星期都有一款以上的新车在中国推出，这是产品中心观念的典型表现。2004年，中国汽车市场的总体增长速度与2003年相比有了较大幅度的下降，整体市场增长从2003年的33.4%降到了2004年的16.91%，其中增长速度下降最快的是轿车市场，从2003年的75.28%骤降到了2004年的16.9%。与此同时，各大汽车厂商之间的价格大战越演越烈，纷纷推出新的措施进行促销，中国汽车市场进入买方市场时代，这时中国汽车市场营销观念转变为推销观念。2004年惨烈的价格大战使各大汽车厂商头脑冷静了，他们开始重新审视中国汽车市场，制订新的策略。于是，在2005年的中国汽车市场中，市场营销观念和社会营销观念已被各大汽车厂商普遍接受和认同。如大众汽车集团推出2008奥运会计划，为北京2008年奥运会、北京2008年残疾人奥运会、北京奥组委、中国奥委会、2006年冬奥全和2008年奥运会的中国体育代表团在资金、车辆及相关

服务方面提供支持。一汽丰田普瑞斯公司也制订了环保节约型可持续发展战略，运用丰田公司新的国际化产品与一汽集团共同打造东北老工业基地。这样，中国汽车市场用5年的时间便完成了市场营销观念由生产中心观念向社会营销观念的快速转变。

（四）当代营销理念的创新

营销理念的创新就是现代企业根据新的营销环境的客观变化来改变企业的经营指导思想。现代市场环境千变万化，随之诞生了一些新的营销理念，主要有：顾客满意、绿色营销、整合营销、关系营销、顾客关系营销和网络营销。

1. 顾客满意营销理念

顾客满意是一种心理活动，是顾客对产品的感知与期望相比较后所形成的感觉状态。企业欲在竞争中战胜对手，吸引更多的潜在顾客，就必须向顾客提供价值更高、成本更低的产品（即“顾客让渡价值”最大的产品），这就是顾客满意营销理念的核心思想。这种营销理念在实践中的表现通常有以下几点：

① 让顾客用最低的价格买到自己所喜欢的产品。

② 按顾客喜欢的营销模式来满足顾客的需要——方便顾客购买。

③ 顾客只需下订单，接下来的事情由企业来做——顾客省心又省力。

④ 在顾客满意之前，企业永远不会满意。

⑤ 顾客需要什么，就给顾客提供什么。

⑥ 想顾客所想，把顾客的利益放在第一位。

通过上述表现可以看出，顾客满意营销理念比传统的市场营销理念更能突出“顾客”的核心地位，更加充分体现了“顾客是上帝”的中心思想。这种营销理念是市场营销发展的必然趋势，它更适合作为顾客大宗购买的小商品的销售策略。汽车企业可以借鉴这种营销理念，作为企业经营的整体指导思想，并对其适合的产品或服务采用这种营销策略。

2. 绿色营销理念

绿色营销的概念产生于世纪之交。英国威尔斯大学肯·毕提（Ken Peattie）教授在其所著的《绿色营销——化危机为商机的经营趋势》一书中指出：“绿色营销是一种能辨识、预期及符合消费的社会需求，并且可带来利润及永续经营的管理过程。”我国学者也曾指出，所谓绿色营销，是指企业在营销中要重视保护地球资源环境，防治污染以保护生态，充分利用并回收再生资源以造福后代。从这些定义中可知，绿色营销是以满足消费者和经营者的共同利益为目的的社会需求管理，以保护生态环境为宗旨的市场营销方式，它与传统的社会营销相比，从更长远的生态环保角度来考虑社会的可持续发展，带有更强烈的绿色色彩。

摒弃传统的发展模式，减少、消除不能持续发展的生产行为和消费行为，是21世纪企业营销面临的最大、最深刻的环境变化因素，也是新世纪一个不可逆转的全球性潮流。可持续发展是我国今后相当长的一段时间内，社会经济发展政策的基本取向。随着汽车能源危机和全球环境污染的日益加剧，汽车销售也很快加入了绿色营销的行列。日本横滨本田汽车大王——青木勤社长在每天外出和上下班的途中发现，汽车在飞跑过程中排出的大量废气直接污染了城市的环境，不但乌烟瘴气，而且还造成了街道绿化树的枯萎，他为此感到非常焦虑和不安。显然，如果能够在销售汽车的同时不加剧环境的恶化，将会使汽车销量大大增加。经过苦苦思索，青木勤制订了这样一条经营方针：今后每卖一辆车，就要在街道两侧种一棵纪念树，然后公司再将卖车所得利润的一部分转化为种树的费用，以减轻越来越多的排气对城市环境的污染。这一方针实施后，汽车一辆辆地开出厂门，街上的树木也一棵棵地栽上，绿化地也随之一块块铺开。消费者心中自然而然地产生一种强烈的需求愿望：同样是购买汽车，为什么不买绿化街道，造福人类的汽车呢？于是，本田汽车的销售量开始连续上升。

绿色营销不仅要求汽车企业对人、财、物、信息以及形象等有形和无形的资源进行优化配置，从而产生经济效益，而且还要求企业将社会效益和生态效益放到重要位置，使经济效益、社会效益和生态效益这三者有机地结合在一起，从而产生绿色效益。

现代汽车企业只有树立起一种全新的可持续发展的营销经营理念，努力开展绿色营销，开发绿色产品，进行绿色生产，才能使企业的经济效益、社会效益和环境效益相统一，才能和持续发展潮流相适应。此外，绿色营销理念可以帮助人们确立生态文明道德观和绿色发展道德观，汽车企业在进行绿色营销的同时还会增强消费者的绿色消费理念，创造出更大的社会效益。

3. 整合营销理念

整合营销理念是对传统营销理念的创新和重新构架，其核心是它的整体性。整合营销理念是以潜在客户和现在客户为对象，开发并实行说服性传播的多种形态的过程。该理论主张用 4C 理论代替传统的 4P 理论。4C 的含义是：Customer（顾客的需求和欲望）、Cost（顾客的费用）、Convenience（顾客购买的方便性）、Communication（顾客与企业的沟通）。运用整合营销的原则是为了控制消费者的心理转变过程，目标是使消费者对公司产品产生信任的心理感觉而购买公司的产品。

整合营销在汽车企业中的实施与应用分为以下几个层面：

1）整合营销是一种管理思想和管理理念，是汽车企业发展战略和经营战略的重要部分。通过整合企业内、外部的各种资源和要素，实现企业真正从以生产为核心向以营销为核心的方向转变。

2）整合营销是一种管理体制和管理手段。作为一种管理体制，就是将整合从市场营销部门的分散行为提高到整个汽车企业的行为，使其成为企业经营战略的基础。确定企业经营战略的核心就是通过合理有效的机制，整合企业的内、外部资源，使企业对内、对外的沟通与传播机制完全建立在整合营销的思想之上，实现企业内部管理信息的整合和企业对外传播信息渠道的整合。它要求企业的信息传递要具有一致性，即纵向一致和横向一致。纵向一致是要求企业的经营战略、策略、价值观及大众传媒所传递的信息，在相当长时期内要协调一致；横向一致是指企业在同一时间内通过各种渠道所传递的信息要一致。作为一种管理手段，就是要通过建立相应的组织机构和管理渠道，使企业与所有利害关系者都能够进行有效沟通，即与顾客、企业员工、投资者、竞争对手等直接利害关系者和社区、大众媒体、政府及各种社会团体等间接利害关系者进行密切有机的传播活动，了解他们的需求，并通过合理的渠道和恰当的方式，将其快速反应到企业的经营战略中，以便于其持续一贯地提出对策。

3）整合营销是一种新的营销理念和营销模式。它是在产品同质化和市场营销手段相互模仿、市场趋于饱和、顾客难以分辨优劣的背景下，企业实现差异化和赢得更多顾客的营销理念和营销模式。作为营销理念，其中心思想就是企业通过与消费者进行有效沟通，以满足消费者需要的价值为取向，确定企业统一的促销策略，同时协调使用不同的传播手段，发挥不同传播工具的优势，以较低的成本形成强大的宣传攻势和促销高潮。

汽车企业以整合营销为基础，通过重整企业的营销和整体管理战略，可以使企业每个部门的每个成员和每个职能部门都担负起沟通的责任，使企业发出的所有信息都能起到加强企业形象的作用，并最终实现塑造独特的企业形象，创造最大的品牌价值的目标。

4. 关系营销理念

市场营销学者研究发现，吸引一位新的消费者所花的费用是保留一份老顾客的 5 倍以上，顾客再次购买率提高5%，利润就增加25%。在现代市场营销中，以顾客的满意与忠诚度为标志的市场份额的质量迅速取代市场份额的规模而成为决定利润的主要因素，关系营销理念由此应运而生。它突破了传统的4P组合策略，强调了充分利用现有的各种资源，采取各种有效的方法和手段，使企业与其利益相关者如顾客、分销商、供应商、政府建立长期的、彼此信任的、互利的、牢固的合作伙伴关系，其中最主要的是企业与顾客的关系。关系营销更注重与顾客的交流和沟通，强调通过对顾客的服务来满足、方便顾客，以提高顾客的满意度与忠诚度，达到提高市场份额的目的。

对于现代汽车企业，营销是企业永恒的主题。营销的本质是交换，而交换中的各种关系至关重要，其中最主要的是企业与顾客的关系；企业与竞争者、与供应商、与政府的关系；以及企业内部的上下级关系、同事关系等内部关系。这些关系的建立、维持与推进都会影响企业的营销能否成功，也会产生不同的企业营销关系。只有认识到这个问题，企业才能“知己知彼”，进而在市场竞争中“百战不殆”，争取一席之地。

5. 顾客关系营销理念

由顾客满意进一步发展到顾客十分满意是企业营销的重点。仅仅是顾客满意还不够，当出现更好的产品供应商时，顾客就会更换供应商。而高度的满意能对品牌忠诚乃至对企业产生情感吸引提供帮助，使顾客满意上升为顾客忠诚。忠诚的顾客能给企业带来诸多的利益。与此相反，不满意的顾客将带来相反的结果。曾经一项抽样调查显示：对于日本三菱帕杰罗汽车歧视性服务事件，有76%的人对日本公司事后的态度及采取的措施表示不满意或非常不满意，而有60%的顾客认为这会影响到他们对三菱汽车的购买意愿。可见，创造顾客满意是非常重要的。而在这一过程中，顾客关系营销思想的重要性便凸显了出来。

企业与顾客的关系可以分为五种不同的水平：

① 基本关系：这种关系是指企业销售人员在产品销售后不再与顾客接触。

② 被动关系：企业的销售人员在销售产品的同时，还鼓励消费者在购买产品后，如果发现产品有问题或不满时及时向企业反映，如通过打电话联系。

③ 负责式关系：企业的销售人员在产品售后不久，就应通过各种方式了解产品是否能达到消费者的预期，并且收集顾客有关改进产品的建议，以及对产品的特殊要求，并把得到的信息及时反馈给企业，以便不断地改进产品。

④ 主动式关系：企业的销售人员经常与顾客沟通，不时地打电话与消费者联系，向他们提出改进产品使用中的建议，或者提出有关新产品的信息，促进新产品的销售。

⑤ 伙伴式关系：企业与顾客持续地合作，使顾客能更有效地使用产品。而由于汽车产品的复杂性，往往需要企业提供更多、更好的售后服务，这也要求企业在产品售出后与顾客保持长期接触。顾客关系营销的本质特征在于创造或提升顾客关系营销的价值。汽车企业实施顾客关系营销战略，可以分为三步进行：发现顾客需求、满足顾客需求并保证顾客满意、营造顾客忠诚。

6. 网络营销理念

网络营销以现代营销论为基础，通过网络营销替代了传统的报刊、邮件、电话、电视等中介媒体，利用互联网对产品的售前、售中和售后各环节进行跟踪服务，使营销活动自始至终贯穿于企业经营全过程，寻找新客户、服务老客户，最大限度地满足客户需求，以实现开拓市场、增加盈利为目标的经营过程。它是直接市场营销的最新形式。网络营销的侧重点并不是网络技术，而是市场营销；网络营销不单纯是网上销售，而是对企业现有营销体系的有利补充；网络营销是4C（整合营销）营销理论的必然产物。

网络营销的基本职能表现在八个方面：网络品牌、网站推广、信息发布、销售促进、销售渠道、顾客服务、顾客关系和网上调研。网络营销的基本职能比较简洁地概括了网络营销的核心内容，有助于改变大众对网络营销的片面认识，同时也明确了企业网络营销工作的基本任务。网络营销的职能是通过各种网络营销方法来实现的，同一个职能可能需要多种网络营销方法的共同作用，而同一种网络营销方法也可能适用于多个网络营销职能。

一个完整的网络营销信息传送系统，包括信息源、信息传播载体和传播渠道、信息接收渠道、信息接收者、噪声和屏障等基本要素，与一般信息传递系统不同的是，网络营销中的信息传递是双向的，即网络营销的交互性，其实质在于"企业更容易向用户传递信息，同时用户也可以更方便地获取有效的信息"。网络营销信息传递的一般原则为：网络营销有效的基础是提供详尽的信息源，建立有效的信息传播渠道，为促成信息的双向传递创造条件。

网络营销的外部环境和内部环境构成了网络营销的基本环境。网络营销的外部环境为开展网络营销提供了潜在用户，以及向用户传递营销信息的各种手段和渠道，而内部环境为有效地营造网上营销环境奠定了基础。网络营销的开展需要内部环境与外部环境的相互作用和相互协调，内外环境相协调包含两个方面的含义：对于外部环境的适应和选择、对于内部环境的创造和利用。

汽车企业应将网络营销作为企业整体营销战略的一个重要组成部分，它是为实现企业总体经营目标所进行的，以互联网为基本手段营造网上经营环境的各种活动。汽车企业可以通过综合利用各种网络营销手段、方法和条件，并协调其间的相互关系，有效地实现企业的营销目标。

任务二　认识汽车营销

一、汽车及汽车工业

（一）汽车的分类

1. 按用途分类

（1）运输汽车

1）轿车：乘坐 2～9 个乘员（包括驾驶员），主要供私人使用。轿车可按发动机工作容积（发动机排量）分级：

微型轿车——发动机工作容积 1L 以下。

普通级轿车——发动机工作容积为 1.0～1.6L。

中级轿车——发动机工作容积 1.6～2.5L。

上述三种级别的轿车的主要特点是尺寸较小，结构紧凑，前排座椅是较舒适的乘坐位置，而后排座椅通常供辅助用。因此，这些轿车最宜作为车主自己驾驶的家庭用车。

中高级轿车——发动机工作容积为 2.5～4L，如德国奔驰 300 系列轿车。

高级轿车——发动机工作容积为 4L 以上，如美国通用汽车公司的卡迪拉克（CADILLAC）高级轿车，美国福特汽车公司的林肯（LINCOLN）高级轿车，英国罗尔斯·罗依斯（ROLLS ROYCE）高级轿车和德国奔驰 500 系列、560 系列高级轿车。

上述两种级别的轿车的主要特点是尺寸大、装备齐全考究、性能优良，较舒适的座位设置在后排。因此，这些轿车适于聘任驾驶员的社会上层人士使用。

2）客车：乘坐 9 个以上乘员，主要供公共服务用。按照服务方式不同，客车的构造亦不同，可分为城市公共客车、长途客车、团体客车、游览客车等类型。

城市公共客车由于乘客上下车频繁，其地板离地高度较低，且设有 2～3 扇客门，车内设站立位置，故车内通道应有足够的高度与宽度。长途客车由于乘坐时间长，车内全部布置坐席，通常只有 1 扇客门，乘坐舒适性要求较高，还须设有若干个行李舱。团体客车供机关、团体使用，行车时间和路线较灵活，不设行李舱。游览客车有较舒适的座位，其车窗尺寸较大，以便开阔视野。

客车可按车辆长度分级：

微型客车——长度 3.5m 以下。

轻型客车——长度 3.5～7m。

中型客车——长度 7～10m。

大型客车——长度 10～12m。

特大型客车——包括铰接式客车（车辆长度大于 12m）和双层客车（长度 10～12m）两种。

3）货车：用于运载各种货物，在其驾驶室内还可容纳 2～6 个乘员。由于所运载的货物种类繁多，货车的装载量及车厢的结构也各有不同，主要分为普通货车和专用货车两大类型。

普通货车具有栏板式车厢，可运载各种货物。专用货车通常由普通货车改装，其车厢是为专门运载某种类型的货物而设计的，如运载易污货物的闭式车厢、运载易腐食品的冷藏车厢、运载砂土矿石的自卸车箱及运载液体、气体或粒状固体的罐式车厢、运载大型货物的平台式车厢等。

货车可按其总质量分级：

微型货车——总质量小于 1.8t。

轻型货车——总质量为 1.8～6t。

中型货车——总质量为 6～14t。

重型货车——总质量大于 14t。

4）牵引汽车：专门或主要用于牵引挂车的汽车，通常可分为半挂牵引汽车和全挂牵引汽车等类型。半挂牵引汽车后部设有牵引座，用来牵引和支承半挂车前端。全挂牵引汽车本身带有车厢，其外形虽与货车相似，但其车辆长度和轴距较短，而且尾部设有拖钩。牵引汽车都装设有一部分挂车制动装置及挂车电气接线板等。

（2）特种用途汽车　这种汽车根据特殊的使用要求设计或改装而成，主要是执行运输以外的任务。具有装甲或武器的作战车辆不属此列，而被列为军事特种车辆。

1）娱乐汽车：专供假日娱乐消遣的汽车，运输已不是此种汽车的主要任务。娱乐汽车的例子如旅游汽车、高尔夫球场专用汽车、海滩游玩汽车等。

2）竞赛汽车：按照特定的竞赛规范而设计的汽车。著名的竞赛规范有一级方程式竞赛、拉力赛等。竞赛汽车的结构和设计原理虽然与其他汽车大致相同，但其用途却很特殊。

由于竞赛过程中汽车的各种零部件及其性能都需经受极其严峻的考验，往往在竞赛汽车上集中使用了大量尖端科技。各厂商为了争夺一席之位也不惜大量投资进行代价昂贵的研制工作。

举办汽车竞赛对促进汽车科技发展具有重要作用，也是各厂商及其赞助者相互竞争和进行广告宣传的好时机。

3）特种作业汽车：指在汽车上安装各种特殊设备进行下列特种作业的车辆。如商业售货车、环卫环保作业车、市政建设工程作业车、农牧副渔作业车、石油地质作业车、医疗救护车、公安消防车和机场作业车等类型。

2. 动力装置型式

（1）活塞式内燃机汽车　根据其使用的燃料不同，通常分为汽油车和柴油车。汽油和柴油在近期内仍将是活塞式内燃机的主要燃料，而各种代用燃料的研究工作也在大力开展，例如以丙烷和丁烷为主的液化石油气，还有甲醇和乙醇以及它们的衍生产品等作为未来车用燃料都在研究实验之中。

活塞式内燃机还可按其活塞的运动方式分为往复活塞式和旋转活塞式内燃机等类型。

（2）电动汽车　电动汽车的动力装置是直流电动机。

电动汽车的优点是无废气排出、不产生污染、噪声小、能量转换效率高、易实现操纵自动化。电动机的供能装置通常是化学蓄电池。传统式的铅蓄电池在重量、充电间隔时间、寿命、放电能力等方面还不完全令人满意，从而限制了电动汽车的普及。

但是，在汽车公害、能源等社会问题进一步突出的今天，又会促使电动汽车的研究和推广工作加快步伐。

目前，碱性蓄电池（镍-镉电池、镍-铁电池）的研究取得了较大的进展。这种电池性能好、重量轻，但是其制造工艺较复杂，价格过高。

此外，电动机的供能装置也可以是太阳能电池，或者是其他形式的电源。

（3）燃气轮机汽车　与活塞式内燃机相比，燃气轮机功率大、质量小，转矩特性好，所使用的燃油无严格限制，但其耗油量大、噪声较大，制造成本也较高。

3. 行驶道路条件

（1）公路用车　主要行驶于公路和城市道路的汽车。公路用车的长度、宽度、高度、单轴负荷等均受交通法规的限制。

（2）非公路用车　非公路用车主要有两类：一类是本身的外廓尺寸、单轴负荷等参数超出了法规限制而不适于公路行驶，只能在矿山、机场和工地内的无路地区或专用道路上行驶的汽车；另一类是越野汽车。

越野汽车是一种能在复杂的无路地面上行驶的高通过性汽车。越野汽车可以是轿车、客车，也可以是货车或其他用途的汽车。常见的轮式越野汽车都配备越野轮胎并采用全轮驱动的结构形式。

越野汽车可按总质量分级：

轻型越野汽车——总质量小于 5t。

中型越野汽车——总质量 5～13t。

重型越野汽车——总质量大于 13t。

4. 行驶机构的特征

（1）轮式汽车　通常可分为非全轮驱动和全轮驱动两种型式。汽车的驱动型式一般用符号“$n\times m$”表示，其中 n 为车轮总数（在 1 个轮毂上安装双轮辋和轮胎仍算 1 个车轮），m 为驱动轮数。

（2）其他型式的车辆　如履带式车辆、雪橇式车辆、气垫式车辆、步行机械式车辆等。

（二）世界汽车工业发展概况

1. 美国汽车工业的发展概况

（1）通用汽车公司　通用汽车公司是世界最大的汽车公司，年产值 1000 多亿美元。1893 年，弗兰克·迪利亚制造出美国第一辆汽油汽车，这辆车至今还保存在华盛顿的史密逊博物馆里。紧随其后，亨利·利兰成立了凯迪拉克公司。1896 年，欧尔茨创建欧尔茨汽车公司，成为世界上第一批量生产汽车的工厂，它就是当今世界汽车第一大企业——通用汽车公司的前身。1908 年，威廉·杜兰特创建通用汽车公司，同时兼并别克和奥兹莫比尔汽车公司，1909 年又将凯迪拉克、欧克兰、雪佛兰等汽车公司收于门下，为日后成为全球头号企业积累了资本力量。通用汽车公司的总部设在底特律。

通用汽车公司的汽车主要的特点是豪华、宽大、内部舒适、速度快以及储备功率大。主要的车型美国本土有凯迪拉克、雪佛兰、别克、土星、庞蒂克、吉姆西、奥兹莫比尔；欧洲有欧宝和萨博；日本有斯巴鲁；澳大利亚有霍尔顿；韩国有大宇等。

（2）福特汽车公司 1903 年，汽车大王亨利·福特创立福特汽车公司。1913 年，福特汽车公司用流水作业法，首先实施大量生产方式，开汽车工业之先河，为全球汽车工业的生产模式开辟了一条具有决定性意义的生产经营之路。

福特汽车公司主要车型美国产有福特、林肯、水星；日本有马自达；欧洲有阿斯顿·马丁、捷豹、路虎、富豪等。

（3）克莱斯勒公司 1925 年，当时在通用汽车公司任职的沃尔特·克莱斯勒买下了马克斯威尔汽车公司，创立了克莱斯勒公司。1998 年 5 月，德国戴姆勒奔驰与克莱斯勒公司实现战略性互补，实现了世界汽车工业前所未有的最大规模的强强联合。至此，美国的三大汽车集团相继成立。时至今日，这三大集团仍然占据美国 95％的销售份额。

克莱斯勒主要车型有克莱斯勒产的顺风、道奇、鹰·吉普、梅赛德斯·奔驰、克莱斯勒、迈巴赫；奔驰的 W124、R129、W126 等。

2. 欧洲汽车工业的发展概况

（1）德国汽车工业的发展概况 二战前，德国汽车工业已具有一定基础，奔驰、奥迪、大众等汽车公司均形成一定规模。二战期间，汽车工业转为战争服务，大部分工厂遭到破坏。二战后，由于德国处于战败国地位，在比较困难的条件下，汽车工业仍得到较快恢复和发展，1950 年汽车产量甚至达到 30 万辆。在此之后，随着国内高速普及汽车以及汽车出口竞争能力不断提高，使汽车产量进一步大幅上升。1960 年，德国汽车产量达到 200 万辆，10 年内，汽车产量增长 5.7 倍，年均增长率 21％，成为欧洲最大的汽车生产国和出口国。到 1971 年，德国汽车产量达到 400 万辆。20 世纪 80 年代以来，汽车产量波动在 400 万～500 万辆之间，1998 年达到 570 万辆。

① 宝马汽车公司。宝马（BMW）是巴依尔发动机服务有限公司的缩写，该公司成立于 1916 年，总部设在慕尼黑，1929 年开始生产汽车，更名为巴依尔汽车工业有限公司。主要车型有宝马系列：M3、M5、Z3、Z8、Z9、Z4、3、5、6、7、8 系列；劳斯莱斯（罗尔斯·罗伊斯）；迷你。

② 大众汽车公司。大众汽车公司创始于 1938 年，创始人是世界著名的汽车设计师费迪南德·波舍尔。主要车型有大众、奥迪、西亚特、斯柯达、布加迪、宾利、兰博基尼。

（2）法国汽车工业的发展概况 二战前，法国汽车工业已达到一定水平。20 世纪 30 年代末，标致、雷诺、雪铁龙等汽车公司的产量合计达到 20 万辆。二战期间，法国处于被占领地位，汽车工业被迫生产军用车辆和炮弹。二战后，开始着手重建汽车工业，1946 年生产汽车达 10 万辆。1958 年，汽车产量突破 100 万辆，年均增长 21.2％，然后以较高速度增长，到 1973 年汽车产量达到 320 万辆，年均增长率 8.2％。20 世纪 80 年代以来，汽车产量波动在 300 万～380 万辆之间。

① 标致汽车公司。标致汽车公司是法国最大的汽车集团公司，创立于1890年，创始人是阿尔芒·标致，拥有92家国内公司，84家海外公司。主要车型有：标致504、504、307、206系列和106系列、306系列、406系列、607系列、807系列、906系列、420系列。

② 雪铁龙汽车公司。雪铁龙汽车公司创立于1915年，创始人是安德烈·雪铁龙。它是法国第二大汽车公司。主要车型有：雪铁龙AX、BX、CX、ZX系列；C2、C3、C4、C5系列；毕加索、遨游、萨克斯、莎拉、桑蒂雅、风神等。

③ 雷诺汽车公司。雷诺汽车公司是法国第三大汽车公司，创立于1898年，创始人是路易·雷诺。主要车型有：雷诺、日产、无限。

(3) 英国汽车工业的发展概况　二战前，英国具有最强大的汽车工业。奥斯丁、罗浮等多家汽车公司的产量合计达45万辆，居欧洲首位。二战期间，英国汽车工业遭受破坏较少。二战后，汽车工业迅速得到发展。1955年汽车产量达到120万辆，成为欧洲第一个汽车产量超过百万辆的国家。到1994年，英国汽车年产量进一步增加到230万辆。在这以后，由于受两次世界石油危机影响，国内又基本普及汽车，同时，汽车出口量显著下降，而进口显著增多，致使英国汽车产量逐渐下降到1984年的113万辆。20世纪90年代以来，英国汽车产量保持在150万～200万辆之间。英国汽车已失去往日的风采。

(4) 意大利汽车工业的发展概况　二战前，意大利汽车工业有一定发展，汽车产量达5万辆。二战期间，汽车产量下降到仅几千辆。二战后，汽车工业得到迅速恢复和发展，1955年汽车产量达27万辆。到1963年，汽车产量达118万辆，为1955年的4.4倍，年均增长率20%。到1973年，汽车产量达200万辆。20世纪80年代以来，意大利汽车年产量波动在150万～200万辆之间。

(5) 西班牙汽车工业的发展概况　二战前，西班牙也有汽车工业，但规模小，产量也少。二战后一段时期，由于经济发展水平较低，汽车工业并没有得到较大发展，到1960年汽车产量尚不足6万辆。从这以后，西班牙经济有了较大发展，国内汽车市场迅速扩大，汽车出口量不断增加，1970年汽车产量达到50万辆，1977年汽车产量超过100万辆，1989年汽车产量达200万辆，从而使西班牙汽车产量超过英国和意大利，仅次于德国和法国，居欧洲第三位。20世纪90年代以来，西班牙汽车产量继续增长，到1998年达到280万辆，接近法国的水平。

3. 日本汽车工业的发展概况

1907年，吉田真太郎创办的东京汽车制造所制造出第一辆日本国产汽油汽车——“太古里一号”。1914年日本介入第一次世界大战，开始批量生产汽车。1924年美国福特汽车公司在横滨设立日本福特公司，福特T型汽车开始在日本装配生产。1926年，美国通用汽车公司在大阪成立了日本通用汽车公司，进行雪佛兰等品牌汽车成套部件的生产。大阪成立了日本通用汽车公司，进行雪佛兰等品牌汽车成套部件的生产。二战之前，日本汽车产量达到5万辆。

二战后，1955年日本通产省发布了发展国民车的构想，提出发展一种供国民使用的微型汽车的要求。其要点是：车身质量400kg以下，时速100km以上，乘坐4人或者2人，加100kg货物，发动机排量350～500mL；1L燃油行驶30km以上，行驶10万公里无大修，生产成本15万日元以下，售价25万日元以下。国民车构想发表以后，全国引起很大反响。

当时日本人均国民总值不足 300 美元。从这时起，日本经济开始以两位数的增长率高速增长，1960 年人均国民生产总值达到 500 美元，1966 年人均国民生产总值突破 1000 美元。日本汽车工业迅猛发展，产量 1961 年超过意大利，1964 年超过法国，1966 年超过英国，1967 年超过前西德。

（1）丰田汽车公司　丰田汽车公司是日本最大汽车公司，创立于 1933 年，丰田喜一郎是创始人。

主要车型：RAV4、大霸王、海拉克斯、诺亚、速霸、普拉多、世纪、皇冠、温杜姆、威柔撒、卡瑞娜、光冠、花冠、凯美瑞等。

（2）本田汽车公司　本田汽车公司建于 1984 年 9 月，创始人是本田宗一郎。

主要车型：爵士、飞度、思域、奥德赛、里程、锋范、CR-V、时韵、雅阁等。

（3）日产汽车公司　1933 年 12 月 26 日，日本产业公司与户佃铸造公司联合成立的汽车制造公司，1934 年正式更名为日产汽车公司。

主要车型：总统、天际线、风度、阿蒂玛、西玛、千里马、阳光、奇峻、天籁、骐达等。

4. 韩国汽车工业的发展概况

20 世纪 50 年代中期起，韩国开始重建经济，工业得到较快恢复和发展。20 世纪 60 年代初期，韩国开始发展汽车工业，并先后成立了现代、起亚、大宇等汽车公司。1980 年汽车产量达到 12 万辆。20 世纪 80 年代以后，韩国的经济发展水平有了较大提高，到 1987 年人均国民生产总值突破 3000 美元，进而出现了普及汽车的高潮，国内市场迅速扩大；同时韩国坚持把汽车工业作为出口战略产业，不遗余力扩大出口，经过多年努力，终于取得成效，逐步实现了向美国等大国出口汽车，从而推进了汽车工业的高速发展，引起全世界的关注。1988 年韩国汽车产量突破 100 万辆，1955 年汽车产量达到 240 万辆，1997 年汽车产量达到 280 万辆，一跃成为世界第五大汽车生产国。

现代汽车公司创立于 1967 年，创始人郑国永。

主要车型：酷派、桑塔菲、索纳塔、特拉杰、伊兰特、特拉卡、雅绅等。

（三）中国汽车工业发展概况

1. 中国汽车工业发展历程

（1）创建阶段（1953—1978 年）

1953 年 7 月 15 日中国第一座汽车厂——长春第一汽车制造厂在吉林省长春市奠基，从而拉开了新中国汽车工业筹建工作的帷幕。国产第一辆汽车于 1956 年 7 月 13 日驶下总装配线。这是由中国第一汽车制造厂（以下简称“一汽”）生产的“解放”牌载货汽车，从此结束了中国人不能制造汽车的历史，圆了中国人自己生产汽车之梦。

一汽是我国第一个汽车工业生产基地，同时也决定了中国汽车业自诞生之日起就重点选择了中型载货车、军用车以及其他改装车为主的发展战略，使得中国汽车工业的产业结构从开始就形成了“缺重少轻”的特点。

1957 年，一汽开始仿照国外车自行设计轿车；1958 先后试制成功了 CA71 型“东风”牌小轿车和 CA72 型红旗牌高级轿车；同年 9 月，“凤凰”牌轿车在上海诞生。1958 年我国汽车产量首次突破万辆大关。

1964 年，国家确定在“三线”建设以生产越野车为主的第二汽车制造厂。二汽是我国汽车工业的第二个生产基地。与一汽不同，二汽是依靠我国自己的力量创建起来的工厂。采取了“包建”和“聚宝”的方法，同时在湖北省内外安排新建、扩建26个重点协作配套厂。二汽的建成，标志着中国汽车工业上了一个新台阶。在此期间，一汽、南汽、上汽、北汽、济汽5个老厂分别承担了包建和支援三线（二汽、川汽、陕汽和陕齿）的建设任务。

1966年以前，汽车工业共投资11亿元，主要格局是形成一大四小五个汽车制造厂及一批小型制造厂，年生产能力近6万辆共9个车型品种。

1965年底，全国民用汽车保有量近29万辆，国产汽车17万辆（其中一汽累计生产15万辆）。

我国在1970年跨入年产10万辆的汽车生产国行列。1976年，全国汽车生产厂家增加到53家，专用改装厂增加到166家。

（2）成长阶段（1978—1993年）

改革开放后，随着国民经济的快速发展，汽车客、货运输的迅速增长，汽车工业在经济和社会发展中的战略作用崭露头角。1992年汽车产量突破100万辆，1993年达到了129.65万辆。20世纪80年代中国汽车业进入空前扩展阶段，中国汽车市场的产品结构逐渐转向了“载重车与乘用车并举发展”的良好的格局。同时，在国家调控下，形成了一汽、东汽、上汽、中汽、重汽等一批主要汽车企业集团以及主要总成零部件企业，建立了专业化和集团化的汽车生产体系，改变了散乱差的局面。

（3）全面发展阶段（1994年至今）

20世纪90年代汽车业实现了新一轮的飞跃。自1994年起开始，我国全面进入市场经济建设，而《汽车工业产业政策》的颁布，标志着我国的汽车消费结构向私人领域扩张。2001年国家经贸委发布了《汽车工业“十五”规划》，战略性地提出了我国汽车工业要坚持走开放竞争和自主发展相结合的道路；要大力调整产业结构，促进优势汽车企业的发展，提高行业整体素质，增强国际竞争力。

经过60多年的风雨历程，我国汽车工业已有了长足的发展，已经成为世界上第一大汽车消费大国和第一大汽车生产大国。目前，我国汽车工业有100家左右汽车生产企业，主要以五大、十小为龙头。五大是指一汽集团、上汽集团、东风集团、北汽集团、长安集团；十小是指哈飞集团、金杯集团、广汽集团、跃进集团、昌河集团、上汽奇瑞、安徽江淮、东南汽车集团、江铃汽车集团、长城汽车10家企业。15家企业的生产规模约占整个行业的90%。

2. 国内各大汽车集团概况

（1）中国第一汽车集团公司

该公司于1953年7月15日成立，拥有全资公司30家，控股子公司15家。

主要车型：（海南）马自达M6；（天津丰田）威驰、花冠；（一汽大众）奥迪A4、捷达、宝来、高尔夫、速腾、迈腾；（一汽轿车）红旗旗舰、红旗世纪星、红旗明仕；（一汽丰越）陆地巡航舰、特锐、华利；（天津一汽）夏利、雅酷、威姿、威乐；解放四大升级型；解放天王高吨位；一汽佳宝360。

（2）东风汽车集团公司

该公司建于1969年9月。

主要车型：神龙汽车：标致370、408、爱丽舍、赛纳、毕加索、富康；东风悦达起亚：普兰特、千里马；东风乘用车：阳光、风神、新蓝鸟、风度；东风汽车股份：东风小霸王、东风多利卡、东风信天游、东风之星；东风商用车：东风天龙、东风小王子、柳州乘龙、风行 MPV、东风越野车。

(3) 上海通用汽车公司

该公司成立于 1997 年 6 月。

主要车型：赛欧、别克君威、别克凯越、雪佛兰乐驰、雪佛兰科鲁兹等。

(4) 上海大众汽车有限公司

该公司成立于 1985 年 3 月。

主要车型：桑塔纳、帕萨特、POLO 等。

(5) 北汽福田汽车股份有限公司

该公司成立于 1996 年 8 月 28 日。

主要车型：福田欧曼、福田风景、福田奥铃、时代汽车四大系列。

(6) 北京现代汽车有限公司

该公司成立于 2002 年 10 月 16 日。

主要车型有：索纳塔、伊兰特。

(7) 奇瑞汽车有限公司

该公司成立于 1997 年。

主要车型：奇瑞 QQ、奇瑞风云、奇瑞奇云、东方之子。

(8) 中国重型汽车集团有限公司

该公司以元济南汽车制造厂为龙头于 1983 年组建。

主要车型：斯太尔、黄河、飞龙、沃尔沃。

(9) 吉利控股集团

该集团创建于 1986 年 11 月 6 日，是我国最大的民营汽车生产企业。

主要车型：吉利豪情、吉利美日、美人豹、华普。

(10) 广州本田汽车有限公司

该公司成立于 1998 年 7 月 1 日。

主要车型：本田雅阁、奥德赛、广州本田飞度。

(11) 华晨中国汽车控股有限公司

该公司是中国第一家海外上市公司，1992 年 12 月上市。

主要车型：中华系列、金杯系列。

(12) 南京汽车集团有限公司

该公司拥有 4 家全资公司、24 家控股子公司和 13 家参股公司。

主要车型：跃进、南京依维柯、南京菲亚特。

3. 中国汽车工业与世界汽车工业的比较

虽然我国的汽车工业与上世纪相比已经有了长足的进步，但是，目前我国汽车工业与发达国家相比存在着比较大的差距，整体竞争力不强，主要表现在以下几个方面：

(1) 规模偏小，难以形成规模效益

在全国 100 余家汽车企业（集团）中，年产量超过 50 万辆的只有两家，超过 10 万辆的只有 8 家。从国际汽车工业看，年产 100 万辆以下的汽车企业已经不能单独生存。

(2) 产业组织结构不合理

我国有 32 家轿车生产企业，分布在全国 20 个省（自治区、直辖市）。上海成为我国最大的轿车生产基地，产量达到 60 万辆，而广西、云南的轿车产量仅有 500 辆。同时，我国汽车产业集中度比较低（前三家的产量总和占全行业的 50%左右），而美国和日本前 3 家汽车公司产量均超本国汽车总产量的70%，汽车集中度相当高。

(3) 技术水平落后

目前我国汽车工业企业的工艺、监测和测验水平居国际先进水平有很大差距。从产品类型上看，我国汽车产品的技术水平基本只能达到国际上二十世纪七八十年代的水平，引进的汽车新型产品的国产化程度不高。我国汽车工业中的核心技术对国外技术的依赖过大，在一定程度上成为制约我国汽车工业发展的瓶颈，这一特点在汽车电子技术上反映尤为显著。产品更新周期比较长。

(4) 研发能力低下

研发能力一直是我国汽车工业最薄弱的环节。这主要是因为我国汽车行业科研人员缺乏并分散，科研投资少。另外，我国汽车行业目前的研究范围比较窄，主要还是以产品开发、工艺设计为主，应用技术研究薄弱，基础研究几乎是空白。而国外汽车厂商的研发范围则比较宽，他们重视基础理论和技术的研究，并已形成了基础研究、应用研究和成品开发三个研究层次。

(5) 经营管理薄弱

目前，发达国家的汽车生产商已经实现了在全球范围内配置资源；在经营上普遍采取汽车联盟和本土化战略；零配件采购上实行了全球化和板块化。而我国汽车工业的发展还局限在国内，即使在国内也难以实现资源的优化配置。整车生产企业都有独立的生产体系，生产的专业化水平较低，管理粗放，缺乏先进的管理理念和手段。

(6) 销售及服务尚处于初级阶段

目前国产汽车的营销服务体系与国际惯例相比差距较大。国际通行的销售和服务模式是建立在汽车销售代理制基础上的，而我国的品牌代理经营尚处于初级阶段，基本还是现货现款的销售方式，缺乏信贷、购车储蓄、分期付款和租赁销售等促销手段，同时在综合服务保证和四位一体（即整车销售、维修保养、配件供应、信息反馈）方面与国际相比还有明显的差距。

二、市场营销相关理论

进入21世纪以来，世界经济正在以势不可挡的趋势向着全球经济一体化、企业生存数字化、企业竞争国际化、竞争对手扩大化等方向发展。国际互联网、知识经济、高新技术特征明显，企业的经营进一步打破了地域的限制，如何在全球贸易体系中占有一席之地，如何赢得更大的市场份额和更广阔的市场前景，如何开发客户资源和保持现对稳定的客户队伍，已成为影响企业生存和发展的关键问题。在这样的背景下，新型营销理念层出不穷，例如，基于健康发展、充分考虑社会效益的绿色营销，基于整合各种营销要素的整合营销，以及基于现代网络技术的网络营销等。总的来说，这些理念是对现代营销观念及其指导下的营销方法的继承和发展，汽车营销模式至少应包含汽车营销理念、汽车营销渠道、汽车营销技术三个层面的内容。

(一) 4P、4C、4R营销理论

为了便于分析和运用市场营销要素，美国市场营销学家麦卡锡把各种市场营销要素归纳为四大类，即产品（Product)、价格（Price)、分销（Place)、促销（Promotion)，称为4P营销理论（The Marketing Theory of 4P)。市场营销学主要是以4P理论为核心，由于这四个营销要素是企业能自主决定的营销手段，故称为可控因素。必须综合利用产品、价格、销售渠道、销售促进等可控因素，将这些因素整体组合，使其互相配合，针对目标市场的不同需要及企业内外部环境条件的变化，分别制订不同的营销策略，从而形成四个不同类型的策略组合，从整体上发挥最佳作用，企业才能获得成功。

4P实际上代表着销售者的观点，对于如何迎合日益挑剔的消费者并不十分贴切。罗伯特·劳特恩强调每一个销售工具应从顾客出发，为顾客提供利益，所以他提出了与4P相对应的4C营销理论（The Marketing Theory of 4C），4C分别指顾客（Customer）、费用（Cost）、便利（Convenience）和交流（Communication）。4C营销模式是一种更注重营销要素整体作用的整合营销，整合营销改变了将营销活动作为企业经营管理的一项职能的观点，它要求企业把所有的活动都整合和协调起来，努力为顾客的利益服务。

4R营销理论（The Marketing Theory of 4R）是由美国整合营销传播理论的鼻祖唐·舒尔茨在4C营销理论的基础上提出的新营销理论。4R分别指代关联（Relevance）、反映（Reaction）、关系（Relationship）和回报（Reward）。如与顾客建立关联、关系，需要实力基础或某些特殊条件，并不是任何企业可以轻易做到的。但不管怎样，4R营销提供了很好的思路。

4P、4C、4R不是取代关系而是完善、发展的关系。由于企业层次不同，情况千差万别，市场、企业营销还处于发展之中，所以至少在一个时期内，4P还是营销的一个基础框架，4C也是很有价值的理论和思路。因而，两种理论仍具有适用性和可借鉴性。4R不是取代4P、4C，而是在4P、4C基础上的创新与发展，所以不可把三者割裂开来甚至对立起来。所以，根据企业的实际，把三者结合起来指导营销实践，可能会取得更好的效果。三者之间的比较见表1-3。

表1-3 4P、4C、4R营销理论比较

营销理论	4Ps	4Cs	4Rs
理论导向	生产导向	顾客导向	竞争导向
营销要素	产品、价格、分销、促销	顾客、费用、便利、交流	关联、反映、关系、回报
优点	利于生产企业	贴近消费者为顾客提供利益	符合市场经济的要求是互动双赢的反应机制
缺点	不贴近消费者的需求，传统的以产定销的模式	被动适应顾客需求，没体现长期拥有顾客的营销思想	

（二）价值链理论

哈佛大学商学院教授迈克尔·波特于1985年在《竞争优势》一书中提出价值链的概念，企业每项生产经营活动都是创造价值的活动，企业中所有互不相同但又相关联的生产经营活动构成了创造价值的一个动态过程，即“价值链”。他认为，价值链作为一个分析工具，是进行竞争分析和战略研究的基础。企业只有为企业的利益成员创造价值，才能长期存在发展。世界最大的客车生产基地宇通客车明确提出“为公司创造更大价值”，这是价值链理论的一个例证。波特的“价值链”理论揭示，企业的竞争优势在相当程度上与价值链内的纵向联系密切相关，这意味着企业与企业的竞争，不只是某个环节的竞争，而是整个价值链的竞争。

项 目 小 结

任务一介绍了市场营销相关理论知识。首先，介绍了市场营销的形成与发展；其次，将市场营销中比较核心的概念做了简单的介绍；再次，对市场营销基本知识有了基本认识后，对市场营销理念的变化做了简要的总结，对延伸介绍了当代市场营销的一些新理念。

任务二对汽车营销的知识做了更为具体的介绍。首先，对汽车简单分类，对汽车有个基本了解后，对国外各主要汽车工业国的汽车工业发展以及主要汽车制造企业生产的车型做了简要介绍，对我国汽车工业的发展以及和世界先进汽车制造水平的差距做了总结；再次，介绍了和汽车营销相关的一些市场营销理论有4P营销理论、价值链理论等；最后，介绍了国外汽车营销模式现状，以及国内汽车营销模式现状和主流营销方式。

思考与练习

一、判断题

1. 市场营销学是20世纪初在英国产生的。（　　）
2. 市场营销学是一门建立在经济学、行为科学和现代管理学等基础上的应用科学。（　　）
3. 生产观念和产品观念都属于以企业产品为中心的经营思想，其区别在于前者注重质量，后者注重产量。（　　）
4. 社会市场营销观念要求企业求得企业利润、消费者利益、经销商利益三者之间的平衡与协调。（　　）
5. 在以顾客为中心的市场营销理念下，企业追求顾客满意度最大化。（　　）
6. 福特汽车公司是曾经是世界最大的汽车公司，现今在美国排名第二。（　　）

二、选择题

1. 工商企业的市场营销工作最早是以（　　）为指导思想的。
   A. 生产观念　B. 产品观念　C. 推销观念　D. 市场营销观念
2. 市场营销的核心是（　　）
   A. 生产　B. 分配　C. 交换　D. 促销
3. 以“顾客需要什么我们就生产供应什么”作为座右铭的企业是（　　）企业。
   A. 生产导向型　B. 销售导向型　C. 市场营销导向型　D. 社会营销导向型
4. 从营销学角度来看，要得到食品和想吃到苹果分别是（　　）和（　　）。
   A. 需求，欲望　B. 需要，需求　C. 需要，欲望　D. 欲望，需求
5. 法国三大汽车公司分别是标致、雪铁龙和（　　）
   A. 宝马　B. 莲花　C. 雷诺　D. 菲亚特
6. 中国第一汽车集团公司成立于（　　）年
   A. 1953　B. 1969　C. 1949　D. 1960
7. 4P理论包括产品、价格、分销以及（　　）四大类
   A. 促销　B. 顾客　C. 交换　D. 便利
8. 汽车4S店“四位一体”的销售模式包括整车销售、零部件供应、售后服务和（　　）
   A. 二手车销售　B. 一条龙服务　C. 顾客满意度调查　D. 信息反馈

三、简答题

1. 什么是市场营销？有哪些市场营销观念？在本项目开头案例导入“老福特的成功与悲哀”老福特的言行体现了哪一种市场营销观念？
2. 汽车营销理念的演变过程包括哪些阶段？每个阶段的特点是什么？
3. 试述世界主要车系的特点及代表车型。
4. 从社会营销观念角度分析，如何看待正在我国蓬勃兴起的家用汽车工业？怎样思考汽车业未来的发展？

项目二 汽车市场机会分析

【项目目标】

1. 知识目标

(1) 熟悉汽车市场营销宏观环境和微观环境各大要素。

(2) 熟悉汽车市场调查的内容、类型和调查步骤，掌握市场调查的主要方法和调查技术。

(3) 了解汽车消费者市场行为模式和影响消费者行为的因素，掌握汽车消费者市场和组织市场购买行为的特点以及决策过程。

2. 能力目标

(1) 能应用汽车市场营销环境的内容，分析对汽车企业的影响。

(2) 能根据汽车市场调查的主题内容设计调查问卷，选择合适的调研方法，并能进行资料的分析、统计，撰写汽车市场调查报告。

(3) 能对特定汽车市场的购买行为进行分析，并采取相应的营销策略。

任务一 汽车市场营销环境

【案例导入】

我国的汽车市场环境

自 2002 年开始，中国汽车行业开始进入爆发式增长阶段。2009 年，中国的汽车产量超过了日本和美国的总和，随着中国取代美国成为世界上最大的汽车销售市场开始，由日本汽车工业保持的世界第一的位置，在当年也被中国取代。自此，中国汽车工业产销总量分别达到 1379.1 万辆和 1364.48 万辆，同比增长 48.30%和 46.15%。接下来虽然我国汽车业步伐放缓，汽车市场整体趋势向淡，但依然保持着世界第一的地位。目前，中国汽车市场不仅发展快，而且汽车消费需求变化也快，这对于中国汽车产业来说，将迎来下一个黄金十年，自主品牌将完成从“中国制造”到“中国创造”的发展过程。预计未来十年，我国汽车市场年均增长率将达到 7.1%，到 2020 年中国汽车市场的销量有望占据全球汽车总销量的一半以上，将是美国市场销量的两倍左右。

1. 经济环境

(1) 经济增长有保障　在中央经济会议期间提出我国年经济增长目标定为 8%左右，CPI 升幅目标约在 4%。在此政策环境下，各地发展经济项目热情都很高，经济增长有保障。

(2) 进出口政策宽松　每年出口退税政策基本稳定，汽车及零部件的进口政策尤为宽松，进口增长有保障。

(3) 汇率升值加速　中国重新开始启动人民币升值进程，这将间接性导致进口整车的价格下探，国产车型的竞争环境更加复杂。

2. 自然环境

由于汽车市场的不断扩张，我国从1993年起成为净石油进口国，随着汽车保有量的持续增加，由此带来的环境污染和能源消耗问题日益凸显。因此，对节能减排与新能源汽车的研究成为产业转型升级的关键。

3. 政治法律

1) 购置税的退出造成2011年1季度的乘用车消费需求被提前释放，导致2010年的基数偏高和2011年增速乏力。

2) 以旧换新政策的适时而止，也消除了许多该项政策由于“水土不服”所产生的质疑。

3) 节能惠民补贴政策的延续对拉动经济型车增长的贡献很大。

4. 汽车的使用环境汽车的使用环境汽车的使用环境汽车的使用环境。

首先在公路交通方面，由于前些年的道路规划，已不能满足我们今天社会发展的需求，我国多个城市出现了汽车交通拥堵的现象。其次在停车状况方面，停车难已成为困扰着有车一族的重要问题之一。最后在燃油市场方面，由于世界石油资源的不断减少，导致国际燃油价格不断走高。这些问题均对汽车的发展及销售产生了制约。

5. 消费环境

(1) 换购需求逐步崛起　随着北京限牌和一线城市进入换车周期，换购群体逐步占绝车市较重要份额，目前的判断是全国市场的无车家庭购车占70%比例，换购占18%，增购占12%。

(2) 贷款购车比例上升　年轻人较高的购车热情导致贷款购车成为潮流。目前贷款购车比例在13%左右，贷款购车的比例仍在持续上升。

(3) 社会环境不乐观　现代人购车追求大排量大尺寸，并且公车购买奢侈化，城市出租车追求高档化，以及私车市场存在的跟风消费和炫耀消费都是些不正常的消费心理和行为，势必影响汽车消费的健康发展。

(4) 汽车信贷的落后　我国目前汽车购买的信贷比例不足20%，较发达国家汽车信贷比例的70%明显偏低。这无疑是抑制了消费者的支付能力。

(5) 消费者品牌忠诚度低　我国大部分人都是首次购车，对汽车品牌认知度低，反而对价格敏感，并且容易跟风消费。加上攀比消费使自主品牌在这方面不具有国外品牌的口碑优势。总体上说，对于中国汽车生产企业，威胁主要来自于国外成熟市场上的竞争者、自然环境的压力和能源污染问题。对中国企业而言，由于国人收入水平相对低下，因而存在许多低端客户，这一市场的需求很大，只要抓住这样的市场，边缘企业也就会成为未来的主流企业。自主创新是中国汽车企业获得核心竞争能力的唯一途径，是中国汽车产业健康、可持续发展的必然选择。

思考：

(1) 影响我国汽车消费最主要的因素什么？

(2) 2009年以来，哪些宏观因素对汽车市场产生较大的影响？

(3) 你如何理解“中国汽车市场是一个政策市场”的说法？

一、汽车市场营销环境分析

(一) 分析市场营销环境的含义

市场营销环境是企业生存和发展的条件，是指影响企业营销活动和营销目标实现并与企业营销活有关系的各种因素和条件。菲利浦·科特勒认为：“企业的营销环境是由企业营销管理职能外部因素和力量组成的。这些因素和力量影响营销管理者成功地保持和发展同其目标市场顾客交换的能力。”也就是说，市场营销环境是指与企业有潜在关系的所有外部力量与机构的体系，它包括宏观环境和微观环境。

宏观环境是指一个国家或地区的自然、政治法律、人口、经济、社会文化、科学技术等影响企业营销活动的宏观因素；微观环境是指企业内部条件，包括企业的顾客、竞争者、营销中介、社会公众等对企业营销活动有直接影响的因素。宏观环境和微观环境是市场环境系统中不同的层次，所有的微观环境都受宏观环境的制约，而宏观环境对微观环境也有影响。企业的营销活动就是在这种外界环境相互联系和作用的基础上进行的。

市场营销环境是一个不断完善和发展的概念，随着商品经济的发展，发达国家的企业越来越重视对市场环境的研究。企业只有不断地适应各种营销环境的变化才能顺利展开营销活动，在营销实践中，除对营销环境进行科学的研究和预测外，还要掌握科学的分析方法，寻找营销机会，避免外界环境的威胁，及时调整营销策略，使企业的营销活动不断适应变化的营销环境。

国际汽车市场环境因素出现的新变化：

全球交通、通信、金融交易等快速发展，推动了汽车业的国际贸易和投资；

经济区域化合作的加速，经济贸易自由区的建立，例如欧盟、北美自由贸易区的建立，加速了区域内的经济合作；

互惠贸易（国际间的物物交换，一个国家同意从另一个国家进口产品，同时向该国出口产品）形式在国际贸易中的比例增加；

一些国际化的生活方式迅速传播，汽车文化已经在全球普遍形成；

一些新兴、逐步开放市场的出现，如中国、印度、东欧及阿拉伯国家等，特别是中国加入 WTO 后，汽车市场发生了急剧变化；

跨国界的经济合作与发展已经超过了公司在本国的发展，造就了很多国际化的汽车跨国大企业；

国际性的大型汽车企业的并购和重组；

国际性的汽车品牌的出现。

（二）分析市场营销环境的意义

分析市场营销环境的意义具体体现在以下几个方面：

(1) 分析市场营销环境是汽车企业市场营销活动的立足点。市场营销的一切活动都是在市场营销环境下进行的，只有在科学正确地分析、了解了市场营销环境以后，才能为市场营销活动提供决策依据。

【应用案例 2-1】 德国大众汽车公司——第一个吃螃蟹。

大众汽车公司是最早拓展中国市场的德国企业之一，也是首家在中国建立合资汽车企业的德国公司。当中国政府决定要发展汽车工业，特别是发展轿车工业时，当时的中国一没有资金，二没有技术，只能走国际合作的道路，吸引外商来华投资。

国内有关部门当时与世界各大汽车集团都有过接触和商谈，和大众汽车公司的第一次接触是在 1978 年，而大众汽车是唯一一家全面接受中国政府提出合作条件的企业。当时的条件是第一要进行技术转让，第二要有现金的投入。

1984 年，上海大众在上海成立，1991 年又在长春成立了一汽大众。作为第一个在中国吃螃蟹的跨国汽车公司，大众汽车高层顶住重重压力，坚持在中国发展。现在看来，这一决策是十分英明的。得益于中国的改革开放和中国经济的高速发展，以及人民生活的提高，也得益于大众和上汽、一汽两个合作伙伴的精诚合作，大众汽在中国取得了很好的经营业绩。2011年，包括进口汽车在内，大众汽车在华销量达到226万辆，中国连续三年成为大众汽车包括本土在内的第一大市场。

（2）分析市场营销环境能够使汽车企业发现经营机会，避免环境威胁。

市场营销环境总是在制约着市场营销活动的进行，比如：市场营销宏观环境中的经济环境就制约着一个企业对其某项新产品的定价；市场营销微观环境中的企业内部环境包括有企业的自主研发能力和企业人力资源，这两方面就会制约着企业的研发活动和产品渠道设计。而一个国家整体技术水平的提高，也会给企业的产品研发带来动力。

最后，市场营销环境为市场营销活动带来环境威胁的同时也给企业带来了市场机会。这点很容易理解，比如，人类面临着日益严重的资源危机，对于某些高能耗的企业来说，这是一个威胁。但是，如果企业能够开发出低能耗的、利用可再生资源的替代品，这无疑为企业大发展提供了良机。

（3）分析市场营销环境为汽车企业经营决策提供了科学的依据。

企业的生产经营活动要受到各种环境因素的制约，企业的内部条件、外界的市场环境与企业经营目标的动态平衡，是科学决策的必要条件。在风云变幻的营销环境和激烈的市场竞争中，“适者生存”同样是颠扑不破的真理。企业的各种活动与决策都应当具备一定的科学性，这种科学性主要来源于对市场营销环境的客观分析。

（4）分析市场营销环境能使汽车企业在激烈的竞争中立于不败之地。

企业只有认真分析自身的内部条件和外部的市场环境，充分了解自己所拥有的实力，才能找出自己的优势和不足，明确它们能够为企业带来哪些相对有利条件以及企业可能面临的环境威胁，从而为企业的科学决策提供充分的客观依据，促使企业在生产经营过程中的资源得到最优配置，确保企业在激烈的市场竞争中立于不败之地。

（三）汽车市场营销环境的特点

汽车产业作为各国国民经济的支柱产业，它对宏观环境与微观环境的变化反应非常敏感。一般来说，汽车市场营销环境有如下几个特点：

1. 客观性

市场营销环境作为一种客观存在，是不以企业的意志为转移的，有着自己的运行规律和发展趋势，对营销环境变化的主观臆断必然会导致营销决策的盲目与失误。营销管理者的任务，在于适当安排营销组合，使之与客观存在的外部环境相适应。

2. 差异性

汽车市场营销环境的差异性一方面表现在不同汽车企业受不同环境的影响；另一方面，同一种环境的变化对不同汽车企业的影响也不相同。相应地，汽车企业为适应营销环境的变化所采取的营销策略也各不相同。

3. 相关性

汽车市场营销环境既然是由多方面要素组成的，不是由某一个单一要素决定的，这些要素之间相互作用，相互影响，共同决定着营销环境的变化。比如，目前老百姓关心的汽车价格，就不仅仅受市场供求关系影响，而且还要受到汽车企业技术进步水平、原材料价格水平和国家相关税费的影响。

4. 不可控性

构成汽车市场营销环境的要素是多方面的，不同的要素在不同的时空范围内又会随着社会的发展在不断变化。例如，一个国家的政治法律制度、人口增长及一些社会文化习俗等，企业不可能随意改变。因此，不可控性是汽车市场营销环境的一个永恒的特性。

5. 动态性

汽车市场营销环境是在不断变化的，而且当前汽车市场营销环境的变化速度不断加快。过去，一辆新车的开发上市要经过三年多的时间，而现在，经过八个月就能把新车推向市场，这主要是由于市场发展和计算机技术的发展应用。每一个汽车企业作为一个小系统都与市场营销环境这个大系统处在动态的平衡之中。一旦环境变化，平衡便被打破，汽车企业必须积极适应这种变化并快速作出反应。

6. 层次性

从空间上看，营销环境因素是个多层次的集合。第一层次是企业所在的地区环境，例如当地的市场条件和地理位置。第二层次是整个国家的政策法规、社会经济因素，包括国情特点、全国性市场条件等。第三层次是国际环境因素。这几个层次的外界环境因素与企业发生联系的紧密程度是不相同的。

二、汽车市场宏观环境分析

宏观市场环境，是企业外在的不可控制的因素。企业市场营销环境的宏观环境十分复杂，它不断地制造市场营销机会与威胁。成功的企业总是那些能在纷繁复杂的宏观环境中意识到尚未被满足的需要和趋势并能及时做出盈利反应的企业。从宏观环境变化的长期趋势来看，企业在营销活动中应重视以下 6 个方面：

（一）自然环境

自然环境是影响企业营销活动的基本因素，它是指影响汽车生产和使用的自然因素，主要包括自然资源和生态环境。

在生态平衡不断遭到破坏，自然资源日渐枯竭，污染问题日益严重的今天，环境已成为涉及各个国家，各个领域的重大问题，环保呼声越来越高。从市场营销角度来讲，自然环境的发展变化已给企业带来严重的威胁，也造成了市场机遇与挑战并存的局面。自然环境对汽车企业市场营销影响主要表现在以下几个方面。

1. 汽车制造原料的短缺与能源成本的增加

汽车消耗着全世界 47%的石油，25%的钢铁，58%的橡胶，50%的玻璃。它毫无争议地成为国家经济发展的引擎。然而，近年来自然矿产资源日益短缺，铁矿石的总供给能力已无法满足钢铁冶炼的需要，这对汽车企业的市场营销活动过程是一个长期的约束条件。汽车工业越发达，汽车普及程度越高，汽车生产消耗的自然资源也就越多，而自然资源总的变化趋势是日益短缺。

2. 生态与人类生存环境总的趋势日趋恶化对汽车的性能提出了更高的要求

汽车的大量使用又明显地会产生环境污染，因而环境保护对汽车的性能要求就越来越严格，这既是汽车企业发展的威胁又是一次发展的机会。既要保证企业可获利发展，又要保护资源与环境，企业可实行持续发展战略，达成社会与自然的协调的主要对策有：

（1）依靠科技进步节约自然资源，提高自然资源的综合利用率。例如：二战后，世界汽车工业在科技进步的作用下，大量的轻质材料、电控技术被用于汽车工业，平均每辆汽车消耗的钢材下降 10%以上，自重减轻 40%。

（2）开发汽车新产品，加强对汽车节能、改进排放等新型技术的研究与利用，寻求合理的替代资源。例如：汽车燃油电喷技术，主动与被动排气技术等都是世界汽车适应自然环境变化的产物，研发零污染或低污染的新能源与清洁汽车技术将为汽车环境做贡献。早在1987年，澳大利亚举行了一次奇特的汽车比赛，25辆形形色色的太阳能汽车，日出而赛，日落而息，不用一滴燃油就跑完了3200km的赛程。

(3) 积极开发新型动力和新能源汽车，如国内外目前正在广泛研究电动汽车、燃料电池汽车、混合动力汽车、其他能源汽车等。

3. 汽车的使用环境、气候、地理、车用燃油、城市道路交通建设等因素对汽车市场营销的影响

(1) 气候。气候条件对汽车使用时的启动、冷却、润滑、充气效率、制动等性能以及对汽车机件的正常运转和使用寿命均产生直接影响。因而汽车企业在市场营销环境中，应向目标市场推出适合当地气候特点的汽车，并做好售后服务，以使用户科学地使用本企业的产品和及时地解除用户的使用困难。

(2) 地理。汽车是所有机械设备中对地理环境最为依赖的机器。这里指的地理环境主要包括一个地区的地形地貌、山川河流等自然地理因素和交通运输结构等经济地理因素，二者相互作用影响汽车企业营销。

第一，经济地理的现状及其变化，决定了一个地区公路运输作用和地位的现状和变化，它对企业寻找目标市场以及目标市场环境的规模、需求特点产生影响。华东是我国经济发达地区，轿车的需求量很大。同时，由于区域的关系，上海轿车的产品销售在这里占据了明显的优势。其中，一汽投放华东地区的奥迪轿车，上海市的购买量就占了将近一半。江浙两省的销售量也明显上升。显然，奥迪的成功，与其目标市场的高层次定位是分不开的。

第二，自然环境对经济地理，尤其是对公路质量（如道路宽度、坡度、弯度、平坦度、表面质量、坚固度及道路桥梁等）具有决定性影响，从而对汽车产品的具体性能有着不同的要求。因而汽车企业应向不同地区推出具有针对性的汽车产品。例如，汽车运输是青藏高原交通运输的唯一方式，针对青藏的高原、多山、寒冷的地理气候特点，二汽推出了适合当地使用条件的东风卡车，占据了明显的优势，具有不可动摇的地位。而其他公司的汽车产品却不能适应当地使用条件，难以经受使用考验。

为了使汽车更好地适应目标市场的地理环境，汽车生产厂家不但要针对地理环境进行研究分析，而且要针对驾驶环境进行测试。

在西方发达国家的某些汽车生产厂家，有时还会借助高新技术虚拟驾驶环境为汽车设计取得资料。世界上最大的汽车内部系统制造商之一的约翰逊控制装置公司，曾经投资办了自己的“舒适工程中心”。该中心的核心装置是一台汽车驾驶模拟装置，可以模拟不同条件下汽车的行驶环境，如路上的景象、声响以及汽车的承受力和减振性等。这种虚拟驾驶环境作为一种拟真的产品研制手段，可以为产品开发人员切身体验怎样把汽车设计得更舒适提供更好的条件。

(3) 车用燃油。车用燃油是汽车环境的重要因素，它包括汽油和柴油两种成品油。汽车燃油对汽车营销的影响有：

第一，车用燃油受世界石油资源不断减少的影响，将对汽车企业市场营销及汽车工业发展起着很强的制约作用。例如：两次石油危机给世界汽车工业以严重冲击，全球汽车产销量在石油危机中大幅度下降。

第二，车用燃油中汽油和柴油的供给比例影响到汽车工业的产品结构，进而影响到汽车企业的产品结构。例如：柴油短缺对我国汽车企业发展柴油汽车有明显的制约作用。

第三，车用燃油品质的高低对汽车企业的产品决策具有重要的影响，由于燃油品质的总的变化趋势是不断提高的，因而汽车产品的燃料燃烧性能亦应不断提高。

我国的天然气储备丰富，总资源为38亿立方米，已探明的储量达1.53万亿立方米。天然气汽车以其丰富的自然资源和低排放性能受到各国的普遍重视。目前，天然气在汽车上的运用主要形式是压缩天然气。据不完全统计，世界各国大约有天然气汽车百余万辆，阿根廷、俄罗斯等天然气汽车使用较多，我国天然气汽车也有长足发展。因此，我们要根据本国国情，大力发展天然气汽车。

(4) 公路交通系统指一个国家或地区公路运输的作用、各等级公路的里程及比例、公路质量、公路交通量及紧张程度、公路网布局，主要附属设施如停车场、维修网、加油站及公路沿线附属设施等因素的现状及其变化。道路交通是汽车使用的重要环境，是评论一个城市经济状况的重要内容，它从侧面反映出一个城市的文明程度。

公路交通对汽车营销的影响有：

第一，好的公路交通条件有利于提高汽车运输在交通运输体系中的地位。公路交通条件好，有利于提高汽车运输的工作效率，提高汽车使用的经济性等，从而有利于汽车的普及；反之，公路交通条件差，则会减少汽车的使用。

第二，汽车的普及程度增加也有利于改善公路交通条件，从而对企业的市场营销创造更为宽松的公路交通使用环境。

第三，我国由于人多地少以及道路建设需要巨额投资，因而从道路占地面积和建设投资方面看，道路交通条件对于我国汽车企业的市场营销在一定程度上将构成长期的约束。

城市公路交通是汽车尤其轿车使用环境的又一重要因素，它包括城市的公路面积占城市面积的比例、城市交通体系及结构、公路质量、公路交通流量、立体交通、车均公路密度以及车辆使用附属设施等因素的现状及其变化。由于我国城市的布局刚性较大，城市布局形态一经形成，改造和调整的困难很大；加之人们对交通工具选择的变化，引发了对汽车需求的增加，中国城市公路交通的发展面临巨大的压力，因而该使用环境对汽车市场营销的约束作用就更为明显一些。

(二) 人口环境

市场是由那些想买东西并且具有能力购买的人构成的，人口数量越多，市场规模就越大。因此，人口的多少直接决定市场的潜在容量，而且人口的年龄结构、地理分布、婚姻状况、出生率、死亡率、人口密度、流动性、文化教育等人口特性，又会对市场需求格局发生深刻影响。老年人有不同于年轻人的消费需求，同样男性与女性、南方与北方、不同文化、不同民族、不同职业的人，在消费需求结构、消费习惯与方式上，都会有明显的差异。

就购买力而言，人口的增长意味着市场机会的增加，汽车营销人员应时刻关注国内外市场人口的变化与发展。

人口环境对汽车市场营销产生的影响的主要因素有：人口年龄结构、家庭结构、地理位置、人口变化、受教育程度等。

我国现阶段人口发展状况有六个动向：

① 人民平均寿命延长，人口呈继续增长态势。意味着整体消费品市场将继续增长。

② 人口出生率下降，儿童减少。意味着成年人会增加闲暇消费时间，成年消费市场也会扩大。

③ 人口趋于老龄化，且老龄化速度高于西方。意味着消费品生产和市场服务要更多地考虑老年人群的需要。

④ 家庭规模趋于小型化，家庭结构日益松散。意味着人们的生活方式和购物方式在发生着变化。

⑤ 人口流动性大，大量农村人口流入城市。意味着城市市场保持快速增长态势。同时随着交通运输的大大改善，城市人口迁居郊区的增加，城市周边住宅区的现代消费需求会大大增加。

⑥ 人口由多民族构成。企业开发新的产品和市场也需重视不同民族的特殊需要。

另外，由于人种和性别的差异，不同民族、不同性别的人会在身高、臂长等人体结构上有各种各样的差别。在设计汽车时，如何更好地从人体工程学的角度出发，在近似成本的情况下，真正做到客户满意的最大化和最优化，是每个营销管理者不能忽视的。比如，亚洲人和欧洲人的身材特点就有很大的区别，可能适合东方人的汽车对德国人来说车内空间就显得太狭小；另外男性和女性对车的基本要求也会不同。

（三）政治法律环境

汽车营销的政治法律环境包括政治形势、经济政策和法律法规等方面。政治形势是指当前国际、国内政治形势的态势和走势。经济政策主要指与汽车营销有关的国家财政政策、货币政策、价格政策、劳动工资政策与对外贸易和国际收支政策，如汇率、进出口关税率、资本和技术引进政策等。法律法规主要指国家主管部门及地方政府颁布的与汽车营销有关的各项法规、法令、条例等。在这里主要是指与汽车营销有关的各种法规及有关的管理机构和社会团体的活动。企业的一切活动都要遵守国家的方针、政策和法令，不允许背离。当国家在一定时期内调整或改变某项政策、法令时，企业要相应地调整经营目标和策略。对企业来说，政策法律是评判企业营销活动的准则，只有依法进行的各种营销活动，才能受到国家法律的有效保护。因此，企业开展市场营销活动，必须了解并遵守国家或政府颁布的有关经营、贸易、投资等方面的法律、法规。如果从事国际营销活动，企业就既要遵守本国的法律制度，还要了解和遵守市场国的法律制度和有关的国际法规、国际惯例和准则。这方面因素对国际企业的营销活动有深刻影响。

对于汽车企业来讲，国家的政策和法律的影响主要有：

(1) 国家产业政策

从本质上讲，产业政策是一国政府为促进本国某项产业的健康发展和提高国际竞争力而制订、实施的一整套法律法规及政策体系的统称。长期以来，由于受经济体制环境、经济发展战略、产业功能定位、行业管理体制等多种因素的影响，我国汽车产业一直没有形成一个完整、连贯、系统、科学的产业政策体系，这在很大程度上制约了我国汽车产业长远发展目标的实现和产业竞争力的提升。1994 年 7 月，我国的《汽车工业产业政策》在人们的长久期待和喝彩声闪亮登场，这标志着长期困扰我国汽车产业发展的“政策瓶颈”问题基本告一段落。在此基础上，国家有关部门又相继出台一系列有关汽车产业发展的规范性文件，由此构成了当前我国汽车产业政策的主体框架。

从《汽车工业产业政策》内容上看，目前我国的汽车产业政策涵盖面很宽，包括明确鼓励与限制发展的产品和项目、行政审批、贸易管制、服务贸易、目录管理、国产化、产业组织、利用外资及知识产权、消费政策、汽车报废等内容，内容比较丰富，非常有利于我国汽车工业作为支柱产业的正常发展。

目前，国内已经出台（或即将出台）了一系列鼓励汽车消费的政策，涉及汽车消费信贷、燃油税等税费收缴、停车场建设与管理、旧车交易等各个方面。这与人们热切期望的汽车消费环境改善直接相关。

（2）利率

政府的经济政策影响着利率，后者会给消费者和企业都带来冲击。对于许多消费者来说，利率上升的一个最严重后果是他们贷款的月偿还额上升。利率上升还会阻碍他们通过分期付款购买大件贵重商品。例如，一个消费者想买某个品牌的新汽车，他可能会考虑他能买得起多贵的汽车。为了减少购买中的这种可能障碍，许多汽车销售商同信用公司达成协议，为汽车购买者提供贷款。

（3）国际贸易集团

各国政府也同国际贸易集团的成员国一起，协商国际贸易协定的范围、期限和条件。例如，欧盟就不断立法规范经济发展，已经建立了覆盖竞争行为、产品标准、产品可靠性、商业交易行为等领域的新法律体系和框架。这些法律规定，保护了公平市场秩序、消费者的利益和整个社会利益。欧盟成员国之外的企业发现，他们越来越难以将产品销往欧盟国家。

除了正式贸易集团外，企业还经常受到贸易协定的影响。这些贸易协定有的是贸易保护主义的，因为他们试图使国内生产商免受进口产品的冲击。有的协定则努力促进国家之间的贸易自由。例如，日本同意在将汽车销售到欧美时，实施自愿出口约束（VER）。这有助于对日本进口增加配额，以保护欧美国家的国内汽车生产。

（四）经济环境

经济环境主要指社会的购买力，是影响市场营销的最活跃因素。经济环境宽松与否将对汽车产品的市场需求的大小有影响，并且也对汽车企业的市场营销有最重要、最直接的影响。

经济的发展水平是影响汽车工业发展的重要因素。一方面，一国的经济发展水平直接影响该国的汽车普及程度。例如：美国经济起飞的两个阶段也正是汽车工业进入普及化的黄金阶段。另一方面，经济发展水平决定着汽车工业发展的规模和产品的品种结构。例如：美国福特汽车公司的T型车、日本和韩国的国民系列都是属于经济型轿车，适合当时人们的购买力水平，这也是由当时的经济发展水平决定的。

目前，我国国民经济发展总体速度很快，长期稳定保持在7%左右的增长速度上，人民的生活水平明显提高，在消费支出中个人可随意支配的收入比重增加，人们越来越希望追求较高的生活质量。就汽车市场而言，私人购车及私人汽车保有量的比重正在迅速增加，私人购车甚至在部分汽车企业和部分汽车品种的销量中占据主导地位，而家用轿车已部分地进入高收入阶层和经济发达地区居民的家庭，家用轿车进入家庭形势喜人。

经济环境对汽车企业市场营销的影响十分重要。大致来说，经济环境可以从世界性的、国家性的、产生性的和个人性的指标来考察。世界性的指标反映的是整个世界的经济大气候，包括世界经济的增长情况，世界资本与货物的流动情况等。国家性的指标包括国民生产总值（GNP）、国内生产总值（GDP）、国民收入、储蓄、就业、通货膨胀率等指标。产业性指标主要是反映产业结构及其变动的指标。个人指标主要包括工资及其他收入、储蓄、消费及其其结构等。除这些指标外，通货膨胀、就业水平、汇率变动等因素也是汽车营销环境分析经常要关注的经济因素。

1857年，德国统计学家恩斯特·恩格尔在研究劳工家庭支出时发现：一个家庭收入越少，家庭收入中用来购买食物的支出所占的比例越大，随着家庭收入的增加，家庭收入中用来购买食物的支出则会下降。这成为恩格尔定律。

恩格尔系数：恩格尔系数＝食物支出金额/总支出总额×100%。恩格尔系数在59%以上者为绝对贫困，50%～59%为勉强度日，40%～50%为小康水平，30%～40%为富裕，30%以下为最富裕。

国家统计局国际中心的一份研究报告称，2005 年我国城镇居民家庭恩格尔系数为36.7%，农村居民家庭恩格尔系数为 45.5%，按照联合国教科文组织划定的标准，我国城镇居民生活已经达到富裕程度，农村居民生活也已达到小康水平。

【应用案例 2-2】 我国在 2009 年和 2010 年汽车销售创历史新高，其迅猛发展有几个原因：一是我国的 GDP 和人民收入持续稳定增长，对汽车需求的增长起到了基础性的作用；二是国产车价格不断下降，提高了居民的购车实现率；三是新车型密集上市，使消费者可选择的余地大大提高，促进了部分潜在消费需求的实现。

当一个国家人均 GDP 由 800 美元向 3000 美元过渡时，这个国家的经济发展将步入一个高速增长阶段，外在表现为汽车、房地产及服务业等行业的快速持续增长。我国的一些城市，这个指标早已突破。上海、深圳的人均 GDP 就已经接近或超过 5000 美元。

（五）社会文化环境

社会文化环境包括社会阶层、相关群体、教育水平、风俗习惯、审美观念、宗教态度、价值观念等。这些因素影响消费者的购买行为，企业营销工作必须重视社会文化环境。

1. 社会阶层

社会阶层指按一定社会标准将社会成员划分为若干社会等级。这里的社会标准主要是收入财产、文化教育水平、职业和社会名望等。同一社会阶层通常有相似的生活方式和购买行为。在我国目前可分为四大社会阶层，他们对商品的需求、兴趣爱好及购买行为有区别性的特点：

职工阶层——中国城镇中的一个最大阶层，包括工人、公务员、一般干部等工薪阶层。其生活水平在社会中处于中等水平。这一阶层是中等商品的主要市场，也是普通轿车的主要消费群。

农民阶层——人数来看是我国最大的消费阶层。他们的经济收入普遍不高，文化水平一般较低，文化生活比较单调，除城市近郊和少数富裕地区外，大多数农民平时的生活可谓节衣缩食，购买力低。这也是汽车商品目前还不能扩大农村市场的主要原因。但是随着先进地区农村的城镇化步伐加快，汽车企业加强产品的市场结构调整，农村将成为很有潜力的市场。

知识阶层——有较高文化教育水平的人们。他们多在文化、教育、科技部门工作，其收入水平不等，少数收入水平提高较快，不少人相对收入低，多数人属于中等收入水平。他们的生活方式、购买动机和购买行为基本趋同于职工阶层，购买力逐步增长。

私营工商业者阶层——我国现阶段人数日益增多的社会阶层。随着改革与经济的不断发展，私营（民营）企业已占到全国企业总数的 70%左右，并且还在扩大着发展程度。在私企（民企），特别是在高新技术企业里工作的经营者和员工，其收入水平稳步提升。他们大多追求高品质消费，对高档消费品有兴趣，有较足够的购买能力。

任何一个社会阶层都有其购买商品的种类和档次。收入水平相对低的人群往往追求商品的实用性，购买汽车主要出于生活实际的需要。而高收入高身份的消费阶层，购买汽车产品除享受其产品的自身功能外，还需要得到品牌的社会文化效用。企业生产和营销工作的关键是要找准和经营好自己的目标市场，有的放矢地去设计产品，使自己的产品真正被目标市场的顾客所赏识、所接受，使企业真正占领属于自己的市场。

2. 相关群体

一个人的购买行为要受许多群体的影响，有些影响是直接的，有些影响是间接的。首要的群体是与某人直接接触的人们，如家庭成员、亲戚朋友、工作同事、同学、邻居等。他们对消费者的购买行为影响很大。次要群体是指与某人有关的各种团体或组织，如：党派、学会、宗教组织、职业协会等。他们与消费者个体接触不太频繁，对其影响不太经常，但可以影响消费模式，如体育明星、电影明星们的消费行为对他们的崇拜者们影响很大。

对于企业来讲充分认识到相关群体对营销活动的影响和作用，不仅可以努力寻找目标市场上的相关群体，而且可以研究如何利用这些相关群体对消费者施加影响。可以考虑聘请专家、影星、歌星为企业做形象宣传，借此影响崇拜者和大众，提高企业知名度，扩大产品销售。

3. 教育水平

教育水平的高低直接影响人们的消费行为和消费结构。企业所在地区的教育水平也在一定程度上制约着企业的营销活动。一般来说，受教育水平高的消费者对产品的内在质量、外观形象以及服务有着较高的要求。而教育水平低的消费者往往要求更多的实物样品和通俗易懂的产品介绍。教育水平较低的人群，购买产品的理性程度相对低，对新产品的接受能力比较弱。而教育水平较高的地区正好相反。在制订产品宣传方案时，更应根据地区文化水平的普遍程度采用不同的产品宣传内容与方式。

4. 价值观念

不同的社会文化背景下，人们的价值观念相差很大。消费者对商品的需求和购买行为深受价值观念的影响。人们成长于特定的时期和地区，这种条件塑造了人们的基本信仰和价值观，确定他们与周围人们的关系的世界观也随之形成。

在当今社会，分期付款、各类贷款和信用卡，为人们提供了实现梦想生活方式的途径，老一代的人可能更趋向于“你必须攒钱，然后在你能付得起钱时，才用现金购买它”。今天的消费者则更倾向于通过提前消费来实现自我满足。对于不同价值观念的消费者，营销人员应采取不同的策略。一种新产品的消费，会引起消费观念上某种程度的变革。对于乐于变革，喜欢猎奇，比较激进的消费者，应重点强调产品的新颖和奇特；而对于那些注重传统，喜欢沿袭传统消费方式的消费者，企业在制订促销策略时则应把产品同目标市场的文化传统联系起来。例如中国传统的福禄寿星或古装仕女的产品装饰适合在一些亚洲国家和地区行销，而出口欧美国家则不感兴趣。欧美市场上，给产品加上复活节、圣诞节、狂欢节的装饰，则可能打开销路。

5. 消费习惯

消费习惯是人类各种习俗中重要的习俗之一，是人们历代传递下来的一种消费方式，也可以说是人们在长期的经济与社会活动中所形成的一种消费风俗习惯，它表现出独特的心理特征、道德伦理、行为方式和生活习惯。从事市场营销必须研究了解目标市场消费者的禁忌、习俗、避讳、信仰、伦理等，它也是企业进行市场营销的重要前提。

同时，社会、文化、人口和地理位置因素左右着人们的生活、工作和消费的方式，对几乎所有的企业都会产生直接影响。消费者对环保意识日益增长不失为一个很好的例子。对此，减轻汽车对环境的污染，大力发展环保型汽车便成为汽车厂商应该仔细考虑的问题。同时在生产过程中也是如此。例如，一些企业在生产过程中采用可循环利用的材料，这一举措将提高企业在消费者心目中的形象，有助于汽车的长期发展。

6. 审美观念

通常指人们对商品的好坏、美丑、善恶的评价。不同的国家、民族、宗教、阶层和个人，往往有不同的审美标准。人们的消费行为归根到底不外乎维护每个社会成员的身心健康和不断追求生活的日趋完善。人们在市场上挑选购买商品的过程，实际上也是一次审美活动。消费者个人的审美活动表面上看起来属于个人行为，实质上反映了一个时代，一个社会的审美观念和审美趋势。

消费者的任何欲望和购买行为都深深地印有文化的烙印。例如：某些性能先进、国际流行款式、深受外国人欢迎的“溜背式”车（即国人所说的两厢车），在中国市场却遇到了销售不畅的麻烦，这同我国传统的审美观念有直接的关系。

另一方面，营销者本身也深受文化的影响，表现出不同的经商习惯和风格。世界不同文化的发展与变化，决定了市场营销活动的发展与变化。例如在20世纪60年代以前，由于受二战和战后物资相对贫乏的影响，人们的心理还非常庄重、严肃，世界汽车多以深色为主。之后，由于世界汽车工业的中心向日本转移，因为日本人喜欢白色，而且人们已开始追求自由自在的生活，世界汽车的流行色也变得以轻快、明亮的色泽（如白色、银灰色）为主。

目前中国消费者日益增强的审美取向：一是追求健康美；二是追求色彩形式美；三是追求购物环境与服务美。

（六）科学技术环境

科学技术是第一生产力。科学是人类认识自然的知识体系，是潜在的生产力，技术是生产过程中的劳动手段、操作方法、工艺方法，是现实的生产力。技术的不断发展必然导致新产品的开发、生产方法的改进、资源利用率和产品质量的提高；还会导致新营销方式，新信息存储和传播方式的出现等。一个国家或地区的技术环境反映了其整体科技水平的现状及发展变化趋势。

汽车是一种高科技产品，其新产品的开发必然涉及新技术的应用。例如虚拟现实技术就是一种在汽车研发中应用的最新技术，技术人员戴上三维立体眼镜就可以在计算机屏幕前进行样车设计或样车试验，包括汽车虚拟设计、虚拟制造系统、汽车模拟驾驶、汽车虚拟维修技术、汽车实验研究仿真（包括汽车碰撞、高速稳定性实验、虚拟风洞等）。这些数字化产品开发的新技术，可以说是继福特流水线、丰田精益生产之后，汽车工业具有革命性意义的重大技术进步。

计算机在管理和设计中的应用，已经使得记录信息化、电脑化，不需要整理成文字档案。计算机辅助设计缩短了产品设计时间和生命周期。电子商务在世界汽车业的广泛应用，使得汽车营销管理方式将发生根本改变，精明的汽车经销商正是利用了信息化技术，通过日益普及的因特网，经生意做到每家每户。

科学技术环境对汽车企业营销活动的影响主要表现在以下3个方面：

(1) 汽车技术的发展直接影响汽车企业的经济活动。目前，生产率水平的提高主要依靠设备的技术开发（包括原有设备的革新、改装以及设计、研制效率更高的现代化设备），创造新的生产工艺、新的生产流程。同时，技术开发也扩大了劳动对象利用的广度和深度，不断创造新的原材料和能源。这些都不可避免地会影响到汽车企业的管理程序和营销活动。

新技术革命是管理改革或管理革命的动力，它向管理提出了新的课题和新的要求，又为企业改善经营管理，提高管理水平提供了物质基础。现在，一场以微电子革命为中心的新技术革命正在兴起，特别是计算机和互联网的出现，标志着技术发展进入了一个新的历史阶段。目前许多商业企业的经营管理都使用了计算机和互联网，这对于改善企业经营管理，提高企业经营效益起了很大的作用。

(2) 汽车技术的进展和应用影响汽车企业的营销决策。消费者、经营者、竞争者和市场都会受到科学技术冲击，这种冲击，意味着科技的发展给企业既带来机会，也伴随着风险和隐患。

产品策略变化。由于科学技术的迅速发展，新技术应用于新产品开发的周期大大缩短，产品的更新换代加快。开发新产品成为企业赖以生存和开拓新市场的根本条件，因此，要求企业营销人员不断寻找新市场、预测新技术，时刻注意新技术在产品开发中的作用，从而促进企业开发出给消费者带来更多收益的新产品。

分销策略变化。由于新技术的不断应用，技术环境的变化使人们的工作及生活方式发生了重大变化。广大消费者的兴趣、思想等差异性很大，自我意识的观念增强，从而引起分销机构的不断变化。大量的特色商店和自我服务商店不断出现。如 1930 年出现超级市场，1940 年出现廉价商店，20 世纪 60～70 年代出现快餐服务、自助餐厅等。同时也引起了分销实体的变化和运输实体的多样化，使现代企业的实体分配出发点由工厂变成了市场。

价格策略变化。科学技术的发展及应用，一方面降低了产品成本，使价格下降。另一方面使企业能够通过信息技术加强信息反馈，正确应用价值规律、供求规律、竞争规律来制订和修改价格策略。

促销策略变化。科学技术的应用引起促销手段的多样化，尤其是广告媒体的多样化和广告宣传形式的复杂化。如人造卫星和互联网成为全球范围内的信息沟通手段。如何利用新技术提高信息沟通的效率、提高促销组合的效果、降低促销成本，以及采用新的广告手段和方式，将是促销研究的主要内容。

(3) 汽车技术的发展对人们的生活方式、消费方式和消费需求结构产生深刻的影响。由于电视、电话、电脑系统的迅速发展，出现了“电话购物”、“网上购物”等在家购物的方式。目前一些发达国家，消费者如果想买东西，可以打开连接各商店的终端机，各种商品的信息就会在电脑屏幕上显示出来，消费者可以通过打电话的方式，订购所显示出来的任何商品，然后按一下自己银行存款户头号码，即把货款自动传给有关商店，所购的商品就会很快送到消费者家门口。

新技术革命使零售商业结构发生变化，古老传统的商业机构逐渐被新型的零售商业结构所代替，对买方来说，购物越来越不受时间地点的限制，给购买带来了极大方便。

科学技术是一种“创造性的毁灭力量”，它本身创造出新的产品，同时，又淘汰旧的产品。汽车企业在组织营销时，必须注意科技环境的变化，以便看准营销机会，避免科技发展给企业造成威胁。

三、汽车市场营销微观环境

(一) 汽车制造企业内部市场环境

微观环境中的第一种力量是企业内部的环境力量。它是指企业的类型、组织结构以及企业文化等因素。其中企业组织结构，即企业职能的划分、部门的设置以及各部门之间的关系，是企业内部环境的重要因素。

企业内部环境的好坏对企业市场营销的工作效率和效果的高低有着十分重要的影响。因此，企业管理者要加强企业的内部管理，为市场营销营造一个良好的环境。比如克莱斯勒汽车公司一度曾濒临破产，李·艾柯卡入主该公司后，采取一系列改革措施，建立评审制度，重新制订财务政策，大力进行人事调整，采用新的生产和销售政策，结果使克莱斯勒公司迅速起死回生。

（二）生产供应商

企业营销活动的展开，首先要生产出一种能满足消费者需要的产品或服务。而企业正常的生产需要有特定的原材料、辅助材料、能源等供应保障，否则，企业根本无法运转，也就无法提供市场所需的产品。对于汽车企业来说，与汽车相关的零部件供应商是最为重要的，经直接影响赋予企业所产汽车的质量、性能、价格等，进而影响到企业的竞争力。

供应商是指向企业及其竞争者提供生产商所需资源的企业和个人，包括提供原材料、设备、能源、劳务和资金等。这一力量对企业的营销活动影响巨大，如资源价格变化、短缺等都会影响企业产品的价格和交货期，供应资源的质量水平又直接影响产品的质量等，这些因素的变化必然会影响企业与客户的长期合作与利益。因此，营销人员必须对供应商的情况有比较全面的了解和透彻的分析，增强企业营销活动的主动性。

（三）营销中介

营销中介是指协助汽车企业从事市场营销的组织和个人。它包括有关中间商、实体分配公司（如仓储、运输公司等)、营销服务机构（如广告、咨询、调研、经纪商、代理商、期货公司等）和财务中间机构（如银行、财务公司、售托、保险等组织）等。他们都是市场营销中不可缺少的中间环节，大多数企业的影响活动，都需要有他们的协助才能顺利进行。比如生产集中和消费者分散的问题，必须通过中间商的分销来解决；资金周转不灵，则须求助于银行或信托公司等。

随着商品经济的发展，社会分工越细，这些中介机构作用就越大。营销中介对企业市场营销的影响很大，经关系到企业市场覆盖面、营销效率、经营风险、资金融通等。因而企业应该重视营销中介的作用，获得他们的帮助，弥补企业市场营销能力的不足和不断改善企业财务制度。

（四）目标市场（顾客）

目标市场是企业产品销售的市场，是企业赖以生存和发展的基础，使顾客满意是企业营销的起点和终点。因此，顾客是最重要的环境因素。顾客的范围十分广泛，顾客市场根据不同的标准和特点可以分为消费者市场、生产者市场、转售商市场、政府市场和国际市场等五种市场。所以企业要对目标市场进行细致分析，明确市场的类型，了解顾客的变化趋势，制订相应的营销策略，以不同产品和劳务满足不同顾客的需求。

中国消费者的三大特征是：低购买力水平所占比例大；收入增长速度快；地区之间和城乡之间差异大。汽车企业必须关注消费者的需要和变化。

（五）竞争者

一个企业确定了其服务对象和目标市场之后，同时它也就将自身处于某种竞争集合之中。任何一个企业的市场营销活动都要受到其竞争者的挑战，这是市场营销的又一重要的微观环境。国际知名企业以信息化增强其核心竞争力，从而占领市场。企业在进行营销规划之前，必须认真分析所面对的竞争态势，了解竞争对手的数目、分布状况、综合能力、竞争目标、竞争策略、营销组合状况、市场占有率及其发展动向等方面的情况，从而制订出有效的竞争性营销策略。

（六）社会公众

公众是指对企业实现其目标的能力有实际或潜在的影响或关注的任何团体或个人。企业在争取目标市场时，不仅要与对手竞争，而且它的营销活动也会影响到公众的利益，因而公众必然会关注、监督、影响和制约企业的营销环境。在通常情况下，企业所面临的公众包括以下七类。

① 金融公众。指影响企业融资能力的金融机构，如银行、投资公司、证券交易所和保险公司等。

② 媒介公众。指报纸、杂志、广播电台和电视等有广泛影响的大众传播媒介。这些团体对企业的声誉有着举足轻重的作用。

③ 政府公众。指与企业营销活动有关的政府机构，如税务局、工商管理局、经贸委等。管理者在制订营销计划时必须充分考虑政府的发展政策。企业必须向律师咨询有关产品安全卫生、广告真实性、商人权利等方面可能出现的问题，以便同有关政府部门搞好关系。

④ 社团公众。指有权监督企业，并对企业经营活动进行评论、指正的相关团体和组织，如消费者协会、环境保护组织等。

⑤ 社区公众。指与企业同处于某一区域的居民和社区组织。企业在从事营销活动中，要避免与周围公众利益发生冲突，应指派专人负责处理这方面的问题，并对公益事业作出贡献。

⑥ 一般公众。指并不购买企业的产品，但深刻地影响着消费者对企业及其产品看法的个人。一个企业需要了解一般公众对他的产品和活动的态度。企业的“公众形象”，即在一般公众心目中的形象，对企业的经营和发展至关重要。企业要争取在一般公众心目中建立良好的企业形象。

⑦ 内部公众。指企业内部的全体员工，包括董事长、总经理、一般管理人员和员工。一般大型企业通常发行内部通讯，以对员工起到沟通和激励作用。内部公众的态度也会影响到外部社会上的公众。

所以以上这些公众，都与企业的营销活动有直接或间接的关系。现代企业是一个开放的系统，它在经营活动中必然与各方面发生联系，必须处理好与各方面公众的关系。

上述六种力量既构成了企业营销的微观环境，也是一个企业的市场营销系统。

四、汽车企业适应营销环境变化的策略

企业的宏观和微观环境都从方方面面影响着企业营销过程，对于微观环境的调整，对于宏观环境的顺应都需要汽车企业在开展营销活动之前做好充分准备，即制订出切实可行的营销策略。

营销者必须善于分析营销环境的变化，研究相应对策，提高企业市场营销的应变能力。只有如此，企业才能在“商场如战场”，“市场无常势”的大环境中立于不败之地。

（一）企业对抗环境变化的策略

对企业市场营销来说，最大的挑战莫过于环境变化对企业造成的威胁。而这些威胁的来临，一般又不为企业所控制，因此企业应做到冷静分析、沉着应付。面对环境威胁，企业可以采取以下三种策略：

① 对抗策略。这种策略要求尽量限制或扭转不利因素的发展。比如企业通过各种方式促使或阻止政府或立法机关通过或不通过某项政策或法律，从而赢得较好的政策法律环境。显然企业采用此种策略时必须要以企业具备足够的影响力为基础，一般只有大型企业才具有采用此种策略的条件。此外，企业在采取此种策略时，其主张和所作所为，不能倒行逆施，而应同潮流趋势一致。

② 减轻策略。此种策略适宜于企业不能控制不利因素发展时采用。它是一种尽量减轻营销损失程度的策略。一般而言，环境威胁只是对企业市场营销的现状或现行做法构成威胁，并不意味着企业就别无他途，俗话说“天无绝人之路”、“ 东方不亮西方亮”。企业只要认真分析环境变化的特点，找到新的营销机会，及时调整营销策略，不仅减轻营销损失是可

能的，而且谋求更大的发展也是可能的。

③ 转移策略。这种策略要求企业将面临环境威胁的产品转移到其他市场上去，或者将投资转移到其他更为有利的产业上去，实行多角（多元化）经营。例如KD方式转移生产，产品技术转移等都是转移市场的做法。但转移市场要以地区技术差异为基础，即在甲地受到威胁的产品，在乙地市场仍有发展前景。企业在决定多角经营（跨行业经营）时，必须要对企业是否在新的产业上具有经营能力作审慎分析，不可贸然闯入。

总之，当企业在遇到威胁和挑战时，营销人员，尤其是管理者，应积极寻找对策，率领全体职工努力克服困难，创出光明前景才是企业家的风度。

（二）企业适应营销环境变化的措施

为了适应环境变化，企业必须在营销实践中找到一些行之有效的措施。具体措施有：

（1）加强市场营销计划的弹性。富有弹性的市场营销计划，有利于发挥营销计划的先导作用，使企业在实施营销计划时能够适应环境的变化。因此，企业在制订营销计划时应做到：①企业要在制订好市场营销基本计划的基础上，再建立一套或几套应急计划方案。②企业要建立滚动性营销计划。③计划指标要有合理的上限和下限幅度。同时，企业在制订计划和决策的早期阶段，应使计划和决策既处于大体形成状态，又处于实验性状态，以便突发事件来临后游刃有余。

（2）重视后备资源的建设。如上所述，企业在制订应急计划后，还应落实应急措施和办法，积蓄打赢应急战的力量。

（3）提高控制水平。它包括企业提高对流动资金、生产物资、生产指挥和中间商等市场营销重要因素的控制水平。

（4）建立快速应变的组织保证体系。企业在组织领导体制上要有“统一指挥、个人负责”的指挥系统，完善企业内部的信息流通机制加强各部门的协调配合，提高整个组织的灵活性和协调性。

【能力训练题】

1. 就选定的车型进行环境分析，包括宏观环境和微观环境，可根据所选车型进行有针对性的重点介绍。

2. 收集各方面的资料，从市场营销环境角度分析目前我国汽车企业的营销现状。

任务二　汽车市场调查分析

【案例导入】

某4S汽车销售公司市场调查方案

1. 研究目的

（1）了解本公司代理品牌市场情况

（2）分析影响车型销售的原因

（3）加强企业与使用顾客、潜在顾客的感情沟通

（4）本公司的市场占有情况

2. 研究内容

（1）市场情况

1）公司所售车型的使用情况：使用用途；同档次车型的社会保有量、市场份额情况；

潜在消费者首选车型的比例和规格；对同类车型性能的比较；同类产品价格比较；售后服务质量比较。

2）所代理车型的知名度及其所处的地位；本公司的社会知名度及所处地位。

3）影响汽车购买的因素：经济环境、服务质量、影响源（媒体与舆论）、竞争对手分布。

（2）广告情况

企业、产品广告的接触率；广告评价；广告形式、内容、途径的改进意见。

（3）售后服务

售后服务的技术，售后服务的质量，需要改进的建议。

（4）基本情况

性别、文化程度、年龄、职业、个人收入。

3. 研究方式

1）售后服务现场调查。

2）购车用户电话或上门拜访。

3）驾驶学校、出租公司访查。

4）老顾客推荐。

5）问卷为主、访谈为辅。召开两次由老顾客参加的销售服务人员交流访谈会。

6）调查与公关相结合。

4. 样本情况

1）城市样本：××市。

2）集体样本：从全市中随机抽取5所驾驶学校，两家汽车出租公司。随机抽取全市车管所两家。

3）老顾客样本：从购车顾客中调查150～200人。

4）潜在顾客样本：老顾客推荐目标消费群随机抽150～200人。

(5）经销商样本：同车型竞争对手两家；竞争车型3～5种。

5. 研究日程

研究立项：10月底前完成；调查准备：11月10日前完成。

制订计划：11月11日～11月17日；实施计划：11月17日～12月1日。

数据整理：12月2日～12月8日。

报告写作：12月9～12月24日。

提交报告：12月25日。

请思考：1. 市场调查计划表应包含哪些内容？

2. 根据研究目的和研究内容设计一份市场调查问卷。

近年来，中国整车销售量每年以两位数的速度递增，中国市场对汽车有着大量需求，再加上整车寿命普遍缩短，消费个性化加速了零配件业的发展。应运而生的汽配市场孕育着无限的商机，有着极其广阔的发展空间。在此形势下，汽车企业必须进行有效的市场调查和预测，才能更好地利用市场机会，达到企业发展的目的。

一、汽车市场调查内涵

（一）汽车市场调查的含义

汽车市场调查就是运用科学的方法，有计划、有目的、系统地收集有关汽车市场营销方面的信息，并对这些信息进行整理、分析，得出调查结论，提出解决问题的建议，供汽车有关营销管理人员了解营销环境，发现机会与问题，作为市场预测和营销决策的依据。具体来说，汽车市场调查是汽车生产企业、经销商对汽车的各种商品或某种商品的产供销及其影响因素，企业销售量，用户及潜在用户的结构、购买力、购买习惯、购买欲望等情况进行全面或局部的调查研究。

（二）汽车市场调查的意义

市场调查是汽车企业营销活动的出发点。汽车的市场调查工作对于汽车企业的发展至关重要，其作用主要表现在以下几个方面：

（1）市场调查为汽车企业提供市场信息

市场是企业研究的中心，根据市场的状况而制订的营销策略决定了企业的经营方向和目标。因此市场信息的正确与否，直接关系到企业决策是否成功与市场定位是否准确。汽车企业通过市场调查，可以科学地、系统地、客观地收集整理和分析市场营销的资料，能够对市场变化趋势作出较为科学的预测，并在此基础上制订出正确的经营规划和计划。

（2）市场调查有利于汽车企业在竞争中占据有利地位

知己知彼是每一个企业对付市场竞争的有效方法，要达到在竞争中取胜的目的，就必须通过市场调查，掌握竞争对手的经营策略、产品优势、促销策略及未来的发展目标，从而在竞争中避开对手的优势，发挥自己的长处，或针对对手的弱点，突出自身的特色。

（3）市场调查有利于开拓新的市场

任何企业不会在现有的市场上永远保持销售旺势。要想扩大影响，继续盈利，就不能把希望只寄托在有限的市场范围内。这就需要通过市场调查，能够了解目标市场的需求，生产适销对路的产品，并能发现目标市场尚未满足的需求，开拓新的市场。

总体来说，汽车市场调查对汽车企业的营销战略、竞争战略的制订有着重要的作用。汽车企业就应该积极地、认真地做好汽车市场的调查工作，获取准确地市场信息，用以指导企业的经营决策，使汽车企业在激烈的市场竞争环境中立于不败之地。

（三）汽车市场调查的特征

汽车市场调查是汽车企业营销活动的基础，具有如下几个特征：

（1）汽车市场调查具有动态性。汽车及配件行业的发展变化快，在市场调查活动中要用动态的观点去指导企业的调查工作，收集一切可以为企业所用的信息资料，以便随时调整政策，适应汽车市场不断变化的趋势。

（2）汽车市场调查具有针对性。汽车企业的市场调查活动不是盲目进行的，是由汽车企业经营活动的目的性决定的，需要根据所生产或经营的产品或服务而进行。

（3）汽车市场调查具有经济性。市场调查工作费时、费力，还要有一定的费用开支，为了用最低的成本和最短的时间获取最可信、最实用的信息，汽车企业在开展市场调查工作时要把握经济性。这在利润空间不断压缩的汽车行业具有现实意义。

（4）汽车市场调查具有科学性。为了减少调查活动的盲目性，对所需要收集的资料和信息必须经过科学合理的规划，从调查目的的确定到调查结果的统计分析都要遵循科学性原则。

（5）汽车市场调查具有不确定性。市场环境不断在变化，会增加市场调查工作的难度，加上所调查的信息资料具有一定的时效性，市场调查的结果与实际会有所偏差，即市场调查具有不确定性。

二、汽车市场调查的基本内容

汽车市场调查的基本内容包括：市场基本环境调查、市场需求调查、竞争情况调查和企业内部相关内容调查等。

1. 汽车市场基本环境调查

企业不是在真空中生存与发展的，作为社会经济组织的细胞，企业的发展离不开一定的外部环境。这些环境是指与企业营销活动有潜在关系的所有外部力量和相关因素的集合，它是影响企业生存和发展的各种外部条件。汽车企业对基本环境的调查主要包括以下内容：

(1) 自然环境。自然环境决定了企业的生存方式，它主要指自然资源、地理条件和生态环境因素对企业的影响。

在生态平衡不断遭到破坏、自然资源日渐枯竭、污染日益严重的今天，环境问题已经成为各国面临发展的严峻问题。自然环境的变化发展将给企业带来严重的威胁，同时也带来了一定的机会。例如，由于能源需求的紧缺、石油资源的耗减、油价的不断攀升，众多汽车及配件厂家都在想尽办法为汽车减重。据了解，汽车自重每减少 100kg，每百公里可节省汽油 0.3L，汽车燃油的消耗与汽车的自重关系密切，因此，汽车企业开始研究汽车铸件的轻量化、薄壁化。铝合金与镁合金因其自身重量轻、耐腐蚀、易成型等特点，被当做制造汽车零部件的理想材料。早在 2000 年 11 月，广州东风本田发动机公司就建成了年产 10 万件大型铸件的铝压铸车间，用 2500t 压铸机成功生产出本田发动机铝缸体。

另外，地理环境决定了地区之间消费结构和消费习惯，对汽车产品的销售、运输和仓储方式的选择也起着关键性的作用。如平原和丘陵地区对汽车类型的需求不同。因此，汽车企业应注意产品在不同地理环境下的使用程度和需求差异方面的调查。

(2) 经济环境。经济环境是汽车企业营销活动所在国家或地区的宏观经济状况，对市场活动有着直接的影响。汽车企业对经济环境的调查主要可从以下方面进行：

① 经济发展水平。经济发展水平影响着汽车的销售量、保有量以及需求结构。一般来说，经济发展水平高的地区，汽车的市场容量大，这必然引起汽车的需求量增大。反之，需求量会减少。

② 消费水平。消费水平的调查可直接了解某一地区的国民收入、消费结构、物价水平和物价指数等。消费水平高，对中档以上的轿车需求大，这必然促进了社会对中档以上轿车的需求。

(3) 政策法律环境。政策法律环境的调查主要是了解政府有关汽车及其配件产业方面的方针、政策和各种法令、条例。如《汽车产业发展政策》、《节能中长期专项规划》、《构成整车特征的汽车零部件进口管理办法》、《道路车辆外廓尺寸、轴荷及质量限值》等。汽车企业要随时调查了解汽车及其配件产业方面的政策法律环境动态，以便能及时地调整自己的经营行为，适应政策法律环境的变化。

(4) 科技环境。科学技术的发展使得汽车产品更新速度加快，也使汽车不断更新和发展。汽车企业必须对国内外汽车行业的技术、车型的发展速度、变化趋势、应用和推广等情况进行全面调查，使汽车企业快速地适应市场的变化，满足消费者不断变化的需求。

2. 汽车需求调查

市场需求调查是市场调查中最基本的内容，汽车的需求调查主要包括配件消费需求量调查、消费需求结构调查和需求时间调查。

(1) 消费需求量调查。消费需求量直接决定市场规模的大小。对于汽车销售企业来讲，在进行市场需求量调查时，不仅要了解企业所在地区的需求总量、已满足的需求量、潜在需求量，还必须了解企业的销售量在该地区销售总量中所占的比例，即市场占有率，用公式表述如下：

市场占有率=(本企业汽车销售额/该地区汽车销售总额)×100%

市场占有率在一定程度上反映了企业在该地区的竞争能力，同时也反映了企业进一步扩大区域市场容量的可能性。

(2) 汽车需求结构调查。汽车市场调查不仅要调查汽车需求总量，而且还要对不同品牌、不同车型的需求量进行详细调查。另外，还必须了解引起汽车需求量变化的原因，并调查用户需求结构情况。

(3) 汽车需求时间调查。用户对于汽车的需求是有一定的季节性、时间性特点的。例如"金九银十"，每年的九月和十月一定是汽车销售的旺季，这段时间对汽车的需求量较大，汽车销售店和厂家也会在这个时间大做促销活动。汽车销售企业或者厂家应调查不同时间对汽车的需求种类及需求数量，这样才能根据用户需求的时间性特点安排企业购进和生产汽车的品种、规格以及数量。

3. 竞争情况的调查

不同企业所处的地位不同，其所面临的竞争者数量和竞争程度也不同。美国竞争战略理论的专家迈克尔·波特将一个企业所面临的竞争威胁归纳为"五力"，它们分别是：现有竞争者、供应商、潜在的入侵者、替代品、购买者。不论哪种竞争力量，都会对企业构成一定的威胁。因此，对竞争对手进行调查来确定自己的竞争战略就显得非常重要。对竞争对手的调查包括：识别谁是竞争者，了解竞争者的目标，确认竞争者优劣势和竞争者反应模式。只有将竞争对手的情况调查清楚，才能判断本企业在市场竞争中所处的地位，才能确定自己有效的竞争战略。

4. 汽车企业内部相关内容调查

汽车企业内部相关内容的调查内容如下：

① 汽车企业自身产品调查，主要应调查该汽车产品所处的生命周期、汽车消费者对该配件产品的质量和功能的意见、整车的原材料消耗与单位产品成本等内容。

② 汽车价格调查，应着重调查：汽车市场供求情况的变化趋势、汽车市场供求以及价格的变动趋势、汽车厂商各种不同的价格策略和定价方法对汽车价格的影响以及价格变动后顾客的反应。

③ 汽车销售渠道调查，包括：汽车销售模式及各种模式的采用情况和发展趋势、中间商的种类和数量以及销售情况、顾客对各种中间商的评价等。

④ 汽车促销调查，应调查本汽车企业各地销售机构和网点的销售效果、各种促销活动对汽车消费者和汽车厂家的影响、汽车使用者对各种宣传方式的评价。

三、汽车市场调查的类型

1. 按调查的目标分类

(1) 探测性调查

探测性调查是指在企业对市场状况不清楚或对问题不知从何处着手时所采用的方法，以定性调查为主，主要是收集一些初步的信息，以便发现问题和提出问题，确定调查的重点。其资料来源有三个方面：①查找文献资料，包括报纸杂志；②向专家、技术人员、顾客等进行个人或小组访问；③对以往的案例分析研究，找出相似因素，从而得到启发。例如，某汽车轮胎生产企业轮胎的销售量不断下降，这时要调查其销售量下降的原因，是由于宣传力度不够造成的，还是销售服务差造成的，还是竞争者提高了产品的性价比等。比如影响某品牌汽车销售量下降的原因有很多，一时难以确定是什么原因造成的，就难以进行深入调查。这时，就可以应用探测性调查的方法，通过查找关于竞争者产品信息的资料、通过访问其消费者或者中间商，从中找出确定影响汽车销售量的关键因素，作为进一步深入调研的重点。

（2）描述性调查

描述性调查是指对已经找出的问题进行深入具体的调查。这种调查研究比探测性调查更详细、更精确，而且一般要进行实地调查，收集一手资料。例如，对汽车的用户进行调查，要具体描述用户买什么车型、何时购买、如何购买，如果是已经购车用户需要调查使用中的满意度、建议等问题。由于这项调查需要拥有大量的信息资料，调查前需要有详细的计划和提纲，以保证资料的准确性。描述性调查虽比探测性调查具体详细，但也只是描述问题的表面现象的原因，如需深刻揭示出因果关系，还要进一步进行因果关系的调查。

（3）因果性调查

因果性调查是指为了了解有关现象之间因果关系而进行的调查，主要是弄清原因和结果之间的数量关系。例如，有的汽车用户为什么喜欢米其林轮胎而不喜欢固特异轮胎，轮胎的价格、质量、服务、广告费用到底对销售量的影响程度如何，如果价格因素起主导作用，那么价格上浮多少，销售量会减少多少，价格下降的话，销售量会增加还是不变等。由此可见，因果性调查是在描述性调查的基础上对某些问题进一步的深化，从而确定市场变量之间的因果关系，是解决调查问题的一个重要的方法。通常采用实验法创造可控制的环境来实现因果性调查。

2. 按调查对象的范围不同分类

（1）全面调查

全面调查是对调查对象的全部样本进行逐一的、无遗漏的调查，其目的是为了收集比较全面、精确的调查资料。

（2）非全面调查

非全面调查是对调查对象中的一部分单位所进行的调查，但所调查的样本应具有较充分的代表性，如典型调查、重点调查等。重点调查是指在调查对象总体中选定具有十分重要地位的单位进行调查。这样能够以较少的人力、较少的费用开支，较快地掌握调查对象的情况；典型调查是指在调查对象中选定具有典型意义或具有代表性的单位进行调查。

全面调查和非全面调查的区分是以调查对象所包括的单位是否完全来衡量的，并不是以最后取得的结果是否反映总体数量特征的全面资料来衡量。典型调查等非全面调查也能得到总体的比较全面的资料。

四、汽车市场调查的基本步骤

为保证汽车市场调查的系统性和科学性，汽车的调研过程通常由以下四个阶段来完成：确定汽车调查目标、制订调查计划、收集分析信息资料、报告调查结果，如图 2-1 所示。

图 2-1　汽车调研的步骤

1. 确定调查目标

确定调查目标是进行市场调查工作的首要环节，这一阶段非常重要，将直接关系到整个调查工作的成败。调查目标越明确，调查问题确定的就越具体，这样就可以避免调查工作的盲目性，减少人、财、物的浪费，所谓良好的开端是成功的一半。

汽车企业市场营销涉及的范围很广，每次调查活动不可能面面俱到，只能就企业经营活动的部分内容展开调查。一般确定调查目标时应弄清楚几个问题：①为何要进行此次调查；②具体要调查什么，调查新产品的市场前景、还是调查产品市场占有率的下降原因等；③调查结果有何用处。调查目标一旦确定，才可能采取正确的方法，制订好调查计划，而且调查人员在以后的调查活动中应始终围绕本次调查的总体目标进行工作。

2. 拟订调查计划

在调查目标确定的基础上，调查工作开始之前，还应当拟订调查计划，这是整个市场调查过程中工作内容较多的步骤，包括确定调查项目、确定调查方法、确定调查时间地点、估算费用、安排调查进度，并将这些内容综合并编写调查计划书，以指导整个调查工作的进行，调查计划表见表 2-1。

表 2-1 调查计划表

<table>
<tr><td colspan="2">调查目标</td><td colspan="3"></td></tr>
<tr><td colspan="2">调查区域</td><td colspan="3"></td></tr>
<tr><td colspan="2">调查对象</td><td colspan="3"></td></tr>
<tr><td colspan="2">调查时间</td><td colspan="3"></td></tr>
<tr><td rowspan="4"></td><td>时间安排</td><td>调查项目</td><td>调查对象</td><td>备注</td></tr>
<tr><td></td><td></td><td></td><td></td></tr>
<tr><td></td><td></td><td></td><td></td></tr>
<tr><td></td><td></td><td></td><td></td></tr>
<tr><td>调查准备</td><td></td><td></td><td></td><td></td></tr>
<tr><td>经费预算</td><td></td><td></td><td></td><td></td></tr>
<tr><td>批示</td><td></td><td></td><td></td><td></td></tr>
</table>

（1）根据调查目标确定调查项目。确定调查项目即根据已确定的调查目标来具体设置调查问题。需要将已掌握的产品、销售、同行业企业的经营情况及其他有关资料集中起来，进行分析研究，从而设置调查项目。由于人力、时间、资金有限，调查项目的确定要与企业自身情况结合起来。调查项目越多，需要的人力、经费就越多，需要的时间也越长，因此要对与调查目标相关的诸多因素的重要程度进行比较，以决定取舍。

（2）确定调查对象。确定调查对象就是确定向谁进行调查，由谁提供资料，即确定调查的总体范围及构成总体的调查样本。

（3）确定调查方法。根据调查项目和调查对象来确定调查方法，即确定搜集信息资料的具体方法。市场调查的方法有很多，获得一手资料的方法有观察法、实验法、访问法。各种方法都有其自身的优缺点，适用于不同情况的调查，也可多种方法结合运用。调查方法选择是否恰当，将直接关系调查结果的好坏。

（4）确定调查时间、地点。即确定调查活动的起止时间和活动地点。调查时间的确定要注意与调查目标与营销决策的时效性和相关性。例如，要调查如何在淡季提高某汽车的销售量，那么调查活动就应确定在淡季进行，了解汽车用户在淡季不购买的原因，而且应在决策前的一个淡季内完成调查任务，以便能及时为营销决策提供依据。如果汽车企业想开辟一个新的细分市场，则调查地点就应该确定为该细分市场的所在地。

（5）估算调查费用。即做调查的预算，力求花钱少效果好。调查方法、调查项目、调查规模的不同都影响着调查费用的支出；市场调查部门应将费用的估算情况写在一份详细的调查费用估算单内进行统筹规划，以便用有限的调查费用取得准确的调查结果。

3. 收集分析信息资料

调查计划批准后，就进入收集信息阶段。调查人员按照调查计划中所拟定的各项内容进行信息资料的收集工作，可以收集间接信息也可收集直接信息。直接信息通过实地调查获得，间接信息的获得主要通过查找与汽车相关的报纸杂志，如《中国汽车报》、《汽车工业研究》、《汽车之友》等，还可从行业协会、企业间交流的有关资料取得。

收集完的信息必须经过分析和处理才能使用。这就要对资料进行编辑加工，去粗取精，并对资料进行分类、列表，运用统计模型和其他数学模型对数据进行处理，挖掘其中有助于营销管理决策的信息。

4. 撰写调查报告

分析信息资料之后会得到统计数据、表格和数学公式等，为了便于给营销决策者提供有价值的决策依据，还应当整理出一份研究报告，全面地反映调查的最终结果。调查报告应包括调查活动的简单说明、调查的具体实施、调查的结论性意见等内容。内容简单的市场调查报告格式见表 2-2。

表 2-2　市场调查报告表

<table>
<tr><td>调查人</td><td colspan="2"></td></tr>
<tr><td>调查区间</td><td colspan="2"></td></tr>
<tr><td>调查项目</td><td colspan="2"></td></tr>
<tr><td>调查目的</td><td colspan="2"></td></tr>
<tr><td>调查方式</td><td>调查对象</td><td>调查结果</td></tr>
<tr><td></td><td></td><td></td></tr>
<tr><td></td><td></td><td></td></tr>
<tr><td></td><td></td><td></td></tr>
<tr><td>调查分析、说明</td><td colspan="2"></td></tr>
<tr><td>调查结果</td><td colspan="2"></td></tr>
<tr><td>改进建议</td><td colspan="2"></td></tr>
<tr><td>批示</td><td colspan="2"></td></tr>
</table>

内容复杂的汽车市场调查报告应包含以下几个部分：

（1）封面。封面上应写明调查题目、调查部门、调查者和调查日期等信息。

（2）目录。如果调查报告的内容较长、页数较多，应当使用目录或索引列出报告的主要章节和附录，同时注明每个章节的页码，便于查阅。

（3）概要。概要部分简要地说明此次调查的有关事项，包括调查目的、调查对象、调查内容、调查时间、调查地点、调查所采用的方法等。

（4）正文。这是调查报告的主体部分，必须准确阐明全部有关的论据，包括问题如何提出、如何论证、如何分析以及最后如何得出结论。对于重点问题要做深入剖析，并尽可能地用数字和图表进行论证（图表可在附录中列出）。这样，调查报告更具有强烈的说服力和较高的可信度。

（5）结论和建议。这部分是对正文部分所提出问题、所阐述问题的总结，要与正文部分的论述紧密对应，是从调查的内容中引出的，而不是作者的主观臆测或美好向往。并从以上的分析结论中提出能解决此次调查所提出问题的建议，以供营销决策者参考。

(6) 附录。附录主要是补充正文内包含不了或没有提及到的调查问卷副本、统计数据资料原稿、调查的原始记录及参考目录等。这是对正文的补充或说明。

撰写调查报告要紧扣主题、简明扼要、突出重点，内容上要有高度的确定性，不能模棱两可；形式上要醒目、简洁，清晰的排版，以便使营销决策者一目了然。

五、汽车市场调查的方法

市场信息来源于两个方面：一手资料和二手资料。一手资料即实地调查资料，是为当前的某种特定目的而收集的原始资料；二手资料即已经公开发表并已为某种目的而收集起来的资料。市场调查要求既收集第二手资料，又要收集第一手资料。获取一手资料的调查方法和二手资料的调查方法有所不同。

(一) 二手资料的调查方法

二手资料的调查方法可以用文案调查法。文案调查法又可称为间接调查法，是通过查阅、收集历史和现实的各种资料，并经过甄别、统计分析得到各类资料的一种调查方法。它要求所收集的资料要广泛、全面，利用多种机会、多种信息渠道大量收集各方面有价值的信息；同时，资料要有针对性，二手资料大都是针对其他目的而形成的，因此要有针对性地重点收集与本次调查主题关系密切的资料；资料还要有时效性，资料反映的情况变化了，资料就失去了价值。资料的主要来源分为企业内部资料和企业外部资料。

① 企业内部资料。如与企业经营活动有关的发货单、订货合同、销售记录、顾客反馈信息；企业生产销售中的各类统计资料、财务资料等。

② 企业外部资料。如国家统计机关公布的统计资料，包括行业普查资料、政策、法规；行业协会发布的行业资料；图书馆存档的商情资料；各类国内外公开出版物、研究报告、网络信息等。

文案调查法的优点是调查的费用低，速度快，不受时间、空间的限制，其反映的信息、内容较为真实、客观。缺点是获得的资料时效性不强；对已获得的资料进行加工处理、数量分析的工作量大。

(二) 一手资料的调查方法

一手资料的调查方法主要有访问法、观察法、实验法等。

1. 访问法

访问法是收集原始资料、进行实地调查的一种最常用的方法，指以当面、电话或书面等不同形式向被调查者提出询问，以获得所需调查资料的调查方法。具体调查形式有直接访问法、堵截访问法、电话访问法、邮寄访问法等。

(1) 直接访问法。直接访问法是指调查者到被调查者的家中或工作单位进行访问，与被调查者面对面进行交谈收集资料的方法，这种访谈可以采用提前设计好的问卷或提纲依问题顺序提问的“标准式访谈”形式，也可采用围绕调查主题进行“自由交谈”的形式。这种调查方法适用于调查范围较小、调查项目较复杂的情况，或为了获得顾客对某个产品、某个广告的想法时适用。

其优点是：①调查直接性强、有深度。由于是面对面的交流，调查者可以采用一些方法，如图片、样品等来激发被调查者的兴趣，深入了解被调查者的状况、想法；②灵活性强。调查者可以根据调查的现场情况，如对被调查者的态度、表情进行察言观色，随时解释其疑问，并灵活掌握提问题的顺序；③获取信息快，回收率高。通过直接访问当场就能获得相关信息，且被调查者一般不会拒绝回答问题，回收率高。直接访问法缺点是：①调查费用高，尤其是大规模的、复杂的调查，如果需要逐一进行访谈将增加调查成本；②调查结果易受调查人员水平、被调查者情绪等的影响。

（2）堵截访问法。堵截访问法有街头访问法、商场拦截法或留置调查三种具体形式。①街头访问法是在事先选定的若干街道、路边选取调查对象，征得其同意后再在现场按问卷进行面访调查。②商场拦截法是在商场这个特定的环境中针对某些顾客群在商场的适当位置进行拦截，将准备好的问题或问卷征求顾客回答。汽车的调查可以在汽车专卖店、汽车交易市场、汽车超市或汽配城等场所进行。③留置调查是先租定地点，然后由调查员在事先选定的地区选取访问对象，征其同意后带到租定的地点进行面访调查。堵截访问法应注意问卷或问题的内容不宜过长，问题简单明了；并在访问过程中能控制其他周围的人甚至是受访者的同伴对受访者的影响。

堵截访问法的优点是：访问地点较集中，可节省访问成本，同时避免了入户的困难。但其也有一定的局限性：不管在街头还是卖场进行拦截，受访者通常有自己的事，拒访率较高，就算受访的话，也没有充裕的时间，因此调查不能深入，不适合于内容较长、较复杂或不能公开的问题的调查。

（3）电话访问法。电话访问法是指通过电话向被调查者询问有关调查内容的一种调查方法，可以由受过训练的电话专访员进行，也可采用全自动电话访谈技术，使用内置声音回答技术取代调查员的分别通话。这种调查方法的优点是：①调查成本低，节省时间。对于一些急于收集到的资料而言，采用电话调查法最快速；②统一性较高。用电话调查，大多已按照拟好的标准问卷询问，资料的统一程度高。其缺点是：①调查不能深入，电话调查的时间不能太长；②调查工具无法综合使用，如照片、图表、样品等；③真实性差，调查员不在现场，不能察言观色，对回答问题的真实性难以做出判断，且电话访问员的声调、语气、用词等也会在一定程度上影响受访者的回答。

（4）邮寄访问法。邮寄访问法是指将事先印制好的调查问卷或调查表格，通过邮政系统寄给选定的被调查者，由被调查者按要求填写好后再寄回来，调查者通过对寄回的调查问卷或表格的整理分析，得到市场信息。当然现代的邮寄访问法也可以通过 E-MAIL 进行。邮寄调查的应用范围较之直接访问和电话访问要小，对于时效性要求不高，名单、地址比较清楚，费用比较紧张的调查可考虑使用这种方法。还应注意邮寄问卷前提前通知，邮寄后用电话或短信息跟踪提醒，并给予一定的物质奖励。如果是已经建立了良好关系的样本群体，如交易往来密切的产业用户，使用这种方法就比较简单。

邮寄访问法的优点是：①调查的区域较广，调查成本低，无需对调查员进行专门的培训和管理，只需花少量的邮资和印刷费用。②准确性高。被调查者有充分的时间填写问卷，并受调查者态度、情绪等因素的影响小，可以较准确的回答问题。其缺点是：①调查问卷的回收率难以保证，调查的时间较长。②问卷回答的可靠性较差。由于无法交流，故不能判断被调查者回答问题的可靠程度，如被调查者可能误解问题的意思或受他人影响。

总的说来，各种形式的访问调查方法都各有优缺点，调查者可根据具体情况，选择使用。

2. 观察法

观察法是指调查人员到调查现场进行观察和记录，既可以耳闻目睹，也可以利用照相机、摄像机、录音机等记录。

观察法通常要用到一些调查仪器，如电流计：用于测量一个对象在看到一个特定广告或图像后所表现出的兴趣或感情的强度；眼相机：用于研究被调查人眼睛活动情况的；收视器：一种安装在接受调查的家庭电视机上的电子设备，用于记录电视机收看的时间和频道的。

观察法具体包括以下几种方式：①调查人员在市场中以局外人的方式秘密注意、跟踪和记录顾客的行踪和举动以取得调查资料，如可对某汽车销售店顾客的客流量进行观察和统计，旁听了解顾客对汽车价格的反映情况、对汽车配置的需求情况、顾客对某车型留意时间的长短等进行观察调查。美国一些市场调查公司将这种方式称之为“顾客的影子”，即为各商场提供市场调查人员，充当顾客的影子。当这些人接受商场聘请之后，便设法了解顾客购哪些商品，停留多久，多少次会回到同一件商品面前以及为什么在挑选很长时间后还是失望地离开等。美国许多企业得益于这类调查，并因而使经营更具针对性，更贴近消费者。②调查员在市场中通过扮演顾客的身份了解其购物环境、服务质量等。在调查竞争对手相关情况时采用这种方法就能够获得比较真实的信息，从而有针对性地改善本企业的不足之处。目前很多汽车厂商对其授权的经销商进行调查时都会用到这种方法，被称为“神秘顾客”，即厂家派调查人员以顾客的身份到4S店购买汽车或进行售后服务，检查4S店销售流程、售后流程等是否符合厂家标准，通过“神秘顾客”对经销商进行考核。③对现场遗留下来的实物或痕迹进行观察以了解或推断过去的市场行为。

为了保证观察结果具有代表性，进行现场观察时，最好不让被调查者有所察觉，尤其是在使用仪器观察时更要注意隐蔽性。

观察法的优点是自然、客观、直接，因为这种方法不向被调查者提出问题，不要求被调查者具有配合的语言表达能力或文字表达能力，而是从侧面观察、旁听、记录现场发生的事实，了解被调查对象的态度、行为，使被调查对象处于自然状态，不受干扰，所获资料的准确性高。例：当采用访问法调查“您是否打算购买轿车”，作为被调查者即时接受你的问题，可能会想：我说买你没有权利一定要我非买不可，那我就选择购买。只能收集到一个被调查者对自己将来某个行为的大致猜想。而采用观察法到轿车销售现场进行观察：有多少个购买者提出咨询？他们都问什么问题？有多少人只是看看、停停？有多少人购买了轿车？购买的是什么品牌、类型的轿车？观察的结果都是事实，可信度高。

其缺点是：①观察深度不够，有些信息观察不到，即只能观察到人的外部行为，不能说明其内在动机。例如，通过观察法搜集“行人对公司广告牌的关注程度”的信息，调查广告效果的调查人员，经过观察法得到这样一组调查结果：有27%的行人会用4～10秒的时间将目光停留在广告牌上；18%的行人会停下脚步仔细观看广告牌上的内容；1%的行人会用4分钟以上的时间站立在广告牌下观看广告的内容。所以广告的效果令人满意。但调研机构的后续调查——运用个别访问法却发现，站立在广告牌下许久的行人都是在等约会的人。由于心情焦急虽然面对广告牌但全然不知广告的具体内容；②观察法成本高，限制性较大，仅适用于较小的环境，观察活动受时间和空间的限制，被观察者有时难免受到一定程度的干扰而不完全处于自然状态等。

3. 实验法

实验法指从影响调查问题的许多可变因素中选出一个或两个因素，将它置于同一条件下进行小规模的实验，然后对实验结果作出分析，确定研究结果是否值得大规模推广，它是研究问题各因素之间因果关系的一种有效手段。实验法的应用范围较广，如汽车的价格、广告、陈列方法等因素的改变，都会影响其销售量的变化，在判定这些因素改变的相互影响关系和程度时都可以运用这种方法。实验法的最大特点是把调查对象置于非自然状态下开展市场调查，它的优点在于：①主动性，实验调查法通过实验活动提供市场发展变化的资料，不是等待某种市场现象发生了再去调查，而是积极主动地改变某种条件，来揭示或确立市场现象之间的相关关系；②客观性和实用性，在真实或模拟真实的环境下的调查方法，取得的信息资料比较可靠，可信度高，并能排除主观估计所形成的偏差。③可控性，根据调查需要进行何时的实验设计，能有效控制实验环境，提高调查的准确性。

而缺点在于实验法通常花费的时间长、费用大，实验中可能存在有不可控制的实验因素，因而会在一定程度上影响实验的效果。另外，实验法只适用于对当前市场现象的影响分析，它对历史情况和未来变化的影响较小，因而它的应用有一定的局限性。

汽车企业在实际的市场调查活动中，应该详细地了解每一种调查方法的优缺点，根据企业调查的目标、调查的内容以及企业本身的条件，选择最适合企业获取信息而成本又比较低的调查方法。通常来说，访问法是比较适合汽车企业进行市场调查的方法。

六、汽车市场调查的技术

1. 调查问卷设计技术

调查问卷也称调查表，是调查人员为了使调查顺利进行而事先将调查的内容、项目按一定表格形式和提问的方法而组织起来的表格。通过设计调查问卷，能使调查内容紧密结合调查主题，突出重点，进行调查时可以方便地记录被调查者的回答，并有利于调查人员进行统计和分析。

(1) 调查问卷基本结构

① 问卷标题。问卷标题有两种形式，一种是只有主标题，如“7 款主流轿车配件费用调查”；一种是既有主标题又有副标题，如“2003 年我为汽车狂——关注汽车营销调查”。

问卷标题设计时要注意以下问题：其一，标题要尽量简明扼要；其二，标题设计能引起消费者的兴趣；其三，不要简单采用“问卷调查”这样的标题，例“汽车问卷调查”。

② 问卷说明。问卷说明包括说明此次调查的目的和意义、提出被调查者回答问卷的要求并表明谢意。例：

女士/先生，您好！

我是某某学校的学生，正在结合所学课程实践如何作好市场调查访问工作，请协助回答几个关于您对汽车颜色看法的问题。谢谢您的帮助与支持！

③ 被调查者基本情况：了解被调查者个人信息，如性别、年龄、收入、职业等背景资料，可使调查人员根据这些信息对被调查者进行分类比较。

④ 调查内容：这是调查问卷的主体部分，主要是围绕调查主题设计的问题和可供选择的答案。

⑤ 编码：编码主要用于识别调查问卷、调查者、被调查者姓名额地址等，为了便于校对检查、更正错误。

⑥ 作业证明的记载：记录调查的时间、地点、调查员姓名等。

(2) 调查问卷问题的类型

① 封闭式问题：封闭式问题是指事先确定了所有的可给答案，被调查者可从中选择一个或多个答案，因此，又可分为二项选择题和多项选择题。

二项选择题是最简单的询问方式，仅有两个选项，一般要求对方回答“是”或“否”，“有”或“没有”等，答案通常是对立的、排斥的，非此即彼，用于询问较简单的问题，对复杂的问题有时很难设计周全。

多项选择题则事先拟好两个以上的答案，答案不能穷尽时加“其他”，并注明被调查者可从中选取一个或多个合适的选项。

② 开放式问题：开放式问题允许答卷人用自己的语言回答问题，问题的形式是多种多样的。被调查者可以根据自己的经验和认识自由回答，回答范围不受限制。这种问题有利于创造一种活跃的调查气氛，使调查者自由发表意见，不受约束，会收集到意想不到的答案和资料。缺点是答案可能各有千秋，结论很不一致，给归纳、分类和整理工作带来不便，对一些不能申述意见或想不出什么的题目，会以“不知道”三字应付过去，不利于统计整理工作。

（3）态度测量设计方法

对被调查对象的态度进行测量有多种方法，有的方法较为复杂，这里只介绍几种常用的方法。

① 评比量表：评比量表是一种顺序量表，是市场调查中运用较为广泛的一种态度测量方法。调查者拟定出调查项目顺序排列的答案，被调查者可以自由选择答案，量表两端为极端的答案，中间的答案可根据调查项目要求的深度及评价的程度提出。

例：您喜欢××牌汽车吗？

非常喜欢	喜欢	一般	不喜欢	非常不喜欢
1	2	3	4	5

调查后，根据平均数的多少可代表调查对象态度的强弱，还可以计算出回答者的百分比，作为评比的基础。

② 语义差别量表：语义差别量表是要求被调查者运用极端的形容词来表达态度的一种量表。这种量表可以看到消费者对某种商品态度上的明显差别，调查后将各种形容词的分数相加即得出各种品牌商品的总分数，便于比较。

例：人们对某品牌汽车态度的语义差别量度

	1　2　3　4　5　6　7	
耗油		省油
服务差		服务好
质量差		质量好
维修网点少		维修网点多

③ 固定总数量表：固定总数量表由调查对象在固定数值范围内，对所测得项目依次分配一定的数值，作为不同评价的一种态度测量表。为了便于比较，固定的总数通常为10或100。在调查消费者对不同汽车品牌的喜爱程度时可采用这种方法。

例：对以下各汽车轮胎品牌打出一定的分数，总分数为100分。

固特异：（　）　　米其林：（　）　　普利司通：（　）　　倍耐力：（　）

（4）调查问卷设计应注意的问题

① 问题的安排应具有逻辑性，应符合被调查者的思维习惯，先易后难。

② 询问的内容尽可能短。如果询问的问题过长，不仅会给被调查者的理解带来一定的困难，也会使其感到厌烦，从而不利于其对问题的回答。

③ 避免使用引导性问句。（使用的字词含褒义或贬义，会把问题引向一方面）

例：大部分人认为现在不是最佳购车时机，您认为呢？

往往会使调查者出于某种心理而给与事实相反的回答。

④ 避免否定形式的问句

例：您不认为雷克萨斯轿车的安全性能好吗？

这种否定询问会影响被调查者的思维，或者容易造成相反意愿的回答或选择。

⑤ 避免用不确切的词、含糊不清的句子

例：您喜欢宝马牌 X5 系轿车吗？

被调查对象不知道问的是喜欢宝马品牌还是其 X5 系车。

此外，调查问卷的版面格式也会影响调查质量。版面要清晰，间隔要适当，留出适当的空间以方便被调查对象填写。调查问卷设计得好坏对调查结果影响较大，设计不合理的话就会使调查效果受到影响，一般需要三易其稿才能完成。

2. 抽样技术

抽样是指从确定的调查对象（调查总体）中按随机原则抽出一部分调查单位来进行调查的一种方法。抽样调查又可分为概率抽样和非概率抽样。

（1）概率抽样。概率抽样是根据概率数理统计的理论，完全按随机原则从总体中抽出一部分单位组成样本进行调查，其调查的结果可用于推断总体情况，即可根据样本的指标数据去推断总体数据，并给予一定的概率保证。概率抽样可以根据概率数理统计理论计算抽样误差，并能以一定的可靠性来保证推断结果的准确性。由于概率抽样具有科学性，其推断结果可信度大。但概率抽样所花成本和时间都比非概率抽样要高。概率抽样又有简单随机抽样、等距抽样、分层抽样和整群抽样之分。

① 简单随机抽样：是从总体全部单位中直接按随机原则抽取样本单位，使每个总体单位都有同等机会被抽中。例如从 10 万户居民（单位）中按随机原则抽取 100 户居民（样本），每一户居民（总体单位）都有被抽中的可能（被抽中的每一户居民又称样本单位）。

② 等距抽样：它首先把总体各单位按一定顺序排队，然后，按此顺序以相等的间隔抽取样本单位进行调查。例如 10 万户居民住户按所在地区编码排队，因为要抽 100 户，所以抽取间隔为 100 户。

③ 分层抽样：它首先把总体按某一标志分成若干层，然后分别在各层内按随机原则抽取样本单位，每层抽取的样本单位再组合在一起形成样本。例如 10 万居民户按其年收入进行分组，共分为高收入、中等收入和低收入三个阶层，然后再从各层次的居民户中抽出规定的样本单位，每一层抽出的样本单位组合在一起就构成 100 户的样本。

④ 整群抽样：整群抽样与上述三种方法所不同之处在于它是先将总体分成若干群（组），然后按随机原则从中抽取若干群（组），被抽中群（组）里包含的所有单位都进行调查。例如对 10 万户居民按其所在居委会划分为若干群（组），假设该市共有 1000 个居委会，每个居委会有 100 户居民，则从 1000 个居委会中抽取 5 个居委会的住户进行调查，当某个居委会被抽中时，则该居委会所属的 100 户居民都要进行调查。

（2）非概率抽样。非概率抽样则不是按随机原则来抽取样本单位。因此非概率抽样不能计算抽样误差，也不能推断总体数据，其可靠性大大降低，但是当我们对调查的母体（总体）没有足够的了解，或是母体太庞大，太复杂，不适于应用概率抽样法时，就需用非概率抽样法抽取样本。非概率抽样法可分为任意抽样、判断抽样、配额抽样。

① 任意抽样法：不是按随机原则抽样，而是随调查者的方便所选取的样本，故属于非概率抽样之一。例如，在街上作访问调查（看到谁就访问谁）就是任意抽样。这种方法一般用于探测性调查，或时效性要求较高的调查也多用此法。此法在非概率抽样法中是最方便、

也最省钱的方法，能及时获取信息，但对调查对象缺乏了解、抽样偏差大、代表性差，调查结果可靠性差。

② 判断抽样法：又称主观抽样法。是调查者根据调查的目的和自己的主观判断选择调查样本的一种非随机抽样方式。判断抽样法的“判断”，主要包括两方面的内容：一是对总体的判断，即判断总体的规模结构等；二是判断样本的代表性，选取具有代表性的样本进行调查。具体做法有两种：一是由专家判断而决定所选的样本；另一种是根据所掌握的统计资料，按照一定的标准来选定样本。例如，汽车企业要调查其经销商销售其产品的情况，就可根据自己的经验和判断，选出一些具有代表性的零售商作为样本进行调查。由于此法是依据调查者的需要而选定样本，故较能适合特殊的需要，收回率也高。但是如果调查者主观判断产生偏差或挑选了极端的类型，则会使判断抽样法的结果发生较大的抽样偏差。

③ 配额抽样法：与整群抽样具有相似之处。就是按市场调查对象总体单位的某种特征，将总体分为若干类，按一定比例在各类中分配样本单位数额，并按各类数额任意或主观抽样。配额抽样法实施简单，而且所抽出的样本不致偏重某一阶层或地区，因此被广泛利用。与其他非随机抽样方法相比，从结构上加强了样本与总体的衔接，使得各类都保证有样本作为其代表，从而提高了样本的代表性。但由于不是按完全随机原则抽取的样本，缺乏概率推算的依据，也不能完全由调查结果推断总体情况。

【能力训练题】　汽车市场调查实践

1. 实践目的：熟悉汽车市场调查工作的基本流程；掌握市场调查问卷的设计、市场调查报告的写作以及通过此次调查了解汽车市场。

2. 实践内容：自拟题目，进行关于汽车市场方面的调查。

3. 实践要求：学生分组制订出具体调查方案，采用合适的方法进行市场调查，以问卷调查为主，设计调查问卷，并根据调查结果进行统计分析，最后撰写市场调查报告。

任务三　汽车市场购买行为分析

【案例导入】

小张选车的故事

小张周边的朋友与同事纷纷购买了爱车，小张不觉也开始动心。小张是上海的白领，35岁，月收入过万；工作地点离家较远，加上交通拥挤，来回花在路上的时间要三个小时，她的购车动机越来越强烈。但是小张对车一无所知，只有过坐车的体验，直觉上还喜欢漂亮的白色、流畅的车型和几盏大而亮的灯。

先拿到驾照再说。小张开始上驾校学车。这期间她开始关注汽车的品牌以及别人对各种汽车的评价。“我拿到驾照，就去买一部1.4自排的POLO。”一位MBA同学对POLO情有独钟。虽然小张也蛮喜欢这一款小车的外型，但她有过坐POLO1.4的体验，那一次是4个女生上完MBA课，一起坐辆小POLO出去吃中午饭，遇到上坡时还不得不关闭了空调才爬上高高的坡，想起爬个坡便要关上空调，实实在在地阻碍了小张对POLO的热情，虽然有不少人认为POLO是女性的首选车型。

驾校的师傅总归是驾车方面的专家，问问他吧。“宝来，是不错的车”，师傅说他了解过周边人的用车体会，包括自己，都认为在差不多的价位上，开一段时间，还是德国车好，宝来不错！小张的上司恰恰是宝来车主，小张尚无体验驾驶宝来的乐趣，但后排的拥挤却已先入为主了。想到自己的先生人高马大，宝来的后座不觉成了胸口的痛。如果有别的合适的车，宝来仅会成为候选吧。

不久，一位与小张差不多年龄的女邻居，在小区门口新开的一家海南马自达专卖店里买了一辆福美来，便自然地向小张做了“详细介绍”。小张很快去专卖店看，她被展厅里的车所吸引，销售员热情有加，特别是有这么一句话深深地打动了她：“福美来各个方面都很周全，反正在这个价位里别的车有的配置福美来不仅都会有，而且只会更多。”此时的小张还不会在意动力、排量、油箱容量等等抽象的数据，直觉上清清爽爽的配置，配合销售人员正对小张心怀的介绍，令小张在这一刻已锁定海南马自达了。乐颠颠地拿着一堆资料回去，福美来成了小张心中的首选。银色而端正的车体在小张的心中晃啊晃。

小张回家征求先生的意见。先生说，为什么放着那么多上海大众和通用公司的品牌不买，偏偏要买“海南货”？它在上海的维修和服务网点是否完善？两个问题马上动摇了小张当初的方案。小张不死心，便想问问周边驾车的同事对福美来的看法。“福美来还可以，但是日本车的车壳太薄”，宝来车主因其自身多年的驾车经验，他的一番话还是对小张有说服力的。小张有无所适从的感觉。好在一介书生的直觉让小张关心起了精致的汽车杂志，随着阅读的试车报告越来越多，小张开始明确自己的目标了，8 万至 15 万元的价位，众多品牌的车都开始进入小张的视野。此时的小张已开始对各个车的生产厂家，每个生产厂家生产哪几种品牌，同一品牌的不同的发动机的排量与车的配置，基本的价格都已如数家珍。上海通用的别克凯越与别克赛欧，上海大众的超越者，一汽大众的宝来，北京现代的伊兰特，广州本田的飞度 1.5，神龙汽车的爱丽舍，东风日产的尼桑阳光，海南马自达的福美来，天津丰田的威驰，各款车携着各自的风情，在马路上或飞驰或被拥堵的时时刻刻，向小张亮着自己的神采，小张常用的文件夹开始附上了各款车的排量、最大功率、最大扭矩、极速、市场参考价等一行行数据，甚至于 4S 店的配件价格。经过反复比较，小张开始锁定别克凯越和本田飞度。

特别是别克凯越，简直是一款无懈可击的靓车啊！同事 A 此阶段也正准备买车，别克凯越也是首选。小张开始频频地进入别克凯越的车友论坛，并与在上海通用汽车集团工作的同学 B 联系。从同学的口里，小张增强了对别克凯越的信心，也知道了近期已另有两位同学拿到了牌照。但不幸的是，随着对别克凯越论坛的熟悉，小张很快发现，费油是别克凯越的最大缺陷，想着几乎是飞度两倍的油耗，在将来拥有车的时时刻刻要为这油耗花钱，小张的心思便又活了。还有飞度呢，精巧，独特，省油，新推出 1.5VTEC 发动机的强劲动力，活灵活现的试车报告，令人忍不住想说就是它了。何况在论坛里发现飞度除了因是日本车系而受到抨击外没有明显的缺陷。正巧这一阶段广州本田推出了广本飞度的广告，小张精心地收集着有关广本飞度的每一个文字，甚至于致电广本飞度的上海 4S 店，追问其配件价格。维修成员极耐心地回答令飞度的印象分又一次得到了增加。

到此时，小张对电视里各种煽情的汽车广告却没有多少印象。由于工作、读书和家务的关系，她实在没有多少时间坐在电视机前。而地铁里的各式广告，按道理是天天看得到，但受上下班拥挤的人群的影响，小张实在是没有心情去欣赏。只是纸上得来终觉浅，周边各款车的直接用车体验对小张有着一言九鼎的说服力，小张开始致电各款车的车主了。

朋友 C 已购了别克凯越，问及感受，说很好，凯越是款好车，值得购买。同学 D 已购了别克赛欧，是小张曾经心仪的 SRV，质朴而舒适的感觉，小张常常觉得宛如一件居家舒适的棉质恤衫，同学说空调很好的呀，但空调开后感觉动力不足。朋友 E 已购了飞度(1.3)，她说飞度轻巧，省油，但好像车身太薄，不小心用钥匙一划便是一道印痕，有一次去装点东西感觉像“小人搬大东西”。周边桑塔纳的车主，POLO 的车主等等，都成为小张的“采访”对象。

最后究竟花落谁家呢？小张的梦中有一辆车，漂亮的白色，流畅的车型，大而亮的灯，安静地立在小张的面前，等着小张坐进去。小张自己的心里知道，她已有了一个缩小了的备选品牌范围。但究竟要买哪一辆车，这个“谜底”不再遥远……

思考：

1. 分析小张是属于哪一种类型的汽车购买者？
2. 分析小张购车行为中的 5W+1H 要素。
3. 试运用消费者决策过程的五阶段模型分析小张选车所经历的相关阶段。
4. 你认为小张会买什么车，请结合当前车市为小张介绍一款合适的汽车。

一、市场的分类和汽车用户的类型

（一）市场的分类

市场是商品经济的产物，哪里有商品生产和交换，哪里就会有市场。在现代社会经济条件下，几乎所有的经济现象与经济活动都与市场有关。市场营销是针对一些具体的用户或特定的市场，汽车市场营销就是针对拥有汽车或有欲望拥有汽车的这个市场。要了解汽车这个特定市场的特殊需求规律和营销特点，就必须了解市场的分类方法。

(1) 按商品交换的地理区域分为国际市场和国内市场。这种分类有利于研究不同流通地域的市场特征，实施不同的营销策略。

(2) 按商品流通环节不同分为批发市场、零售市场。这两类市场在流通中的地位不同，销售批量和销售对象有别，具有各自的经营方法。

(3) 按经营商品的特点可划分为：消费资料市场、生产资料市场、资金市场、技术市场、信息市场、劳务市场等。这种分类便于了解不同类型的产品或劳务本身在产、供、销等方面的一系列特点，从而有利于研究专业化的经营。

(4) 按购买者及其不同购买目的可将市场划分为：消费者个人市场、组织用户市场。这类分类便于对消费者需求和购买行为进行分析研究，从而有针对性地开展促销活动，为购买者提供最佳服务。根据汽车产品的特征，通常采用这种划分方法进行分析。例如，汽车既可供个人、事业单位、政府部门消费，也可供运输生产、转卖、租赁等。

（二）汽车用户的类型

汽车用户有着明显的广泛性。不同的汽车用户对汽车的使用目的、性能需求、产品类型、购买决策、购买行为都有很大的不同。依据各种用户在购买模式或购买行为上的共同性和差异性，汽车用户可以分为这样几种类型：

(1) 私人消费者：指将汽车作为个人或家庭消费使用，购买汽车是作为代步工具，或是为了改善生活质量，满足个人出行的需要。目前，这一市场是我国汽车市场增长最快的一个细分市场，私人购车占整个汽车市场的份额迅速提升，其重要性已经越来越受到各汽车厂商的关注。国家汽车工业产业政策中也明确提出要培育以私人消费为主体的汽车市场，因此私人购车行为是目前汽车消费市场的主要研究对象。

(2) 集团消费者：指将汽车作为集团消费性物品使用，维持集团事业运转的集团用户，我国通常称为“机关团体、企事业单位”，他们构成汽车的集团消费市场。这一市场是我国汽车市场比较重要的一个细分市场，其重要性不仅表现在具有一定的需求规模，还常常对全社会的汽车消费起着示范性作用。这类用户主要包括各类企业单位、事业单位、政府机构、司法机关、各种社团组织以及军队等。

(3) 运输营运者：指将汽车作为生产资料使用，满足生产、经营需要的组织和个人，他们构成汽车的生产营运者市场。这类用户主要包括具有自备运输机构的各类企业单位、将汽车作为必要设施装备的各种建设单位、各种专业的汽车运输单位和个人等。目前，这一市场在我国汽车市场上也占有重要位置，特别是对某些车型而言，它是这些车型的主要市场。

(4) 其他直接或间接用户：指以上用户以外的各种汽车用户及其代表，主要包括以进一步生产为目的的各种再生产型购买者，以进一步转卖为目的的各种汽车中间商，他们都是间接用户。

以上各类汽车用户，从总体上也可以大体分为消费者个人和集团组织两大类，前者构成汽车的消费者市场，后者构成汽车的组织市场。也就是说，组织市场是指工商企业为从事社会生产或建设等业务活动，以及政府部门和非盈利性组织为履行职责而购买汽车产品所构成的市场，即组织市场是以某种组织为购买单位的购买者所形成的市场，是消费者市场的对称部分。就卖方而言，消费者市场是“个人”市场，组织市场是“法人”市场。

二、汽车消费者市场的购买行为分析

(一) 个人消费者市场购买行为特点与分类

1. 个人消费者市场购买行为特点

汽车产品不同于服装和日用品，本身具有消费品和生产品的双重特征。研究汽车营销的市场行为，必须同时研究私人消费者市场行为和组织市场行为。私人消费汽车市场由汽车的消费者个人构成，它是组织市场乃至整个经济活动为之服务的最终市场，对汽车私人消费市场的研究是对整个汽车市场研究的基础。当然，现代市场营销学对普通消费者市场研究的许多成果，在研究汽车私人消费者市场时可以参考借鉴，但由于汽车商品本身的使用特点、产品特点及价值特点与一般商品有很大区别，因而还必须研究其特殊的市场特点。

(1) 消费需求的伸缩性　一方面，汽车的个人消费需求具有较强的需求价格弹性，即价格的变动对汽车的个人需求影响很大。另一方面，这种需求的结构可变。当客观条件限制了这种需求的实现时，它可以被抑制，或被转化为其他需求，或最终被放弃；反之，当条件允许时，个人消费需求不仅会得以实现，甚至会发展成为流行性消费。

(2) 消费需求的多样性　由于各个消费者在个人收入、文化观念、年龄、职业、兴趣、爱好等方面的差异，自然会有千差万别的兴趣和爱好，从而使个人购买者的需求表现出多样性。有的人注重汽车的安全性、有的人追求汽车的动力性，有的人买车为了上下班代步，有的人则为了节假日旅游之用。就这种意义而言，汽车企业如果能够为消费者提供多种多样的汽车产品，满足消费者多样化的需求，则会为企业争取更多的营销机会。

(3) 消费需求的可诱导性　汽车是专业技术性比较高的产品，大多数个人购买者缺乏足够的专门知识，企业可以通过营销活动的努力，制造某种消费氛围或强化广告宣传的促销手段来转移或改变人们的消费需求。甚至，可以通过营销活动创造出消费需求。例如，中国人的传统观念认为轿车应该是“有头有尾”的三厢车，比较排斥两厢车。近几年，企业通过引导、调节和培养该细分市场需求，逐步使中国消费者接受了两厢车的概念，两厢车的市场占有率也提高了。

(4) 消费需求的替代性　需求替代性表现在某种商品销量上升，其他商品销量下降，即不同品牌商品之间具有竞争性。比如，如果二手汽车市场相对繁荣的话，不可避免地会使新车的销售量下降。现今，个人消费者在购买汽车时面临的选择越来越多，往往会货比三家，只有那些能充分满足消费者需求，并具有特定的吸引力，在同类商品中具有较高性价比的汽车产品才会最终导致消费者的购买。

（5）消费需求的发展性　人们对汽车产品的需求会随着社会生产力的发展和人民生活水平的改善而不断提高，会经历从简单到复杂、由低级向高级发展的过程。最初人们只要求汽车可以代步就可以，在现代，受各类生活方式、消费观念、生存环境的变化和影响，消费者对汽车的安全、节能和环保等性能的要求越来越高，汽车上的新配置和新技术也越来越多。

（6）集中性和广泛性　一方面，由于私人汽车消费与个人经济实力系密切，在特定时期内，经济发达地区的消费者或者收入相对较高的社会阶层，对汽车（或某种车型）的消费比较明显，需求表现出一定的集中性。另一方面，高收入者各地都有（尽管数量上的差异可能较大），而且随着经济发展会不断增多，所以需求又具有地理上的广泛性。

2. 个人汽车消费者购买行为的分类

研究汽车的个人购买行为时，一般需要从不同角度作相应的分类，但较为普遍的分类方法是以购买态度为基本标准。因为购买态度是影响个人购买行为的主要因素。按照这种标准划分，汽车的私人购买行为可分为理智型、冲动型、习惯型、选价型和时髦型等几种。

（1）理智型　这是指以理智为主做出购买决策的购买行为。具有这类行为特点的消费者，其购买思维方式比较冷静，在购买商品前一般要经过深思熟虑，通常要做广泛的信息收集和比较，充分了解商品的热型，在不同的品牌之间进行充分调查，慎重挑选，反复权衡比较，不会受到周围环境和言论的影响。也就是说，这类消费者的购买过程比较复杂，通常要经历信息收集、产品和品牌评估、慎重决策和购后评价等各个阶段，属于一个完整的购买过程。现阶段，我国的私人汽车消费者的购买行为多属于这种类型。因为汽车价值高，且结构复杂，专业性较强，多数普通消费者是初次购买汽车的用户，掌握汽车知识较少。对于这类顾客，营销者应制订策略帮助顾客掌握产品知识，借助多种渠道宣传产品优点，发动营销人员乃至顾客的亲朋好友对顾客施加影响，简化购买过程。

（2）冲动型　冲动型的购买者，在购买商品时容易为某商品的某一个特性，比如外观、包装、式样甚至是企业的广告宣传、购买氛围等所吸引，从而在缺乏必要的考虑、比较时，就做出了购买决定。这类顾客通常是情感较为外向，随意性较强的顾客，一般为年轻人，具有较强的资金实力，容易受别人诱导和影响而迅速做出购买决策的购买行为。也就是说，这类消费者的购买过程比较短，顾客较少进行反复比较挑选。

而且具有冲动性购买行为的消费者通常会在做出购买选择后表示后悔，认为自己所买的产品具有某些缺陷，或同其他产品比较后发现别的产品有更多的优点而产生失落感，可能会要求退货、换货或对企业产生某种怀疑，尤其在仅支付定金的情况下，更容易出现购买意向的反复波动。对于这类冲动型消费者，营销者要提供较好的售后服务，通过各种途径经常向顾客提供有利于本企业和产品的信息，使顾客相信自己的购买决定是正确的。在汽车行业中，尤其在中国，汽车还未普及，还属于奢侈品阶段，由于这种动机而产生购买行为的可能性较小。

（3）习惯型　习惯型的购买者通常对于所购买的商品有充分的了解，形成特殊的信任，而且不会轻易改变所选的品牌。这类购买行为较少受广告宣传和时尚的影响，其需求的形成，多是由于长期使用某种特定品牌并对其产生了信赖感，从而按习惯重复购买。一些为大众所熟悉并赞赏的耐用品和奢侈品的品牌，容易受到人们的信任，从而形成习惯性购买。这类消费者容易成为某一种品牌的忠诚用户，所以这种购买行为实际上是一种“认牌型”购买行为。但对于销售员来讲，这些顾客很难通过他们的推销活动而改变原先的计划。

（4）选价型　选价型购买者对商品价格变化较为敏感，往往以价格作为决定购买决策的首要标准。选价型购买行为又有两种截然相反的表现形式，一种是选高价行为，即个人购买者更乐意选择购买高价优质商品，如那些豪华轿车购买者多是这种购买行为。另一种是选低价行为，即个人购买者更注重选择低价商品，多数工薪阶层的汽车用户以及二手车的消费者主要是这种购买行为。对这类消费者要注意介绍不同价格商品的质量区别，并引导顾客购买优质高价商品。

(5) 时髦型　时髦型顾客容易受外界环境的影响或社会风尚的变化而引起购买行为。持有这类购买态度的顾客，与冲动型顾客一样，受感情的驱使，想象力特别丰富，审美感觉灵敏，对汽车的选型、色彩及知名度都极为敏感，力图通过自己所购买的商品实现引人注目或者借此提高自己的身份和地位等目的，即往往带有炫耀目的。

汽车既是一种具有代步作用的耐用品，又具有某些类似高档时装、珠宝首饰等奢侈品的特征，尤其在社会经济生活水平不断提高、汽车新技术日新月异的背景下，人们越来越重视汽车的造型设计是否符合审美需求、颜色是否代表时尚、汽车配置是否先进等。女性消费者多属于这种购买行为。对这类消费者，营销人员应该结合当下的时尚主题，重点介绍汽车的流行趋势、时尚元素、外观造型、色彩等。

总体上讲，我国现阶段的汽车个人消费者，其购买行为类型以理智型占主导，随着经济的发展，也会出现其余类型的购买行为，而在西方经济发达国家会经常见到其余类型，这也说明汽车营销者在开发国内国外两个市场时，应采取不同的营销策略。

(二) 影响个人消费者购车行为的因素

汽车消费者不是在真空里做出自己的购买决策，他们的购买决策在很大程度上受到文化、社会、个人、心理等因素的影响。各类因素的影响机理是：文化因素通过影响社会因素，进而影响消费者个人及其心理活动的特征，从而形成消费者个人的购买行为。

1. 文化因素

文化是人类欲望和行为的最基本的决定因素。文化是人们所共有的由后天获得的各种价值观念和社会规范的综合体，一般由全体社会成员所共有的基本的核心文化以及具有不同的价值观念、风俗习惯的亚文化组成。

核心文化是人们持久不变的核心信仰和价值观，具有世代相传的特点。亚文化是从社会群体内分化出的许多较小群体所具有的独特生活方式、道德标准和行为规范等。亚文化包括民族亚文化、宗教亚文化、地理亚文化，即在一个宗教内部，或在一个民族内部，或在一定的地理区域，由于各种因素的影响，人们的价值观念、审美观、风俗习惯等会表现出不同的特征，这就是亚文化。

汽车文化是一面镜子，它可以忠实地反映一个国家的特性和整个社会的变迁。德国车的严谨、法国车的浪漫、英国车的高贵、日本车的精明，这些不同车系所具有的特殊文化气质在消费者心中早已形成了鲜明的差异化形象和产品定位。文化因素之所以影响购买者行为，其原因有：①社会文化对于购买行为的影响通常是间接的，不同文化背景下的消费者会出现不同的偏好。②消费者的文化水平直接会影响消费者的购买行为。受教育程度高的消费者在选择汽车时可能会更重视汽车的功能、安全性能等，而不是仅关心价格。③文化自身所具有的广泛性和普及性使消费者个人的购买行为具有攀比性和模仿性。所以，营销者在选择目标市场和制订营销方案时，必须了解各种不同的文化对于企业产品的影响，了解购买者对企业产品的实际兴趣阶段。

2. 社会因素

消费者的购车行为会受到一系列社会因素的影响，它们分别是相关群体、家庭和角色地位。

（1）相关群体：相关群体是指那些能够直接或间接影响消费者个人消费行为的群体。一般可分为三类：①紧密型群体。这类是影响消费者行为的主要群体，指与购买者个人关系密切、接触频繁、影响最大的群体，如家庭、邻里、同事等。②松散型群体。这类是影响消费者行为的次要群体，指与购买者个人关系一般、接触不大密切，但仍有一定影响的群体，如职业协会、学会和其他社会团体等。③崇拜型群体。即购买者个人并不是这些群体的成员。但却仰慕该类群体某些成员的名望、地位，而去效仿他们的消费模式与购买行为。这类群体的成员主要是各种社会名流，如文艺体育明星、政界要人、学术名流等。典型的像对明星的崇拜。

（2）家庭：家庭是社会上最为重要的消费者购买组织，购买者的家庭成员对购买者行为影响很大。譬如个人购买者的价值观、审美情趣、个人爱好、消费习惯等，大多是在家庭成员的影响与熏陶下形成的。

西方学术界通常把家庭所处的阶段，划分为九个时期。

① 单身期。指离开父母后独居的青年时期。

② 新婚期。指新婚的年轻夫妻，无子女阶段。

③“满巢”一期。指子女在6岁以下，处于学龄前儿童阶段。

④“满巢”二期。子女在6岁以上，处于已经入学的阶段。

⑤“满巢”三期。结婚已久，子女已长成，但仍需抚养的阶段。

⑥“空巢”一期。子女业已成人分居，夫妻仍有工作能力的阶段。

⑦“空巢”二期。已退休的老年夫妻，子女离家分居的阶段。

⑧ 鳏寡就业期。独居老人，但尚有工作能力的阶段。

⑨ 鳏寡退休期。独居老人，已经退休的阶段。

对汽车营销而言，面对的家庭阶段主要是处于“满巢”期的各类顾客。而且，处于不同阶段的家庭，其需求特点是不同的。例如，收入较好的年轻夫妻可能会倾向于选择时尚、美观的高档车，而一旦有了孩子，因为考虑到孩子日后的教育问题，他们的预期收入就会降低，对汽车档次的选择就会下降，而较关注汽车的内部空间。

（3）角色地位：一个人在同一个时期往往扮演着不同的角色，每一个角色又与一定的社会地位相对应。因而，个人购买者在购买商品时，其需求及其购买行为要考虑与其角色和地位相一致。

3. 个人因素

通常，在文化、社会各方面因素大致相同的情况下，仍然存在着个人购买行为差异极大的现象，其中的主要原因就在于个人购买者之间还存在着年龄、职业、收入、生活方式和个性等个人情况的差别。目前很多汽车在品牌策划阶段都非常重视消费者的个人因素。

【应用案例 2-3】 别克凯越目标消费群

男性，已婚，30～45岁，家庭月收入超过一万元，大专以上文化教育程度，在国企或私企担任中级经理或是中小型私营企业主，他们购买凯越的用途是以公务商务为主，兼顾私用。

价值观：诚信可靠、踏实认真、紧跟时代脚步。

生活观：享受生活、注重品味、档次和时尚。

汽车观：与身份地位相符，时尚且庄重大方。实用：公务商务兼私用；耐用：经时间和市场考验的品牌。

别克凯越是由上海通用汽车专为中层经理人、小型私企业主打造的中档公务商务兼私用座驾，它以现代动感外观、高效人性化空间、卓越先进科技配备、满足了潜在车主实用、可靠、时尚、符合身份档次的用车需求，成为其事业和生活的可靠伴侣。别克凯越与车主社会中坚的身份息息相通，体现了他们务实进取，严谨踏实，对事业全力以赴，对生活全情投入，追求不断超越自我的生活态度。

（1）年龄　消费者的需求和购买能力，往往会因年龄不同而发生变化。处于不同年龄阶段的同一个人，审美观、价值观会不同，从而表现出不同的购买行为。例如，年轻人喜欢接受新事物，喜欢标新立异，因此目标客户群是年轻人的汽车在广告宣传、促销策略上也要注意迎合年轻人的心态，要求新、求异。

（2）职业　职业往往决定一个人的地位和角色，对于人们的需求和兴趣有着重大影响。比如，企业家、政府官员大都喜欢购买深颜色汽车，而艺人则喜欢红色或色彩鲜艳的汽车。通常，企业的市场营销在制订营销计划时，必须分析营销所面对的个人购买者的职业对象，在产品细分许可的条件下，注意开发适合于特定职业消费需要的产品。

（3）经济状况　经济状况实际上决定的是个人和家庭的购买能力。它对于企业营销的重要性就在于，有助于了解个人购买者的个人可支配收入变化情况，以及人们对消费开支和储蓄的态度等。当企业对经济发展形势估计有误时，则应按实际经济状况重新调整企业营销策略，如重新设计产品、调整价格，或者减少产量和存货，或者采取一些其他应变措施。

（4）生活方式　生活方式是一个人在世界上所表现的有关其活动、兴趣和看法的生活模式。具有不同生活方式的消费者对商品或品牌有各自不同的偏好，从而也会形成不同的消费需求。在企业与消费者的买卖关系中，一方面个人购买者要按照自己的爱好选择商品，以符合其生活方式；另一方面，企业也要尽可能提供合适的产品，使产品能够满足消费者个人生活方式的需要。

（5）个性和自我观念：个性是一个人特有的心理特征，它会导致一个人对其所处的环境做出相对一致和持续不断的反应。一个人的个性，会通过自信、支配、自主、顺从、交际、保守和适应等性格特征来表现。企业依据个性因素细分市场，可以为其产品更好地赋予品牌个性。

同时，在现实社会中，每个人都在追求自我形象塑造，会驱使消费者有意无意地寻求与其自我形象相一致的产品、品牌，如某人可能把自己看得很有事业心，很有才干，那么就可能对其自我观念相适应的中高档商务车感兴趣。对于汽车企业营销来说，了解个人购买者的这些特征，可以帮助企业确立正确的符合目标消费者个性特征的产品品牌形象。

4. 心理因素

个人购买者购买决策通常还要受心理过程的影响，包括：动机形成、感知、学习、信念和态度，它们各自在购买过程中具有不同作用。

（1）动机：社会心理学认为，人类的行为受动机的支配，而动机则是由需要引起的。当个人的某种需要未得到满足，或受到外界刺激时，就会引发某种动机，再由动机而导致行为。在这种意义上动机其实就是在一定程度上的需要。个人购买者的动机所支配的是个人购买者的购买行为，弄清个人购买者动机生成的机理，对于企业市场营销具有重要意义。

美国著名心理学家马斯洛的“需要层次论”在分析个人购买者动机生成机理中有重要的地位。这一理论的基本内容有：一是人类是有需要与欲望的，随时等待满足，至于需要的状况，主要决定于已实现的欲望。已满足的需要不会形成动机，只有那些未满足的需要才构成行为动机。二是人类的需要是分层次的，共五个层次：生理需要、安全需要、社会需要、尊重需要和自我实现需要。这五个需要呈现出从低级到高级的演进特征，只有当低级的需要得到满足后，才会产生更高级的需要，而需要程度的大小则与需要层次的高低成反比，如图2-2所示。

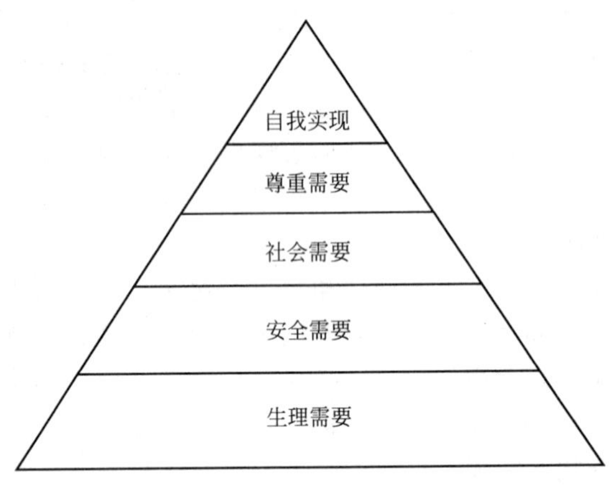

图 2-2 马斯诺需要层次

值得注意的是，马斯诺的需要层次理论所反映的是人类社会的一般现象，并不能适用于每一个人。而且人们在满足需求是会出现跳跃现象，即当低层次需求尚未满足时，就出现对高层的需求。应用这一理论对汽车市场营销是有价值的。因为消费者在既定收入条件下，首先要满足的是基本的生理需要。汽车是高档消费品，只有在收入达到一定程度时，才会出现对其的需求。企业就必须了解目标市场的收入状况，以及他们尚未满足的需要有哪些，从而开发适合其需要的汽车产品。

购买动机虽源于需要，但商品的效用才是形成购买动机的根本条件。如果商品没有效用或效用不大，即使具备购买能力，购买者也不会对该商品产生强烈的购买动机。反之，如果效用很大，即使购买能力不足，购买者可能筹措资金也要购买。

商品的效用系指商品所具有的能够满足用户某种需要的功效。就汽车功效而言，不同车型，不同品种的汽车具有不同的功效。但同样的汽车，对不同的购买者和不同用途来说，其功效也是不同的。例如，对运输经营者来说，汽车的功效在于能够获取经济效益，这种经济效益是指在汽车使用期内，在扣除成本和税费之后的纯收益，收益越大则功效越大，因而低档轿车的功效可能就比中高档轿车大。而对三资企业的商务活动而言，轿车的功效在于作为代步工具，且应体现企业形象，因而中高档轿车的功效就比低档轿车大。这表明，同样的轿车品种对不同的购买者，具有不同的功效。严格地说，消费者购买受商品“边际效用”的影响。边际效用越大，购买动机就越强。

所谓的边际效用，系指购买者对某种商品再增加一个单位的消费时，该种商品能够为购买者带来的效用增量。客观上，随着消费数量的增加，商品的边际效用存在着递减现象，这就是“边际效用递减法则”。这一法则可以用图2-3表示。

例如，一个家庭在购买了第一辆轿车后，便会感觉到它为家庭带来的功效很大；当再购买第二辆轿车后，就会感觉到第二辆轿车为家庭所带来的功效，就不如第一辆的大；当再购买第三辆轿车时，这个家庭会感觉到其实第三辆车是可以不用购买的，甚至还会觉得它存放困难，还要为它的防盗、保养担心。这表明，随着这个家庭购买轿车数量的增加，轿车带来的边际效用是逐步减小的。这一法则对任何商品的消费都是起作用的。

（2）感知：感知是指人们通过自己的身体感觉器官而对外界刺激物所作的反应。对于同

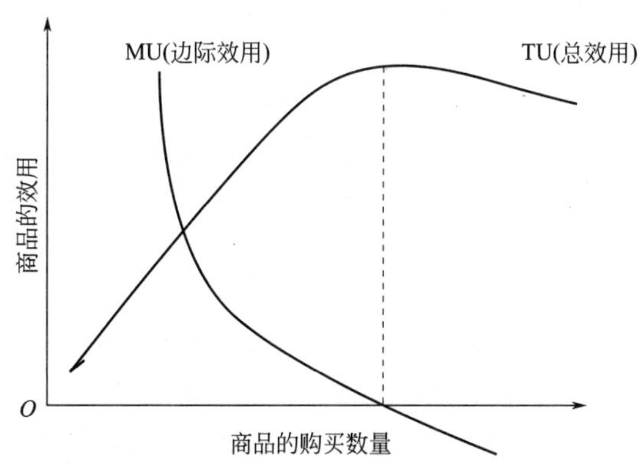

图 2-3 边际效用递减法则

一个刺激物人们会产生不同的知觉，通常认为，人们会经历三种感知过程，即选择性注意、选择性曲解、选择性记忆。

① 选择性注意。人们对日常生活中感觉到的事物，并不会都产生注意，只有对少数的事物会格外关注。人们通常会注意与当前需要相关的刺激物和正在期待的刺激物，以及和其他刺激物有明显差别的刺激物。因此，汽车企业从事营销活动时，必须善于突破选择性注意设下的屏障，才能有效地达到营销目的。例如，在每届车展上各个汽车企业总是使尽招数来安排现场布置，这就是研究了选择性注意，想方设法地将自己的产品和宣传在众多的汽车企业中脱颖而出，从而引起参观者的注意，留下印象，以激发参观者的购买欲望。

② 选择性曲解。人们对于注意到的事物，往往会结合自己的经验、偏好、当时的情绪、情境等来理解，就会出现与创作者预期的结果相背离的结果。这种按照个人意愿曲解信息的倾向就是选择性曲解。对于这种曲解，汽车企业只能进行适当引导，应当特别重视对于企业信誉和产品名牌的创立。

③ 选择性记忆。在生活中，人们容易忘掉大多数信息，会倾向于保留那些能够支持其态度、信念的信息，这就是选择性记忆。因此，在购买行为上则表现为只记住自己所喜爱的品牌。

掌握选择性注意的规律，可以使汽车企业的信息更有效地避免被消费者选择性忽略掉，以促进其认识过程奠定基础。选择性曲解、选择性记忆则提醒汽车企业，必须注意到消费者的感知所形成的“过滤网”，对其认识过程有重大作用。

(3) 学习：当消费者有购买某一种商品的意向，尤其是购买汽车这样的耐用消费品时，往往会收集有关该商品的资料，加以对比；当其购买该商品后，会根据自己使用后的感受对该商品做出评价。这一整个的过程就是学习的过程。消费者所得的经验、印象会作为以后购买商品的参考。

对这种现象通常可以用“刺激—反应”学习模式，如图 2-4 所示。

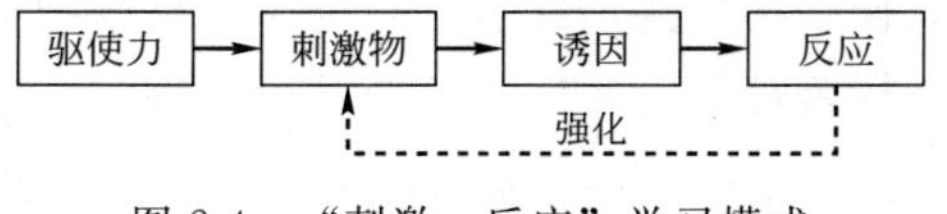

图 2-4 “刺激—反应”学习模式

“刺激—反应”学习模式表明，驱使力是指消费者个人产生购买行为的推动力，它来源于未得到满足的需要；刺激物指能满足个人购买者需求的整体产品；诱因指能诱发个人购买行为的所有因素。例如，家庭成员的建议、广告宣传等；反应指消费者为满足需要所采取的购买行为；强化则是指消费者的购后评价，主要指对刺激物的反应和评价。如果所购物品的满足程度较高，则会形成正向强化，会形成重复购买；如果所购物品满足程度较低甚至完全没有得到满足，则会形成负向强化，不仅不会形成重复购买，多数情况下还会通过口头宣传而影响其他人的购买行为。

“刺激—反应”学习模式表明，个人购买者的购买行为是驱使力、刺激物、提示物、反应和强化等五种要素相互作用的结果。所以，企业的市场营销工作必须能够有效地引导个人购买行为，重点应放在以下几个方面：①准确把握本企业的整体产品（刺激物）与潜在购买者的驱使力关系，运用产品差异化策略设计别具一格的整体产品，以吸引个人购买者的注意力，刺激其购买欲望；②善于及时有效地向个人购买者提供启发需求的提示物，强化促销策略，诱发个人实施购买行为；③做好强化工作，加深个人购买者对企业及产品的良好印象，创造重复购买，扩大企业的知名度。

（4）信念和态度：信念是从实践和学习中得来的，是指一个人对某些事物所持有的描述性思想。例如，我们常常认为奔驰车象征着成功人士；福特代表着踏实的中产阶级；宝马则体现车主的运动与活力。这些认识就是人们对这些汽车品牌的信念。购买行为中的信念，有的是建立在对名牌产品的信任基础上，有的可能是建立在某种偏见或讹传的基础上。而不同的信念又可导致不同的购买态度，如名牌商品会使个人购买者争相选购，而新品牌则往往遭到消费者怀疑。一般地，改变个人购买者的态度是较为困难的，因而在企业的营销过程中，企业应当力求使自己的产品适应个人购买者的现有态度。

态度是指一个人对某些事物或观念长期持有的是非观、好恶观。态度一旦产生，也很难改变，并表现出一致性的模式。一般情况下，企业不要试图改变消费者的态度，而应当考虑如何改变自己的产品或形象，以迎合消费者的态度。当消费者已经对某种品牌产生良好的印象时，企业应当努力维持或提升这个形象，不能出现有损形象的事件，以免消费者出现否定该产品的态度。例如，我国的汽车购买者具有一个明显的特征，即某个地区的购买者对每种车型一般只倾向于一个品牌，这也表明同一地区的购买者对某种产品具有相似的信念和态度。

总之，一个人的购买行为是文化、社会、个人和心理等因素之间综合作用和影响的结果，营销者应对其进行全面的研究，才会掌握消费者的个人购买模式。

（三）个人消费者购车决策内容

尽管不同的消费者购买决策可能千差万别，但都有一定的规律性，一般都离不开以下几方面的内容：

1. 为什么买

这是对消费者购买欲望和动机的分析，也是消费者购车的最根本的目的。消费者的购买动机是多种多样的，不同的人会有不同的购买动机，即使是在买同一款车，有的人将其作为一种代步工具，有的人购买是因为个人兴趣，有的人是为了表现其生活方式，也有的人纯粹是随大流。分析消费者“为什么买”的最终目的是为了准确地把握和弄清楚消费者购车的初始原因，然后有针对性地进行营销。

2. 买什么

这是指消费者通过自己对购买对象的综合分析，最终决定购买的汽车类型。对大多数消费者而言，这是整个购买决策的核心内容。这也是汽车营销者的研究重点，只有通过周密的市场调查，了解消费者到底需要什么样的汽车，然后生产出在外观、品种、质量、性能、价格等方面满足消费者需求的汽车，才能真正被市场接受，被消费者接受。

3. 什么时候买

这是对消费者购买时间的分析。购买时间一般与消费者的需求迫切性有关，如果急需使用，当然很快就会购买。表面上购买时间只与单个消费者有关，但从整个汽车消费市场来看，还是有一定的规律可循，比如购车者都喜欢在周末或者节假日去看车，在被称为“金九银十”的九、十月份和春节前是销售旺季，而在春节后是销售淡季等。

4. 在哪儿买

这是指消费者打算购车的具体地点。虽然消费者购买地点的选择与购买习惯、个人偏好以及是否方便快捷等因素有关，但像购买汽车这类价值较高的产品，消费者一般都会选择信誉好、服务好的汽车销售中心。所以提高信誉、提高服务质量是吸引消费者的不二法门。

5. 由谁买

这是指汽车由谁来购买的问题。消费者购买的商品不一定自己使用，消费者使用的商品也不一定是由自己购买。汽车购买过程中，可有发起者、影响者、决策者、购买者、使用者五种角色，当然不同角色也可相互重叠。传统观念认为汽车购买的重要角色是决策者，比如一个家庭中的“父亲”是购买汽车的决策者，但在现代家庭中，独生子女的意见往往影响着购买者的决策。因此，汽车营销企业必须要有灵活多变的营销策略和方法。

6. 如何买

指消费者以什么方式买，是现场付款还是分期付款，是订购还是现场提车。企业应充分考虑到消费者的不同购买方式，制订出相应的销售策略，满足消费者的需求。

作为经营者，首先要通过市场调查，了解消费者购买决策的具体内容，其次要明确在消费者购买决策的各阶段，应采取哪些营销策略。

（四）个人消费者购车决策过程

消费者个人的购买过程，是一个解决需要问题的过程。在这个过程中，既有看不见的心理活动，又有表露于市场上的有形活动，十分复杂。具体来说，购买者的决策过程一般可分为五个阶段，如图 2-5 所示。

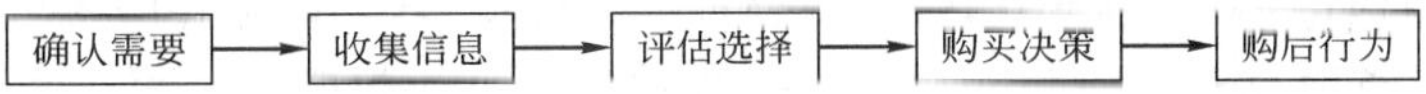

确认需要 → 收集信息 → 评估选择 → 购买决策 → 购后行为

图 2-5 购买决策过程

1. 确认需要

任何购买行为都是由动机支配的，而动机有时又由“需要”所引起，因此，需要是购买过程的起点。当消费者感到一种需要并准备购买某种商品以满足这种需要时，购买决策过程就开始了。这种需要，可能是由内在的生理活动引起的；也可能是受外界的某种刺激引起的，如看到周围人都开汽车了，自己也想购买；或者是由内外两方面因素共同作用的结果。在这一阶段，汽车营销者主要通过造就特定的外部环境，刺激消费者对需要的感受，并努力做好两项工作：一是积极发掘与企业、产品及其品牌有关的驱使力，使其产生强烈的内在刺激力量；二是有效地策划刺激、强化需要。企业需要善于规划刺激，运用刺激物，根据目标市场的规律，顺利引发和深化消费者对需要的认识。

2. 收集信息

如果唤起的需要很强烈，可满足需要的商品易于得到，消费者就会希望马上满足他的需要。但在多数情况下，消费者的需要并非马上就能获得满足。他必须积极寻找或搜集信息，以便尽快完成从知晓到确信的心理过程，做出购买决策。消费者获取信息的来源一般有以下四个：

① 个人来源。即从家庭、朋友、邻居和其他熟人得到信息。

② 商业来源。即从广告、售货人员介绍、商品展览或陈列、商品包装和说明书等得到信息。

③ 公众来源。即从报刊、电视等大众传播媒介的宣传报道、消费者组织的有关评论和官方公布的材料中得到信息。

④ 经验来源。即通过自己参观、实验和实际使用商品来得到经验。

在这一阶段中，市场营销者既要千方百计地做好商品广告宣传，吸引消费者的注意力；又要努力搞好商品陈列和说明，使消费者迅速获得对企业有利的信息。

3. 评估选择

消费者得到的各种有关信息，可能是重复的，甚至互相矛盾的，因此还要进行分析、评估和比较，逐步形成对市场上能够满足其需要、欲望的产品、品牌的不同看法，最后决定购买与否。这是决策过程中的决定性一环。例如，某人要买汽车，搜集了有关资料，比较各品牌特点：某品牌价廉、省油、维修方便，但功能略少；某品牌知名度高、配置新，但价高、费油、配件昂贵，各有利弊，权衡利弊后方能作出购买决定。

消费者的评估选择过程，有以下几点值得营销者注意：第一，产品性能是购买者所考虑的首要问题；第二，不同消费者对产品的各种性能给予的重视程度不同或评估标准不同；第三，消费者心中既定的品牌信念（品牌形象）与产品的实际性能，可能有一定差距；第四，消费者对产品的每一属性都有一个效用函数；第五，多数消费者的评选过程是将实际产品同自己理想中的产品相比较。

据此，营销者可采取如下对策，以提高自己产品被选中的概率：

① 修正产品的某些属性，使之接近消费者理想的产品。

② 改变消费者心目中的品牌信念，通过广告和宣传报道努力消除其不符合实际的偏见。例如，某种产品确实是物美价廉，而有些消费者却以为价廉的一定不如价高的质量好；某国产汽车已经达到或超过进口汽车水平，而有些消费者却总是迷信进口货，认为该国产汽车不如进口汽车好。因此，营销者要在这方面进行广泛宣传，改变消费者的偏见。

③ 改变消费者对竞争品牌的信念。当消费者对竞争品牌的信念超过实际时，可通过比较性广告，改变消费者对竞争品牌的信念。

④ 通过广告宣传。改变消费者对产品各种性能的重视程度，设法提高自己产品占优势性能的重要程度，引起消费者对被忽视的产品性能（如省油、易于维修、配件价格低等）的注意。

⑤ 建立“理想产品”概念。消费者所期望从产品中得到的满足，市场上实际出售的各个品牌，未必完全符合其“理想”。消费者只能在“理想产品”概念的前提下，做某些修正，考虑最接近“理想”的品牌。

4. 购买决策

通过评估选择，消费者会对其备选范围内的各个品牌形成一定的偏好顺序。但是这种偏好和最终的购买决策之间仍然会出现不统一。其他人的态度，以及消费者自身对于未来情况的预测，都可能改变其最终的决策。购买决策通常有三种情况。一是消费者认为商品质量、款式、价格等符合自己的要求和购买能力，决定立即购买；二是认为商品的某些方面还不能完全满意而延期购买；三是对商品质量、价格等不满意而决定不买。

消费者的购买决策是许多项目的总抉择，包括购买何种产品、何种牌号、何种款式、数量多少、何时购买、何处购买、以什么价格购买、以什么方式付款等。

购买决策是消费者购买行为过程中的关键阶段，营销者在这一阶段一方面要向消费者提供更多更详细的商品信息，以便使消费者消除各种疑虑；另一方面要通过提供各种销售服务，方便消费者选购，促进消费者作出购买本企业产品的决策。

5. 购后感受

购后感受是消费者对已购商品通过自己使用或通过他人评估，对满足自己预期需要的反馈，重新考虑购买了这种商品是否正确选择，是否符合理想等，从而形成的感受，这种感受，一般表现为满意、基本满意和不满意三种情况。消费者购后感受的好坏，会影响到消费者是否重复购买，并将影响到他人的购买问题，对企业信誉和形象影响极大。消费者的满意程度，取决于消费者对产品的预期性能与产品使用中的实际性能之间的对比。就是说，如果购后在实际消费中符合预期的效果，则感到基本满意；超过预期，则很满意；未能达到预期，则不满意或很不满意。实际同预期的效果差距越大，不满意的程度也就越大。

根据这种观点，营销者对其产品的广告宣传必须实事求是，符合实际，以便使购买者感到满意。有些营销者对产品性能的宣传甚至故意留有余地，以增加购后的满意感。

购买者购后感受是企业产品是否适销的一种极为重要的反馈信息，它关系到这个产品在市场上的命运。因此，企业要注意及时收集信息，加强售后服务，采取相应措施，进一步改善消费者购后感受和提高产品的适销程度。

从以上分析可见，购买者决策过程中的每一阶段，都会影响其购买决策，研究这一过程，就是为了针对每一阶段的特点采取适当营销措施。积极地诱导消费者行为，更好地满足消费者的需要。

三、组织购车用户的购买行为

汽车商品本身具有消费品和生产资料的双重特征，因此，除了研究私人汽车消费市场，还要分析汽车组织市场。组织市场是相对私人消费市场而言的。组织市场与私人消费市场有许多共同之处，也有其自己的特点，这部分着重研究组织市场与私人消费市场的不同之处。

（一）组织市场的分类和特点

1. 组织市场的分类

组织市场的购买者是各类集团组织，私人消费市场的购买者是广大消费者个人。这两类市场的主要区别在于两者购买产品的用途和目的上，同样是轿车购买，组织市场购买轿车主要是通过营运获取利润，而私人消费者市场则是供自己使用。组织市场的购买者包括以下几个：

（1）企事业集团消费型购买者：这类购买者包括企业组织和事业单位两大类型。其中，企业组织是社会的经济细胞，是从事产品或服务生产与经营的各种经济组织，其特点是自负盈亏、照章纳税、自我积累和自我发展。事业单位是从事社会事业发展的机构，是为某些或全部公众提供特定服务的非盈利性组织，其特点是接受财政资助或得到政策性补贴，也可以在规定范围内向其服务对象收取一定费用。事业单位主要包括学校、医院、红十字会、卫生保健组织、新闻出版机构、图书馆、博物馆、文艺体育团体、基金会、福利和慈善机构等。

这里将各种职业的或业余的团体、宗教组织、专业协会和行业协会等也纳入了“事业单位”范畴，一并讨论。企事业集团消费型购车，目的是为了满足企业组织的商务经营活动和事业单位开展事业活动的需要，如满足企事业组织机构的各级领导干部、职工的工作出行的需要等。

（2）政权部门公共需求型购买者：这类购买者包括各种履行国家职能的非盈利性组织，

系指服务于国家和社会，以实现社会整体利益为目标的有关组织，具体包括各级政府及其下属部门保卫国家安全的军队、保障社会公共安全的各类警察组织、管制和改造罪犯的监狱、负责立法的各级人大（含政协）机关，在我国还包括各级设有独立机构的党委组织等。这些部门的特点是其运行经费全部来自各级财政的行政经费支出或军费支出。

（3）运输营运型购买者：这类购买者是指专业从事汽车运输服务的各类组织或个人，具体包括各种公路运输公司、旅游运输公司、城市公共汽车运输公司、城市出租汽车运输公司、具有自备运输的大型企业或某些行业系统的专业运输部门、各种私人运输经营户等。

（4）再生产型（含部分再转卖型）购买者：再生产型购买者包括采购汽车零部件的企业或汽车中间性产品（如汽车的二、三、四类底盘）进行进一步加工、生产制造出整车的汽车生产企业，如各种主机生产企业、重要总成装配厂家、各种特种车专用车生产厂家等。再转卖型购买者指各种从事汽车流通的中间商组织，他们是汽车厂家分销渠道上的成员。

（5）装备投资型购买者：这类购买者包括那些将汽车作为装备投资，把汽车用作生产资料的各类组织，主要是各种基本建设单位、农业生产和林业生产单位，其特点是汽车主要限于基本建设工地、农场或者林区范围内使用。

2. 组织市场的特点

与向消费者出售商品或服务相比，在向组织市场出售的过程中要牵涉更多的项目和金钱。与个人购买市场相比，组织市场的特点表现在以下几方面。

（1）购买者的数量少：一般，集团组织市场的购买者要比消费者市场的购买者少得多。组织市场上，一家汽车企业的潜在顾客是所有企业和组织，而消费者市场上，其潜在客户可以是所有人，人的数量显然比企业和组织的数量大。

（2）购买规模一般较大：许多汽车组织市场的购买数量都很大。一个消费者一般一次只买一辆汽车，而一家运输公司一次就可能购买几辆甚至几十辆的汽车。

（3）供求双方关系密切：正因为组织市场客户的购买规模大，所以他们通常愿意和那些在技术规格和交货要求上与自己密切合作的汽车企业成交。因此，供求双方常常需要保持较为密切的联系，这样能保证稳定货源，节省采购成本。

（4）购买专业性强：消费品市场上的购买者往往对汽车产品的专业技术性能并不熟悉，而组织市场上的购买者通常为受过专业训练的人，他们了解汽车的技术特征，能较全面地比较和选择符合本组织需求的汽车产品。因此，汽车企业的营销者应多从产品功能、技术和服务的角度介绍本企业的优势，尽量提供详细的技术资料和特殊服务。

（5）有些组织购买者的地理位置较为集中：例如，再生产型购买者和设备投资型购买者在地理位置上就比较集中，这是社会生产布局或长期形成的生产格局决定的，这种地理布局通常难以在短期内发生根本性改变。

（6）需求具有派生性：需求的派生性或衍生性是组织市场区别于消费者市场的显著特征之一。派生性是指组织对汽车产品的需求最终来源于组织面向的顾客对汽车产品的需求。消费者的需求就是原生需求，没有消费者的原生需求就没有组织用户的派生需求。

（7）需求的波动性较大：集团组织购买者对汽车的需求要比个人购买者的需求具有更大的波动性。根据现代社会生产的供应链管理原理，存在一种“牛鞭效应”或者需求的“加速原理”，即处于供应链下游企业的需求变化，会因为供应链上的企业层层放大或缩小，最终导致供应链上游企业销售的剧烈波动。此外，可能受到整个经济形势的影响，组织市场的需求也会产生较大波动，如宏观经济形势不好，政府会削减财政开支，将直接减少政府机构和部分事业单位的汽车需求，同样企业和运输部门也会因为经营状况下降而减少或者推迟汽车购买，最终形成汽车的集团组织市场需求大幅减少。

（8）短期的需求弹性较小：需求弹性是指由于产品价格变动而引起的其市场需求的相应变动率。组织市场上汽车产品的需求弹性小是指大多数组织购买者的需求受价格变化的影响小，特别是短期内需求受价格变动的影响不大。例如，汽车再生产者由于其制造工艺不可能在短时期内进行重大变革，不会因为汽车零部件或中间性产品的价格上涨而减少购买，也不会因为价格下跌而增加购买。有的组织购买者面临的选择机会不多。例如，地方政府或行业公会规定本地的组织用户只能选购本地产汽车，排挤外地产品；或者由于产品的特殊性，供应商数目有限等，这些原因都使得需求弹性减小。

（9）购买的行为方式比较特殊。组织购买行为的特殊性体现在：

① 直接购买。集团组织购买者往往直接从生产企业采购所需的产品，而不通过中间商环节，尤其是采购汽车这样的价格昂贵、技术复杂的大宗商品。

② 互惠采购。是指在供应商与采购者之间互相购买对方的产品项目时，互相给对方提供优惠，实施互惠采购。这样建立了稳固的产销关系，使彼此的产品都有了销路。

③ 租赁。租赁作为企业融资的一种方式，已经越来越受到重视。一些集团组织用户由于资金紧缺或短期内用车需求大增的情况下，会倾向于采用租赁汽车的方式来继续经营，而非直接购买汽车。

（10）影响购买决策的人员众多：同个人购买者的购买决策相比较，集团组织购买的一个重要特征就是集体决策，在整个购买过程中参与的人员众多，主要有以下几类。

① 使用者。使用者往往就是具体操作、驾驶汽车的人，使用者对所购汽车产品的品牌、性能、配置等决策有着重要的影响。

② 影响者。指企业内部和外部能够直接或间接影响购买决策的人员，例如，采购部门的经理、技术人员、企业的咨询机构等。

③ 采购者。指企业中具体负责采购的人，主要是采购部门及其采购员。他们负责联系、选择汽车供应商，参加谈判。较复杂的采购工作中，采购者还包括组织、企业的高层管理人员。

④ 决策者。指有权最终决定购买与否的人，通常是组织、企业的最高领导者。

⑤ 控制者。指控制企业外界信息流向的人，诸如秘书、接待员、接线员、门卫等，其作用是阻止推销人员与使用者、决策者取得联系。

当然，并不是所有的企业采购任何产品都必须涉及以上几类的参与者，企业采购产品的价值大小、技术高低都将影响参加购买决策的人员多少。汽车产品由于技术性强、价格高，一般参与决策的人较多，采购中心的规模也较大。对汽车营销人员而言，当面对组织市场时，首先应当明确组织市场的参与购买者复杂，并且要注意查明谁是真正具有决定权力的人，以便以其需要为目标有效的促成交易。

3. 组织购买行为类型

（1）直接重购：直接重购是指组织用户按照以往的一贯性需要，按原有订货目录和其他基本要求，继续向原有的供应商重复购买一直在采购的产品，变动不大，可能只有数量上的调整。因此，这种采购类型花费的人力较少，集团组织的采购人员做出购买决策的依据是过去的经验，是对供应商以往的满意程度。由于这种购买行为所涉及的供应商、购买对象、购买方式等均为往常惯例，因而无需做出太多新的采购决策，它属于一种简单的购买活动。

直接重购的优点是有利于稳定供需双方关系，原有的供应商不必重复推销，而能致力于保持产品和服务的质量，从而简化了购销手续、节省了购买者时间。但对于新的供应商来说，这无疑加大了其进入该市场的难度，因而其营销活动应注意先从零星的小额交易打开缺口，再逐渐扩大市场占有率。

（2）修正重购：修正重购是指组织用户为了某种目的而需要改变产品规格、型号、价格、交货条件等，甚至更换供应商。这种购买类型下的采购行为比直接重购复杂，它要涉及更多的购买决策人员和决策项目。

修正重购有助于刺激原供应商改进产品和服务质量，大大提高生产率，降低成本，保持现有的组织用户；同时还给新供应商提供了竞争机会。

（3）新购：新购是指组织用户首次购买其所需的产品和服务。由于是第一次购买，买方对所购的产品没有使用经验，因而其购买决策会比较复杂，通常要收集大量的信息，建立一整套的标准，详细比较和选择供应商以及产品品牌。一般，新购的产品金额越大，风险就越大，采购决策的参与者就会越多，制订采购决策所需的信息就越多，决策所花费的时间也就越长。

对于所有的供应商来说，新购是他们的最大机会，应当充分利用组织购买者新购的机会，采取措施，尽可能接触主要的采购者和影响者，甚至组成专门机构来负责对新购用户的营销，针对不同的决策影响着采取不同的对策和措施，努力开辟组织市场。同时，要通过实事求是的广告宣传，提供各种相关的信息帮助，减少组织用户的顾虑和疑问，使购买者了解产品，最后促成交易。

（二）影响组织购车用户购买行为的因素分析

同消费者市场一样，组织购买行为也会受到各种因素的影响，主要影响因素可以区分为四种类型：环境因素、组织因素、人际因素、个人因素，见表 2-3。

表 2-3 影响组织购买行为的主要因素

环境因素	组织因素	人际因素	个人因素
经济环境	目标	利益	年龄
科技环境	政策	地位	受教育程度
政治环境	程序	权威	个性
竞争环境	结构	群体关系	收入
文化环境	制度		

1. 环境因素

环境因素即指组织用户周围环境的因素，诸如一个国家的经济发展前景、技术变化情况、市场竞争态势、政治形势等。例如，如果预期经济前景不佳、市场需求不振，组织购买者就不会增加投资，甚至会减少投资，减少原材料采购量和库存量，降低产量；还有我国政府已经对国家公务人员和国有企业领导干部用车的标准作出了硬性规定，比如安徽省委办公厅、省政府办公厅在 2007 年 7 月专门发出通知，要求对公务车超编、超标配备等问题进行规范和改进，其中明确规定：正省级干部配备排气量在 3.0 升以下、价格 45 万元以内的轿车；副省级干部配备排气量在 3.0 升以下、价格 35 万元以内的轿车；一般公务用车配备排气量 2.0 升以下、价格 25 万元以内的轿车。这就限制了此类型组织用户的购车标准。

2. 组织因素

组织因素即指一个组织用户本身的因素，诸如购买者内部采购部门自身的目标、政策、程序、结构、制度等方面的设置状况。营销者还应当关注采购部门在企业组织结构中的变化趋势。

3. 人际因素

人际因素即指组织购车用户内部各机构不同的人员之间的关系，营销者要善于了解组织用户的人际关系状况，如采购中心的构成情况、有多少人参与购买决策，他们分别是谁，分别对决策行为有什么影响力，他们的选择和评价汽车的标准是什么等，并通过利用这些因素促成交易。

4. 个人因素

个人因素即指组织用户内部参与购买决策的有关人员所具有的自身特点，诸如年龄、受教育程度、个性因素等，也就是消费者市场上影响购买行为的个人因素在组织市场上依然会其作用，这就使得组织用户在最终作出购买决策时会受个人购买经历、品牌偏好、供应商印象等的影响。因此，营销者要了解个人因素，以便采取“因人而异”的营销措施。

（三）组织购车用户的购买决策

1. 组织购车用户购买决策过程

购买决策的过程生产资料的购买者和消费资料的购买者一样，也有决策过程，但没有一个统一的格式支配所有生产资料购买者的实际购买过程。一般认为，生产资料用户的购买过程分为八个阶段。

（1）提出需求。提出需求是生产者购买决策过程的起点。需求的提出，既可以是内部的刺激，也可以是外部的刺激引起。内部的刺激，如汽车企业决定推出某种新汽车，因而需要采购生产这种汽车的零部件和新配置；或因零部件存货水平开始下降，需要购置零部件；或因发现过去采购的原材料质量不好，需更换供应者等。外部刺激诸如商品广告，营销人员的推销等，使采购人员发现了质量更好、价格更低的产品，促使他们提出采购需求。

（2）确定需求。指确定所需产品的数量和特征。标准产品的采购，一般由采购人员直接决定，而复杂产品的采购，则须由企业内部的使用者和工程技术人员共同来确定产品的一般特性，包括可靠度、耐用性、价格等。

（3）产品规格。指由专业技术人员具体详细地说明所需汽车产品的品牌、排量及其他技术参数，供采购人员作参考。

（4）寻找供应商。购买者可以查找汽车企业名录、利用电脑搜寻、打电话请其他公司推介以及参观车展等来挑选服务周到、产品质量好、声誉好的供应商。供应商的任务就是要使自己列入主要备选企业的范围之内，应通过有力的广告及促销方案，努力提高企业在市场上的知名度。

（5）征求建议。对已物色的多个候选供应商，购买者应请他们提交供应建议书，尤其是对价值高、价格贵的产品，还要求他们写出详细的书面建议，组织用户的采购员要从合格的供应商中挑选最合适的供应商。因此，供应商的营销人员应根据市场情况，善于提出与众不同的、能打动人心的建议书，全面而形象地表达所推销产品的优点和特性，力争引起顾客的信任，在众多的竞争者中获得成交。

（6）选择供应商。在收到多个供应商的有关资料后，采购中心将根据资料选择比较满意的供应商。在选择供应商时，不仅考虑其产品质量水平和技术能力，还要考虑其企业信誉、能否及时供货，能否提供必要的服务、地理位置等。

有些企业最后确定的供应商不限于一个，以免受制于人，并且可以通过几个供应商的竞争来促使他们改进服务质量。比如购买者最后确定了 3 个供应商，分别向他们采购所需产品的 60％、30％和 10％，这样可以使三个供应商展开竞争，进一步做好供应工作。

（7）签订定购合约。当供应商选定后，采购中心便开订货单给选定的供应商，在订货单上列举技术参数、需要的数量、交货日期等。现在许多企业日趋采用“一揽子合同”，即和某一供应商建立长期的供货关系，这个供应商承诺只要购买者需要购买时，供应商就会按原定的价格条件及时供货。这种“一揽子合同”对供求双方都带来了方便。对采购者而言，不但减少了多次购买签约的麻烦和由此增加的费用，也减轻了库存的压力——由于这一“合同”，实际上购买者将存货放在了供应商的库里。如果需要进货时，只需用计算机自动打印或电传一份订单给供应商。因此“一揽子合同”又称为“无库存采购计划”。就供应商而论，他的产品有了固定的销路，减轻了竞争的压力。

（8）绩效评价。产品购进后，采购者还会及时向使用者了解其对产品的评价，考察供应商的履约情况，并根据了解和考察的结果决定今后是否继续采购某供应商的产品。为此，供应商在产品销售出去以后，要加强追踪调查和售后服务，赢得采购者的信任，保持长久的供求关系。

但这八个阶段又并非适用于所有购买类型，其中对于新购业务来说，一般包括这八个采购阶段，属于完整的采购过程；直接重购只需经过两个阶段，修正重购可能经过某些阶段，也可能不必经过某阶段。修正重购和直接重购两种决策过程都属于不完整的采购决策过程，见表 2-4。

表 2-4　采购决策过程的主要阶段

购买步骤	新购买	修正购买	直接购买
提出需求	是	可能	否
确定需求	是	可能	否
产品规格	是	是	是
寻找供应商	是	可能	否
征求建议	是	可能	否
选择供应商	是	可能	否
签订定购合约	是	可能	否
绩效评价	是	是	是

2. 组织的购买方式

组织在采购过程中，常常要选择合适的购买方式。常见的购买方式有：

（1）公开招标选购。组织的采购部门通过一定的传播媒体发布广告或发出信函，说明拟采购的商品、规格、数量和有关要求，邀请供应商投标。招标单位在规定的日期开标，选择报价较低和其他方面合乎要求的供应商作为中标单位。这种招标方式常被用于政府采购、再生产者配套采购、重大工程项目建设单位装备采购等场合。

采用招标方式，集团组织会处于主动地位，供应商之间会产生激烈的竞争。供应商在投标时应注意以下问题：

① 自己产品的品种、规格是否符合招标单位的要求。非标准化产品的规格不统一，往往成为投标的障碍。

② 能否满足招标单位的特殊要求。许多集团组织在招标中经常提出一些特殊要求。例如，提供较长时间的维修服务，承担维修费用等。

③ 中标欲望的强弱。如果企业的市场机会很少，迫切要求赢得这笔生意，就要采取降价策略投标，如果企业还有更好的市场机会，只是来尝试一下，则可以适当提高投标价格。但无论如何，报价均要求在合理的范围内，恶意的低价竞争不一定能够中标，因为招标单位

对价格一般进行过调查，有一个标底价。过分远离这个价格，招标单位都可能淘汰投标单位。

招标单位对投标单位要进行资质审查。例如，汽车再生产者对零部件或中间性产品的配套采购，就要对各个拟投标的供应商进行资格审查，看其产品质量是否能够通过本企业质量部门或产品试验部门的质量认定，考察其是否具有必要的融资能力等。所以供应商在投标前应了解招标单位的决策过程，事先做好必要的准备工作。

（2）议价合约选购。即集团组织的采购部门同时和若干供应商就某一采购项目的价格和有关交易条件展开谈判，最后与符合要求的供应商签订合同，达成交易。汽车产品的大宗订单、特殊需求订单一般均采取此种购买方式。

项目小结

本项目汽车市场机会分析包含三个任务：汽车市场营销环境分析；汽车市场调查分析；汽车市场购买行为分析。

汽车市场营销环境分析，介绍了企业的营销环境可分为宏观和微观两部分。汽车企业的宏观环境主要有影响汽车生产与使用、销售、消费的人口、经济、自然、技术、政治以及法律和文化等几个方面。自然环境提示了汽车的使用环境以及生产的原材料的短缺，能源成本的上升和大气污染的问题；人口环境说明了汽车生产和使用的消费人群的层次和消费倾向；技术环境要求汽车企业应加强技术的引进与开发，寻求最大的营销机会，占有和扩大市场；政治和法律环境，说明了汽车企业发展的各种政策导向与制约；经济环境显示变化中的收入水平和消费支出方式，影响汽车购买方式，需求倾向。文化环境导向一个长久的价值追求，对于汽车企业来讲，文化环境起到引领消费时尚的作用；汽车的微观环境受到宏观环境的直接影响，汽车企业营销活动要重点建设和协调好与各部门的关系。影响它的因素有：企业内部环境、供应商、营销中介、消费者、竞争者和社会公众等。

汽车市场调查分析这个任务介绍了汽车市场调查的含义、基本内容、类型、调查的基本步骤，调查的方法有观察法、访问法、实验法；调查问卷的设计技术、调查的抽样技术等内容。

汽车市场购买行为分析介绍了市场的分类和汽车用户的类型；汽车消费者市场的购买行为的特点、分类，影响消费者行为的因素，个人消费者购车决策内容和决策过程；组织市场的分类、组织购车用户的特点、购买行为类型、影响组织购车用户购买行为的因素分析、组织购车用户的购买决策等内容。

思考与练习

一、单项选择题

1. 汽车保险费率放开，使消费者对汽车保险有了较大的选择余地，一定程度上刺激了汽车消费，那么这一因素属于（　　）因素。

A. 经济因素　　B. 政策因素　　C. 社会文化因素　　D. 科学技术因素

2. 广东的居民收入水平有了很大的提高，有了更多的个人可支配收入，从而带动了汽车消费，这一环境因素属于（　　）。

A. 经济因素　　B. 政策因素　　C. 社会文化因素　　D. 科学技术因素

3. 根据“需要层次论”，下列属于第二层次的是________。

A. 安全需要　B. 尊重需要　C. 社会需要　D. 自我实现的需要

4. 在商场门前拦截消费者进行调查，这种选取样本的方法是________。

A. 简单随机抽样法　B. 判断抽样法　C. 分群随机抽样法　D. 任意抽样法

5. 下列不属于微观环境因素的是（　　）。

A. 供应商　B. 竞争者　C. 经济环境　D. 社会公众

6. 在私人购车用户，较少受广告宣传和时尚的影响，其需求的形成，多是由于长期使用某种特定品牌并对其产生了信赖感，从而重复购买的“认牌型”购买行为属于________。

A. 理智型　B. 冲动型　C. 习惯型　D. 选价型

7. 采购部门根据过去的一贯性需要，按原有订货目录和供应关系所进行的对汽车的重复购买属于________。

A. 修正重购　B. 直接重购　C. 间接重购　D. 新购

8. 一个家庭在购买了第一辆轿车后，便会感觉到它为家庭带来的功效很大；当再购买第二辆轿车后，就会感觉到第二辆轿车为家庭所带来的功效，就不如第一辆的大，这叫做：________。

A. 心理预期差　B. 边际效用递减法则　C. 投资组合不当　D. 市场渗透不良

9. 对某种车型的市场潜量、顾客态度和偏好等方面的问题如实地记录并描述，所要回答的问题主要是“何时”或“如何”，该种调查属________。

A. 探索性调查　B. 描述性调查　C. 因果分析调查　D. 预测性调查

10. 以下调查问卷问题设计比较理想的是________。

A. 您认为我公司的维修技术和服务质量怎样

B. 您暂时不买小轿车的原因是：买不起、款式不好、不会驾驶

C. 您是否已购买家用轿车

D. 您最近经常驾驶轿车吗

二、判断题

1. 微观环境与宏观环境之间是一种并列关系，微观营销环境并不受制于宏环观营销境，微观环境与宏观环境各自独立地影响企业的营销活动。（　　）

2. 企业可以通过各种宣传手段促使某些环境因素向有力的方向发展变化。（　　）

3. 描述性调查是指在企业对市场状况不清楚或对问题不知从何处着手时所采用的方法，以定性调查为主，主要是收集一些初步的信息。（　　）

4. 组织市场的需求具有派生性，需求的波动性较大。（　　）

5. 马斯诺需要层次理论最高层次的需要是尊重的需要。（　　）

三、问答题

1. 我国出台了哪些与汽车有关的政策措施？对汽车工业的发展有何影响？

2. 汽车市场调查的目标有哪些？

3. 汽车市场调查主要包括哪些步骤？

4. 有哪些汽车的市场调查方法？

5. 个人消费者市场和组织市场购车行为特点分别是什么？

6. 汽车消费者购买行为的类型有哪些？

7. 影响个人购车用户和组织购车用户购买行为的因素分别有哪些？

项目三 汽车营销战略规划

【项目目标】

1. 知识目标

(1) 了解汽车市场营销战略特征和内容。

(2) 掌握竞争者的层次分析、市场竞争地位划分以及市场竞争战略的类型。

(3) 掌握市场发展战略的类型。

(4) 掌握目标市场营销三部曲，即 STP 战略。

2. 能力目标

(1) 能判断某汽车品牌各种层次的竞争者，并分析其竞争战略。

(2) 能分析某汽车企业在发展过程中运用的市场发展战略。

(3) 能运用 STP 战略分析某汽车企业的目标市场现状。

汽车产业是一个高投入、高技术的产业，营销战略的正确与否，直接影响到企业的生存和发展，汽车企业在市场活动中应对其发展制订出相应的正确的战略规划和计划，以确保企业能够向正确的目标发展，避免工作的盲目性。同时，市场营销既是一门科学也是一门艺术，它是在科学理论的基础上，可以极大地发挥人们的灵感和创造力，因此，在确定了战略目标和营销计划以后，如何去实现它，就需要严密而富有创造性地策划，一个成功的策划，可以使汽车企业实现质的飞跃。

现代市场营销认为，企业不应试图在整个市场上争取优势地位，而应该在市场细分的基础上选择对本企业最具有吸引力、企业可以有效占领的那部分市场作为目标，并取得优势竞争地位。对我国企业而言，即使像一汽东风两大汽车企业集团，目前也没有能力在整个汽车市场上争取到优势地位，所以上述战略决策具有现实意义。本项目叙述了有关汽车市场营销战略的概念和特征，汽车营销的竞争战略和发展战略等内容。

任务一　认识汽车营销战略

【案例导入】

三大营销战略　改写野马命运

野马 F99 卖断了货；经销商打了提车款也要排队等一个月才能提车；部分经销商甚至干脆派人到工厂生产线上去“抢”车……最近一个月以来，云南、贵州、山东等地的野马汽车经销商感到很纠结：以前野马 F99 在市场上的表现一般，现在却奇迹般火起来了，由于货源准备不足，让他们有些措手不及。究竟什么原因让野马 F99 一夜火爆车市，部分地区甚至出现一车难求的呢?

目前，野马在乘用车市场明确提出了“做专业 SUV 制造商”的战略发展目标，坚持走高性价比路线。在营销上，野马乘用车重点发展三大全新营销战略思路。

首先是区域营销“八大四小”市场战略。即把四川、河南、陕西等区域归为八个大区域市场，把新疆、重庆等区域归类为四个小区域市场，对于这些市场，厂家将给予重点支持。目前野马产品单一、品牌力较弱，不可能全国市场通吃，必须抓大放小，集中力量攻击主要目标市场。

其次，提出了目标客户“裙带区域”销售战略，即将中心城市周边的裙带区域的人群，作为产品的重点销售和推广对象。

最后，他提出了广告宣传“针刺行动”推广战略，即为最大化节约成本，除在央视做品牌推广外，对个别重点或局部区域市场进行专项投入宣传，做到精准投放、精准营销。这些全新的营销战略思路经过两个月的强力贯彻之后，收到了立竿见影的市场回报。

目前，F99 每月的销量维持在 1500 辆左右，并且工厂已经做好了产能扩张、新车型投产及销售网络优化等方面的准备工作。在产品方面，2011 年推出的新车除了 F99 运动款之外，还有一款小型 SUV 即 F11，与 F99 比，风格和线条更圆润，有 1.5L 和 1.6L 两个排量，部分车型还配有 6 速自动挡。

为保证 2011 年销售目标的完成，川汽正在对龙泉生产基地 2 期工厂进行改扩建，可以达到 6 万台生产能力。在销售网络方面，2011 年在全国建 50 个以上的形象店，以提升野马乘用车的品牌张力和形象。

2011 年是野马乘用车夯实市场基础最重要的一年，要实现野马乘用车事业有序推进和腾飞，整个野马的销售战略都将围绕“高速公路路基工程”来做，即只有把产品、服务、网络以及营销等基础性工作做扎实且极致之后，野马乘用车未来才会有腾飞的希望。

请思考：

根据案例分析营销战略在企业发展中的作用。

一、认识营销战略

一个成功的企业需要在动态的环境中生存和发展，必须积极、主动地适应不断变化的市场，不仅要善于创造顾客，满足顾客欲望，还要引导顾客的消费，树立良好的社会形象，培养忠实的品牌追随者。战略规划是企业面对激烈变化、严峻挑战的环境及市场，为长期生存和发展而进行的计划和思考，是事关企业大局的科学规划，是市场营销管理的指导方针。在不了解市场环境的前提下就盲目地毫无计划地进入市场，往往不能获得成功，韩愈曾说过：凡事预则立，不预则废。苏格兰也有这样一句类似的谚语：当你航海时不知道风向，任何方向的风都是逆风。讲的都是战略和计划的重要性。

树立正确的市场营销观念，对市场营销活动进行有效的战略规划，如同鸟的双翼，是一个企业在变动和发展的动态环境中成功经营的两大基础。

（一）企业战略和营销战略

企业战略是指企业在现代市场经营观念的指导下，为实现企业经营目标，对企业发展的总体设想和规划。其目的是使企业的规模结构、资源特长和经营目标在可以接受的风险限度内，与市场环境所提供的各种机会保持动态平衡，求得企业持续、稳定、高效地发展。菲利浦·科特勒认为：“当一个组织清楚其目的和目标时，它就知道今后要往哪去。问题是如何通过最好的路线到达那里。公司需要有一个达到其目标的全盘的、总的计划，这叫战略。”企业战略因涉及的层面和范围不同，分为企业总体战略、营销战略和职能战略。

企业总体战略又称公司战略，是企业最高层次的战略，它需要根据企业使命，选择企业参与竞争的业务领域，合理配置企业资源，使各项经营业务相互支持、相互协调。总体战略的任务主要是回答企业应该在哪些领域进行活动，经营范围选择和资源合理配置是其中的重要内容。总体战略是企业高层负责制订、落实的基本战略。

营销战略是指企业确定的在将来的某一个时期希望达到的经营活动目标，以及为了实现这一目标而预先制订的行动方案，它是当今企业在市场竞争中最为广泛关注的一项创意性营销活动。营销战略是企业战略管理的一个重要组成部分，是企业的灵魂。科学、严谨和可行的营销战略对企业生存和发展具有重要意义。因此，要理解营销战略，首先就需要了解有关公司战略的基本知识。

从战略内容看来，公司战略一般包括以下几个方面的关键内容：

(1) 公司使命

公司使命表达的是有关公司存在价值和意义之类的一些基本的、根本性的问题。

(2) 公司目标

公司使命必须转化成各个管理层和部门的具体目标。最常见的目标有盈利、销售增长、市场份额扩大、风险分散以及创新等。为了便于采用，组织目标应具备层次化、数量化、现实性和协调性等条件。

(3) 公司业务组合战略

公司战略必须明确建立、扩大、维持、收缩和淘汰哪些业务。规划公司业务组合的一个有用步骤是识别和区分公司的战略业务单位，并对所有战略业务单位的盈利潜力进行评价。一般来说，战略业务单位应满足以下条件：它是一项业务或几项相关业务的集合；它有一个明确的任务；它由自己的竞争对手；它有一个专门负责的经理；它由一个或多个计划单位和职能单位组成；它能够从战略计划中获得利益；它能够独立于其他业务单位自主地制订计划。至于战略业务单位的评价方法，比较著名的有波士顿咨询公司的成长—份额矩阵，和通用电气公司的多因素业务经营组合矩阵。

(4) 新业务战略

一个公司不仅要管理好现有的业务，而且还要考虑通过发展新业务，实现公司的成长。有三种成长战略可供公司选择：一是密集型成长战略，即在公司现有的业务领域寻找发展机会；二是一体化成长战略，即建立或并购与目前业务有关的业务；最后是多元化成长战略，即在寻找与公司目前业务范围无关的富有吸引力的新业务。

从战略过程来看，公司战略管理可以划分为战略制订、执行和控制 3 个阶段。战略制订包括确定企业的使命和任务，识别企业的外部机会与威胁，识别企业内部的优势和劣势，建立长期目标，制订可选择战略及选择特定的执行战略。战略制订过程所要解决的问题也就是战略计划的内容。战略执行要求公司建立年度目标，制订政策，激励雇员和配置资源，以便制订的战略得以贯彻执行。战略执行包括培育支持战略的企业文化，建立有效的组织结构，调整企业经营方向，制订预算，建立和使用管理信息系统以及将雇员报酬与组织绩效挂钩等。战略控制就是跟踪企业环境变化和战略执行情况，发现问题，找出问题的原因，并及时采取纠正措施。

公司战略界定了营销战略的基本理念、原则和行动框架。换言之，营销战略必须遵循并以公司战略为指导。同时，公司战略的落实也离不开营销战略的制订、实施与控制。

汽车市场营销战略是企业在现代市场营销观念的指导下，为了实现企业的经营目标，对于企业在较长时间内市场营销发展的总体设想和规划。

汽车市场营销战略是企业总战略的重要组成部分，它的选择受企业整体战略思想的制约，不同的经营思想会有不同的市场营销战略。因此，市场营销战略必须与整体经营战略相吻合。

（二）汽车市场营销战略的特征及意义

（1）全局性

企业的市场经营战略体现了市场营销的整体的发展需要和利益，是企业营销活动的纲领，对各项具体的营销工作都具有权威性的指导作用。这种全局性包括两层含义：一是指企业对市场营销的总体设计，包括总体规划和整体策略手段；二是指企业在市场营销中做出的事关企业全局的未来发展的关键性决策。

近年来，面对根基牢固的欧美车型，虎视眈眈的日本车以及作为后来者的韩国车，中国汽车制造商必须从国内外企业的全局性来打造中国的汽车品牌，以便与之竞争。

（2）长远性

长远性是指战略着眼于未来，要指导和影响未来一个较长时期的营销活动，是对未来营销工作的通盘筹划。因此，要立足当前，放眼未来，协调好当前和未来发展的关系。比如吉利车着眼未来，赢得海内外资本的支持，经技术改造后，可以达到年产 30 万辆车的生产能力，年产值可达 100 亿元，为自己奠定了一个较好的发展基础。

（3）风险性

战略的重点是决策，但由于企业的外部环境是变化不定的，较难把握，因此，要做出正确的决策，往往带有一定的风险性。而且，大多时候，风险本身又是一种机会，风险越大成功的机会也越多。

（4）相对稳定性和适应性

企业的营销战略是在对自身条件和客观环境长期发展趋势进行科学分析和预测的基础上制订的。从整体看，它是持续向前运动的，但在一定时期内，又具有相对稳定性。同时企业的营销战略还是动态的，它要随着变化了的主客观条件，尤其是随着外部环境的变化进行调整和完善，使之与环境保持良好的动态适应性。

（5）系统性

市场营销战略本身是一个系统，它包括了战略思想、战略目标、战略重点、战略措施等相互联系的要素。同时，它还处于企业经营战略更大的系统之中。

制订汽车营销战略的重要意义：①可使企业的营销活动得到整体的规划和统一的安排，实现“市场营销观念”所要求的“企业活动目标一体化”；②可提高企业对资源利用的效率；③可增强营销活动的稳定性；④可为企业的营销管理工作提供依据以及提高企业管理工作的有效性；⑤制订营销战略是汽车企业参与市场竞争的利器；⑥制订营销战略是企业员工参与管理的重要途径，有利于企业全面质量管理的展开和实施。

（三）当前我国汽车市场营销现状

（1）通过互联网进行汽车营销。这种营销模式被人们称之为“网路营销”。据统计，2013 年我国互联网用户购车欲明显高于 2012 年，已有 37.8％的网络购车订单和 28.3％的网民表示会再近几个月内购车。随着网络科技的发展和其本身特点（如互动性、低成本、精准性等），许多新技术的应用会更加刺激汽车营销模式的网络化发展。

（2）通过组织公益活动展开汽车营销。汽车行业属于高科技产业，由于它的高利润率和市场地位，就注定了它要承担更多的社会责任。国外很多企业很会利用慈善事业提高企业的知名度和品牌形象。

（3）通过组织体育赛事或赞助球队营销。汽车企业通过体育活动进行品牌推广已有很久的历史，从 F1 赛事的发展历史就可以看出。通过举办或赞助体育赛事，既能促进体育赛事的成功举办，在赛事成功举办的同时又提升了赞助企业的品牌影响力和竞争力。

（4）文化艺术营销。汽车企业在出售一台汽车的时候，消费者不仅仅看的是汽车自身的技术和性能，有时候更关注这款汽车所隐含的文化和艺术因素。现代企业都注重自身的企业文化，汽车行业也一样，如丰田公司的广告就很有创意：车到山前必有路，有路就有丰田车。

（四）未来我国汽车营销策略的发展方向

第一，建立以消费者为导向的营销模式。传统的营销模式中，营销设计往往以企业自身为中心，忽略市场和消费者在营销中应有的重要性。现在更多的企业转变营销模式，提出“顾客是上帝”的营销理念，根据消费者的需求定做汽车。如丰田公司提出的关怀式服务。新型的营销模式在理念上从满足消费者需要到满足消费者欲望和增加顾客体验转变，更加侧重的是给用户难忘的消费体验。

第二，建立汽车营销的模块化战略发展模式。进行模块化营销战略发展模式首先要求企业能够最大限度地搜集消费者的信息资料，建立自己的全面化数据资料库，并且要定期更新数据库；然后根据不同的消费人群划分不同的营销模块；通过举办车展和特定消费群体热爱的活动拉近和消费者或潜在消费者之间的关系；然后通过和消费者的不断接触，零距离了解该类消费群体的需求来制订未来的销售策略；最后通过合理的促销活动，达到销售目标。

第三，环保型营销策略。近年来，全球变暖、能源缺乏、空气污染等问题越来越突出，节能和发展清洁能源已经成为时代的主题。时下汽车行业正进行一场“低碳革命”，因此环保型营销策略也应该遵循低碳工业发展的潮流，制订相关的环保型营销策略。

（1）树立环保营销的基本思路。首先，要树立可持续发展观念，在现有技术的基础上，尽可能地节能减排实现原材料的有价值利用。其次，引导消费者进行低碳消费，避免消费者盲目地消耗能源。再次，在销售人员心中要坚持环保营销的观念，并坚持在以后产品的整个营销过程中。

（2）积极研发环保低碳产品和零部件。在汽车生产制造过程中，应该尽量避免不必要的浪费和耗能，尽最大限度地利用能源和原材料。如宝马高效混合动力7系和凯迪拉克设计的电力驱动概念车。通过技术革新来节能减排是目前众多行业普遍采取的手段，汽车行业中更需要采取这种新型的节能环保技术。

（3）改进传统生产习惯，建立清洁高效生产模式。联合国曾在1989年提出“清洁生产”的作业模式。建立清洁高效的生产模式要求汽车制造企业在整个生产过程中减少对环境的污染，其次是在汽车制造工艺设计时，尽可能采用循环作业，提高原材料的利用率，最后在产品报废后企业应该有自己的处理机制和方案。

随着我国汽车市场在全球汽车市场中的分量越来越重和外国汽车行业的重视，我国的汽车销售市场将面临更加残酷的竞争和挑战。只有合理分析当前市场中的现状和未来汽车行业的发展方向，才能更好地制订汽车营销策略，才能在我国汽车市场乃至世界汽车市场中生存下来。

二、汽车营销战略规划内容

市场营销战略的主要内容包括营销思想、营销战略目标、营销战略重点和营销战略措施等。

（一）营销战略思想

战略思想是指导战略制订和实施的基本思想。它是战略的灵魂，是确定战略目标、战略重点、战略对策的纲领。

就企业的整体市场营销活动而言，我国企业市场营销战略的指导思想就是“以适销对路的产品，适当的营销组合策略，满足社会和人们不断增长的需求，并为国家和企业获得好的效益”。除此之外，企业还要树立全局观念、竞争观念、发展创新观念、信息观念、效益观念等。

不同企业或同一企业在不同的时期，将上述战略思想逐步具体化，就形成了战略决策应遵循的一系列准则。例如，某内燃机厂在进行 1990～1995 年的市场营销战略决策时，提出如下的指导思想：要充分发挥大型骨干企业的作用，满足国内市场需要，开发国际市场，为国家财政收入多作贡献，同时促使企业的腾飞。这一战略思想指出了它所要体现的企业性质，规定了企业在社会中应起的作用，明确了企业所要努力奋斗的方向。把这一战略具体化，即明确该厂的战略目标、战略重点、战略措施等，就形成了企业在战略决策时应遵循的一系列准则。

（二）营销战略目标

战略目标是指企业在战略思想指导下，在战略时期内企业全部市场营销活动所要达到的总体要求。营销战略目标规定着企业全部市场营销活动的总任务，决定企业发展的行动方向。

企业的市场营销战略，依据不同的战略问题，有不同的战略目标，但最终目标可归纳为以下几个方面：市场开拓目标、利润目标、销售增长率目标和市场占有率目标等。企业战略有总体目标，按照某一方式逐级展开后，便产生了许多子目标，继而构成了有序的目标体系。

企业在制订营销战略目标时，应该遵循以下原则：

（1）主次性

在多种目标的情况下，企业必须按照目标的重要程度，分清哪些是重要目标，哪些是次要目标。

（2）定量性

目标不仅要定性，而且要尽可能数量化，便于实施和控制。

（3）现实性

目标是现实可行的，要依据对市场机会和资源条件的调查研究和分析来制订适当的目标水平。

（4）协调性

在多种目标之间，往往相互存在着矛盾，企业应权衡这些目标之间的矛盾和利弊得失，使目标能够协调一致。

确定战略目标，是制订企业市场营销战略的一个重要环节。因此，要采取专家、领导与员工相结合的原则，在企业内部组织专门机关负责并动员广大员工参加，还应从企业外部邀请有关专家帮助调查研究，并进行系统分析。

（三）营销战略重点

围绕营销战略目标的实现，通过对企业内外部、主客观条件的分析，找出各阶段影响市场营销的重要问题，把它作为营销战略重点。只有重点突出，才能有所突破，从而有效地实现战略目标，战略重点随着不同时间和内部条件的变化而有所不同。

（四）营销战略措施

营销战略措施是为了实现营销战略目标所采取的措施和手段。

当企业的市场营销战略方案确定以后，还要将总体目标分解到战略的各个阶段，制订相应的措施和手段，确保企业战略总体目标的实现。如果战略对策不落实，那么再好的战略方案，也达不到预期的目标，战略目标只不过是良好的愿望和漂亮的口号。而且，对于战略重点，如果没有强有力的对策，企业就可能遭到惨重的失败，甚至破产。

任务二 汽车市场竞争战略

【案例导入】

解析美国主流汽车营销战略

美国汽车制造业有四大汽车公司，即通用、福特、克莱斯勒和美国汽车公司。以市场占有率来看，通用汽车公司占有市场59%的份额，其他几家公司加起来也比不上一个通用汽车公司。福特在美国市场的占有率为26%，克莱斯勒为13%，美国汽车公司为2%，3家加在一起也只有41%。当然，这种分析方法忽略了另占34%的进口份额（等同于美国汽车制造市场总份额的25%）。

对福特来说，提高市场占有率代表着巨大的胜利。对克莱斯勒来说，生存下去的同时能够赢得利润就可以说是胜利了。对美国汽车公司来说，能够生存下去就已经足够了。在一特定的市场形势中，每家公司都有不同的资源、不同的力量和不同的目标。因此每家公司都应该有不同的营销战略。

通用汽车公司采取的竞争战略

首先，谁是通用公司的对手呢？它的对手是司法部、联邦商业委员会、安全和交通委员会，以及美国国会（包括参、众两院）。

通用公司不能单单以赢取胜。假如它消灭了一个甚至多个汽车业的竞争对手，法院或者国会就会将其分裂。看看美国电话和电报公司的结局就知道了。它们敌不过司法部的法官。通用公司应该发动防御战。防御并不意味着消极被动。一场好的防御战在本质上是攻击性的，其目标很明确，即保卫公司占优势的市场占有率。

福特公司采取的竞争战略

福特汽车公司排行第二位，有条件发动进攻。然而，它进攻的对象是谁呢？通用，因为通用占有市场。我们来算一下，很容易就能看出为什么福特应该进攻通用公司。假如福特能夺走通用10%的市场占有率，就能使自己的市场占有率增加25%。假如福特从美国汽车公司那里夺走10%，其市场占有率的增额却很难计算了。公司规模越小，就越努力保卫自己拥有的份额，还会采取以下措施，如降价、打折、延长保质期。福特应采取的最佳策略是主动进攻，攻击通用汽车的弱点所在。

克莱斯勒公司采取的竞争战略

克莱斯勒公司应该避免正面介入通用和福特的争斗，而从侧翼发动进攻。它向美国整个汽车制造业发动了一些经典的侧翼进攻，包括首辆敞篷车、首辆小型客货车、首辆可乘坐6人的前轮驱动车。艾科卡的荣誉是应得的，他运用了不同的战略，使之更适用于克莱斯勒公司的实际情况。

美国汽车公司采取的竞争战略

美国汽车公司规模太小了，没有力量向通用公司发动进攻，也没有力量向整个汽车制造行业进行侧翼进攻。就算进攻开始时顺利，由于缺乏足够的销售人员、制造能力和营销能力，也承受不起这种连续进攻。

对美国汽车公司来说，常胜不败的唯一法宝是它的吉普车。这是典型的游击战术。要找到一块细分市场，这块细分市场应该大得足以赢利，而小得不足以引起其他市场领先者的兴趣。

请思考：

1. 分析案例中美国各汽车企业的市场竞争地位。

2. 分析案例中美国各汽车企业的竞争战略。

一、划分市场竞争地位

每个企业都要依据自己的目标、资源和环境，以及在目标市场上的地位，来制订竞争战略。即使在同一企业中，不同的业务、不同的产品也有不同要求，不可强求一律。因此，企业应当先确定自己在目标市场上的竞争地位，然后根据自己的市场定位选择适当的营销战略和策略。企业在市场中竞争地位有多种分类方法。这里介绍一种，即将所有竞争企业划分为4种类型：市场领导者、市场挑战者、市场追随者和市场利基者。

（一）市场领导者

所谓市场领导者，是指在相关产品的市场上市场占有率最高的企业。多数行业里都有一家公司被认为是市场领导者。他在价格调整、新产品开发、促销强度、分销覆盖等方面起着主导作用，从而深深地影响着行业内其他企业的营销活动。如美国汽车行业的通用公司，其一方面享受着处于第一的荣耀，另一方面也是那些不甘落后的竞争者企业进攻的众矢之的。一旦稍有疏忽，就可能被夺去第一的宝座而沦为第二名、第三名。例如计算机行业的IBM、软饮料行业的可口可乐公司以及快餐业中的麦当劳公司等。这些市场领导者的地位是在竞争中自然形成的，但不是固定不变的。如果它没有获得法定的特许权，必然会面临着竞争者的无情挑战。因此，企业必须随时保持警惕并采取适当的措施。一般来说，市场领导者为了维护自己的优势，保持自己的领导地位，通常可采取三种策略：一是设法扩大整个市场需求；二是采取有效的防守措施和攻击战术，保护现有的市场占有率；三是在市场规模保持不变的情况下，进一步扩大市场占有率。

1. 扩大市场需求总量

一般来说，当一种产品的市场需求总量扩大时，受益最大的是处于市场领导地位的企业。因此，市场领导者应努力从以下三个方面扩大市场需求量：

（1）发掘新的使用者。每一种产品都有吸引顾客的潜力，因为有些顾客或者不知道这种产品，或者因为其价格不合适或缺乏某些特点等而不想购买这种产品。

（2）开辟产品新用途。公司也可通过发现并推广产品的新用途来扩大市场。

（3）扩大产品的使用量。促使使用者增加用量也是扩大需求的一种重要手段。

2. 保护市场占有率

处于市场领导地位的企业，在努力扩大整个市场规模时，必须注意保护自己现有的业务，防备竞争者的攻击。例如，可口可乐公司必须对百事可乐公司常备不懈；柯达公司要防备富士公司的进攻等。

市场领导者如何防御竞争者的进攻呢？最有建设意义的答案是不断创新。领导者不应满足于现状，必须在产品创新、提高服务水平和降低成本等方面，真正处于该行业的领先地位，同时，应该在不断提高服务质量的同时，抓住对方的弱点主动出击，此所谓“进攻是最好的防御”。

3. 提高市场占有率

市场领导者设法提高市场占有率，也是增加收益、保持领导地位的一个重要途径。但是公司切不可认为在任何情况下市场占有率的提高都意味着收益率的增长，这还要取决于为提高市场占有率所采取的营销策略是什么。有时为提高市场占有率所付出的代价会高于它所获得的收益。因此，企业在提高市场占有率时应考虑以下三个因素：

第一，引起反垄断诉讼的可能性。许多国家为维护市场竞争，制订有反垄断法，当企业的市场占有率超过一定限度时，就有可能受到反垄断诉讼和制裁。

第二，经济成本。当市场份额已达到一定水平时，再提高一步的边际成本非常大，甚至得不偿失。

第三，企业在争夺市场占有率时所采用的营销组合策略。有些营销手段对提高市场占有率很有效，但却未必能提高利润。

（二）市场挑战者

挑战者的企业大多在行业中处于第二三位，甚至更低名次。例如汽车行业的福特公司、软饮料行业的百事可乐公司等。它们共同之处是决心向主导企业或其他竞争者发动进攻，夺取更大的市场占有率。它们与市场追随者的唯一区别在于后者宁可维持现状，避免引起任何争端。广州本田的新雅阁，被有关人士认为是“一手握着品牌大旗，一手又举起价格屠刀”的营销战略思想下杀入汽车市场的。

挑战者的决策主要由两方面内容组成：一是确定战略目标和挑战对象，二是选择适当的进攻策略。

（1）确定战略目标和挑战对象

挑战者企业可选下述三类企业中的一类作为进攻对象，重要的是一定要有明确的目标。战略目标同进攻对象密切相关，针对不同的对象存在不同的目标。

① 攻击市场领导者。这一战略风险很大，但是潜在的收益可能很高。为取得进攻的成功，挑战者要认真调查研究顾客的需要及其不满之处，这些就是市场领导者的弱点和失误。如美国米勒啤酒之所以获得成功，就是因为该公司瞄准了那些想喝“低度”啤酒的消费者为开发重点，而这一市场在以前却被忽视了。此外，通过产品创新，以更好的产品来夺取市场也是可供选择的策略。例如，施乐公司通过开发出更好的复印技术（用干式复印代替湿式复印），成功地从3M公司手中夺去了复印机市场。

② 攻击与己规模相当者。挑战者对一些与自己势均力敌的企业，可选择其中经营不善而发生危机者作为攻击对象，以夺取它们的市场。

③ 攻击区域性小型企业。对一些地方性小企业中经营不善而发生财务困难者，可作为挑战的攻击对象。例如，美国几家主要的啤酒公司能成长到目前的规模，就是靠吞并一些小啤酒公司，蚕食小块市场而得来的。

（2）选择适当的进攻策略

在确定了战略目标好进攻对象后，挑战者要考虑进攻的策略问题。原则是集中优势兵力于关键的时刻和地方。总体来说，科特勒先生在自己的《市场营销管理》和《新竞争》两书中借用了军事战略家们常用的术语，将进攻策略归纳为5种：正面进攻、侧翼进攻、包围进攻、迂回进攻和游击式进攻。

① 正面进攻（Frontal Attack）。正面进攻是指挑战者集中资源攻击对手的主要市场，打击的目标是对手的优势，而不是劣势。正面进攻策略的主要类型有完全正面进攻、有限正面进攻、以价格为基础的正面进攻、以科研和技术开发为基础的正面进攻。

以价格为基础的正面进攻是最常用的正面进攻策略之一。市场挑战者的其他条件与市场领导者品牌不相上下，只是从价格上予以打击。只有市场领导者不针锋相对地进行价格反击，并且挑战者能够使消费者相信其产品质量不逊于领导型品牌时，这种策略才会奏效。

以科研和技术开发为基础的正面进攻是进攻者在降低生产成本的基础上大量投资，然后以价格为基础攻击竞争对手。日本的不少企业就非常注重而且善于以降低成本的方法来降低价格。

② 侧翼进攻（Flanking Attack）。侧翼进攻是指瞄准对方的弱点、漏洞或薄弱环节，然后发挥战略思想，以便在一切正面和直接的战斗中取胜。进攻者往往装作将进攻防御者最强的一面以牵制其兵力，而在其侧翼或后方发动真正的进攻。侧翼进攻主要运用“声东击西”、“明修栈道，暗度陈仓”、“出其不意，攻其不备”的军事思想，往往会使防御者措手不及，这在古今中外的军事历史上是很常见的。

侧翼进攻在营销上也具有重要意义，特别是对那些拥有的资源少于对手的攻击者来说更有吸引力。如果挑战型品牌不具备开展直接或主动进攻市场的手段，那么侧翼进攻就是最佳选择。但在运用该策略之前，要待条件具备，时机成熟，不可盲目使用，生搬硬套。

③ 包围进攻（Encirclement Attack）。包围进攻是一种全方位、大规模的进攻策略，它在几个战线发动全面攻击，迫使对手在正面、侧翼和后方同时全面防御。进攻者可向市场提供竞争者能供应的一切，甚至比对方还多，使自己提供的产品无法被拒绝。当挑战者拥有优于对手的资源，并确信围堵计划的完成足以打垮对手时，这种策略才能奏效。

但包围进攻在现实中并不总能奏效，有一定的风险性。1963 年，美国汉特公司在番茄酱市场上的占有率是 19%。该公司向亨氏公司发起猛烈攻势，并推出两种新品牌的番茄酱（意大利馅饼牌和山核桃牌），以干扰消费者对亨氏品牌的传统偏好，同时也想夺取更多的零售货架空间。该公司将产品价格降至亨氏产品的 70%，向零售商提供大量销货折扣，将广告预算提高为亨氏公司公司的 2 倍。但这种包围进攻的策略并未成功，亨氏品牌继续受到消费者的青睐。到 20 世纪 70 年代中期，亨氏品牌的市场占有率反而上升到 40%。

④ 迂回进攻（Bypass Attack）。迂回进攻也称绕道进攻，是指市场挑战者避开在某一领域同对手直接交战的行动，是一种最间接的进攻策略。具体办法有三种：一是发展无关的产品，实行产品多元化经营；二是以现有产品进入新市场，实现市场多元化；三是通过技术创新和产品开发，以替换现有产品。例如美国高露洁公司在面对强大的宝洁公司竞争压力下，就采取了这种策略：即加强高露洁公司在海外的领先地位，在国内实行多元化经营，向宝洁没有占领的市场发展，迂回包抄宝洁公司。该公司不断收购了纺织品、医药产品、化妆品及运动器材和食品公司，结果获得了极大成功。

⑤ 游击进攻（Guerrilla Attack）。游击进攻是指市场挑战者向规模较小力量较弱的企业发动小规模的、断断续续的攻击。其目的是骚扰对方，使之疲于奔命，穷于应付，士气低迷，斗志衰落，从而最终巩固自己永久性的市场地位。游击进攻的具体方式有有选择的降价、密集而强烈的暴发式的促销活动和游说政府部门向对方采取相应的法律法规行动。一般来说，小企业无法对大企业发动有效的正面或侧翼进攻，就在强大对手市场上的各个角落里发动短促的促销和价格攻击，以期逐步削弱对手的市场力量。游击战法小企业使用较多，大企业也有使用，因为它比正面或侧翼或包围攻击更节省开支。

一个挑战者不可能同时运用所有这些策略，但也很难单靠某一种策略取得成功，通常是设计出一套策略组合，通过整体策略来改善自己的市场地位。

（三）市场追随者

美国市场学学者李维特教授认为，有时产品模仿（Product Imitation）像产品创新（Product Innovation）一样有利。因为一种新产品的开发和商品化要投入大量资金，也就是说，市场领导者地位的获得是有代价的。而其他厂商仿造或改良这种产品，虽然不能取代市场领导者，但因不必承担新产品创新费用，也可获得很高的利润。

以上说明，并非所有在行业中处于第二位的公司都会向市场领导者挑战。因为这种挑战会遭到领导者的激烈报复，最后可能无功而返，甚至一败涂地。因此，除非挑战者能够在某些方面赢得优势——如实现产品重大革新或是配销有重大突破，否则，他们往往宁愿追随领导者，而不愿对领导者贸然发动攻击。这种“自觉并存（Conscious Parallelism）”状态在资本密集且产品同异性高的行业如钢铁、化工等中是很普遍的现象。在这些行业中，产品差异化的机会很小，而价格敏感度却很高，很容易爆发价格竞争，最终导致两败俱伤。因此，这些行业中的企业通常形成一种默契，彼此自觉地不互相争夺客户，不以短期市场占有率为目标，以免引起对手的报复。这种效仿领导者为市场提供类似产品的市场跟随战略，使得行业市场占有率相对稳定。

但是，这不等于说市场跟随者就无策略可言。市场跟随者必须懂得如何维持现有顾客，并争取一定数量的新顾客；必须设法给自己的目标市场带来某些特有的利益，如地点、服务、融资等；还必须尽力降低成本并保持较高的产品质量和服务质量。跟随并不等于被动挨打，或是单纯模仿领导者，追随者必须要找到一条不会招致竞争者报复的成长途径。具体来说，跟随策略可分为以下三类：

（1）紧密跟随（Following Closely）。这指跟随者尽可能地在各个细分市场和营销组合领域仿效领导者。这种跟随者有时好像是挑战者，但只要它不从根本上危及领导者的地位，就不会发生直接冲突。有些跟随者表现为较强的寄生性，因为它们很少刺激市场，总是依赖市场领导者的市场努力而生存。

（2）有距离的跟随（Following at a Distance）。这指跟随者在目标市场、产品创新、价格水平和分销渠道等方面都追随领导者，但仍与领导者保持若干差异。这种跟随者易被领导者接受，同时它也可以通过兼并同行业中弱小企业而使自己发展壮大。

（3）有选择的跟随（Following Selectively）。这指跟随者在某些方面紧随领导者，而在另一些方面又自行其是。也就是说，它不是盲目追随，而是择优跟随，在跟随的同时还要发展自己的独创性，但同时避免直接竞争。这类跟随者之中有些可能发展成为挑战者。

此外，还有一种特殊的跟随者在国际市场上十分猖獗，即“冒牌货”。这些产品具有很大的寄生性，它们的存在对许多国际驰名的大公司是一个巨大的威胁，已成为新的国际公害，因此必须制订对策，以清除和击退这些“跟随者”。

（四）市场利基者

几乎每个行业都有些小企业，它们专心致力于市场中被大企业忽略的某些细分市场，在这些小市场上通过专业化经营来获取最大限度的收益。这种有利的市场位置就称为“利基（Niche）”，而所谓市场利基者，就是指占据这种位置的企业。

有利的市场位置（利基）不仅对于小企业有意义，而且对某些大企业中的较小业务部门也有意义，它们也常设法寻找一个或多个既安全又有利的利基。一般来说，一个理想的利基具有以下特征：

① 有足够的市场潜量和购买力。

② 市场有发展潜力。

③ 对主要竞争者不具有吸引力。

④ 企业具备有效地为这一市场服务所必需的资源和能力。

⑤ 企业已在顾客中建立起良好的信誉，足以对抗竞争者。

那么，一个企业如何取得利基呢？取得利基的主要策略是专业化，公司必须在市场、顾客、产品或渠道等方面实行专业化。市场利基者通常要承担较大风险，因为利基本身可能会枯竭或受到攻击，因此，在选择市场利基时，营销者通常选择两个或两个以上的利基，以确保企业的生存和发展。不管怎样，只要营销者善于经营，小企业也有机会为顾客服务并赢得利润。

二、确定竞争者

（一）识别竞争者

企业要制订发展战略，使其在竞争中获取更大的成功，首先必须要了解竞争对手的战略。因此对竞争对手的分析就同对目标顾客的分析一样重要。

（1）识别谁是竞争对手

看上去，识别竞争对手很容易，似乎只有经营范围类似，规模相当的企业才是企业的竞争对手，而这恰恰是犯了“竞争者近视病”，有可能忽略许多大小不一，现实或者潜在的竞争对手。

（2）了解竞争者的目标

确定了谁是企业的竞争对手之后，还须了解它们在市场上追求的目标是什么。

人们经常认为每位竞争者都是在追求利润最大化，市场占有率和销售增长等。而实际上，大多数竞争对手和我们自己一样，是在追求一组目标，各目标之间有轻重缓急，侧重点的不同，通常也会为各项目标规定一个合理且可行的期望值。如美国公司多以最大限度增加短期利润为目标；日本公司则主要是以最大限度扩大市场占有率为目标的经营模式。

公司还应随时了解竞争对手进入新的细分市场或开发新产品目标，以便预先有所防备或制订应对措施。

（3）确认竞争者的战略、优势和弱点

一般来说，多数行业中相互竞争的企业均可分为采用不同战略的群体。企业可通过了解竞争者的产品质量、特色、服务、定价和促销战略等，判断由哪些公司组成哪些战略群体和这些战略群体之间的差异如何。

每位竞争对手能否有效地实施其战略并达到目标，取决于他们的资源与能力，优势与弱点。企业可通过收集每位竞争对手过去重要的业务数据，如销售额、市场占有率、投资收益率、生产能力利用情况等分析其优势和不足；也可通过向中间商、顾客调查来了解竞争者的实力；还可以追踪调查竞争者的各项财务指标的变化情况，特别是利润和周转速度的变化来了解。

通过 SWOT 分析，可以帮助企业把资源和行动聚集在自己的强项和有最多机会的地方；并让企业的战略变得更加明朗。优劣势分析主要是着眼于企业自身的实力及其与竞争对手的比较，而机会和威胁分析将注意力放在外部环境的变化及对企业的可能影响上。在分析时，应把所有的内部因素（即优劣势）集中在一起，然后用外部的力量来对这些因素进行评估。

① 机会与威胁分析（environmental opportunities and threats）。随着经济、社会、科技等诸多方面的迅速发展，特别是世界经济全球化、一体化过程的加快，全球信息网络的建立和消费需求的多样化，企业所处的环境更为开放和动荡。这种变化几乎对所有企业都产生了深刻的影响。正因为如此，环境分析成为一种日益重要的企业职能。

环境发展趋势分为两大类：一类表示环境威胁，另一类表示环境机会。环境威胁指的是环境中一种不利的发展趋势所形成的挑战，如果不采取果断的战略行为，这种不利趋势将导致公司的竞争地位受到削弱。环境机会就是对公司行为富有吸引力的领域，在这一领域中，该公司将拥有竞争优势。

② 优势与劣势分析（Strengths and Weaknesses）。识别环境中有吸引力的机会是一回

事，拥有在机会中成功所必需的竞争能力是另一回事。每个企业都要定期检查自己的优势与劣势，这可通过“企业经营管理检核表”的方式进行。企业或企业外的咨询机构都可利用这一格式检查企业的营销、财务、制造和组织能力。每一要素都要按照特强、稍强、中等、稍弱或特弱划分等级。

当两个企业处在同一市场，或者说它们都有能力向同一顾客群体提供产品和服务时，如果其中一个企业有更高的赢利率或赢利潜力，那么，我们就认为这个企业比另外一个企业更具有竞争优势。换句话说，所谓竞争优势是指一个企业超越其竞争对手的能力，这种能力有助于实现企业的主要目标——赢利。但值得注意的是：竞争优势并不一定完全体现在较高的赢利率上，因为有时企业更希望增加市场份额，或者多奖励管理人员或雇员。

竞争优势可以指消费者眼中一个企业或它的产品有别于其竞争对手的任何优越的东西，它可以是产品线的宽度、产品的大小、质量、可靠性、适用性、风格和形象以及服务的及时、态度的热情等。虽然竞争优势实际上指的是一个企业比其竞争对手有较强的综合优势，但是明确企业究竟在哪一个方面具有优势更有意义，因为只有这样，才可以扬长避短，或者以实击虚。

由于企业是一个整体，而且竞争性优势来源十分广泛，所以，在做优劣势分析时必须从整个价值链的每个环节上，将企业与竞争对手做详细的对比。如产品是否新颖，制造工艺是否复杂，销售渠道是否畅通，以及价格是否具有竞争性等。如果一个企业在某一方面或几个方面的优势正是该行业企业应具备的关键成功要素，那么，该企业的综合竞争优势也许就强一些。需要指出的是，衡量一个企业及其产品是否具有竞争优势，只能站在现有潜在用户角度上，而不是站在企业的角度上。

企业在维持竞争优势过程中，必须深刻认识自身的资源和能力，采取适当的措施。因为一个企业一旦在某一方面具有了竞争优势，势必会吸引到竞争对手的注意。一般地说，企业经过一段时期的努力，建立起某种竞争优势；然后就处于维持这种竞争优势的态势，竞争对手开始逐渐做出反应；而后，如果竞争对手直接进攻企业的优势所在，或采取其他更为有力的策略，就会使这种优势受到削弱。

（4）竞争者的反应模式

公司的战略和策略行动，必将引起竞争对手的某种反应，公司只有事先能准确地估计到竞争者的反应，采取适当的措施，方可保证自身战略目标顺利的达到。

竞争者的反应模式首先受行业竞争结构的影响，如在寡头垄断和垄断竞争的行业，竞争者的反应不可能一样；其次，受竞争者的目标、优势和劣势的影响。此外，各竞争者都有自己的经营哲学、企业文化、传统信念，这种心理状态形成的惯性也是我们要研究的。

常见竞争者的反应模式可归纳为以下几种：

① 从容不迫型。即竞争者没有反应或反应不强烈。公司主要应搞清楚他们反应不强烈的原因：是因为没有做出强烈反应所需的资源实力；还是因为企业的信念，对自己经营前景和顾客的忠实性充满信心；或仅因为反应迟钝。

② 选择型。即竞争者可能仅对某些方面的攻击行为做出反应，而对其他方面的攻击不予理会。如有的公司对产品更新、质量创优反应强烈，而对削价竞争不予理会；另一些公司对削价竞争反应强烈，绝不甘拜下风，但对广告费用的增加不作反应，认为不会构成威胁。

③ 强烈型。也有个别竞争者对任何有碍于它的进攻都会作出迅速而强烈的反应，而且对抗到底。这类公司当然一般都具有相当实力，其激烈的反应也是为向竞争者表明它的坚定的态度，以使其他公司轻易不敢发动攻击。

④ 随机型。这类竞争对手的反应难以琢磨，而且无论根据其资源实力、历史还是其他方面的情况，都很难预见其如何反应。

（二）竞争者层次分析

公司的竞争者主要有以下 4 个层次：

① 直接竞争者。也称为品牌竞争者，即以相似价格向相同顾客提供类似产品或服务的公司。

② 行业竞争者。即本公司把凡是生产相同产品或同类产品的公司都视为自己的竞争对手。

③ 形式竞争者。即本公司把所有提供相同服务产品的公司都视为自己的竞争者。如汽车制造商不仅要把同行公司视为自己的竞争者，还要把生产自行车、摩托车的公司也视为自己的竞争对手。

④ 通常竞争者。也称为愿望竞争者，即本公司把所有那些为争取同一比消费基金的公司都视为自己的竞争对手。如汽车制造商的竞争者可能要扩大到房产公司、国外度假旅游服务公司、珍宝经营公司等。

三、市场竞争战略

市场竞争战略可以分为 3 种基本类型，即成本领先战略、产品差异化战略和集中化战略。这些基本战略的核心是将企业内各种要素统一起来，维持和提高企业在行业内的竞争地位。

（一）成本领先战略

成本领先战略是指通过有效的途径，使企业的全部成本低于竞争对手的成本，获得市场占有率，并获得同行业平均水平以上的利润。成本领先战略的优点是：只要成本低，企业尽管面临着强大的竞争力量，仍可以在本行业中获得竞争优势。

① 在与竞争对手的竞争中，由于企业处于低成本地位上，具有进行价格战的良好条件，即使竞争对手在竞争中处于不能获得利润、只能保本的情况下，本企业仍可获益。

② 面对强有力的购买者要求降低产品价格的压力，处于低成本地位上的企业仍可以有较好的收益。

③ 在争取供应商的斗争中，由于企业的低成本，相对于竞争对手具有较大的对原材料、零部件价格上涨的承受能力，能够在较大的边际利润范围内承受各种不稳定经济因素所带来的影响；同时，由于低成本企业对原材料或零部件的需求量大，因而为获得廉价的原材料或零部件提供了可能，同时也便于和供应商建立稳定的协作关系。

④ 在与潜在进入者的斗争中，那些形成低成本地位的因素常常使企业在规模经济或成本优势方面形成进入障碍，削弱了新进入者对低成本的进入威胁。

⑤ 在与替代品的斗争中，低成本企业可用削减价格的办法稳定现有顾客的需求，使之不被替代产品所替代。当然，如果企业要较长时间地巩固企业现有竞争地位，还必须在产品及市场上有所创新。

成本领先战略的缺点是：

① 投资较大。企业必须具备先进的生产设备，才能高效率地进行生产，以保持较高的劳动生产率，同时，在进攻型定价以及为提高市场占有率而形成的投产亏损等方面也需进行大量的预先投资。

② 技术变革会导致生产过程工艺和技术的突破，使企业过去大量投资和由此产生的高效率一下子丧失优势，并给竞争对手造成以更低成本进入的机会。

③ 将过多的注意力集中在生产成本上，可能导致企业忽视顾客需求特性和需求趋势的

变化，忽视顾客对产品差异的兴趣。

④ 由于企业集中大量投资于现有技术及现有设备，提高了退出障碍，因而对新技术的采用以及技术创新反应迟钝甚至采取排斥态度。

成本领先战略的适用条件：

低成本战略是一种重要的竞争战略，但是，它也有一定的适用范围。当具备以下条件时，采用成本领先战略会更有效力。

① 市场需求具有较大的价格弹性。

② 所处行业的企业大多生产标准化产品，从而使价格竞争决定企业的市场地位。

③ 实现产品差异化的途径很少。

④ 多数客户以相同的方式使用产品。

⑤ 用户购物从一个销售商改变为另一个销售商时，不会发生转换成本，因而特别倾向于购买价格最优惠的产品。

【应用案例 3-1】 奇瑞的低成本战略

(1) 供应链成本战略

奇瑞汽车股份有限公司与1997年1月8日注册成立。奇瑞公司在1997～1999年的创业时期并没有生产整车，而是引进了一条福特的汽车发动机生产线，生产发动机。在整车设计成功以后，这种发动机则成了奇瑞风云经济性轿车的核心部件。在零配件上，奇瑞充分利用了国内为引进型国产化而发展起来的配套体系，使得零配件的国产化率达到了70%～80%，大大降低了成本。

(2) 研发成本战略

纵观奇瑞公司的发展史，可以清晰地看到其研发战略的主线，也就是从一开始的外包，到兼并再到联合设计。最初的“风云一代”是出资请国外设计公司设计，在模仿的基础上研制出来的，由于奇瑞的骨干多来自一汽，对“一汽”系列车型的底盘、车身掌握了充分的资料，第一款车的研制成本非常低，从而可采取比同类车低1/3的价格销售。风云推出后，奇瑞主要通过接纳二汽技术中心的技术人员，在短期内就研制出了QQ、东方之子、旗云等新的车型。奇瑞之所以采取这种研发战略是因为当时中国汽车市场在急速扩大，要按以往按部就班的研发方式，不仅需要耗费大量的金钱，还要耗费大量的时间，这对奇瑞来说是不利的。这种抓紧时机的做法是研发低成本的战略帮助奇瑞迅速完成原始积累，为日后建立研发中心，确保长期自主研发的能力做好准备。

(3) 劳动力成本战略

奇瑞位于安徽芜湖，劳动力成本相对较低廉，这样的劳动力成本为奇瑞发展初期的低价位创造了优势。

奇瑞公司旗下现有奇瑞、瑞麒、威麟和开瑞四个子品牌，产品覆盖乘用车、商用车、微型车领域。奇瑞以“安全、节能、环保”为产品诉求，先后通过ISO 9001、德国莱茵公司ISO/TS 16949等国际质量体系认证。多年来，以“零缺陷”为目标的奇瑞产品受到消费者青睐，2009年实现整车销售达50万辆，同比2008年增长40%，连续9年蝉联中国自主品牌销量冠军，连续7年成为中国最大乘用车出口企业。

(二) 产品差异化战略

所谓产品差异化战略，是指为使企业产品与竞争对手产品有明显的区别、形成与众不同的特点而采取的战略。这种战略的重点是创造被全行业和顾客都视为独特的产品和服务以及企业形象。实现差异化的途径多种多样，如产品设计、品牌形象、技术特性、销售网络、用户服务等。

产品差异化战略的优点

只要条件允许，产品差异是一种可行的战略：企业奉行这种战略，可以很好地防御5种竞争力量，获得竞争优势：

① 实行差异化战略是利用了顾客对其特色的偏爱和忠诚，由此可以降低对产品的价格敏感性，使企业避开价格竞争，在特定领域形成独家经营的市场，保持领先。

② 顾客对企业（或产品）的忠诚性形成了强有力的进入障碍，进入者要进入该行业则需花很大气力去克服这种忠诚性。

③ 产品差异可以产生较高的边际收益，增强企业对付供应者讨价还价的能力。

④ 由于购买者别无选择，对价格的敏感度又低，企业可以运用产品差异战略来削弱购买者的讨价还价能力。

⑤ 由于企业具有特色，又赢得了顾客的信任，在特定领域形成独家经营的市场，便可在与代用品的较量中，比其他同类企业处于更有利的地位。

产品差异化战略的缺点

① 保持产品的差异化往往以高成本为代价，因为企业需要进行广泛的研究开发、产品设计、高质量原料和争取顾客支持等工作。

② 并非所有的顾客都愿意或能够支付产品差异所形成的较高价格。同时，买主对差异化所支付的额外费用是有一定支付极限的，若超过这一极限，低成本低价格的企业与高价格差异化产品的企业相比就显示出竞争力。

③ 企业要想取得产品差异，有时要放弃获得较高市场占有率的目标，因为它的排他性与高市场占有率是矛盾的。

差异化战略的适用条件

① 有多种使产品或服务差异化的途径，而且这些差异化是被某些用户视为有价值的。

② 消费者对产品的需求是不同的。

③ 奉行差异化战略的竞争对手不多。

（三）集中化战略

集中战略是指企业把经营的重点目标放在某一特定购买者集团，或某种特殊用途的产品，或某一特定地区上，来建立企业的竞争优势及其市场地位。由于资源有限，一个企业很难在其产品市场展开全面的竞争，因而需要瞄准一定的重点，以期产生巨大有效的市场力量。此外，一个企业所具备的不败的竞争优势，也只能在产品市场的一定范围内发挥作用。例如，天津汽车工业公司面对进口轿车和合资企业生产轿车的竞争，将经营重心放在微型汽车上，该厂生产的“夏利”微型轿车，专门适用于城市狭小街道行驶，且价格又不贵，颇受出租汽车司机的青睐。

集中战略所依据的前提是，厂商能比正在更广泛地进行竞争的竞争对手更有效或效率更高地为其狭隘的战略目标服务，结果，厂商或由于更好地满足其特定目标的需要而取得产品差异，或在为该目标的服务中降低了成本，或两者兼而有之。尽管集中战略往往采取成本领先和差异化这两种变化形式，但三者之间仍存在区别。后二者的目的都在于达到其全行业范围内的目标，但整个集中战略却是围绕着一个特定目标服务而建立起来的。

1. 集中战略的优点

实行集中战略具有以下几个方面的优势：经营目标集中，可以集中企业所有资源于一特定战略目标之上；熟悉产品的市场、用户及同行业竞争情况，可以全面把握市场，获取竞争优势；由于生产高度专业化，在制造、科研方面可以实现规模效益。这种战略尤其适用于中小企业，即小企业可以以小补大，以专补缺，以精取胜，在小市场做成大生意，成为“小型巨人”。如某汽车制造厂专门为山区的农民制造的摩托车和农用汽车等，这就是最好的例子。

2. 集中战略的风险

集中战略也包含风险，主要是注意防止来自以下 3 个方面的威胁，并采取相应措施维护企业的竞争优势：

① 以广泛市场为目标的竞争对手，很可能将该目标细分市场纳入其竞争范围，甚至已经在该目标细分市场中竞争，它可能成为该细分市场潜在进入者，构成对企业的威胁。这时企业要在产品及市场营销各方面保持和加大其差异性，产品的差异性越大，集中战略的维持力越强；需求者差异性越大，集中战略的维持力也越强。

② 该行业的其他企业也采用集中战略，或者以更小的细分市场为目标，构成了对企业的威胁。这时选用集中战略的企业要建立防止模仿的障碍，当然其障碍的高低取决于特定的市场细分结构。另外，目标细分市场的规模也会造成对集中战略的威胁，如果细分市场较小，竞争者可能不感兴趣，但如果是在一个新兴的、利润不断增长的较大的目标细分市场上采用集中战略，就有可能被其他企业在更为狭窄的目标细分市场上也采用集中战略，开发出更为专业化的产品，从而剥夺原选用集中战略的企业的竞争优势。

③ 由于社会政治、经济、法律、文化等环境的变化，技术的突破和创新等多方面原因引起替代品出现或消费者偏好发生变化，导致市场结构性变化，此时集中战略的优势也将随之消失。

以上所说的是三种基本的市场竞争战略。一般企业为了在竞争中取胜，并不是同时追求三种战略，而是从企业的具体情况出发，如结合产业面临的市场机会或威胁的强度，考虑产品生命周期以及企业自身资源条件或竞争地位因素，选定一种战略，重点突破，以取得竞争中的优势。或是致力于降低成本，利用价格优势，扩大市场占有率，增加销售额以获得高额利润或是大力推进产品差异化，在本行业中提供最佳的产品和服务。而集中化战略则是降低成本战略或产品差异战略在某一局部市场上的运用。

三种市场竞争战略都具有一定的风险性。低成本战略为维护在市场中的领导地位，要不断投递更新设备。产品差异战略当它与采用低成本战略的企业成本差距较大时，顾客可能放弃产品差异因素而侧重价格，也可能被竞争对手所仿制，从而进一步减弱产品差异优势。集中化战略也会因为需求环境与产业条件变化而失去作用。因此，企业在运用这些战略时，一定要充分注意市场竞争的客观形式变化，采取恰当的措施来防范风险。

【能力训练题】

1. 结合一个汽车企业的发展历程，分析其汽车营销战略规划的内容。
2. 描述该汽车企业采用的市场竞争战略类型。

任务三　汽车市场发展战略

【案例导入】

福特公司的市场发展战略

1. 早期市场发展战略

在早期，福特公司的发展战略是不断改进它的单一产品——轿车。1908年它制造的T型轿车比以前所有的车型有相当大的改进。在它生产的第一年就销售了1万多辆。1927年，T型轿车开始将市场丢给了它的竞争对手，福特公司又推出了A型轿车，该轿车具有新的车体款式和富于变化的颜色。当A型轿车开始失去市场、输给它的竞争对手的时候，在1932年，福特公司又推出了V-8型汽车。6年后，在1938年，Mercury型车成为福特公司发展中档汽车的突破口。同时福特公司建立多个部门配合其整车的生产，例如：

① 塑料生产部门：供应福特公司30%的塑料需求量和50%的乙烯需求量。

② 玻璃生产部门：供给福特北美公司的轿车和卡车所需的全部玻璃，同时也向其他汽车制造商供应玻璃。这个部门也是建筑业、特种玻璃、制镜业和汽车售后市场的主要供应商。

③ 电工和燃油处理部门：为福特汽车供应点火器、交流发电机、小型电机、燃油输送器和其他部件。

2. 多元化发展战略

在1917年，福特公司开始生产拖拉机。福特新荷兰有限公司现在是世界上最大的拖拉机和农用设备制造商之一，它于1978年1月1日成立。福特新荷兰有限公司是由福特公司的拖拉机业务和新荷兰有限公司联合而成的，后者是从Sperry公司收购来的农用设备制造商。福特新荷兰有限公司随后兼并了万能设备有限公司，它是北美最大的四轮驱动拖拉机制造商。

20世纪80年代福特汽车信贷公司成立，该公司的成立是为了向经销商和零售汽车顾客提供贷款。1985年它收购了国家第一金融有限公司，后者是北美第二大储蓄和贷款组织。1987年后期，它收购了美国租赁公司，它设计企业和商业设备融资、杠杆租赁融资、商业车队租赁、设备运输、公司融资和不动产融资。

福特汽车还成立了土地开发有限公司。到1920年，这个部门围绕着密歇根福特世界总部建立了59个商用建筑。由这个部门所拥有和它管理的设施及土地的市场价值有10多亿美元。

在福特公司的发展史上，它曾经被迫实行了几次战略调整。在第二次世界大战后，福特公司以每月几百万美元的速度增加亏损。亨利·福特二世重组了公司并实行分权制，这使公司迅速恢复了元气。可以说被许多美国公司采用的最富戏剧性的调整战略是福特公司在20世纪80年代早期所完成的。1979～1982年，福特公司的利润亏损额达5.11亿美元。销售额由1978年的420亿美元下降到1981年的380亿美元。福特公司陷入了严重的危机。

3. 激烈的国际竞争导致亏损

也许更重要的是福特公司运营的方式问题。例如：新车的款式看起来像许多年前的一样；部门之间（如设计与工程）缺乏沟通；管理层所做的管理公司员工的工作很不如意；下级很少向上级部门汇报情况。

福特公司的管理层如何来转变这种情况呢？首先，他们显著地减少了运营成本。1979年至1983年，从运营支出中就节省了4.5亿美元。其次，质量成为头等大事。管理层也改变了福特公司设计小汽车的程序。以前，每一个工作单位是独立工作的，现在，设计、工程、装配等部门都在这个过程中一起协调工作。

不过，福特公司实行的最重要的改变是一种新的企业文化。从首席执行官P. 考德威尔和总裁D. 彼得森开始，一种新兴管理风格建立起来了。该种管理风格强调联合行动和在工作中所有雇员为共同的目标而努力。在福特公司，人们建立起更加密切的关系，并且更加强调雇员、经销商、供应商之间的关系，呈现了一种新的集体工作精神。

4. 应对亏损的方法

多年来，福特公司不情愿地放弃了它的某些经营单位。例如，在1989年10月，福特公司和一伙投资商签署了卖掉它的Rouge钢铁公司的谅解备忘录。福特公司之所以卖掉这家公司，是因为它不想支付实现其现代化的成本。估计在其实现现代化的几年中，每年的现代化费用约1亿美元。福特公司作出的其他放弃决策包括：在1986年和1987年，分别把漆料业务和化工业务卖给了杜邦公司。

5. 收购和合资经营战略

1989年11月2日，福特公司以1225亿美元收购了美洲豹私人有限公司，以作为消除它在汽车市场上的一个弱点，即产品缺乏在豪华轿车市场上的竞争手段。和福特公司竞争的豪华型轿车主要有丰田公司的凌志（雷克萨斯）LS400和本田公司的阿库拉，以及传奇、宝马三个系列。在1989年，全球豪华轿车的销售额是250亿美元，当时预测到1994年能增长到400亿美元，这个增长速度比整个汽车市场的增长速度要大得多。福特公司把美洲豹轿车看做是进入美国和欧洲豪华轿车市场的机遇。

福特公司也采用了合资经营的战略，即具有较重大意义的两项合资经营，是和马自达公司及日产公司实现的。福特公司和马自达公司一起合作生产五种汽车。例如，在马自达生产车间生产的Probe汽车，外部和内部的设计由福特公司进行，细节性的工程技术由马自达公司完成。日产公司和福特公司正在合作开发前轮驱动的微型汽车，福特公司将在俄亥俄州的卡车厂制造该汽车，并将由两个公司销售。在澳大利亚，福特公司的Maverick汽车是日产四轮驱动车Patrol的一种车款，它由福特公司的经销商销售，而日产公司经销商销售福特公司的Falcon客货两用车和运货车。

问题：

1. 福特公司建立塑料生产部门、玻璃生产部门、电工和燃油处理部门等多个部门配合它汽车的生产。这属于哪种战略发展方式？

2. 在案例“多元化发展战略”中，福特公司主要采用了哪些多元化增长战略？

一、什么是市场发展战略

市场发展战略是由现有产品和相关市场组合而产生的战略。它是发展现有产品的新顾客群或新的地域市场从而扩大产品销售量的战略。市场发展战略是企业为未来一定时期内市场营销而作出的整体发展规划。为此，市场发展战略具有以下主要特征：

1. 长远性

长远性是指发展战略问题事关未来。从时间角度进行分析，市场发展战略着眼于未来，它是从现实出发，又不为现实所限，而是在科学分析、预测的基础上，对不确定的未来进行规划。市场发展战略是为企业市场营销在未来一定时期的发展规划目标和方向。所以，发展战略并不具体考虑一时一地营销活动的得失，它所谋求的是企业长期的根本利益。发展战略目标的实现也并非在短时间内就可以实现，而需要较长时间的努力。

2. 全局性

全局性是指发展战略问题事关整体。从空间角度进行分析，营销发展战略着眼于企业的整体营销活动，要解决的是事关企业全局的重大问题。在战略研究中，对企业营销各环节、各部门的分析是必不可少的，但战略研究不是孤立地看待某个现象或某些部门，而是通过局部的分析和研究，全面地把握整体的企业营销活动。

3. 指导性

指导性是指发展战略问题事关重要性。从其所起的作用进行分析，营销发展战略具有指导作用。它不是仅仅规划3～5年的一系列数字，也不是对这些预算数据进行合理的解释，而是透过表象研究实质的、规律性的问题，解决企业营销中的主要矛盾，确定企业营销的发展方向与基本趋势，同时规定企业具体营销活动的基调。

4. 抗争性

抗争性是指发展战略问题事关企业的市场地位。从矛盾的本质上进行分析，市场发展战略是应对市场竞争的营销计谋，有市场竞争必有发展战略，发展战略带有抗争性质。在市场经济中，市场发展战略的抗争性是普遍存在的，要求企业营销规划必须站在战略的高度来把握市场态势，瞄准竞争对手的战略作出及时反应。

5. 客观性

客观性是指发展战略问题事关制订的基础。从实践基础上进行分析，市场发展战略是以未来为主导的，但不是对营销最佳愿望的表述和描绘，不是仅仅靠想象创造出的未来世界，也不是靠最高决策人的信念或直觉决定的，它是在充分认识企业的营销环境，评估企业自身的经营资源及能力的客观基础上制订的，市场发展战略应该是一种既体现目标又切实可行的发展规划。

6. 可调性

可调性是指发展战略问题事关反应弹性。从运动的角度进行分析，市场发展战略是在市场环境与企业营销能力的平衡下制订的。但构成发展战略的因素在不停地变化，外部环境也在不断地运动，市场发展战略必须具备一定的“弹性”，做到能够在基本方向不变的情况下，对营销战略的局部或非根本性方面可以修改和校正，以在变化的诸因素中求得企业内部条件与环境变化的相对平衡。

以上六个方面构成了市场发展战略的基本特征，只有具备了这六个基本方面，才能称作比较完善的营销战略。如只具备其中的一个或几个方面的特性，充其量只能算作带有战略意义的相关问题。只有对以上战略特征全部加以理解，才能懂得战略的含义。

二、市场发展战略的类型

市场发展需要决策，即确定企业营销目标，对实现企业目标的各种战略方案进行的拟定和评价，从中选择最优方案作为企业的发展战略。选择战略，首先要能够鉴别和评价各种可供选择的战略方案。在企业营销决策中，一般采用的市场发展战略有：稳定战略、发展战略、收缩战略和淘汰战略。对四种营销战略的分析如下：

1. 稳定型战略

稳定战略，又称防御战略，是以保持原有的业务经营水平为主要目标的一种战略。这一战略的主要特征是企业保持自身过去和现在的目标，决定继续追求相同或类似的目标，每年企业所期望的进展，增长比率大体相同；同时，企业继续提供与以前相同或相似的产品和劳务。国际市场营销中，美国可口可乐公司多年来一直采取这一方案，取得了成功。

一般说来，稳定发展战略的风险相对小，多数企业愿意采用此策略，特别对那些处于发展行业中的企业和目前经营业绩好、环境变化不大的企业尤其适用。在稳定增长市场上保持企业的市场份额，或缓慢地提高，对许多企业是适宜的。稳定战略包括两种基本类型：积极防御战略和消极防御战略。前者是以积极的态度积蓄力量，等待机会寻找发展。后者则消极悲观、无所作用，只求维护现状。

2. 成长型战略

成长型战略是一种使企业在现有的战略水平上向更高一级目标发展的战略。它以发展作为自己的核心向导，引导企业不断开发新产品，开拓新市场，采用新的管理方式、生产方式，扩大企业的产销规模，增强企业竞争实力。在实践中，成长型战略分密集增长战略、一体化战略、多元化战略等多种类型。

(1) 密集增长战略

密集型增长战略是指企业以快于过去的增长速度来增加某个组织现有产品或劳务的销售额、利润额及市场占有率。当企业现有产品和现有市场还有发展潜力下，则可以采用密集型增长战略。实行这种战略通常有三条途径。

1) 市场渗透。即企业采取更积极的措施在现有的市场上扩大现有产品的销售。这样的销售可以从以下几方面努力：①在维持现有消费者的基础上通过各种营销手段如价格策略、促销方式、渠道的变更等，使原有的主顾更多地购买本企业的产品；②用各种竞争手段把竞争企业的顾客争取过来，转而购买本企业的；③设法刺激和促使未曾购买过本企业产品的顾客购买。

2) 市场开发。即企业采取种种措施，进入新的市场来扩大现有产品的销售。这种销售可以：①扩大销售区域，由地区的销售扩展到全国的销售，由国内销售扩展到国际性销售，由一国销售扩展到多国（地区）的销售；②增加目标市场，进入新的细分市场，也是有效的市场开发的方法。

3) 产品开发。即企业在现有的市场提供新产品或改进产品，增加现有产品的吸引力。产品销售要注意在规格、花色、品种、型号等方面要满足消费者需求，才能达到企业销售增长的目的。

(2) 一体化增长战略

当企业所处的行业很有发展前途，或者企业实行“一体化”能较大幅度地提高效率时，往往采用“一体化增长”战略。此战略可以有三种形式：

1) 后向一体化。指企业购买、合并或兼并本企业的原材料供应企业，实行产供联合。变过去向供应企业购买原材料为自己生产原材料，如羊毛衫厂原来购买毛线制成毛衣，改为自己生产加工毛线。有些大的零售公司和连锁超市公司不仅建立中央采购配送中心，由过去从批发企业进货，转为自己直接从生产企业进货，实行“批零一体化”。而且还拥有自己的工厂，生产出的产品在自己商店出售，也是“后向一体化”。

2) 前向一体化。指企业通过购买、合并或兼并本企业的后续生产或经销企业，实行产销结合，或者延伸自己的产品。如养鸡场开烤鸡店，面粉厂利用自己的产品加工糕点、面包等，都属于前向一体化。

3) 水平一体化。也称横向一体化，是指企业通过购买或兼并同行业中的企业，或者在国内或国外和其他同类行业合资生产经营。如日本的资生堂与北京日化四厂合资生产“华姿”系列化妆品等，就是水平一体化。

(3) 多元化增长战略

也称为多角化、多样化增长策略，是指企业尽量增加经营的产品种类，实行跨行业生产经营多种产品和业务的一种战略。这种战略能使企业自身的特长得以充分发挥，人、财、物力资源得以充分利用，且减少风险，提高整体效益。多元化经营具体做法也有所不同，主要有：

1) 同心多元化。指企业利用原有的技术、特长、专业经验等开发与本企业产品有相互关系的新产品。如制造面粉的企业，可以利用副产品麸皮制造饲料，或者把面粉加工成方便面，由此增加产品种类。这种做法，不仅消耗了本企业生产的产品（如生产方便面的面粉），还节省了费用，如运费、包装费等。在西方国家，企业内部用自己的成品做原料再次加工的产品，可以免缴第一次生产出的产品营业税。企业进行同心多元化还可以派生出许多产品种类和经营项目。仍以面粉厂为例，利用加工的麸皮作饲料，还可以增设饲养部门，发展畜产事业。

2）水平多元化。指企业仍面向原有的市场，通过采用不同的技术开发新产品，增加产品种类和品种。如某食品加工机械制造企业，除生产和经营食品、加工机械外，还生产农用的收割机，并准备生产农药、化肥等农用化工产品。

3）集团多元化。指大企业通过收购、兼并其他行业的企业，或者在其他行业投资，扩大经营领域，增加与企业现有的产品或服务大不相同的产品或服务。如石油公司经营金融、餐旅业、造船业等。集团多样化的发展趋势是经营范围更加广泛，重点为发展尖端产品。越来越多的国家和地区的企业在使用这一方法。我国许多企业采用这一方法获得成功。比如，北京祥云公司利用技术方面的优势，既经营计算机、光电产品、化工产品，又经营体育用品、室内装饰、专利事务所以及“祥云宝”饮料。由于多样化经营拓宽了企业的限界，发挥互补功能，使这个以 7 万元贷款起家的祥云公司，发展成为产值 5000 万元，年利润 500 万元的大公司。

3. 收缩型战略

收缩型战略是以短期利润为目标的一种营销战略，是指企业为削减费用和改善资金的使用，减少在某一特定的产品线、产品、牌号或经营单位的投资，把资金投入另外的新的或发展中的领域。企业抽资的对象往往是费用高、利润少、发展前途不乐观或者企业产品组合中的次要部分。采用这种战略的原因在于企业现有产品或业务组合中的某几个状况不佳，且无发展潜力，通过大幅度裁减其投资，谋求短期利益，有利于优化企业现有产品结构。

4. 淘汰型战略

淘汰型战略是以将现有产品或业务从现有市场退出的一种营销战略。如果某一项业务已经没有增长潜力，或者从事这项业务没有进一步增加盈利，可以考虑采用这种战略。采用这种战略的原因是在经济衰退期间或企业财务困难期间使用，其目的在于渡过危机，减少风险。淘汰型战略通常有三种方式：

1）临时性淘汰——当产品销售不佳，企业暂时停止生产经营，待查明原因对产品进行改进营销策略后，再生产投入市场，争取赢得顾客欢迎，这是采用临时性淘汰战略。

2）转移性淘汰——市场上，往往有这样一种情况，在甲地滞销的产品，在乙地却十分畅销。在这种情形下，企业从原来市场撤退，去开发其他吸引力强的新市场，这是采用转移性淘汰战略。

3）彻底性淘汰——在市场上，企业产品已经处于衰退期，或刚上市但已表明“不对路”而过早夭折的新产品，果断地退出市场，这是采用彻底性淘汰战略。

三、市场发展战略的实施

一个企业的市场发展战略，既要以本企业的微观经济活动为基础，又要以宏观环境为依据进行规划，制订本企业的长期营销目标和营销战略。市场发展战略的制订过程，可具体分为以下步骤。

1. 确定企业任务和目标

（1）企业任务

企业任务实质上是企业经营的方向问题，也就是指企业在相当长时间内，将从事何种营销活动，为哪些用户提供服务。任何一个企业都有自己的特定任务。明确了企业任务，也就明确了企业的活动领域何发展的总方向。为了企业的长远发展，每个企业都应该确定自己的任务。这是企业发展的战略性问题。

企业任务通常是由企业的高层管理决定的。在确定企业任务时，主要考虑如下因素：①企业历史上的突出特征。例如，某商场过去一直是经营高档商品的品牌商店，就不宜改变为经营大众化的商品。即使遇上有利可图的市场机会，也不可轻易放弃自己原有特征。②企业周围环境的变化。环境变化可以给企业带来市场机会，也会形成威胁。企业要善于把握机会，避开威胁。③企业的资源状况。资源条件决定着企业可以从事什么业务，它可以使某些任务顺利完成，使另一些任务难以完成。④企业的特有能力。即根据企业所具有的明显竞争优势来选择和确定业务范围。

衡量一个企业任务报告是否切实有效，应从以下几个方面考虑：①是否按照目标市场的需要来规定和阐述企业的任务。②是否根据企业的资源能力来规定和表述其业务领域，使业务领域宽窄相宜。③是否能使企业全体职工从任务报告中受到鼓舞，感受到他们工作的重要性和对社会的贡献。④任务报告是否具体明确，为顺利执行任务而提出的方针、措施应该是明确具体的，以尽量限制个人任意解释的范围和随意处理问题的权限，使企业内部各个方面的活动有章可循、责权分明，确保各个环节的协调配合。

（2）企业目标

在明确了任务之后，就应当将任务进一步具体化为一定的企业目标。企业目标是企业未来一定时期内所要达到的一系列具体目标的总称。它可以分为短期目标和长期目标。一年或两年之内要达到的目标，一般称为短期目标。三年以上，甚至十几年才能达到的目标，称之为长期目标。企业目标是多种多样的，这些目标主要包括：

1）贡献目标。贡献目标表现为企业向社会提供的产品品种、质量、税金等，还表现为自然资源的合理利用、降低能源消耗、环境保护等目标。这是现代社会经济发展的客观要求。

2）发展目标。发展目标主要表现为人、财、物的数量增加，人员素质的提高，生产能力的扩大，技术与管理水平的提高，专业化协作、经济联合的发展等。日本松下电器公司目前已是世界闻名的大企业，但当它还只是街道小厂时，就非常重视发展目标。该公司创始人松下幸之助曾说过：“家用电器产品将丰富日本人民生活，它如水管里的水流一样，无穷无尽而又高产价廉，它就是我们以后的使命。”松下就是靠着这一发展目标而不断前进的。

3）利益目标。利益目标主要表现为实现销售利润和投资利润等。任何企业作为一个经济实体，都必须考虑其自身的利益，因此，必须有自己的利益目标。其中一定的利润和投资收益是企业最重要的核心目标。

4）市场占有率目标。市场占有率是指一定时期内本企业某种产品的销售量（或销售额）在行业市场总销量（额）中所占的比重，又称市场份额。市场占有率在一般情况下反映着本企业在同行业中所处的市场地位的高低。市场占有率与企业获利水平密切相关。在其他条件不变的情况下，市场占有率越高，销售额就越大，单位产品成本费用会越低，实现的利润就会越多。同时，市场占有率的高低也关系到企业的知名度，从而影响企业的形象。因此，努力提高市场占有率，是企业的重要战略目标之一。

2. 分析市场环境和企业实力

（1）分析市场环境

分析市场环境，是企业制订营销战略的主要依据。市场环境的分析，重点是对未来有长远影响力的因素分析。也就是说，应以市场环境因素的分析为重点，分析的项目主要围绕着怎样才能充分满足消费者的需求，在营销过程中如何抗衡竞争对手，在竞争中发挥优势，如何扩大联合力量以及如何增强企业竞争地位等。市场环境的分析，必须建立在周密的调查研究和准确的情报信息的基础上。

市场环境分析主要包括以下几方面的内容：

① 顾客需求情况。包括：现有顾客需求情况，潜在顾客需求情况，顾客需求变化趋势，顾客意见的分析等。

② 市场竞争情况。包括：当前竞争情况、未来竞争趋势和竞争对手情况分析，以及自己的差距与对策等。只有对竞争情况进行分析，才能做到知己知彼。通过分析研究竞争对手，可以找出差异性，从而有利于发挥自己的优势，避免针锋相对的竞争。

③ 供销渠道情况。包括：各种物资的供应渠道和产品分销渠道的畅通情况，商品流通过程中可能遇到的困难与情况的分析。

④ 政府有关方针政策。包括：现行政策对市场发展的影响，政策连续性及变化趋势的分析，政府的鼓励和限制等。党和国家一定时期的方针政策，反映了国家的战略规划、战略重点和投资方向。因此，研究国家的方针政策，是中国企业制订市场营销战略的重要依据。

(2) 企业实力分析

企业实力分析就是对企业本身的经营条件和经营能力进行实事求是的分析，找出企业本身的特长和不足，优势、劣势和差别优势，企业在人力、财力、物力方面的潜力如何，以及竞争能力和应变能力如何等。

总之，企业领导人和参加制订市场发展战略的人员，对本企业所处的市场环境，对自己的相对优势和劣势，一定要分析得非常清楚。

3. 拟定预选方案

在企业的发展战略目标制约下，根据对市场环境和企业实力的全面分析，要拟定几个不同策略组合的发展战略的方案供企业领导决策。

每一个备选的方案不仅要有详尽的信息、科学分析，还要有优劣比较，对所实现的目标一定要有量化分析，对不能量化的，也应清楚地加以说明。

拟定预选方案时要提倡创新精神，不要因循守旧地搞老一套，要发挥群众智慧，不要只设计一种方案；要提倡通过专家论证进行优选，不要凭个别领导印象定案，以防止方案片面性或出现较大的失误。

4. 综合评价选优

这是企业制订发展战略的一个关键性的步骤。具体方法就是领导人员组织专家，对各种预选方案进行经济与技术的全面评价，分析论证其技术可行性与财务效果，从中择优选出一个既符合国家方针政策，又能满足目标市场需求，并能为企业带来较大经济效益的“最优方案”或“满意方案”。

在对预选方案的综合评价过程中，财务可行性分析论证是非常重要的。有条件的话，还可进行电子计算机模拟比较，从中优选满意方案。所选的满意方案，不仅应该在技术上是先进的，而且必须在经济上是合理的，这样才能有较强的竞争力，保证企业以收抵支后有较大的盈利，或者达到企业预期的利润目标，届时，这个方案就可以通过。反之，如果经过财务可行性分析，或经过电子计算机模拟计算后，企业的收入不能达到预期的利润目标，那么这个方案就不能通过，需要重新选择或制订新的发展战略方案，继续从中择优。

5. 控制实施

发展战略方案选定以后，就要控制其正确执行。在执行中，发现问题要及时反馈给决策机构，以便及时采取措施，加以必要的补充或做较大的变更，使发展战略在市场营销实践中不断发展、不断完善。

任务四　汽车目标市场营销战略

汽车企业在战略目标的指导下，进行各种市场机会的分析后，应根据企业自身的条件，选择那些最有吸引力，并且本企业能为之提供最有效服务的部分市场，这就是要进行目标市场营销。

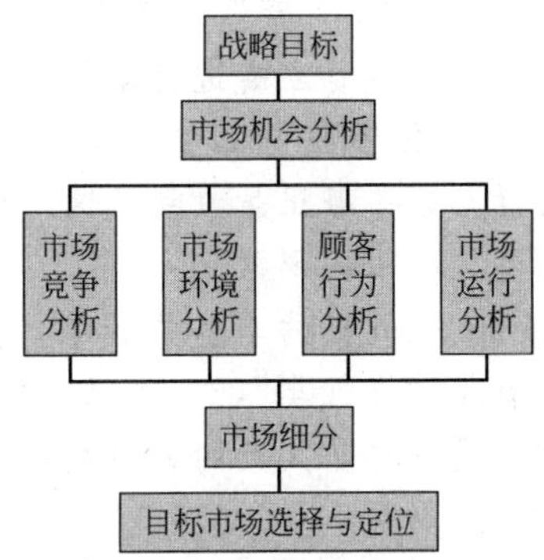

汽车企业目标市场营销可以概括为 STP 营销战略，即目标市场营销三部曲分别是：市场细分（Segmenting）、市场选择（Targeting）和市场定位（Positioning）。

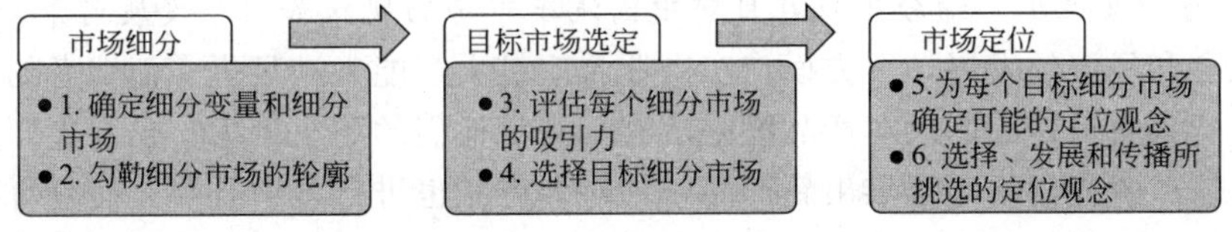

一、汽车市场细分

【案例导入】

2005 年 9 月 1 日，借公司成立五周年的契机，上海华普海尚 305 下线了。这款专为都市精英女性打造的时尚轿车，早在上海车展期间就已被炒得沸沸扬扬。车本身并没有太多与众不同之处，最引人瞩目的反而是华普率先喊出的“女性车”概念。这个与众不同的概念，让普普通通的海尚 305“坐”上了“中国首款女性车”的“宝座”，更是让华普这个新生的弱势品牌，第一次引起了如此强烈的关注。而华普千方百计围绕零碎细分市场做文章、寻求差异化竞争的做法，对于既无强大实力，又缺乏经验的弱势自主品牌来说，也许是一条可行的道路。

自打出“女性牌”以来，华普就开始通过各种活动为海尚 305 的下线乃至上市预热。几个月之前，华普开始在北京、深圳等全国 6 个大城市招募女性赛车手，通过层层选拔决出的 3 名女性赛车手成为上海华普女子赛车队选手，参加上海华普赛车定期训练及相关比赛。在 8 月 7 日举行的全国汽车拉力锦标赛第三站——贵州六盘水比赛中，起用了两名刚刚招募来的女车手的上海华普女子赛车队竟然夺得了女子组冠军。新颖的招募方式和良好的比赛成绩吸引了众多女性的目光。在崇尚个性张扬以及城市驾车满意度日趋下降的今天，招募女赛车手本身就能够抓住众多渴望寻求刺激的女性的心，参加全国性大赛并取得好成绩更是让不少女性跃跃欲试。华普不但抓住了女性的眼球，更抓住了目标消费者的心。

8月中旬，华普再度出击，推出以“女性、汽车、生活”为主题的“海尚佳人”笔会征文活动，邀请各阶层的女性参加，并喊出希望通过本次笔会活动呼吁全社会关注现代女性汽车消费群体的口号。显然，华普是在打造一种专属于自己的女性汽车文化，在推进女性汽车文化的同时，扩大“女性车”海尚305的知名度。

如此不遗余力地“绕着女性转”，可知华普撑起“半边天”的决心已定。

女性细分市场小吗？上海华普汽车有限公司董事长徐刚曾在多种场合谈到了华普的发展思路：华普不求多，不求大，只做大公司因利小不愿干的、小公司因技术不够干不了的产品，在几个细分市场寻求自己的特点。“女性车”就是华普根据这个指导思想发掘出来的细分市场。徐刚在接受记者专访时重申了华普立志进行差异化竞争的决心：“产品一定要以用户需求为导向，在现代社会，女性消费者占了相当一部分，对适合女性使用的汽车需求很大，但是目前没有一款真正的女性车，华普正是看到了这个极其细碎的细分市场，通过差异化竞争，塑造华普在广大女性消费者心中的形象。”

综观整个汽车市场，虽然适合女性驾驶的车型并不在少数，但在华普之前还没有哪个企业敢大张旗鼓地号称自己的产品就是“女性车”，因为只要喊出来，就意味着拒绝了广大男性消费者，而男性购车群体毕竟还是总购车人数的大多数，相比之下，女性购车群体还是一个细分的“小市场”。

——来源：人民网《中国汽车报》

请思考：

1. 分析女性选车的关键因素；

2. 你认为“女性车”细分市场在目前中国汽车市场的现状如何？发展前景如何？

随着社会和经济的发展，一方面汽车企业希望扩大产能来满足更多消费者的需求，另一方面仍有消费者觉得目前的汽车产品没办法充分满足他们的购车需求。也许连厂家对这种状况也不以为然——我们每年都推出新产品，针对老产品也进行多项升级，而且每次都进行了详细的市场调查，我们的产品覆盖了几乎所有的细分市场，每年都有几万甚至是几十万台的销量，怎么能说我们的产品满足不了消费者的需求？看看消费者是怎么抱怨的：

“每天开着手动挡车上下班，在拥堵的市区路段上频繁起步停车，左脚长时间闷着离合器，下车时腿都发麻。”

“都说买手动挡轿车更有驾驶乐趣，可买了车才明白这纯粹是受罪。欧洲遍地都是自动挡轿车，许多车型根本就没有手动挡配置，难道人家不追求驾驶乐趣，不懂得省油？”

“大城市纷纷推出限速措施，可有些企业还在推崇大排量、大功率轿车，强调产品的最高时速，真不知道这些车让消费者到哪里去开？”

……

其实，上述抱怨只是众多消费需求的一个缩影。作为汽车企业，必须清醒地认识到，目前我国的轿车产品，离满足消费者日益增长的需求还有很大的差距。因此，从汽车生产企业角度而言，单一化大批量生产能最大限度地节省成本，提高规模效益，但是，随着市场竞争的激烈，买方市场已然形成，用户的需求日益呈现出多样化，而且企业资源是有限的，只能选择其中某一部分需求与爱好加以满足，这时就需要进行市场细分。

（一）汽车市场细分的含义和作用

汽车企业市场细分提出的两个依据：一是顾客需求的异质性，世界上没有两片相同的叶子，也没有两个相同的人，也不会有两个相同的市场，虽然，从企业角度看，单一化大批量生产能最大限度地节省成本，提高规模效益，但这一生产组织方式在卖方市场条件下也曾屡试不爽。而随着市场竞争越来越激烈，汽车买方市场已然形成，消费者的消费心理正在回归理性，需求也日益呈现出多样化的趋势。这家没有满足需求的产品，消费者完全可以选择他家；各家都没有合适的产品，大可再等上一段时间。目前，ERP 等信息化管理手段的运用，为企业订单化生产提供了可能。谁能先人一步把握住消费者的需求变化，在市场细分上下工夫，推出引领潮流的产品和定制化服务，谁就有可能成为低迷市场中一道亮丽的风景；二是企业资源的有限性和市场竞争的内在依据。企业由于资源有限、技术水平有限，为了提高市场效率，有效与竞争对手相抗衡，就不能搞地毯式的轰炸，为这一市场的全体顾客服务，而只能选择其中某一部分需求与爱好加以满足，这就要进行市场细分。

市场细分是指企业按照消费者的一定特性（消费者购买习惯和购买行为），把原有的市场分割为两个或两个以上的消费者群的市场分类过程，其中每一个消费者群就是一个子市场或细分市场。细分市场不是简单地切蛋糕，是调查分析不同的消费者在需求、资源、地理、位置、购买习惯和行为等方面的差别，然后将上述要求基本相同的消费者群体合并为一类，形成整体市场中的若干“子市场”或“细分市场”。不同的细分市场之间，需求差别比较明显；在每一个细分市场内，需求差别比较细微。因此，市场细分的实质是寻求市场的差别化，对企业来说，差别就是利润。

汽车市场细分企业根据本身的条件，选择适当的细分市场为目标，拟定自己最优的经营方案和策略，有以下的作用：

1）有利于企业分析市场状况。通过汽车市场细分，企业能够了解到各个消费群需求的满足程度和市场上的竞争状态，即认识每个细分市场上的需求潜力，发现那些需求尚未得到满足的用户，就是市场机会。汽车企业可以从市场细分中得到的信息，抓住市场机会，确定营销策略。这对中小型汽车企业的生存发展更为重要，中小型汽车企业技术薄弱，资金有限，在整体市场上缺乏竞争能力。他们可以通过市场细分找到一个尚未被大企业注意或占领的较小细分市场，并推出相应的产品，这比在一个大市场中同大企业争夺市场更有利。汽车市场的细分化时代已经到来，只有定位准确，选准卖点，才能赢得市场青睐。

2）有利于满足复杂多变的市场需求，制订和调整营销计划。汽车市场细分后，企业容易研究和估计市场的潜在需求以及变化趋势，便于针对不同用户的需求，提供不同的产品，制订不同的经营方案，适当调整销售计划，采取有效措施，适应各细分市场的需要。

3）有利于集中使用企业的资源。企业根据细分市场的特点，可以集中使用有限的人力、物力等资源于少数几个或一个细分市场上，避免分散力量，经营适销对路的汽车，从而以最少的经营费用取得最大的经济效益。

（二）汽车市场细分的标准

市场需求纷繁复杂，企业必须依据一定的标准把整个市场划分为若干个部分，然后根据子市场的特征，有针对性地设计生产产品。市场细分没有统一的标准，不同的商品、不同的环境，需要应用不同的标准。企业应根据自身的实际情况，确定适合自身需要的标准。

1. 汽车消费者市场细分变量

汽车消费者市场细分大体上有以下划分标准。

（1）地理变数

把市场分为不同的地理区域，如国家、地区、南方、北方、高原、山区等。各地区由于自然气候、传统文化、经济发展水平等因素的影响，形成了不同的消费习惯和偏好，并有不同的需求特点。在中国进行汽车销售，运用地理变数，最常见的是根据通用的行政区域划分，将市场分为华东、华北、华中、华南、西部；或者根据经济发展水平划分为沿海地区、内陆地区、边远地区等。如在我国，在推出家庭轿车的初始阶段，营销的重点放在华东或沿海地区，这些地方经济发展迅速，人民生活水平比较高，并且受教育程度和生活质量要求都比较高。

（2）人口变数

是指按年龄、性别、家庭人数、生命周期、收入、职业、文化程度、宗教信仰、民族、社会阶层等变数，划分为不同的消费者群。对汽车营销来说，收入是进行市场细分时必须考虑的因素。尤其在当今中国市场上，对于大多数消费者来说汽车仍然是一种奢侈品，而非像美国那样，成为了一种生活必备品，除了法规、政策、公共设施外，最重要的影响购买的因素是收入。一辆汽车的性能再好、创意再新，如果消费者的收入不足以负担这种汽车的价格，那么该汽车就不可能打开市场。在中国，轿车还称不上生活必备品，其价格在很大程度上决定了消费者的态度和选择，因此在推出家庭轿车时，更应该重视对消费者收入的研究，根据不同的收入群的需求开发不同的家用轿车。

（3）心理变数

在人口因素相同的消费者中，对同一商品的爱好和态度也可能截然不同，这主要是由于心理因素的影响。消费者的生活方式、社会阶层、个性和偏好都是心理变数的内容。例如奔驰象征着上流社会的成功人士；劳斯莱斯是身份显赫的贵族；福特是踏实的中产阶级白领。这种的人格化的品牌已化成为社会地位、身份、财富甚至职业的象征，成为车主的第二身份特征。福特被认为是踏实的中产阶级白领的象征，就是和福特开创起推出的“福特T型车”融合者亨利·福特服务于大众，千方百计降低成本，让所有人拥有福特汽车的理念是分不开的，这个理念后来融入到整个福特品牌，成为福特品牌的个性，很大程度上反映了购买福特车的消费者群的个性。

此外，汽车的原产地印象是影响消费者购买汽车的重要因素。汽车的原产地不同给消费者带来的信心指数也会不同。比如人们普遍认为德国造的汽车质量优良、尊贵豪华，日本汽车则小巧经济、性价比高。

（4）行为变数

行为细分中根据顾客对产品的了解、态度、使用情况及其反应，将其分为不同的群体。

① 购买时机：根据购买者产生需要、购买或使用产品的时机，可将他们区分开来。比如，对于汽车租赁行业来说，春节、国庆、中秋等重大节日和春季、秋季的旅游黄金时间往往是用车的高峰时间，在这段时间可以增加广告投放，进行优惠活动等。

② 利益：顾客购买商品总是为了从中获取一定的利益。购买汽车的顾客，有的注重实用性，有的可能就是赶时髦，有的将其作为身份地位的象征，世界著名的整车生产厂家往往又适合不同利益追求的产品。例如，福特公司有为注重实用性的中产阶级服务的“福特”，也有作为身份象征的豪华轿车凯迪拉克。即使是一个品牌的汽车也会有不同的设计，体现出不同的特色。

③ 使用情况：包括消费者使用的频率和使用地点。使用频率将消费者分为：从未使用、曾将使用、准备使用、初次使用、经常使用五种类型。

④ 使用地点：消费者在哪里使用，农村还是城市，山区还是高速公路。

⑤ 态度：一个企业的产品贸然进入一个市场，却发现这个市场中的人们根本没有这样的消费习惯，或者消费习惯很难培养的时候，危机也就产生了。有时是因为某种文化的差异

导致了价值观的不同，必然招来消费者的“抵制”。在一个美国人眼中，他们会认为同样是一个小汽车，宽大一点的总比小气的好，所以“小家子气”的日本车登陆美国市场时，没有人认为这种车会有市场。不过，20 世纪 70 年代的“石油危机”给日本车带来了商机，日本车凭借着经济实用的优势，逐渐在美国站稳了脚跟。

2. 汽车产业市场细分变量

汽车产业市场和消费者市场既有共性又有个性。所以，一方面消费者市场细分的许多方法同样适用于产业市场，但产业市场细分的标准和消费者市场的侧重点又有所不同，主要依据以下的因素：

① 按最终用户需求划分，不同的最终用户常常追求不同的利益。因此产业汽车市场细分时应根据不同用户的具体需求采取不同的营销组合，以促进产品的销售。

② 按用户规模划分，把用户划分为大用户、中用户和小用户市场，他们之间的消费量相差很大，同时对企业的重要性也不同，汽车企业应对不同种类的用户采取相应的营销策略。如，对大用户可以直接联系、直接供货，最好建立长期互惠业务关系。而对于小用户则由批发商或零售商去组织供货，利用中间商的网络来进行产品的推销工作。

③ 按用户的地理位置划分，可分为平原地区的用户群和山区的用户群，寒冷地区用户群和炎热地区用户群等。一般产业市场较消费者市场要集中，根据地理位置较容易细分。

（三）汽车市场细分的基本原则

要注意研究将一个细分市场作为目标市场时，对企业是否有利。一个细分市场对企业是否有利，必须具备以下条件：

① 可进入性。细分市场是能够占领的，就是说，企业的人力、物力和销售因素组合是可以达到的。否则，即使选择了合适的目标市场，若企业无力占领，致使半途而废，势必将造成损失。细分市场必须是竞争对手未控制的市场。如果细分市场已有相当强的竞争对手控制，尽管细分市场其他方面条件较好，也不应轻易选为目标市场，因为在这种情况下，取得市场占有优势是非常困难的，成功的把握不大。

② 可盈利性。细分市场的规模必须足以使企业有利可图，而且有相当发展潜力。如果市场十分窄小，或潜在用户很少、购买力较差，不足以使企业盈利，就不值得选为目标市场而下工夫去占领。

③ 可衡量性。指细分市场的规模和购买力是可以估测衡量的，不同的细分市场之间具有明显的差异性。

④ 稳定性。细分市场必须在一定时期内比较稳定。只有这样才能成为企业制订较长时期的市场营销策略的依据。如果市场变化太快，会给企业带来风险。

（四）汽车市场细分时应注意的问题

① 市场细分不能只孤立地依据某一标准，而必须综合考虑各种因素来进行。

② 对市场细分要树立动态观念。细分标准或市场特性不是一成不变的，如某一地区的货车，以前是解放牌汽车比重大，现在是东风牌汽车比重大了，或者以前是货车所占的比重大，现在却是轿车占的比重大了。因此要适时地进行调查和预测，从而调整销售策略。

③ 防止市场过分细化，从而增大成本。市场细分是必要的，但不是分得越细越好，也并非万能灵药，更不是“有百利而无一弊”。真正的市场细分不是以细分为目的，为细分而细分，而是为了更好地满足消费者的需求，以挖掘市场机会为目的。所以如果采用超细分策略，即许多市场被过分地细化，就可能导致细分市场的个数太多，每个子市场过小。这样虽然有助于推动企业产品多样化、增加产品品种，但随着产品差别化增多，会导致小批

量、多品种的生产和销售，可能反而会增加生产成本，影响产销数量和利润。因此，应把握市场细分的层次，当市场过细时，就应减少细分变量，实施反细分策略，略去某些细分市场，或将许多过于狭小的子市场组合起来，以便能以较低的价格去满足这一市场的消费需求。具体有两种方法：一是缩减产品线，主动放弃较少或无利的分市场；二是合并几个较少的分市场，将几个较小的分市场集合起来，提供标准化的产品吸引顾客。或把几个子市场集合起来。

二、汽车目标市场选择

（一）评估汽车细分市场

市场细分是选择和确定目标市场的基础。其目的就是为了帮助企业更有效地选择目标市场。市场细分显示了企业所面临的市场机会，而目标市场选择则是通过对细分市场的评价来决定企业将进入哪些市场领域，也就是决定企业将来生存和发展的空间的一种策略。因此目标市场就是在市场细分的基础上企业营销活动所要满足的市场，也是企业决定进入的市场。企业一旦确定了目标市场，其资源的积累以及一切营销活动都要围绕着目标市场来进行。目标市场的选择是企业制订营销战略的基础，对企业的生存与发展具有重要意义。目标市场必须具备的基本条件如下：

① 有潜在的市场需求。指该市场有尚未满足的消费者需求。企业只有进入具有一定潜在需求的市场，才能实现长期的盈利。

② 有一定的购买力。只有市场需求还不能构成市场，还需要有一定的购买力。

③ 竞争者少。市场细分的目的之一是为了减少竞争对手，从而可以缓和竞争，如果一个细分市场内的竞争对手过多，则市场细分就没有达到其本来的目的。因此，在选择目标市场时，企业要正确估计各细分市场的竞争状况以及自身的竞争地位。一般来说，应选择那些竞争对手较少，而企业自身具有较大竞争优势的细分市场作为自己的目标市场。竞争对手既包括各细分市场上已经存在的其他企业，还包括尚未进入但可能进入该细分市场的其他企业。因此，在分析竞争状况时，不仅要考虑市场上已经存在的竞争对手，还必须要考虑潜在的竞争对手。潜在竞争对手的多少，一方面取决于一个细分市场的市场容量和吸引力的大小，另一方面与一个细分市场进入壁垒的高低有关。进入壁垒高则其他企业难以进入，竞争对手就少；但企业自身进入该细分市场可能也会变得很困难。

④ 符合企业的目标、资源和能力。一个公司要真正赢得一个细分市场，就需要在发展期有压倒竞争者的优势，如果公司在这个细分市场上不能制造某些价值，即使细分市场具有较大的吸引力，如有顾客需求、有很大的赢利性，但与企业的发展目标不相吻合，就不应该进入该细分市场，只能选择放弃。因此企业选择的细分市场应能够促使企业的资源优势得到充分发挥，符合企业的战略目标，并能够使企业创造某种竞争优势。如某企业有广泛的销售网络、大批经验丰富的销售人才，而某个细分市场上竞争的关键又恰恰是在市场销售方面，那么，企业选择这一细分市场作为自己的目标市场就能使自己的优势得到充分发挥。

（二）目标市场选择的类型

企业在细分市场的基础上，根据自身资源优势所选择的主要为之服务的那部分特定的顾客群体，就是该企业的目标市场。选择和确定目标市场范围，一般有五种类型。

① 密集单一目标模式——产品单一化、市场单一化。指企业不把目标放在整体市场上，而是使目标市场更加集中，只选取一个细分市场，进行集中市场营销。小型企业通常选择这种策略，因为企业可以始终专注于某个细分市场，并可在经营取得成功后向更大市场范围

扩展。

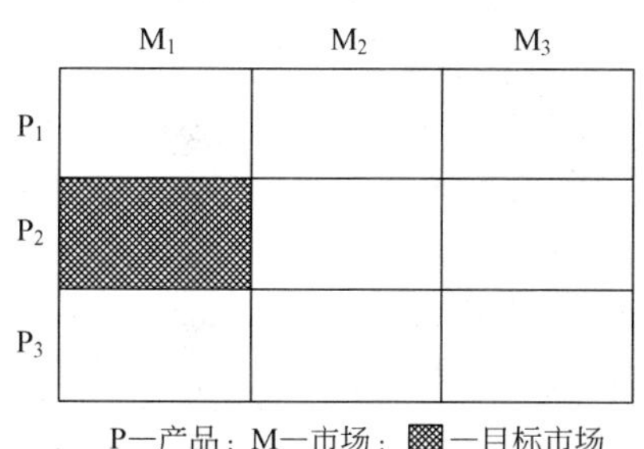

P—产品；M—市场；▩—目标市场

例：豪华轿车“劳斯莱斯”就是这种策略，将目标固定在“有很高社会地位，追求享受，并且将车作为身份地位象征的顾客”这一专门的细分市场上。一般，适合实力有限的中、小企业，或者像劳斯莱斯这样的超级高档产品（有传统的沿袭原因）。当企业实力扩大后，采用这一策略的风险就比较大，一旦该细分市场的消费者改变了消费习惯或者出现不景气的情况时，就会使公司无法生存。

② 有选择的专门化模式——产品多元化、市场多元化。

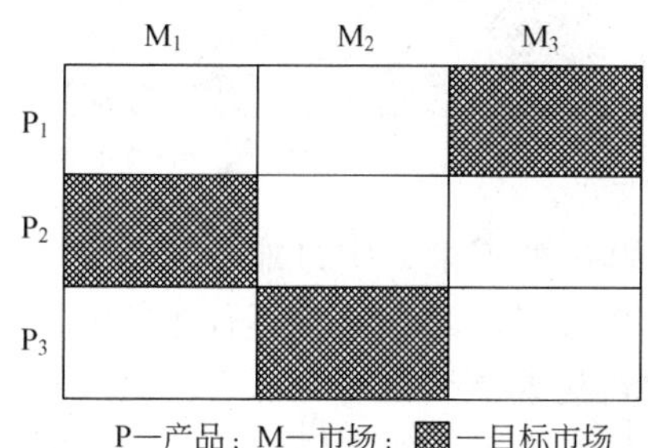

P—产品；M—市场；▩—目标市场

选择若干个细分市场，其中每个细分市场的客观上都有吸引力，并且符合公司的目标和资源，但在每个细分市场之间很少有或者根本没有任何联系。这种方法可以看做是密集单一市场的扩展。这种细分市场的优势在于，可以分散公司的风险，即使某个细分市场失去吸引力，公司仍可继续在其他细分市场获取利润。

③ 产品单一化目标模式——产品单一化，市场多元化。

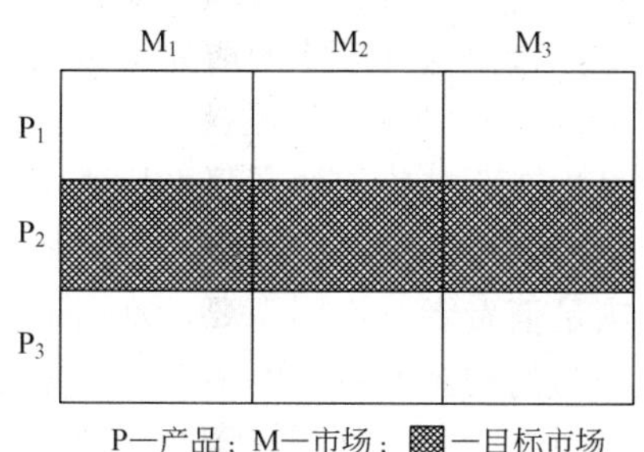

P—产品；M—市场；▩—目标市场

指企业集中生产同一种产品，并向各类消费群销售这种产品。如企业决定生产适合各种汽车需要的润滑油。这样企业可以在某个产品方面树立起很高的声誉。通常是新兴企业刚开始发展时会用到这种模式。

④ 市场单一化目标模式——产品多元化，市场单一化。

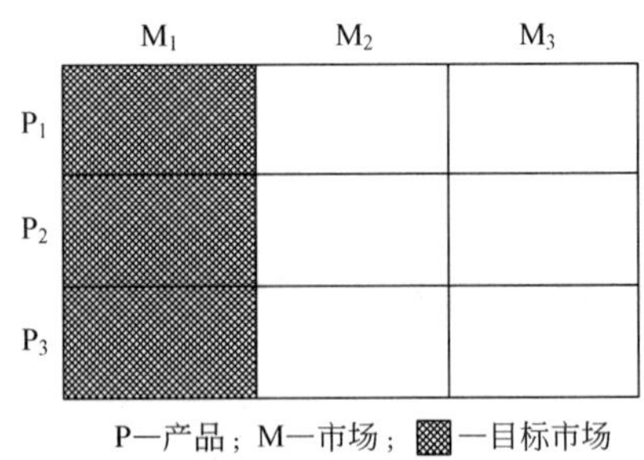

P—产品；M—市场；▩—目标市场

指企业专门为满足某个顾客群经营特定的产品或服务。如决定生产适合高收入层需要的各种汽车。这种选择模式的缺点是企业容易受该顾客群消费习惯的影响。

⑤ 市场完全覆盖模式——产品多元化，市场多元化。

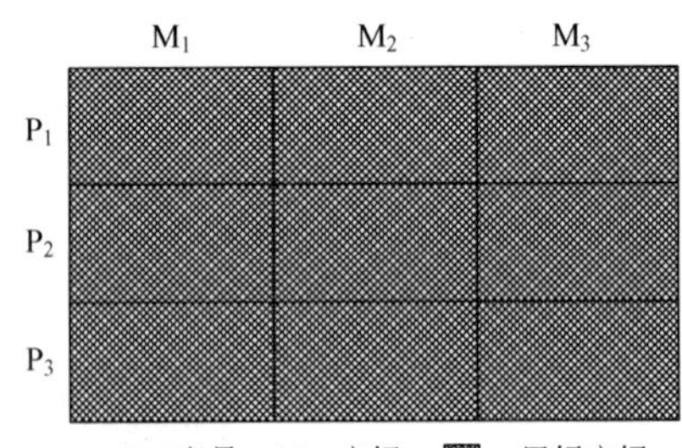

P—产品；M—市场；▩—目标市场

用各种产品满足各种顾客群体的需求。实力雄厚的大公司会采用这种市场策略。例：通用汽车公司的产品就覆盖了整个汽车市场，并且不仅生产轿车，还生产吉普车、越野车等，满足各种顾客群的需要，来达到覆盖整个市场的目的。但这些企业的产品虽然覆盖整个市场的各个方面，但每一系列的产品都有不同的型号以及针对不同的消费者需求，目标市场选择仍然存在。

（三）目标市场营销策略的类型

由于企业选择的目标市场不同，相应制订的营销策略也就不完全相同。企业在确定目标市场策略时，一般有三种策略可供选择：

① 无差异性目标市场策略。实行无差异性目标市场策略的企业把整个市场作为一个大目标，不考虑细分市场间的区别，针对消费者的共同需要，制订统一的生产和销售计划，以实现开拓市场，扩大销售。通常，选择这种策略的前提是市场上所有消费者对该类产品具有相同的需求和偏好。

无差异市场策略优点是大量生产、销售使的产品平均成本低，有利于标准化和实行大规模生产，取得规模效益；并且不需要市场细分，可节约大量的调研、开发、广告费用。但这一策略的缺点也很明显：不能满足消费者的不同需要，难以适应现代市场需求的变化。随着需求异样化增长，一种产品长期为消费者所接受的情况极其罕见，如果企业仍然长期实行无差异生产和营销，那么，必然会使企业适应外部环境变化的能力降低。这一策略适用本身不存在明显差别的产品，许多汽车可以采用这种策略，但像汽车这样具有明显差别的商品是不适用的，即使采用也只能短期内有效。例，二战后美国的整车制造厂基本上都生产大型轿车，长时间实行无差异市场策略，结果几家公司竞争激烈，销售受到限制。另一方面，石油危机的爆发使得对小型轿车的需求突然增加，这就为日本汽车占领美国市场打开了大门。

② 差异性目标市场策略。通常是把整体市场划分为若干细分市场作为其目标市场。针

对不同目标市场的特点，分别制订出不同的分销计划，按计划生产营销目标市场所需的产品，以差异性产品满足差异性市场需求的策略。

这种策略的特点是企业对于构成市场的各种细分市场不再采取完全一视同仁的态度，而是侧重选择有价值的细分标准划分市场。针对每一细分市场的需求，设计迎合不同需求的产品和制订差异性策略。所以，这一策略能满足细分市场的不同需求与偏好，适合于大企业。

差异性市场营销策略优点是小批量、多品种生产，机动灵活、针对性强。充分满足消费者的特殊需求使企业实现销售机会的极大化以及企业声誉的进一步提升。这一策略的缺点是由于企业产品种类和市场营销组合的多样化，使企业用于设计、试制、制造和改进工艺的生产成本、管理成本、库存与促销成本等增加。同时，对不同细分市场分别进行营销研究、销售分析，广告、分销，也会相应增加费用。因此，企业在实施差异性市场营销策略之前，要认真研究所选择的目标市场是否可以进入并具有一定的容量。但是，要避免对市场的过度细分，否则会增加成本，减少盈利率。

③ 集中性目标市场策略。指企业为了避免资源分散，选择一个或少数几个细分市场作为目标市场，集中力量在较少的目标市场上开展营销活动的策略。例如，法拉利汽车公司集中在高级跑车市场。这种策略的优点是对市场有较佳的了解，可以集中力量于设计、研制、工艺、设备改进等方面，能提供较佳的产品和服务，便于提高产品的知名度，树立企业信誉。同时因其品种较单一，生产、广告及分销成本较低。其缺点是企业集中整个市场的一小部分，极容易受市场需求影响而必须做相应的改变，即具有较大的风险性。集中性市场营销策略最适用于实力一般的中小型企业或产品定位高端、面向客户群特殊的企业和初次进入新市场的大企业。如一些汽车出口企业在最初进入国外市场时采用这种策略，开始是以一个不被竞争者重视的细分市场为目标，集中力量在这个目标市场上努力经营，提供高质量的产品和服务，赢得声誉后再根据自己的条件逐渐扩展到其他市场。日本、韩国的汽车公司大多数运用了这种战略。

（四）汽车目标市场选择时考虑的因素

① 产品的特性。如果汽车产品本身差别化较小，比较适合运用无差异市场营销策略。如果配件产品差别比较大，则适宜采用差异化市场营销策略或集中性市场营销策略。

② 市场的同质性。市场的同质性指消费者的偏好、需求相似，则采用无差异市场营销策略。反之，应采用差异化市场营销策略或集中性的市场营销策略。

③ 企业的资源和实力。对于实力雄厚的大企业，可采用差异化市场营销策略或无差异的市场营销策略。而对于中小型企业，无力把整个市场作为目标市场，多采用集中性市场营销策略。

④ 产品生命周期阶段。汽车企业若刚向市场推出新产品，通常采用集中性市场营销策略或无差异市场营销策略，针对局部市场或只推出单一的品种。当产品进入成长期、成熟期后，逐渐转向差异性市场营销策略，当产品进入衰退期后，则运用集中性市场营销策略，缩小产品市场范围，并开拓新产品或新市场。

⑤ 竞争对手的市场策略。企业可根据竞争对手所采取的目标市场营销策略，来决定本企业的市场营销策略。如果竞争对手采用的是差异性的市场营销策略，本企业应当通过更为有效的市场细分，寻找新的机会与突破口，采用差异性的市场营销策略或集中性市场营销策略。反之，竞争对手采用的是无差异市场营销策略，本企业可以采用差异性的市场营销策略，以取代竞争优势。

三、汽车市场定位

任何一个企业在创立和经营过程中都要不断回答同样四个问题：一、我们的企业为何而来？二、我们能生产什么？三、我们的顾客是谁？四、我们要生产什么？对这四个问题的回答即是企业如何进行市场定位问题。以准确的市场定位作为生产的前提正是现代营销的基本原则的体现，即要由产供销转为以销供产。汽车产品在产品理念上也各有特点，经过数十年、上百年的发展及市场定位，不同的汽车均被消费者给予了各自的定位。

（一）汽车市场定位的概念和作用

市场定位就是企业根据用户对所生产产品的需求程度，根据市场上同类产品竞争状况，为本企业产品规划一定的市场地位，即为自己的产品树立特定形象，使之与众不同。市场定位的过程就是在消费者心目中为公司的品牌选择一个希望占据的位置的过程。也可以理解为市场定位就是企业以何种产品形象和企业形象出现，以给目标用户留下一个深刻印象的过程，是一个使自己产品个性化的过程。市场定位的实质是企业要找准位置，使本企业与其他企业严格区分开来，使顾客明显感觉和认识到这种差别，从而在顾客心目中占有特殊的位置。打个形象的比喻：企业是航船，市场是航标，市场定位就是罗盘。

因此，定位能否成功，关键在于企业能否勾画自身的形象和提供价值，比竞争者更好地了解顾客。定位成功的三要素是：①特色是重点而不是全部。②特色具有不可替代性。③特色为消费者接受和认可。定位成功的结果是使某一品牌、公司或产品在消费者心中获得一个据点，一个认定的区域位置，或者占有一席之地。回到现实，我们发现，汽车营销把定位理论诠释得淋漓尽致，堪称经典，任何一个企业都需要在广袤的市场中寻找一个属于自己的空间：如丰田汽车的“物有所值”，奔驰公司的“制作精湛”、“优质豪华”，沃尔沃的“安全可靠”，法拉利的“赛车领袖”，劳斯莱斯的“车中极品”等产品形象已经深入人心。而在国内市场上，一汽极力将其载货汽车宣传成“挣钱机器”，赛欧大力宣传“性价比”，而东风则要“打造家庭轿车新理念”等。

市场定位的作用是：

① 市场定位有助于企业明确市场营销组合的目标。目标市场决策决定了一个企业的顾客和一批竞争对手。市场定位则进一步限定了这个企业的顾客和竞争对手。因此，市场营销的各种手段与战略在市场定位的前提下，有了更明确的努力方向，提高了成功的可能性。

② 市场定位有利于建立企业及其产品的市场特色。企业为了使自己生产或经营的产品获得稳定的销路，防止被别家产品所替代，唯有从各方面为其产品培养一定的特色，树立一定的市场形象，即进行市场定位，才能得到顾客特殊的偏爱。

（二）市场定位的步骤

市场定位的主要任务，是一个企业通过集中若干竞争优势，将自己与其他竞争者区别开来。具体有三个步骤：

① 分析竞争者。目标市场上的竞争者做了什么，做得如何。包括对竞争者的成本和经营情况，作出确切的估计。

② 分析顾客需求。目标市场上的足够数量的顾客确实需要什么，他们的欲望满足得如何。必须认定目标顾客认为能够满足其需要的最重要的特征，这是市场定位能否成功的关键。

③ 分析企业能力。本企业能够为此做些什么，同样必须从成本和经营方面进行考察。

（三）汽车市场定位的依据

市场定位可以从多种角度来进行，以形成自己的竞争优势。包括以下几个方面：

① 根据属性和利益定位。一个公司定位于自己的特色。例如，同样是家用轿车，某厂家的产品可以强调稳重大方，安全系数高；另一厂家可能会强调耗油低，外观新颖等。一款车的与众不同之处也在即消费者的兴趣之所在。如，奇瑞QQ就具有以“最佳性价比，外观一间倾情，动力十足”的特点掀起了一股小旋风；奥迪A4凭借定位于尊贵、动感、时尚，丰富的选装设备，高品牌认知度使其独领风骚；德国大众汽车具有“货币价值”的美誉，瑞典的沃尔沃突出“耐用”特点，日本丰田“经济可靠”赢得了顾客的青睐。

② 根据具体产品的档次定位。不同汽车企业经营的产品，可能会有高、中、低档之分。“质量”与“价格”两者，往往可以为企业、产品或品牌创立不同的市场位置。在有些情况下，质量取决于制作产品的原材料，或者制作工艺的精湛与否，价格则往往反映其档次。例如汽车音响采用质量与价格两个不同的变量，可以有四种定位，如表3-1。

表3-1 质量价格定位

质量／价格	高	低
高	价格高、质量高	价格高、质量低
低	价格低、质量高	价格低、质量高

【应用案例3-2】 二次大战期间，绅宝公司（萨博）以制造战斗机而闻名。战后绅宝利用自己的技术力量，按照制造飞机的高要求，生产一种小型、廉价、注重驾驶乐趣的汽车，每年在美国市场上售出一万辆左右。20世纪70年代末期，汽车业竞争加剧，美国的通用和日本的丰田在生产经济车方面竞争十分激烈。绅宝公司也面临着两种选择：要么生产经济车，要么生产昂贵车。绅宝选择了生产昂贵车。因为，经济车每部车利润小，在与通用、福特等大公司的激烈竞争中，只有每年生产25万辆以上的汽车才有利可图。而生产昂贵车，每车利润高，尽管销售总量少，但绅宝可以利用自己的技术优势，生产起来驾轻就熟。因此，进军昂贵车市场才是绅宝的出路。

绅宝公司预计，到20世纪80年代末，跑车市场将急剧扩大，购买这类跑车的顾客年龄在25～44岁之间。这一年龄群增长较快，而且大都是双职工，夫妻都有较好的工作，薪水较高，比较富有，他们需要质量高、性能好。驾驶舒适和服务良好的汽车，而且他们不太在乎价钱，贵也买得起。从1979年起，绅宝汽车公司推出了新的SAA900型涡轮增压型车，价格是每辆2万美元（在美国极贵了，“卡迪拉克”一般也就这个价）。广告强调它是高性能、新款式、独特形象、独一无二的高级车，而且提供消费者想要的各种高级设备。加上适当地促销和销售渠道策略，有钱人对绅宝汽车产生了强烈的购买欲望。这种产品定位政策取得了巨大的成功。绅宝车1983年在美国的销售量超过2.5万辆，市场出现供不应求的局面。有些经销商甚至以拍卖方式将车出售给出价最高的人。这一年，绅宝汽车销售增长率为42%，成为汽车行业中销售增长率最高的一家。该公司的高级管理人员曾自豪地说：“通用汽车公司要卖几百个汉堡包，而我们只卖出极少的牛排便可与之竞争”。

③ 根据特定的使用场合及用途定位。汽车的主要用途可以分为家用或者商用。作为喊出“中国家轿第一品牌”的企业，东风雪铁龙的产品一直集中在经济型和中级轿车两个细分市场。东风雪铁龙今后的方向是围绕中高档车和小型车来做，产品定位方面仍然是家用市场。

【应用案例 3-3】 上海万丰客车制造有限公司定位生产多功能商务车、中高档皮卡车。公司成立于 2000 年 9 月，按照“一次规划，滚动投入”的发展战略，公司现已形成四大系列产品，包括单排系列、双排系列、厢式系列、客车系列，已获得国家批准 40 多个产品目录。万丰汽车定位“精、特、优”，主要面向中小城市、城乡结合部，受到交通、邮电、电力等事业单位和私营业主、城乡居民的青睐，系列产品畅销全国各地，并出口中东、东欧、南美及非洲等国家。

④ 根据使用者定位：即将产品指向某一类特定的使用者，根据这些顾客的看法塑造恰当的形象，注重消费者行为、社会背景、收入状况等。如何选择目标顾客及选择哪些目标顾客是进行消费者定位必须解决的首要问题。这是汽车市场定位中较多用到的定位方式。如，上海大众对两款 POLO 新车进行了差异化形象定位，两厢车型“劲情”定位于年轻、活力、时尚人群的精致小车；三厢车型“劲取”定位事业处在上升阶段、追求气度品位和家庭感的人群。上海通用汽车先后推出了经济型轿车赛欧和中高档轿车别克君威。赛欧针对的是事业上刚刚起步、生活上刚刚独立的年轻白领；而别克君威则针对的是已经取得成功的领导者。

【应用案例 3-4】

福特两厢嘉年华客户定位：

- 女性，25～28 岁
- 单身
- 办公室白领
- 都市女生
- 向往不同的体验
- 喜欢追赶最新潮流
- 注重品牌
- 引领电子科技的发展潮流

福特三厢嘉年华客户定位：

- 男性，25～28 岁
- 单身
- 喜欢追赶潮流
- 注重家人和朋友
- 压力很大，没时间放松
- 对自己的生活还没有很好的控制

⑤ 根据竞争的需要定位，其一，定位于与其相似的另一种类型的竞争者或产品的档次，以便与之对比；其二，定位于与竞争直接有关的不同属性或利益。例如，有的企业强调“我们是老二，我们将更加努力”，暗示要比第一位的企业提供更好的服务。

如图 3-1 所示，已经有 A、B、C、D 四种竞争产品，若有一个新进入者，可以定位于竞争者附近，即小型舒适车、中型安全车等产品，也可以远离竞争者，定位于一种新的区域，如大型安全车、大型舒适车。

事实上，许多企业进行市场定位的依据，往往不是一个，而是多个结合使用。因为作为市场定位体现的企业及其产品形象，必须是多维的，应当是一个多侧面的立体。

（四）汽车市场定位的策略

① 初次定位。初次定位是新企业初入市场，新产品投入市场或产品进入新市场，面向缺乏认识的顾客进行的市场定位。企业寻找市场尚无人重视和未被竞争对手控制的位置，使自己推出的产品能适应这一潜在目标市场的需要的定位策略。如国内推出 MPV 车时就在定位上就采用了这一策略。MPV 车定位在“工作＋生活”这市场空当，获得了较好的效果。例：1999 年，新成立的上海通用汽车公司只被允许生产大排量产品，作为美国通用的第一款礼物，别克汽车来到了中国。在美国，别克车一直被定义为四五十岁左右的医生、律师等专业人士的中高档出行工具。但是当通用在中国市场上市别克时，上海通用为其赋予了新的内涵，定位于中国年轻公商务精英人士的中高档座驾，它从单一的产品名称升格为母品牌，旗下已经积聚君威（Regal）、GL8、凯越（Excelle）和赛欧（Sail）子品牌系列汽车。别克

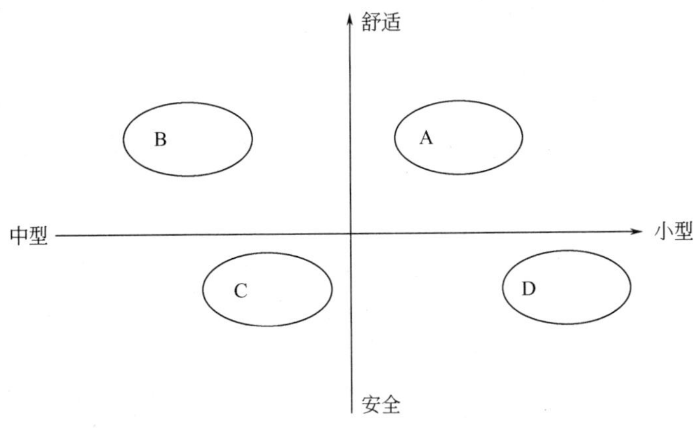

图 3-1 竞争的定位

进入中国新市场的定位使别克品牌汽车获得了超乎想象的成功。

② 重新定位。重新定位则是企业改变市场对其原有的印象，使目标顾客对其建立新的认识的过程。重新定位通常是指对那些销路少、市场反应差的产品进行二次定位。初次定位后，随着时间的推移，新的竞争者进入市场，选择与本企业相近的市场位置，致使本企业原来的市场占有率下降；或者，由于顾客需求偏好发生转移，原来喜欢本企业产品的人转而喜欢其他企业的产品，因而市场对本企业产品的需求减少。在这些情况下，企业就需要对其产品进行重新定位。所以，一般来讲，重新定位是企业为了摆脱经营困境，寻求重新获得竞争力和增长的手段。不过，重新定位也可作为一种战术策略，并不一定是因为陷入了困境，相反，可能是由于发现新的产品市场范围引起的。例如，某些专门为青年人设计的产品在中老年人中也开始流行后，这种产品就需要重新定位。美国福特汽车公司曾开发出一种叫野马的新型轿车，目标市场是 20 来岁的年轻人。因为这些年轻人充满活力、追求刺激、是新生代的代表。然而，销售结果却大大出乎销售人员的意外。野马的购买者当中，很多是五六十岁的人。这些人之所以购买具有年轻人特征的野马牌轿车，就是想证明自己宝刀未老。这种不服老的心理，使这些老年人超越年龄的界限而成为新生代的一员。福特汽车公司的最高层才认识到野马车目标市场不是年轻的，而重新定位于是心理上年轻的人。

③ 迎头定位。迎头定位是指企业选择靠近于现有的竞争者或与其重合的市场位置，争夺更多的目标顾客。这是一种与在市场上居支配地位的竞争对手“对着干”的定位方式，即彼此在产品、价格、分销、供给等方面少有差别。在世界饮料市场上，作为后起之秀的“百事可乐”进入市场时，就采用过这种方式，“你是可乐，我也是可乐”，与可口可乐展开面对面的较量。

一般来说，实行迎头定位，企业必须做到知己知彼，要全面考虑：这个市场是否可以容纳两个或两个以上的竞争者，自己是否拥有比竞争者更多的资源和能力，是不是可以比竞争对手做得更好，能否生产比竞争者质量更优或成本更低的产品，以及这个位置与本企业的声誉和能力是否相符等。迎头定位可能会成为一种非常危险的战术，将企业引入歧途。当然，也有些企业认为这是一种更能激发自己奋发向上的定位尝试，一旦成功就能取得巨大的市场份额。

【应用案例 3-5】 凌志（雷克萨斯）车在美国的成功

凌志（雷克萨斯）车挑战奔驰时，就是迎头定位。20 世纪 80 年代后期日本丰田公司准备争夺美国的高档豪华汽车市场，深入调查消费者对轿车每一细节的要求。经过五年多的呕心沥血，推出了凌志车，一改过去日本汽车经济实用的中低档形象，定位为豪华轿车。它线条流畅，造型完美，装饰豪华，乘坐舒适而且平稳性极佳。丰田公司在美国宣传凌志车时，将其图片和奔驰的并列在一起，并加上大标题：用 36000 美元就可以买到价值 73000 美元的汽车，这在历史上还是第一次。并在宣传录像带中有这样的对比试验：分别放一杯水在凌志车和奔驰车的发动机室盖上，汽车发动时奔驰车上的水晃动不已，凌志车上的水却波澜不惊；另一个画面是将一杯水放在行进中凌志车挡风玻璃的内侧，车在街角转弯时杯子仍然立在那里，充分显示出凌志车卓越的平稳性能。就品质而言，凌志车与他的对手奔驰、宝马车相比是有过之而无不及的。还开创了转向盘的升降，不管高个驾驶员还是矮个的驾驶员都可以选择最舒服的转向盘高度进行驾驶；手机铃声一响就自动调低音响的音量，连伸手调音量的举手之劳都免了。凌志车沙发的每根弹簧的弹性，高度都时分贴切美国人的身材。凌志车在美国迅速站稳了脚跟。凌志车定位成功有两个方面：一是选择了适当的进攻目标——奔驰，若是选择普通车，及时宣称品质再优越也效果不大，只有与高级汽车比较方能让人信服；二是提出了实在的资料让顾客相信该车质量确实能与高质量的奔驰比。

④ 避强定位（创新式定位）：采用“以农村包围城市”的营销策略，创新式避开直接对抗，位置定于某处市场“空隙”，发展目前没有的特色，开拓新的领域。这是一种避开强有力的竞争对手进行市场定位的模式。企业不与对手直接对抗，将自己置定于某个市场“空隙”，发展目前市场上没有的特色产品，可拓新的市场领域。这种定位的优点是：能够迅速地在市场上站稳脚跟，并在消费者心中尽快树立起一定形象。由于这种定位方式市场风险较小，成功率较高，常常为多数企业所采用。宝马和奔驰属于同一个档次的轿车，但各自都有特定的目标市场，采用了避强定位，奔驰的购买者是年龄偏大、事业有成就、社会地位较高、收入丰厚的成功人士，宝马则属于哪些富有朝气、年轻有为、不受传统约束的新一代人士。

【能力训练题】

结合某汽车企业或汽车品牌对其目标市场营销战略进行分析。

项 目 小 结

本项目汽车营销的战略规划包含四个任务：1. 认识汽车营销战略；2. 汽车市场竞争战略；3. 汽车市场发展战略；4. 目标市场营销战略。

认识汽车营销战略，介绍了公司战略一般包括以下几个方面的关键内容：公司使命、公司目标、公司业务组合战略；营销战略是公司战略的核心内容；汽车市场营销战略具有全局性、长远性、风险性、相对稳定性、适应性和系统性的特征。

汽车市场竞争战略，介绍对竞争对手的分析应按如下步骤进行：识别谁是竞争对手；了解竞争者目标；确认竞争者的战略、优势与弱点；了解竞争者的反应模式。竞争者主要有以下 4 个层次：直接竞争者、行业竞争者、形式竞争者、通常竞争者。按竞争地位的划分有：市场主导者、市场挑战者、市场追随着、市场补缺者。市场竞争战略可以分为三种基本类型：低成本战略、产品差异化战略、集中化战略。这些基本战略的核心是将企业内各种要素统一起来，维持和提高企业在行业内的竞争地位。

汽车市场发展战略，介绍了市场发展战略的含义和特点；市场发展战略的类型，有稳定型战略、成长型战略、收缩型战略和淘汰型战略；市场发展战略的实施步骤，首先确定企业任务和目标，接着分析市场环境和企业实力，再次拟定预选方案，最后综合评价选优，控制实目标市场营销战略，包括市场细分、市场选择、市场定位，即目标市场营销三部曲。介绍了市场细分的客观基础：市场需求的差异性和企业资源的有限性；市场细分的四大变量、市场细分的原则以及汽车市场细分时应注意的问题；评估汽车细分市场的要求；目标市场选择的类型；目标市场营销策略的类型；汽车目标市场选择时考虑的因素；汽车市场定位的概念和作用；市场定位的步骤；市场定位的策略。

思考与练习

一、判断题

1. 无论是一个刚刚成立的企业，还是一个老企业，在制订企业战略之前，首先应该搞清（　　）。

A. 自我优势　B. 企业使命　C. 竞争者　D. 市场规模

2. 同行业中如果有几家企业都实行无差异市场营销，较大子市场的竞争会日益激烈，而较小子市场的需求将得到满足。这种追求最大子市场的倾向叫____。

A. 市场营销近视　B. 超细分战略　C. 反细分战略　D. 多数谬误

3. 在春节、中秋节、情人节等节日即将来临的时候，许多商家都大做广告，以促销自己的产品，他们对市场进行细分的方法是____。

A. 地理细分　B. 人口细分　C. 心理细分　D. 行为细分

4. 某汽车企业利用自身原来产品的优势，向新顾客提供了产品服务，这个叫做（　　）。

A. 市场开发　B. 市场渗透　C. 产品开发　D. 多元化

5. 悦达投资为了进一步应对市场竞争，决定自己开发生产发动机，这属于（　　）一体化。

A. 前向　B. 后向　C. 横向（水平）　D. 纵向（垂直）

6. 江淮动力为了自身发展的需要，将于下月兼并云内动力，这个属于（　　）。

A. 前向　B. 后向　C. 横向（水平）　D. 纵向（垂直）

7. 汽车市场细分时细分出来的市场范围比较明晰，能够大致判断该市场的大小是遵循以下哪种基本要求____。

A. 可进入性　B. 需求足量性　C. 可衡量性　D. 有发展潜力

8. 现在不少消费者都拥有汽车，随着生活水平的提高，人们的安全意识越来越强，对汽车的安全性要求也越来越高，因此有的汽车生产企业就专注与汽车的安全性。比如德系的就比其他的汽车抗振性要强，这个叫做（　　）。

A. 集中战略　B. 差异化战略　C. 低成本战略　D. 多样化战略

9. 某人从城东去城西上班，选择了骑自行车而放弃了乘坐公共汽车，则自行车生产商和公共汽车公司之间是（　　）。

A. 愿望竞争者　B. 行业竞争者　C. 品牌竞争者　D. 产品形式竞争者

10. “金杯海狮，丰田品质”属什么定位：____。

A. 市场空当定位　B. 利益定位策略　C. 属性定位策略　D. 比附定位策略

二、判断题

1. 企业使命是企业生存与发展的理由，是企业的一种根本的最有价值的崇高的责任和任务。（　　）
2. 企业的市场发展战略规划的第一步就是规定企业目标。（　　）
3. 确定企业的任务时要考虑企业的历史和周围环境的发展变化。（　　）
4. 多元化增长就是企业利用经营业务范围之外的市场机会，增加与现有产品业务有一定联系或毫无联系的新业务，实现跨行业经营的一种发展战略。（　　）

5. 密集型增长的工具主要有四种：市场开发、渗透、产品开发和多样化。（　　）
6. 细分市场对公司市场发展具有很大的吸引力，如市场规模大、赢利性高，企业就应该选择进入。（　　）
7. 当市场供给大于需求时，企业应该采用差异化目标市场营销策略。（　　）
8. 集中性营销策略小批量、多品种，针对性强，使消费者需求更好地得到满足。（　　）
9. 制订战略计划时，作为领导首要考虑的是计划与社会以及企业自身的契合程度。（　　）
10. 哪个企业能比它的竞争者更好地满足目标消费者的要求，它就有可能获得成功。（　　）

三、简答题

1. 简述市场竞争战略的类型。
2. 简述市场发展战略的类型。
3. 市场细分有哪些方法？并举一汽车企业的例子来说明其是如何进行市场细分的。
4. 简述目标市场选择模式的类型和各自的优缺点。
5. 汽车企业的目标市场选择时考虑哪些因素？
6. 简述汽车企业进行市场定位的策略。

项目四 汽车营销组合策略

【项目目标】

1. 知识目标

(1) 掌握汽车产品整体概念、产品组合策略、产品生命周期策略、汽车品牌策略。

(2) 了解汽车价格的构成、影响汽车产品定价的因素，掌握汽车产品定价的方法。

(3) 熟悉汽车分销渠道的类型，掌握汽车渠道的模式。

(4) 了解汽车促销的含义和四大原则，熟悉各种促销方式方法。

(5) 熟悉汽车营销策划的内容和流程。

2. 能力目标

(1) 能利用汽车产品整体概念分析汽车企业提供汽车产品包含的内容。

(2) 能分析某汽车企业的产品组合策略和具体车型的生命周期。

(3) 能分析汽车产品定价的策略和定价方法。

(4) 能分析具体汽车企业的渠道策略。

(5) 能分析汽车企业的促销策略，并能根据特定主题撰写汽车促销策划方案。

任务一 汽车产品策略

【案例导入】

通用汽车刚进入中国时，中国轿车各细分市场已形成竞争的格局：以夏利为代表的经济型轿车占据了中国轿车的低端市场，桑塔纳、捷达和雪铁龙富康是中档车市场的霸主，中高档轿车市场则以进口车为主。根据这一市场情况，通用决定将其目标市场定位于高档市场，向中国市场推出其成熟的别克车型。上市的第一年推出了当时在中国市场生产的最高档的三款轿车：别克新世纪、GLX和GL，率先在市场上赢得了主动。2000年，上海通用分别推出具有驾驶乐趣的别克CS和中国第一辆多功能公务车别克GL8，紧接着又针对20多万元的市场推出排量比较小的别克G，形成从20多万元到30多万元这样一个梯级排列的产品线。

随着别克在中国的成功，竞争者也纷纷瞄准高档车这一潜力巨大的市场：一汽大众和广州本田先后从德国大众和日本本田引进了与别克同一级的奥迪A6和本田雅阁，其中奥迪A6更是占据国产顶级轿车的翘楚；本田雅阁则是当今最畅销的车型，全球销量超过800万辆；上海大众从德国大众集团引进更先进的、在国际上屡次获得大奖的帕萨特B5。这样，高档车市场竞争开始白热化，在25万～45万元这一级的市场上就有了奥迪A6、别克系列、本田雅阁和帕萨特四大品牌，别克系列轿车受到来自一汽大众、上汽大众和广州本田的严峻挑战。

为迎接市场的挑战，上海通用又对市场进行了分析：经济型轿车虽然价格便宜，但给消费者的印象是低质低价，缺乏一种具有竞争力的车型，市场上还没有一款完全意义上的进口轿车；经过了近两年的市场运作和品牌传播，别克轿车在中国已经有了很高的知名度和认知度。鉴于此，上海通用决定将产品线向低端延伸。

通用将在海外市场上的一款欧宝车引进中国，取名赛欧，俗称小别克。别克赛欧推出后，凭借着别克强大的品牌效应和10万元轿车的卖点，在中国轿车市场引起了轰动。2001年，上海通用又针对中国家庭市场推出赛欧的家庭版——赛欧SRV，将一种全新的汽车消费观念带给中国普通的消费者。2002年的产销量达到5万辆，成为这一市场的领头羊。

通用根据中国市场的变化适时地推出相应的新产品，填补国内某个市场的空白，并保持每年推出一款新车的新产品策略。进入中国市场仅三年的通用汽车，经营业绩却令人惊讶：目前已经形成别克系列、多功能商务车——陆地公务舱和赛欧系列三大系列的车型；产品线覆盖了10万元左右到30多万元的各个级别；多功能公务车更是在市场上占据绝对优势；市场占有率从1999年的3%，排名第七，上升至2002年超过10%，成为仅次于上海大众、一汽大众之后的第三轿车生产集团。

【问题引入】

1. 刚进入中国市场时，通用汽车为什么进行这样的产品定位？

2. 分析通用汽车产品组合的测量尺度？

3. 通用汽车采用的是什么策略调整其产品组合？

产品策略是企业市场营销组合策略的重要内容之一。企业的市场营销活动，总是要以一定的产品去占领市场，产品是市场营销的物质条件，从社会经济发展看，产品的交换是社会分工的必要前提，企业生产与社会需要的统一是通过产品来实现的，企业与市场的关系也主要是通过产品或服务来联系的，从企业内部而言，产品是企业生产活动的中心。因此，产品策略是企业市场营销活动的支柱和基石。

一、汽车产品整体概念

按照传统观念，产品就是某种有形的劳动生产物。但是，从现代营销观念来看，这样的理解过于狭隘。产品不仅包含有形的实物，而且还包括无形的信息、知识、版权、实施过程以及劳动服务等内容。

GB/T 19000系列标准指出的产品定义是“活动或过程的结果”或者“活动或过程本身”。该定义给出的产品概念，既可以是有形的，如各种实物；也可以是无形的，如服务、软件；还可以是有形与无形的组合，如实施一个由计算机控制的某种产品的生产过程。这是现代社会对产品形式概念的理解。

汽车产品是指向汽车市场提供的能满足汽车消费者某种欲望和需要的任何事物，包括汽车实物、汽车服务、汽车保险、汽车品牌等。汽车市场营销学关于汽车产品的概念具有两方面的特点：①并不是具有物质实体的才是汽车产品，能满足汽车消费者某种欲望和需要的服务也是产品。②对汽车企业而言，其汽车产品不仅是具有物质实体的实物本身，而且也包括随同汽车实物出售时所提供的汽车服务等。简言之，汽车企业提供的汽车产品等于汽车企业生产的实物加汽车企业提供的汽车服务。

这种汽车产品整体概念把汽车产品理解为由五个层次所组成的一个整体，包括汽车核心产品层、形式产品层、期望产品层、延伸产品层以及潜在产品层（图4-1是汽车产品的五个层次构成）。

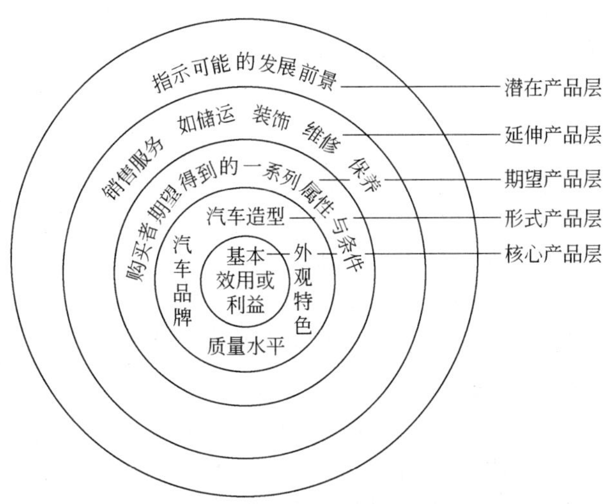

图 4-1 汽车产品的整体构成

1. 核心产品层

这是从产品的使用价值来分析，处于产品整体概念最基本的层次，是指产品提供给消费者的最基本的效用和利益。消费者通过购买可以得到诸如快捷、省时、省力、享受、愉悦、健康、舒适等物质效用以及美观、炫耀等心理效用。核心产品向人们说明了产品的实质，产品如果不含有实质，它就失去了存在的必要，也不会有任何人会花钱去购买它。企业营销人员在推销产品时，最重要的是向顾客说明产品实质。

汽车的核心产品部分即是以实现运载（载人或载货）需要的功能。

2. 形式产品层

形式产品即产品的形式，较产品实质具有更广泛的内容，这是产品在市场上出现时的具体物质外形，产品形式一般通过不同的侧面反映出来，如质量水平、产品特色、产品款式以及产品包装和品牌。如汽车，产品形式不仅仅是指汽车的运载功能，人们在购买时还要考虑产品的品质、造型、颜色、品牌等因素。

汽车产品的形式产品是指汽车质量水平、外观特征、汽车造型、汽车品牌。

3. 期望产品层

期望层是消费者在购买产品时期望能得到的一系列附属性条件。

汽车产品的期望产品是消费者在购买汽车是还希望得到舒适的车厢、安全保障设备和导航设施等附属功效。

4. 延伸产品层

延伸产品层又称附加产品，是消费汽车者在购买形式产品和期望产品时还想得到附加的服务和利益。

汽车产品的延伸产品层是汽车的各种售后服务，如储运、装饰、维修、保养、年检、保险等。众所周知，汽车由于其固有的消费特性，在其消费链条中售后服务占据了超过三分之二的比重，汽车产品的延伸部分是汽车消费者和汽车售后服务商都十分重视的部分。

5. 潜在产品层

对汽车产品而言，还存在潜在产品层。汽车产品的潜在产品层是指包括现有汽车产品的所有延伸和演进部分在内，最终可能发展成为未来汽车产品的潜在状态的汽车产品。潜在汽车产品预示着未来产品的发展方向。

二、汽车产品生命周期

（一）汽车产品生命周期各阶段

任何一种产品（通常为某个车型系列）在市场上都不会永远畅销，它自投入市场到退出市场都要经销售形势由弱到强，又从盛转衰的发展演变过程。由于这一规律的存在，企业就必须做到：①企业必须为其处于不同发展阶段的产品制订适当的营销策略，即产品的阶段营销策略。②企业必须不断地做好产品改进和新产品的开发工作，不断地向市场推出新产品，以取代那些处于衰退和即将衰退的产品。否则，企业就不可能永久地立足于市场。

产品生命周期理论是美国哈佛大学教授费农 1966 年在其《产品周期中的国际投资与国际贸易》一文中首次提出的。费农认为：产品生命是指市场上的营销生命，产品和人的生命一样，要经历形成、成长、成熟、衰退这样的周期。

一种产品进入市场后，它的销售量和利润都会随时间推移而改变，呈现一个由少到多再由多到少的过程，就如同人的生命一样，由诞生、成长到成熟，最终走向衰亡，这就是产品的生命周期现象。所谓产品生命周期，是指产品从进入市场开始，直到最终退出市场为止所经历的市场生命循环过程。产品只有经过研究开发、试销，然后进入市场，它的市场生命周期才算开始。产品退出市场，则标志着生命周期的结束。对处于生命周期不同阶段的产品，只有采用不同的营销策略，才能达到最优的营销效果。

汽车产品生命周期，是指汽车产品从试制成功投入市场开始，到被市场淘汰为止所经历的全部时间过程。该周期一般来说分为四个阶段，即：导入期、成长期、成熟期和衰退期（见图 4-2）。

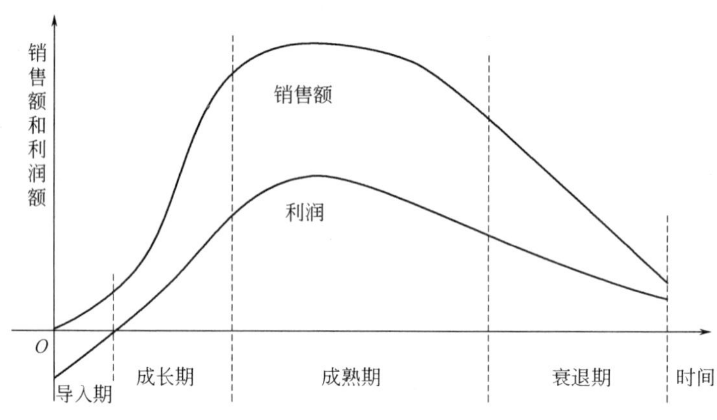

图 4-2　产品生命周期

① 导入期指汽车产品投入市场的初期阶段。在这个阶段，产品刚刚下线，产量低，技术不完善；汽车消费者对汽车新产品不够了解，销售量低，销售增长率小；费用及成本高，利润低，有时甚至亏损。

② 成长期指汽车消费者对汽车新产品有所了解，汽车产品销路打开，销售量迅速增长的阶段。在这个阶段，汽车产品已定型，开始大批量生产；销售增长率很高，分销途径已经疏通，成本降低，利润增长：市场容量逐步扩大。企业产品的市场占有率不断提高。

③ 成熟期指汽车产品的市场销售量已达饱和状态的阶段。在这个阶段，销售量虽有增长，但增长速度减慢，开始呈下降趋势，竞争激烈，利润相对下降；市场容量趋于饱和，市场占有率开始下降。

④ 衰退期指汽车产品老化被市场淘汰的阶段。在这个阶段，销售量下降很快，逐渐退

出市场；产品利润逐步消失，市场占有率迅速下降；市场容量不断萎缩。

从以上汽车产品生命周期各阶段的特征可以看出，汽车产品销售量、市场占有率、利润率等三个指标能反映汽车产品生命周期的变动。

(1) 汽车产品销售量　导入期销售量在盈亏平衡点以下，且缓慢增长；成长期销售量迅速越过盈亏平衡点。产品定型，大批量生产能力形成，销售规模迅速扩大；成熟期生产量大，销售量大，规模稳定，销售量增长速度放缓；衰退期销售量由缓慢下降变为急剧下降，呈负增长趋势。

(2) 汽车产品市场占有率　导入期汽车产品刚上市，消费者不了解，占有率很低；成长期市场容量逐步扩大，迅速占领整个市场。占有率不断提高；成熟期市场竞争异常激烈，占有率开始下降；衰退期市场容量继续萎缩，占有率迅速下降。

(3) 汽车产品利润率　导入期利润几乎不存在；成长期利润迅速上升；成熟期盈利水平下降；衰退期利润逐步消失。

各种档次、各种类型的汽车产品寿命周期不同，每种汽车产品经历生命周期各阶段的时间也不尽相同。有些汽车产品经过短暂市场导入期，很快就达到成长、成熟阶段；而有些汽车产品的导入期经历了许多年，才逐渐为广大汽车消费者所接受。同时并不是所有的汽车产品都要经过四个阶段，有的汽车产品一进入市场，尚属于导入期即被淘汰；也有些处于成长期的汽车产品，由于营销失策而未老先衰；还有些汽车产品一进入市场就达到了成长阶段等。如亨利·福特设计的T型车，从投入市场到停产一共经历了20年的时间；而福特公司1957年9月推出埃泽尔车，1959年11月就被迫停产，其生命周期只有短短两年时间。理想的产品生命周期形态应该是：导入期和成长期要短，投入要少，要很快达到销售的高峰，并持续很长时间，企业可以获取大量利润；而且衰退期要缓慢，利润要缓慢减少。企业应当通过实施正确的营销策略，尽量让产品的生命周期按理想形态发展。

(二) 汽车产品生命周期各阶段策略

产品在不同生命周期阶段具有不同的市场特点，需要制订相应的营销目标和营销策略。运用汽车产品生命周期理论主要有三个目的：一是使汽车产品尽快为汽车消费者所接受，缩短汽车产品的导入期；二是尽可能保持和延长汽车产品的成长阶段；三是尽可能使汽车产品以较慢的速度被淘汰。

1. 导入期营销策略

在这个阶段，为了建立新产品的知名度，企业需要大力促销，广泛宣传，引导和吸引潜在用户，争取打通分销渠道，并占领市场。营销策略要突出一个“准”字，即市场定位和营销组合要准确无误，符合企业和市场的客观实际。处于导入期的新产品由于产量小、销售量小、成本高、生产技术还有待完善，加之必须支付高额促销费用，所以定价需要高些。

从价格与促销两个营销因素综合来考虑导入期的策略安排，则对处于导入期汽车新产品的营销策略有以下四种（见表4-1)，企业可以根据自己情况灵活运用。

表4-1　导入期的产品策略

促销力度 / 销售价格	大	小
高	快速掠取策略	缓慢掠取策略
低	快速渗透策略	缓慢渗透策略

(1) 快速掠取策略。快速掠取策略即以高价格和高促销推出新产品。实行高价是为了在

单位销售额中获得最大的利润，高促销费用是为了引起目标市场的注意，加快市场渗透。成功实施这一策略可以尽快收回新产品开发的投资。国内外汽车公司在推出富有特色的中高级轿车时常采用这一策略。

（2）缓慢掠取策略　缓慢掠取策略即以高价格低促销费用将新产品推入市场。高价格和低促销水平结合可以使企业获得更多利润。东风汽车公司的推出 EQ1171G（EQ153）和 EQ111B（EQ175）两种车型时，采用的营销策略大致就属此类。

（3）快速渗透策略　快速渗透策略即以低价格和高促销费用推出新产品。目的在于先发制人，以最快的速度打入市场，该策略可以给企业带来最快的市场渗透率和最高的市场占有率。日本、韩国的汽车公司在刚进入北美市场时便大量采用此种营销策略。

（4）缓慢渗透策略　缓慢渗透策略即企业以低价格和低促销费用推出新产品。低价是为促使市场迅速地接受新产品，低促销费用则可以实现更多的净利润。

2. 成长期营销策略

新产品上市后如果适合市场的需要，即进入成长期。在此阶段，销量迅速增长，营销策略的重点应放在一个“好”字上，即保持良好的产品质量和服务质量，切忌因产品销售形势好就急功近利，粗制滥造，片面追求产量和利润。企业为了增加销量，打败竞争者，促进市场的成长，在此阶段可以采取的营销策略有：

（1）提升汽车产品自身质量　汽车产品在成长阶段面临较多的竞争对手，必须高效利用各种资源努力提高自身的质量，凸显本产品的特色。

（2）寻找新的细分市场　在这个个性化的年代，一对一的产品服务需求上升，汽车企业可以进一步开拓汽车产品的市场细分，根据目标顾客群的需要，生产特色产品，研发特色功能，吸引更多的潜在用户。

（3）改变广告宣传的重点　广告一直是打响产品知名度的重要环节，在产品的成长期，汽车企业可以把广告宣传的重点从介绍产品转到建立产品形象上来，建立品牌效应，维系老顾客，吸引新顾客。

（4）采取灵活的价格策略。汽车企业可以在适当的时机降价或提升价格。降价或提价，可以激发那些对价格要素比较敏感的消费者产生购买动机和采取购买行动。

3. 成熟期营销策略

产品进入成熟期的标志是销售增长率渐缓，市场趋于稳定，并持续较长时间。由于销售增长率降低，竞争日益加剧，名牌逐渐形成。这个阶段的营销策略，应突出一个“争”字，即争取稳定的市场份额，延长产品的市场寿命。

成熟期是汽车企业获得利润的黄金时期，此时期的策略围绕着如何延长汽车产品寿命，防止过早跌入衰退期而展开，具体有以下几种：

1）市场改良策略，努力开拓新的目标市场，向市场需求的深度和广度发展。通常有三种形式：①寻找新的目标市场。②刺激汽车消费者增加使用频率。③重新树立汽车产品形象，寻找新的买主。

2）产品改良策略，提高汽车产品质量，改变汽车产品的特色和款式，向汽车消费者提供新的利益，从而争取新的汽车消费者。

3）市场营销组合改良策略，改革某些市场组合因素，以刺激销售量。如，上汽销售总公司为推进桑塔纳的销售，在 1999 年改变传统的分销渠道，设立地区分销中心，引进了特许经营的营销模式，以改进销售组合。

4. 衰退期营销策略

企业对处于衰退期的产品，如仅仅采取维持策略，其代价常常是十分昂贵的，不仅要损失大量利润，而且还有许多其他损失。在此阶段，营销策略应突出一个“转”字，即有计划、有步骤地转产新产品，这对企业来讲将是代价昂贵的。因此，对大多数企业来说，应当机立断，弃旧图新，及时实现产品的更新换代，如上海大众对普通桑塔纳的停产。

如果企业决定停止经营衰退期的产品，还应当慎重决策：是彻底停产放弃还是把该品牌出售给其他企业；是快速舍弃还是渐进式淘汰。而且应注意处理好善后事宜，应继续安排好后期配件供应，维修技术支持，以保证老产品的使用需要。否则，企业形象将会受到损害。具体有四种营销策略可供选择。①维持策略。这是比较被动的营销策略，沿用过去的策略，继续按照原来的细分市场，使用一样的分销管道、定价及促销方式，一直到汽车产品完全退出市场为止。②集中策略。集中企业的全部资源在最有利的细分市场和分销管道上，最后从中大赚一笔。这样有利于缩短汽车产品退出市场的时间，同时又能为企业创造更多的利润。③收缩策略、抛弃无希望的顾客群体，大幅降低促销水平，减少促销费用，从而达到增加目前的利润的目的。这样虽然可能导致汽车产品在市场上的衰退加速，但是也能从忠于本产品的顾客中得到利润。④放弃策略。对于衰退比较迅速的产品，企业应该当机立断，放弃经营，重新考虑新的目标市场。

综上所述，产品生命周期各阶段的基本特点及营销策略可归纳成表 4-2。

表 4-2 产品生命周期各阶段的基本特点及营销策略

项目 \ 阶段	导入期	成长期	成熟期	衰退期
销售额	低	快速上升	最高	下降
单位成本	高	平均水平	低	低
销售利润	无	上升	高	下降
营销策略	建立知名度	抢占市场	争取利润最大	实现产品更新换代

三、汽车品牌策略

（一）品牌、商标的概念

品牌（Brand）是一种识别标志、一种精神象征、一种价值理念，是品质优异的核心体现。培育和创造品牌的过程也是不断创新的过程，自身有了创新的力量，才能在激烈的竞争中立于不败之地，继而巩固原有品牌资产，多层次、多角度、多领域地参与竞争。

所谓汽车品牌，是指用来标志并识别某一或某些车型的符号系统。品牌就是产品的牌子，是用以识别销售者的产品或服务，并使之与竞争对手的产品或服务区别开来的商业名称及其标志，通常由文字、标记、符号、图案和颜色等要素或这些要素的组合构成。品牌是一个综合概念，它包含品牌名称、品牌标志、商标等概念在内。

品牌名称是指品牌中可以用语言表达的内容。例如“解放、“比亚迪”、“长城”、“奥迪”、“宝马”、“福特”等都是品牌名称。品牌标志是指品牌中可以被识别、易于记忆但不能用语言表达的特定标志，包括专门设计的符号、图案、色彩文字等。汽车商标就是利用文字和图画等符号，向人们表达它所象征的意义，促使人们在见到某种汽车商标后产生一定的联想，以帮助生产者实现营销“诉求”，帮助消费者理解产品生产者所诉求的内容（质量标准或其他特性），并分辨不同的商品。品牌名称和品牌标志在政府有关主管部门登记注册以后就成为商标。商标是专用权的标志，受到法律保护。因此，品牌属于市场概念，而商标属于法律范畴。

（二）品牌、商标对营销活动的意义

品牌，对消费者而言，代表的是全部消费体验；对企业而言，它是一份财富。其意义体现在：一是便于企业的营销管理。如做广告和签订合同可以简化手续；二是防止他人假冒，维护公平竞争；三是有利于企业建立稳定的用户群，培养用户的品牌忠实性；四是对销往不同目标市场的产品给以不同的品牌，有利于强化目标市场营销；五是有利于强化产品形象和企业形象，增强竞争力。因此，创立和发展品牌，使之行销全国乃至全世界，是企业家梦寐以求的一个重要目标。

美国著名广告研究专家莱瑞·莱特认为：未来的市场营销是品牌的战争——品牌争长论短的竞争。无论是工业界还是商业界，都将认识到只有品牌才是企业最珍贵的资产。因为，拥有市场比拥有工厂更为重要，而拥有市场的唯一途径就是首先拥有具有市场优势的品牌。

在世界汽车行业，通用无疑是最有价值的品牌，价值高达上亿美元，真可谓“富可敌国”。在我国，一汽集团以“解放”和“红旗”而名扬天下，在“中国最有价值品牌研究”的年度报告中，1995 年为 65.79 亿元，1996 年为 69.96 亿元，1997 年为 72.67 亿元；1998 年为 76.29 亿元，比 1997 年增加了 3.53 亿元；年平均增长 3.62 亿元，既是中国汽车行业的第一名，也是中国机械行业的第一名。

（三）汽车品牌策略

汽车品牌策略指汽车企业通过创立市场良好品牌形象，提升产品知名度来开拓市场，扩大占有率，取得丰厚利润回报，培养忠实消费者的策略选择。汽车品牌策略是现代汽车营销的核心，从功能看，汽车品牌是汽车的标志，更是汽车质量、性能满足消费者效用可靠程度的综合体现，凝结着汽车企业的文化内涵，决定和影响着汽车市场的结构和服务定位。无论是德国的戴姆勒—奔驰、美国的福特与克莱斯勒，还是英国的劳斯莱斯、日本的丰田，这些汽车业巨头在不断对车辆创新的同时，都把打造强势品牌放在了非常重要的地位。这些汽车业巨头之所以能够在汽车市场群雄逐鹿之中历经数十年生命依旧，而与之同时代的不少汽车公司却日渐式微，倒闭消逝，靠的绝不仅仅是单项的竞争优势，更是良好高效的品牌策略。同样，在当今我国民族汽车业蓬勃发展，内外竞争不断加剧的情况下，掌握良好的汽车品牌策略，对我国汽车企业打造强大自主品牌，并使自主品牌走向世界实现突围有着十分重要的意义。

从世界顶级汽车品牌的建设策略来看，汽车品牌策略应当包括如下几个方面：

1. 品牌有形设计策略

品牌有形设计策略就是对品牌的有形部分进行设计的策略，包括对品牌名称的命名和对品牌标记的设计。一般应当遵循这样一些原则和要求：第一，简洁醒目，易记易读；第二，构思巧妙，暗示精髓；第三，富有内涵，情意浓重；第四，个性鲜明，实现超越。

品牌有形设计必须遵守有关法律规定，如我国禁止使用政治人物的姓名对产品命名，也禁止使用国旗、国徽图案作为品牌标识或商标。品牌设计还要符合目标市场的社会文化，尤其在产品出口时，必须要研究出口产品的品牌。如东风汽车公司出口品牌为“风神”（AEOLUS），不可将“东风”直译为“东边的风”，因为对多数欧洲国家而言，他们不喜欢从东边西伯利亚吹来的冷风，更欢迎来自西边大西洋的暖风。又如通用公司在向墨西哥出口一款汽车时，曾取名为“雪佛莱诺瓦”，销路极差，原因就在于“诺瓦”的发音就是“走不动”的意思。而福特公司推出的“艾特塞尔”汽车与一种镇咳药发音相似，销路也不好。

汽车厂商的品牌设计，可谓五彩缤纷，令人目不暇接。有的以名山地理命名（如太脱拉），有的以人物及其物品命名（如福特、皇冠），有的以时代特征命名（如解放、东风），有的以产品属性命名（如货运之星），还有的以美好祝愿或寓意命名（如桑塔纳）等。总之，品牌设计要有利于产品在目标市场上树立美好形象，集科学性和艺术性于一体。

当今的汽车品牌，特别是著名品牌，沉淀了汽车人对事业的执著追求和奋斗历程，凝聚着汽车人对经营的价值理解和过人智慧；代表了产品的功能与品质保证，蕴含着企业的精神与社会责任；彰显了消费者的个性、身份与追求，也昭示着生产者的特色、地位与辉煌。

【应用案例】 福特公司从1957年历时10个春秋才开发出来的“埃德塞尔”牌中档轿车，其品牌也是从2000多个候选方案中精心挑选而来的。在我国，江铃与福特公司联合开发的“全顺”汽车，其品牌也是征集而来。此款名为“Transit”的汽车，原来有“捷运”和“穿梭”两个中文名字。但是，无论是江铃还是福特公司都认为这两个名字差强人意。“捷运”属空穴来风，“穿梭”如飞去来器。于是决定向社会公开征集Transit车的中文标志。1997年1月9日，江铃公司以“Transit车已来中国，怎么称呼Transit车中国名”为题，在《经济日报》上刊登了半版征名广告。要求寓意深刻、符合特点，易识、易记，贴近中国汽车文化，最好能与Transit相谐音。广告登出后，共收到有效应征作品3767件。经征名活动评委会反复评议、精心挑选，认为“全顺”品牌不但贴近中国文化，符合中国公众追求吉祥、平顺的心理，而且与Transit的读音相谐，不失为上乘之作，遂以“全顺”登征文并昭告天下。

2. 品牌定位策略

品牌定位营销一般有三个步骤：

第一步，确认潜在的竞争优势。竞争优势有两种基本类型，成本优势和产品差别化。前者是在同样的条件下比竞争者定出更低的价格，后者是提供更具特色的、可满足客户的特定需求。美国学者波特提出用价值链方法来确定潜在的竞争优势，具体内容为：通过价值链，将企业策略分解为相互联系的9项活动。

第二步，准确选择竞争优势。在价值链分析的基础上，放弃那些优势微小、成本太高的活动，而在具有较大优势方面进行扩展。

第三步，准确地向市场传播企业定位概念。选择竞争优势后，就需要通过广告宣传将其传播开来。

① 按目标市场定位的策略。目标市场是企业通过市场细分而确定的特定消费者群。由于不同消费者群在社会地位经济条件、心理倾向、个性特征等方面各不相同，因此，他们对品牌的认知选择和价值判断也千差万别。显然，无论是品牌的命名还是品牌的使用，都必须根据目标市场的特点进行定位。

【应用案例】 美国通用在日本铃木、五十铃和富士重工三家汽车公司都拥有部分股权，但是，通用公司却完全没有控制这些公司品牌的计划。其原因正如通用公司总裁里克·瓦戈纳所说：“我们与铃木、五十铃和富士重工的关系是两种完全不同的概念。”同时，瓦戈纳还向新闻媒体透露，通用也不打算将其旗下的两个豪华轿车品牌凯迪拉克和绅宝合并在一起，因为“这是两个完全不同的品牌，它们在不同的领域都拥有自己不同的客户群。”这就如同英国的“美洲虎”和“戴姆勒”一样，虽然都是豪华轿车的品牌，但是，各自的大树底下都集结着自己的拥护者。1997年，中国《农民日报》社会同中国农村经济研究会、中国调查统计事务所，联合举办了“1997年度中国10亿农民心目中理想品牌”的调查活动。结果东风汽车获得了货车类四项指标第一名：心目中理想品牌第一名、市场占有率第一名、质量性能价格比第一名和1997年度购物首选第一名。既然如此，东风货车的品牌命名和使用都必须顾及到农民朋友的心理特点。

② 按企业理念定位的策略。企业理念也可以称之为“MI理念识别系统”，既是企业形象识别系统的重要组成部分，也是企业行为的出发之点和动力之源。显然，不同的企业理念必然会导致不同的经营行为。情同此理，影响品牌命名及使用的最先和最后的因素，毫无疑问是企业的理念。按企业理念进行定位，既可以保持汽车品牌的稳定性，也可以保障企业的长远利益。

大众公司的宗旨是“面向大众”，大众汽车的品牌是“大众之车”。因此，无论是大众的文字标志，还是大众的图形标志，都是由两个德文单词Volrs和Wagen组成的“大众”。既旗帜鲜明，也突出特色，从而保证了大众汽车公司的成功。除此之外，日本本田和五十铃汽车公司也采取了按企业理念定位的策略。本田公司生产艾科德牌轿车，其文字和形象相统一的标志“ACCORD”即体现了该公司“人与汽车、车与环境”协调一致的设计理念，低公害、高质量，深受消费者的欢迎并成为全球最为畅销的车型之一。日本五十铃的形象标志是并排向上的两根柱子，一根象征着“与广大用户并肩前进的五十铃”；一根象征着“与世界各国协作发展的五十铃”。当然也有人将第二根柱子解释为“与世界汽车技术同步发展的五十铃”。如果说本田公司定位于“人与汽车、车与环境”的和谐；那么，五十铃公司则定位于“公司与用户、公司与同行，公司与世界、公司与未来”的和谐，其心胸开阔、气势磅礴之状震撼人心。

3. 品牌运用策略

汽车厂商往往具有多个产品线，面对自己众多的产品项目，究竟是使用统一品牌，还是使用个别品牌，这是品牌运用最基本的决策。

一般而言，使用统一品牌，即对所有产品使用同一品牌，有利于企业推出新产品，不必为新产品进行品牌设计，也可以节约新产品的市场推广费用，用好著名品牌可以起到一荣俱荣的效果。但是，这种策略也存在一损俱损的风险，即任何一种产品的失败都有可能导致整个品牌的失败。使用个别品牌策略，即对各种产品分别使用不同的品牌，其优缺点则正好相反。现实生活中，汽车厂商广泛采取的品牌策略是“主品牌＋副品牌”的策略，如“本田·雅阁、本田·锋范、本田·飞度、本田·思域、本田·CRV”等，其中“本田”是主品牌，以商标形式出现在汽车的显要部位；而“雅阁、锋范、飞度、思域、CRV”则属于副品牌，通常以文字形式出现在汽车的次显要部位，它代表的是不同的产品线或者特定的消费者群体。甚至在副品牌中再进一步细分，如“桑塔纳、桑塔纳2000、桑塔纳3000”，以体现不同时代的产品变化，让消费者感受到产品的技术进步。

汽车厂商的主品牌设计，既可以用厂商的企业商号（公司名称）命名，也可以不用企业商号命名。如丰田、本田、大众、日产、福特、奔驰等，既是汽车厂商的公司名称，也是产品的品牌名称。而奔驰公司的迈巴赫（May Bach），通用公司的别克（Buick）、凯迪拉克（Cadillac）、雪佛兰（Chevrolet），大众公司的奥迪（Audi）、斯柯达（Skoda）等，都是与企业商号不同的主品牌名称。每个主品牌通常代表一个独立的子公司。同一个汽车厂商主品牌不同的产品，通常市场定位差别较大，如丰田公司的“雷克萨斯（凌志，Lexus）”就是定位于豪华轿车市场的主品牌，其消费者群体完全不同于丰田（Toyota）品牌的消费者。

“主品牌＋副品牌”的策略模式，使得企业在产品线较多的情况下，既可以享受统一品牌的好处，又可以克服“一损俱损”的品牌风险，即使某个副品牌做得不够好，也不会造成整个主品牌的严重伤害。

汽车厂商在决策主品牌的延伸策略时，在考虑将主品牌延伸到那些产品线时，要尽量不与主品牌原有的核心价值理念相抵触，也就是说，所有的副品牌都要遵循基本相同的品牌核心价值观。否则就不适合品牌延伸策略，而应考虑设计独立的品牌。

品牌化是企业竞争的尚方宝剑，也是当今中国汽车企业的发展的方向。品牌不仅仅代表着汽车的品质，而且更是企业形象的具体反映。已经有越来越多的企业开始意识到汽车市场未来的竞争将是品牌的竞争，开始思谋如何塑造一个能在市场上立于不败之地的强势品牌策略。打造强势品牌是长期的、艰巨的、系统性的工程，需要有坚定的决心和足够的耐心，绝对没有捷径可走。中国的汽车企业只要坚持一致的、全面的品牌管理，不断进行多层面的创新，就能最终拥有一批属于中国汽车的世界级的强势品牌。

四、汽车产品组合策略

（一）汽车产品组合的概念

1. 汽车产品组合

汽车产品组合是指一个汽车企业生产和销售的所有汽车产品线和汽车产品品种的组合方式，也即是全部汽车产品的结构。它一般由若干汽车产品线（汽车产品系列）组成。例如长城汽车公司主导产品共有四大汽车系列，在“迪尔”和“赛铃”两大系列轿卡中，有标准型、双排座、加长双排座、中双排座、一排半、大、小单排、厢式轿卡等，两驱、四驱、柴油机型、汽油机型等多种款式；在SUV两大系列中，有“赛弗”、“赛影”和两驱、四驱多个品种。其中皮卡和SUV分别占营业额的72.7%和79.2%，其他为大客车、专用车、发动机及汽车零部件。

2. 汽车产品组合的相关概念

（1）产品线　是指一组密切相关、相类似的产品，即在某种特征上互相关联或相似的一组产品，也叫产品大类或产品系列。这种类别可以按产品结构、生产技术条件、产品功能、顾客结构或者分销渠道等变数进行划分，譬如汽车产品的某一车型系列就是按产品结构划分的一条产品线。汽车产品线即是一组密切相关的汽车产品，往往是一个品牌的系列产品，通过相同渠道销售出去。如一汽大众的捷达轿车、宝来轿车、高尔夫轿车就是三个产品系列。每条产品线又由若干个产品项目组成。

（2）产品项目　是构成产品组合和产品线的最小产品单位。它是指在某些产品属性上能够加以区别的最小产品单位。汽车产品项目往往是同品牌系列中不同款型、不同价格、不同配置汽车产品。如捷达轿车系列中的捷达王、海风之旅等款型。

按产品目录中列出的每一个明确的产品单位，一种型号、品种、尺寸、价格、外观的产品就是一个产品项目。

汽车产品系列是指密切相关的一组汽车产品，由若干汽车产品组成。

汽车产品品种是指汽车企业生产和销售汽车产品目录上的具体汽车品名和汽车型号。

（3）汽车产品组合的宽度　是指一个汽车企业生产经营的汽车产品线（汽车产品系列）的数量。如我国一汽集团拥有的车型、品牌系列均是较多的，其产品组合的宽度相对较宽。

（4）汽车产品组合的深度　是指一个汽车企业的每条产品线的产品项目（产品品种）的数量。如一个车型系列中的产品品种的多少。

（5）汽车产品组合的长度　是指汽车产品组合中包含的所有产品项目的总数，即企业产品深度的总和。

（6）汽车产品组合的相关度　是指各条产品线在生产条件、最终用途、细分市场、分销渠道、维修服务等方面的相互关联程度。产品组合的相关度与企业开展多角化经营有密切关系。相关度大的产品组合有利于企业的经营管理，容易取得好的经济效益。反之，则对企业的要求高，经营管理难度大。关于汽车产品组合：

宽度越宽，说明汽车企业的产品线越多；反之，宽度窄，即产品线少。

深度越深，说明汽车企业的产品项目就越多；反之，深度浅，即产品项目少。

相关度越大，说明汽车企业的产品之间的关联度越紧。

（二）汽车产品组合策略

汽车产品组合策略，就是根据汽车企业的目标，对汽车产品组合的广度、深度和相关度进行决策，确定一个最佳的汽车产品组合。在进行产品组合决策时，要考虑企业所拥有的资源条件、市场基本需求情况和竞争条件等三方面的限制。

企业在进行产品组合时，需要做出三个层次的抉择：

① 是否增加、修改或剔除产品项目。

② 是否扩展、填充和删除产品线。

③ 哪些产品线需要增设、加强、简化或淘汰。

——以此来确定最佳的产品组合。

这三个层次问题的抉择应该遵循的基本原则是：既有利于促进销售、又有利于增加企业的总利润。

企业在调整产品组合时，可以针对具体情况选用以下产品组合策略。

1. 扩大汽车产品组合策略

扩大汽车产品组合有三种方式：

（1）扩大汽车产品组合的广度　一个汽车企业在生产设备、技术力量所允许的范围内，既专业又综合地发展多品种。扩大汽车产品组合的广度可以充分利用企业的各项资源，使汽车企业在更大的市场领域中发挥作用，并且能分散汽车企业的投资风险。上海大众在扩大汽车产品组合的广度上的做法是：从普桑到桑塔纳2000到帕萨特再到POLO等经济型轿车。

（2）加深汽车产品组合的深度　从总体来看，每个汽车公司的汽车产品线只是该行业整个范围的一部分。例如，宝马公司的汽车在整个汽车市场上的定价属于中高档范围。加深汽车产品组合的深度，可以占领同类汽车产品更多的细分市场，迎合更广泛消费者的不同需要和偏好。上海帕萨特在帕萨特轿车基本型的基础上，研制开发了豪华型车和变形车，就是加深产品组合深度的例子。位于不同市场地位的企业加深汽车产品组合的深度，可以向下（低档）扩展，向上扩展（高档），也可以双向扩展。

（3）加强汽车产品组合的相关度　一个汽车企业的汽车产品尽可能地配套，如汽车和汽车内饰、汽车涂料等。加强产品组合的相容度，可提高汽车企业在其行业或某一地区的声誉。但扩大汽车产品组合往往会分散经销商及销售人员的精力，增加管理困难，有时会使边际成本加大，甚至由于新产品的质量性能等问题，而影响本企业原有产品的信誉。

扩大产品组合的优点是：

① 满足不同的偏好的消费者多方面需求，提高产品的市场占有率。

② 充分利用企业信誉和商标知名度，完善产品系列、扩大经营规模。

③ 充分利用企业资源和剩余生产能力，提高经济效益。

④ 减小市场需求变动性的影响，分散市场风险、降低损失程度。

2. 缩减汽车产品组合策略

该策略也同样有缩减汽车产品组合广度、深度、相容度三种方式。采取缩减策略有以下好处：

① 可集中精力与技术，对少数汽车产品改进品质、降低成本。

② 对留存的汽车产品可以进一步改进设计、提高质量，从而增强竞争力。

③ 使脱销情况减少至最低限度。

④ 使汽车企业的促销目标集中，效果更佳。

采取该策略会使汽车企业丧失部分市场，增加汽车企业经营风险。因此，一个汽车企业对于某种汽车产品，在决定是否淘汰之前，应深思熟虑。

3. 向上延伸、向下延伸和双向延伸策略

向上延伸是种高档汽车产品策略，是在一种汽车产品线内增加高价汽车产品，以提高汽车企业现有的声望。上海大众为桑塔纳 2000 加装 ABS、2VQS 发动机、电子防盗等多项国内首次采用的先进装置使其成为“时代超人”。这样既可增加原汽车产品的销量，又可逐步推动高价汽车产品的销售。

向下延伸是种低档汽车产品策略，是在高价汽车产品线中增加廉价汽车产品项目，目的是利用高档名牌汽车产品的声誉，吸引购买力较低的消费者，使其慕名来购买廉价汽车产品。

双向延伸策略是向上和向下同时延伸，旨在扩大汽车子市场的覆盖面。双向策略需要企业具备较强的实力，拥有雄厚的资金和强大的市场运作能力。

【能力训练题】

1. 收集一个汽车产品策略的案例，描绘出该产品的寿命周期曲线，与一般形态的周期曲线相比较，看有何不同，试分析。如何理解汽车产品组合对汽车企业经营的影响?

2. 收集一例汽车品牌策略的案例，分析其品牌策略的内容。

任务二　汽车价格策略

【案例导入】

雷克萨斯（凌志）自 2004 年进入中国市场后，也曾一度成为中国市场增长最快的豪华车品牌。2011 年雷克萨斯品牌亮出绝地反击的计划，公司当时预计 2012 年销量 8 万台，然而最后仅完成了目标的 80%。当德系三强奥迪、宝马、奔驰大行其道时，雷克萨斯却渐渐落后。根据市场机构统计，2012 年奥迪、宝马、奔驰平均价格折扣分别为 8%、11%和 15%。与之相对，丰田汽车的平均折扣是 6%。而这或许正是导致丰田雷克萨斯失去绝地反击机会的根本原因。

雷克萨斯品牌轿车是经丰田在日本和加拿大的工厂进口到中国的，需要缴纳高额关税，从市场层面而言，与国产豪华车相比，毫无价格优势。而从公司决策来看，在份额与利润的两难选择中，丰田汽车的天平明显倾向了后者。在日系豪华品牌退败的局面下，凯迪拉克决定走自己的路，与其他二线豪华车相比，深谙在华市场争夺之道的上海通用为再度发力中国的凯迪拉克品牌选择了份额优先。上海通用相关人士在谈到凯迪拉克 XTS 竞争力时亦指出，在价格方面，目前奥迪 A6 入门级车型的价格为 38.30 万元，宝马 5 系、奔驰 E 级入门级车型的价格均在 40 万元以上，而凯迪拉克 XTS 的价格为 34.99 万～56.99 万元，明显低于其竞争对手。

【问题引入】

1. 雷克萨斯销量溃败的最主要原因是什么？

2. 汽车品牌定价需要考虑的因素有哪些？

一、汽车价格制订方法

汽车价格是汽车市场营销中的一个非常重要的因素，它在很大程度上决定着市场营销组合的其他因素。价格的变化直接影响着汽车市场的接受程度、消费者的购买行为、汽车企业盈利目标的实现。因此，汽车的定价策略是市场竞争的重要手段，它既要有利于销售、获取利润、补偿成本，同时又要考虑消费者对价格的接受能力。本任务将从汽车价格制订方法、汽车新产品定价策略、汽车产品组合定价策略和汽车产品价格调整策略等几个方面进行阐述。

为产品定价是企业开展营销必不可少的活动，随着现在市场营销环境的变化，定价成为越来越复杂的问题，要受一系列因素的影响。这些因素可以分为内部因素和外部因素两大类。

（一）影响企业定价的内部因素

1. 企业的定位战略

例如，企业定位于高档，其价格也应该高，这样才能体现其高档定位的形象。如果定位于价廉物美，则产品的质量相对要较好，价格要比同类产品低廉。

2. 企业的定价目标

常见的企业定价的目标有：

（1）维持生存　在市场竞争激烈产品滞销的情况下，有时候企业以维持生存为目标。这时企业一般应定比较低的价格来扩大产品的销路，有时候可以低于单位成本。只要高于单位可变成本即可以减少亏损。

（2）现期利润最大　这是许多企业定价所持的目标。为了实现这一目标，不少企业常常采用定高价的方法。实际上，定高价不一定能达到利润最大，因为，利润不光与价格有关，还与销售量有关。

（3）市场占有率最大　在市场份额会带来最低成本和最高的长期利润时，企业可采用这一定价目标。采取这种目标一般是定低价。

（4）维持市场稳定　大多数企业都生存在一定的竞争环境中，大多数企业都希望保持市场价格稳定，不希望挑起价格战，因为市场价格波动过大对大家都不利。采用这种定价目标，一般是与竞争者的价格保持一致。

（5）达到一定的投资收益率　投资项目常采用这种定价目标。在这种目标下，价格根据投资回收的年限和投资额的大小来决定。

3. 企业的营销组合

例如，企业的定价要受产品、渠道、促销策略的影响。如定位是高档产品，为了开发和生产高档产品，通常需要高的利润来支持，这就需要定高价。

4. 生产成本

成本无疑是影响定价的最重要的内部因素，尤其是在采用成本导向的定价方法的时候，它几乎成了唯一的考虑因素。成本常常规定了企业定价的下限。

（二）影响企业定价的外部因素

影响企业定价的外部因素主要有消费者需求、消费者对产品的认知价值、竞争者的定价和其他因素等。

1. 消费者的需求价格弹性

价格的高低与消费者需求的大小有密切的关系，这就是需求的价格弹性。因此，企业定价时，应充分考虑在不同价格水平下可能的销售量。

2. 消费者对产品的认知价值

消费者对产品的认知价值决定了它们能够接受的最高价格。消费者的认知价值（Perceived Customer Value）是在产品的实际价值的基础上形成的，但它并不等于产品的实际价值。在消费者认知价值的形成过程中受两个因素的影响：一是竞争者产品的认知价值；二是企业的营销活动，如广告、人员推销、渠道、价格等。

3. 竞争者的产品和价格

由于竞争者的产品和价格会影响到消费者对自己产品的认知价值，因此，竞争者的产品和价格也是影响企业定价的重要的外部因素。

4. 其他因素

影响企业定价的外部因素还有很多，如市场的类型、经济形势、中间商的反映、政府有关的立法等。例如，最近我国房地产市场的调控政策必然会影响开发商的商品定价，再比如2012年我国部分一线城市受到汽车限购令的影响，导致汽车产销量下降，迫使很多汽车经销商转变销售计划，但是与此同时三四线城市的汽车销量却出现了明显的上涨。

（三）定价方法

影响汽车价格的因素有很多，但在制订汽车价格时主要考虑的因素是汽车产品的成本、汽车市场的需求和竞争对手的报价。汽车产品的成本规定了汽车价格的基数，汽车市场的需求决定了汽车需求的价格弹性，竞争对手的价格提供了汽车价格的参照点。在实际操作中，一般侧重于影响因素中的一个或者几个因素来选定汽车定价方法，以解决汽车定价问题。一般有汽车成本导向定价法、汽车需求导向定价法和汽车竞争导向定价法等三种定价方法。

1. 汽车成本导向定价法

汽车成本导向定价法就是一种以汽车成本为基础，加上一定的利润和应纳税金来制订汽车价格的方法。以汽车成本为基础的定价方法主要有以下三种。

（1）汽车成本加成定价法

汽车成本加成定价法是一种最简单的汽车定价方法，就是在单台汽车成本的基础上，加上一定比例的预期利润作为汽车产品价格，价格与成本之间的差额就是利润。

$$汽车加成价格=\frac{单台汽车成本\times(1+汽车成本利润率)}{1-税率}$$

其中，$汽车成本利润率=\frac{要求达到的总利润}{总成本}\times100\%$

【案例】某汽车企业一年要求达到的总利润为6000万元，总成本是30000万元。只生产某种汽车产品2000台，产品税率为10%，根据汽车成本加成定价法计算汽车价格。

解答：成本利润率＝6000万元/30000万元×100%＝20%

$$汽车加成价格=\frac{(30000\text{万元}/2000\text{台})\times(1+20\%)}{1-10\%}=20\ \text{万元/台}$$

这种定价方法的优点是：计算简便，能使汽车企业的全部成本得到补偿，并有一定的利润。缺点是：这是一种从企业而不是从市场出发的定价方法，它忽略了消费者的需求价格弹性因素和竞争者价格的考虑。可见此种方法主要适用于汽车生产经营处于合理状态下的企业和供求大致平衡、成本比较稳定的汽车产品。

(2) 汽车加工成本定价法

汽车加工成本定价法是将汽车企业成本分为外购成本与新增成本后分别进行处理，并根据汽车企业新增成本来加成定价的方法。对于外购成本，企业只垫付资金，只有企业内部生产过程中的新增成本才是企业自身的劳动耗费。汽车加工成本定价法是将汽车企业成本分为外购成本与新增成本后分别进行处理，并根据汽车企业新增成本来加成定价的方法。对于外购成本，企业只垫付资金，只有企业内部生产过程中的新增成本才是企业自身的劳动耗费。因此，按照汽车企业内部新增成本的一定比例计算自身劳动耗费和利润，按照汽车企业新增价值部分缴纳增值税，是汽车价格中的盈利同汽车人企业自身的老公耗费成正比，是汽车加工成本定价法的要求。计算公式如下：

$$\text{汽车价格}=\text{外购成本}+\frac{\text{汽车加工新增成本}\times(1+\text{汽车加工成本利润率})}{1-\text{加工增值税率}}$$

其中，$\text{汽车加工成本利润率}=\frac{\text{要求达到的总利润}}{\text{加工新增成本总额}}\times100\%$

$$\text{加工增值税率}=\frac{\text{应纳增值税金总额}}{\text{销售总额}-\text{外购成本总额}}\times100\%$$

这种汽车加工成本定价法主要适用于加工型汽车企业和专业化协作的汽车企业，此方法既能补偿汽车企业的全部成本，又能协作企业之间利润分配和税收负担合理化，避免按照汽车成本加成定价形成的行业之间和协作企业之间苦乐不均的弊病。

(3) 汽车目标成本定价法

汽车目标成本定价法是指汽车企业以经过一定努力预期能够达到的目标成本为定价依据，加上一定的目标利润和应纳税金来制订汽车价格的方法。这里的目标成本与定价时的实际成本不同，它是企业在充分考虑到未来营销环境变化的基础上，为实现企业的经营目标而拟定的一种“预期成本”，一般都低于定价时的实际成本。其计算公式如下：

$$\text{汽车价格}=\frac{\text{汽车目标成本}\times(1+\text{汽车目标成本利润率})}{1-\text{税率}}$$

其中，$\text{汽车目标成本利润率}=\frac{\text{要求达到的总利润}}{\text{目标成本}\times\text{目标产销量}}\times100\%$

上述表明，汽车目标成本的确定要同时受到价格、税率和利润要求的多重制约。即汽车价格应确保市场能容纳目标产销量，扣税后销售总收入在补偿目标产销量计算的全部成本后能为汽车企业提供预期的利润。此外，汽车目标成本还要充分考虑原材料、工资等成本价格变化的因素。汽车目标成本定价法是为谋求长远和总体利益服务的，较适用于经济实力雄厚、生产和经营有较大发展前途的汽车企业，尤其适用于新产品的定价。采用汽车目标成本定价法有助于汽车企业开拓市场，降低成本，提高设备利用率，从而提高汽车企业的经济效益和社会效益。

2. 汽车需求导向定价方法

汽车需求导向定价法是一种以需求为中心，汽车企业依据汽车消费者对汽车价值的理解和对汽车需求的差别来定价。

(1) 对汽车价值的理解定价法

所谓对汽车价值的理解定价法，就是汽车企业按照汽车消费者对汽车价值的理解来制订汽车价格，而不是根据汽车企业生产汽车的实际价值来定价。对汽车价值的理解定价法同汽车在市场上的定位是相联系的。其方法是：

1）先从汽车的质量、提供的服务等方面为汽车在目标市场上定价。

2）决定汽车所能达到的售价。

3）估计在此汽车价格下的销量。

4）由汽车销量算出所需的汽车生产量、投资额及单台汽车成本。

5）计算该汽车是否能达到预期的利润，以此来确定该汽车价格是否合理，并可进一步判明该汽车在市场上的命运如何。

运用对汽车价值的理解定价法的关键是，要把自己的汽车产品与竞争者的汽车产品相比较，正确估计本企业的汽车产品在汽车消费者心目中的形象，找到比较准确的理解价值。因此，在汽车定价前要搞好市场调研。

(2) 对汽车需求的差别定价法

这是根据对汽车需求方面的差别来制订汽车的价格。主要有以下三种情况：

1）按汽车的不同目标消费者采取不同价格。因为同一商品对于不同消费者，其需求弹性不一样。有的消费者对价格敏感，适当给予优惠可诱其购买；有的则不敏感，可照价收款。

2）按汽车的不同花色、样式确定不同价格。因为对同一品牌、规格汽车的不同花色、样式，消费者的偏好程度不同，需求量也不同。因此，定不同的价，能吸引不同需求的消费者。

3）按汽车的不同销售时间采用不同价格。同一种汽车因销售时间不同，其需求量也不同，汽车企业可据此制订不同的价格，争取最大销售量。

对汽车需求的差异定价法能反映汽车消费者对汽车需求的差别及变化，有助于提高汽车企业的市场占有率和增强其汽车产品的渗透率。但这种定价法不利于成本控制，且需求的差别不易精确估计。

总之，这种方法体现了以顾客为中心的现代营销思想，但操作起来比较难，因为，要估计消费者的对某一产品的理解价值和愿意支付的价格比较难。

3. 竞争导向的定价方法

汽车竞争导向定价法是依据竞争者的价格来定价的，使本汽车企业的价格与竞争者价格相类似或保持一定的距离。这是一种汽车企业为了应付汽车市场竞争的需要而采取的特殊的定价方法。主要有以下三种方法：

(1) 随行就市定价法

随行就市定价法，即以同类汽车产品的平均价格作为汽车企业定价的基础。这种方法适合汽车企业既难于对顾客和竞争者的反应作出准确的估计，自己又难于另行定价时运用。在实践中，有些产品难以计算，采用随行就市定价一般可较准确地体现汽车价值和供求情况，保证能获得合理效益，同时，也有利于协调同行业的步调，融洽与竞争者的关系。

此外，采用随行就市定价法，其汽车产品的成本与利润要受同行业平均成本的制约。因此，企业只有努力降低成本，才能获得更多的利润。

(2) 相关商品比价法

相关商品比价法，即以同类汽车产品中消费者认可某品牌汽车的价格作为依据，结合本企业汽车产品与认可汽车的成本差率或质量差率来制订汽车价格。

(3) 竞争投标定价法

在汽车易主交易中，采用招标、投标的方式，由一个卖主（或买主）对两个以上并相互竞争的潜在买主（或卖主）出价（或要价）、择优成交的定价方法，称为竞争投标定价法。

其显著特点是招标方只有一个，处于相对垄断的地位；而投标方有多个，处于相互竞争的地位。能否成交的关键在于投标者的出价能否战胜所有竞争对手而中标，中标者与卖方（买方）签约成交。此定价法主要在政府处理走私没收汽车和企业处理多余汽车时采用。

二、汽车新产品定价策略

企业研制出新产品以后，其生产经营者必须努力做好新产品的销售工作。而新产品的定价又是销售环节中十分重要的一环，它直接关系到企业的新产品在市场上是否畅销，企业能否通过新产品的销售获取较为丰厚的利润。首先要对新产品定价的步骤以及定价策略两方面进行分析研究。

（一）定价的步骤

在选择合适的定价策略之前，首先必须清楚影响价格高低的一些主要因素，这对于确定选择何种策略以及价格的高低起到了决定性的作用。下面将具体地从三个方面分析影响价格的因素。

1. 确定需求

一般来说，价格越低、需求越大；价格越高、需求越低。如价格定在70元以上的香烟与5元一块的香烟，其需求情况自然是一清二楚。估计消费者需求的方法通常有以下两种：

（1）了解顾客对价格会做出什么反应　顾客通常会通过比较产品的不同价格和可感知的使用价值或利益来判断，他花这个钱值不值得。最理想的情况是顾客对产品的感知价值超过他支付的购买费用，但这种情况很少出现。在定价决策过程当中，能收取的最高价格是顾客感知到的价值，最低价格是产品的可变成本。

（2）模拟销售　利用新品上市前的一段时间，将新品投放到不同城市、不同渠道进行展销或试销，通过实验调查，快速了解消费者对价格水平的不同反应。惠普公司在开发出一种新型的测试工具之后，就是通过模拟购买的方法，发现随着他们不断提高价格，产品的需求反而在逐步上升，因而他们决定将价格比原定价位提高了数千美元。

影响需求的还有消费者的价格敏感度和价格弹性等因素，如新品是不是具有独特价值效应，有无替代品，品牌溢价能力、总开支效应等。当需求变化相当大时，则该需求弹性也相对大，价格就要适当降低。

2. 估计成本

需求在很大程度上决定着产品价格，并确定最高价格限度，而成本则是价格的底线。要制订价格，应要考虑产品的所有生产、分销和推销成本，还要考虑公司所作努力和承担风险的一个公平的报酬。定价时，估计成本是很有必要的。

成本有两种形式，固定成本和可变成本。估算成本的方法有两种，一种是直接在成本的基础上加上公司的目标利润额，简单实用，但它忽略了市场的实际需求；另一种是目标成本法，即设法了解顾客愿意为此支付什么价格，在确保目标利润的前提下，然后逆向地确定产品生产成本，接下来通过竞品分析或与供应商合作，实现目标成本。最后一种方法虽然复杂一些，但它充分考虑了市场的需要，有助于新品的推广。

3. 分析竞争者的成本、价格和历史价格行为

分析竞争者的成本、价格和历史定价行为，有助于准确地制订新品价格。但需要注意的是，作为参照点，它不一定代表顾客也愿意支付相同的价格。

越接近于真实地了解竞争对手的实际成本，就越有利于制订新品的价格。估计成本的方法有很多种，常用的是利用逆向工程法，对竞品的产品进行分解，即将它们拆开，研究各个部件和包装的成本，来迅速的掌握实际的生产成本。

调查竞品的历史价格行为，对于了解竞争对手的经营目标非常有帮助。显然，如果某品牌并没有过度地、频繁地降低价格，那么这说明他的经营目标看上去是利润导向的。此外，调查竞品的历史价格行为，可以帮助决策者预计性的看到竞争对手下一步可能要采取的价格调整行为或反应。

（二）定价策略

1. 高价风险型定价策略

企业新产品的高价风险型定价策略，顾名思义，这种定价策略具有一定的风险，当然有风险也有机遇。这种定价策略是利用消费者或用户求新的心理动机，在新产品初上市时，把价格定得高一些。企业的生产经营者采用这种高价风险型定价策略，可以较快地收回新产品的生产成本及试制费用，获得较多的利润。采用这种高风险型定价策略，必须把握如下要素。

① 在新产品上市前要进行周密的市场调查，确认自己的产品在市场上处于绝对领先地位，蕴含着很高的科技创新和较高的使用价值，对消费者的生产、工作和生活能够提供巨大帮助，具有广阔的市场销售前景。

② 做好充分的广告宣传。在市场导入期，要通过新闻、媒体、产品推介会、推荐消费者新产品试用、散发广告传单及现场演示等形式，大张旗鼓地宣传该产品的性能和用途，以引起消费者的广泛关注，提高新产品的知名度和“身价”，使人们确信这种新产品市场稀缺，档次很高，质量很好，激起人们的好奇心和尝试的心理。

一般情况下，消费者往往以“一分价钱，一分货”、“好货不便宜，便宜无好货”的观念去判断商品质量，因此高价能给消费者产生高档商品、优质商品的印象，对于一些无法凭资料判定商品价值和质量的商品，消费者往往根据价格的高低得出结论。例如一提到轿车，人们就会想到劳斯莱斯、凯迪拉克、宝马、奔驰等品牌，这些产品不仅仅是以产品的质量闻名于世，更是以价格贵而让人推崇备至。

2. 低价渗透型定价策略

采取这种策略的方法是：利用消费者或用户求廉的心理特征，在新产品上市时，把价格定得低一些，使顾客感到随着技术的进步，劳动生产率的提高，价格必定呈下降趋势。低价销售策略，往往是在市场上同类产品较多的情景下采取的。廉价商品对顾客具有吸引力，同时也使同行业的竞争者感到生产这种产品得利不大，不积极防备，减少市场竞争压力，而使自己的产品“随风潜入夜”渗透式地进入市场，达到占领市场的目的。

采用低价渗透性定价策略，也要把握几个要素。一是市场必须对价格高度敏感，以便使低价格能促进市场的增长，不能离开企业的实际一味求低，做亏本买卖。二是随时准备扩大该产品的生产量，以免因市场对该产品的销售量大增而出现该产品的供不应求或断档，不能忽视的是，采取此种定价策略，往往是为了广泛地占有市场，以产品的销量取胜。三是生产和销售成本必须随销售量的增加而减少。企业的生产经营者应进一步采取措施降低产品成本，以便在维持现有低价的格局下能够进一步增加本企业对该产品的利润空间。采取此种策略，也是为了更好地排除市场竞争者。

在国内经济型轿车市场上，广州本田飞度和上海大众 POLO 几乎同时推出，但是与飞度相比，POLO 的价格要高得多，飞度 1.3L 五速手动挡的全国统一销售价格是 9.98 万元、1.3L 无级变速自动挡销售价格为 10.98 万元。而三厢 POLO 上市时的价格为 13.09～16.19 万元。飞度上市后，POLO 及时进行价格调整，但价格还是高于飞度，虽然飞度 9.98 万元的价格超过了部分消费者的心理预期，但在行家眼里，这是对其竞争对手致命的打击。

3. 适中定价策略

适中定价策略既不是利用价格来获取高额利润，也不是让价格制约占领市场，而是以获取社会平均利润为目标。当不存在适合于高价定位或低价定位环境时，公司一般采取适中定价。例如，一个管理者可能无法采用高价定位法，因为产品被市场看做是极其普通的产品，没有哪一部分消费者愿意为此支付高价，同样，它也无法采用渗透定价法，因为产品刚刚进入市场，顾客在购买之前无法确定产品的质量，会认为低价代表低质量。采用适中定价策略还有另外一个原因，就是为了保持产品线定价策略的一致性。例如，通用汽车公司的雪佛兰汽车科迈罗的定价水平是相当大一部分市场都承受得起的，市场规模远远大于愿意支付高价购买它的“运动型”(sporty) 外形的细分市场。这种适中定价策略，甚至当这种汽车的样式十分流行，供不应求时仍数年不变。因为通用汽车跑车生产线上已经有一种采取高价定位的产品——科尔维特，再增加一种产品是多余的，会影响原来高价产品的销售。将大量购买者吸引到展示室尝试驾驶科迈罗的意义远比高价销售科迈罗能获得的短期利益要大得多。

三、汽车产品组合定价策略

大部分企业通常都要生产或者营销产品大类，即一组相互关联的产品，而不是单个产品，产品大类中每个产品都有其不同的外观和特色，这些产品构成了该企业的产品组合，各种产品需求和成本之间存在内在的相互联系。企业对产品大类定价时，必须考虑产品大类中各个相互产品间的成本差异、顾客对这些产品不同外观的评价以及竞争者的产品价格等一系列因素，制订相应的定价策略。

1. 产品线定价策略

产品线是指不同等级的同种产品构成的产品组合。店铺在对产品线定价时，一般根据产品大类中各个相互关联的产品之间的成本差异、顾客对这些产品同外观的评价以及竞争者的产品价格，来决定各个相关产品之间的“价格阶梯”。如果产品大类中的两个前后连接产品之间的“价格差额”小，购买者就会购买更先进的产品，从而会使店铺的利润增加；反之，如果“价格差额”大，顾客当然只会购买较差的产品。比如一汽丰田运动型汽车 2012 款 RAV4 手动经典版 2.0L 官方指导价 18.78 万，而手动豪华版 2.0L 官方指导价 21.98 万。购车者可以自行权衡这两款车的性价比，根据自身的需求和经济能力做出选择。

2. 选择品及非必需附带产品的定价策略

企业在提供汽车产品的同时，还提供一些与汽车相关的非必需附带品，如汽车收录机、暖风装置、车用电话等。一般而言，非必需附带品应另行计价，以让用户感到“合情合理”。

非必需附带产品的定价，可以适当定高价。

3. 必需附带产品定价策略

必需附带产品又称连带产品，指必须与主机产品一同使用的产品，或主机产品在使用过程必需的产品（如汽车零配件）。一般来说，企业可以把主机产品价格定得低些，而将附带产品的价格定得高些，这种定价策略既有利于提高主档产品价格的竞争性，而又不至于过分牺牲企业的利润。这是一种在国际汽车市场营销中比较流行的策略。

4. 系列产品定价策略

对于既能单个购买，又能配套购买的系列产品，可实行成套购买价格优惠的做法。如在汽车精品销售中，仅仅一套真皮座椅，可按原价出售；而一套带地垫、靠枕的座椅套餐，则可以减价优惠。由于成套销售可以节省流通费用，而减价优惠又可以扩大销售，这样一来，资金周转大大加快，有利于提高企业的经济效益。

5. 分级定价策略

店铺将同一种产品，根据质量上和外观上的差别，分成不同等级，选其中一种产品作为标准品，其余依次排列，定为低、中、高三档，再分别作价。对于低档产品，可使其价格接近产品成本；对于高档产品，可使其价格较大幅度地超过产品成本。

四、汽车产品价格调整策略

调整价格是指企业针对不同的情况采用不同的定价策略，帮助企业实习预定目标的方案。企业为某种产品制订出价格以后，并不意味着大功告成。随着市场营销环境的变化，企业必须对现行价格予以适当的调整。企业主动调价，会对消费者、竞争者、中间商等产生影响，消费者一般对价值较高、购买频率也较高的商品价格变动反应较敏感。而对价值低、不经常购买的小商品价格变动反应不太敏感。此外，对降价或提价的反应还依赖于具体的商品及市场条件。

调整价格可采用减价及提价策略。企业产品价格调整的动力既可能来自于内部，也可能来自于外部。企业利用自身的产品或成本优势，主动地对价格予以调整，将价格作为竞争的利器，这称为主动调整价格。有时，价格的调整出于应付竞争的需要，即竞争对手主动调整价格，而企业也相应地被动调整价格。无论是主动调整，还是被动调整，其形式不外乎是削价和提价两种。

（一）削价策略

削价策略是定价者面临的最严峻且具有持续威胁力量的问题。企业削价的原因很多，有企业外部需求及竞争等因素的变化，也有企业内部的战略转变、成本变化等，还有国家政策、法令的制约和干预等。这些原因具体表现在以下几个方面：

① 企业急需回笼大量现金。对现金产生迫切需求的原因既可能是其他产品销售不畅，也可能是为了筹集资金进行某些新活动，而资金借贷来源中断。此时，企业可以通过对某些需求的价格弹性大的产品予以大幅度削价，从而增加销售额，获取现金。

② 企业通过削价来开拓新市场。一种产品的潜在顾客往往由于其消费水平的限制而阻碍了其转向现实顾客的可行性。在削价不会对老顾客产生影响的前提下，企业可以通过削价方式来扩大市场份额。不过，为了保证这一策略的成功，有时需要以产品改进策略相配合。

③ 企业决策者决定排斥现有市场的边际生产者。对于某些产品来说，各个企业的生产条件、生产成本不同，最低价格也会有所差异。那些以目前价格销售产品仅能保本的企业，在别的企业主动削价以后，会因为价格的被迫降低而得不到利润，只好停止生产。这无疑有利于主动削价的企业。

④ 企业生产能力过剩，产品供过于求，但是企业又无法通过产品改进和加强促销等工作来扩大销售。在这种情况下，企业必须考虑削价。

⑤ 企业决策者预期削价会扩大销售，由此可望获得更大的生产规模。特别是进入成熟期的产品，削价可以大幅度增进销售，从而在价格和生产规模之间形成良性循环，为企业获取更多的市场份额奠定基础。

⑥ 由于成本降低，费用减少，使企业削价成为可能。随着科学技术的进步和企业经营管理水平的提高，许多产品的单位产品成本和费用在不断下降，因此，企业有条件适当削价。

⑦ 企业决策者出于对中间商要求的考虑，以较低的价格购进货物不仅可以减少中间商的资金占用，而且为产品大量销售提供了一定的条件。因此，企业削价有利于同中间商建立较良好的关系。

⑧ 政治、法律环境及经济形势的变化，迫使企业降价。政府为了实现物价总水平的下

调，保护需求，鼓励消费，往往通过政策和法令，采用规定毛利率和最高价格、限制价格变化方式、参与市场竞争等形式，使企业的价格水平下调。在紧缩通货的经济形势下或者在市场疲软、经济萧条时期，由于货币价值上升，价格的总水平下降，企业产品价格也应随之降低，以适应消费者的购买力水平。此外，消费者运动的兴起也往往迫使产品价格下调。

确定何时削价是调价策略的一个难点，通常要综合考虑企业实力、产品在市场生命周期所处的阶段、销售季节、消费者对产品的态度等因素。比如，进入衰退期的产品，由于消费者失去了消费兴趣，需求弹性变大、产品逐渐被市场淘汰，为了吸引对价格比较敏感的购买者和低收入需求者，维持一定的销量，削价就可能是唯一的选择。由于影响削价的因素较多，企业决策者必须审慎分析和判断，并根据削价的原因选择适当的方式和时机，制订出最优的削价策略。

（二）提价策略

提价确实能够增加企业的利润率，但同时也会引起竞争力下降、消费者不满、经销商抱怨，甚至还会受到政府的干预和同行的指责，从而对企业产生不利影响。虽然如此，在实际中仍然存在着较多的提价现象。其主要原因是：

① 应付产品成本增加，减少成本压力。这是所有产品价格上涨的主要原因。成本的增加或者是由于原材料价格上涨，或者是由于生产或管理费用提高而引起的。企业为了保证利润率不致因此而降低，便采取提价策略。

② 为了适应通货膨胀，减少企业损失。在通货膨胀条件下，即使企业仍能维持原价，但随着时间的推移，其利润的实际价值也呈下降趋势。为了减少损失，企业只好提价，将通货膨胀的压力转嫁给中间商和消费者。

③ 产品供不应求，遏制过度消费。对于某些产品来说，在需求旺盛而生产规模又不能及时扩大而出现供不应求的情况下，可以通过提价来遏制需求，同时又可以取得高额利润，在缓解市场压力、使供求趋于平衡的同时，为扩大生产准备了条件。

④ 利用顾客心理，创造优质效应。作为一种策略，企业可以利用涨价营造品牌形象，使消费者产生价高质优的心理定势，以提高企业知名度和产品声望。对于那些革新产品、贵重商品、生产规模受到限制而难以扩大的产品，这种效应表现得尤为明显。

为了保证提价策略的顺利实现，提价时机可选择在这样几种情况下：

① 产品在市场上处于优势地位。

② 产品进入成长期。

③ 季节性商品达到销售旺季。

④ 竞争对手产品提价。

此外，在方式选择上，企业应尽可能多地采用间接提价，把提价的不利因素减到最低程度，使提价不影响销量和利润，而且能被潜在消费者普遍接受。同时，企业提价时应采取各种渠道向顾客说明提价的原因，配之以产品策略和促销策略，并帮助顾客寻找节约途径，以减少顾客不满，维护企业形象，提高消费者信心，刺激消费者的需求和购买行为。

至于价格调整的幅度，最重要的考虑因素是消费者的反应。因为调整产品价格是为了促进销售，实质上是要促使消费者购买产品。忽视了消费者反应，销售就会受挫，只有根据消费者的反应调价，才能收到好的效果。

（三）心理定价策略

每一件产品都能满足消费者某一方面的需求，其价值与消费者的心理感受有着很大的关系。这就为心理定价策略的运用提供了基础，使得企业在定价时可以利用消费者心理因素，有意识地将产品价格定得高些或低些，以满足消费者生理的和心理的、物质的和精神的多方面需求，通过消费者对企业产品的偏爱或忠诚，扩大市场销售，获得最大效益。常用的心理定价策略有整数定价、尾数定价、声望定价和招徕定价。

1. 整数定价

对于那些无法明确显示其内在质量的商品，消费者往往通过其价格的高低来判断其质量的好坏。但是，在整数定价方法下，价格的高并不是绝对的高，而只是凭借整数价格来给消费者造成高价的印象。整数定价常常以偶数，特别是“0”作尾数。整数定价策略适用于需求的价格弹性小、价格高低不会对需求产生较大影响的商品，这是由于其消费者都属于高收入阶层，也甘愿接受较高的价格。例如，部分高档车可以采用整数定价策略，这样的好处在于：一是可以满足购买者炫耀富有、显示地位、崇尚名牌、购买精品的虚荣心；二是利用产品的高价效应，在消费者心目中树立高档、高价、优质的产品形象。

2. 尾数定价

尾数定价又称奇数定价、非整数定价，是指企业利用消费者求廉的心理，制订非整数价格，而且常常以奇数作尾数，尽可能在价格上不进位。使用尾数定价，可以使价格在消费者心中产生四种特殊的效应：

(1) 便宜　标价 99.97 元的商品和 100.07 元的商品，虽仅相差 0.1 元，但前者给购买者的感觉是还不到“100 元”，后者却使人认为“100 多元”，因此前者可以给消费者一种价格偏低、商品便宜的感觉，使之易于接受。

(2) 精确　带有尾数的定价可以使消费者认为商品定价是非常认真、精确的，连几角几分都算得清清楚楚，进而会产生一种信任感。

(3) 中意　由于民族习惯、社会风俗、文化传统和价值观念的影响，某些数字常常会被赋予一些独特的含义，企业在定价时如能加以巧用，则其产品将因之而得到消费者的偏爱。

在实践中，无论是整数定价还是尾数定价，都必须根据不同的地域而加以仔细斟酌。但是企业要想真正地打开销路，占有市场，还应以优质的产品作为后盾，过分看重数字的心理功能，或流于一种纯粹的数字游戏，只能哗众取宠于一时，从长远来看却于事无补。

3. 声望定价

这是根据产品在消费者心中的声望、信任度和社会地位来确定价格的一种定价策略。声望定价可以满足某些消费者的特殊欲望，如地位、身份、财富、名望和自我形象等，还可以通过高价格显示名贵优质，因此，这一策略适用于一些传统的名优产品，具有历史地位的民族特色产品，以及知名度高、有较大的市场影响、深受市场欢迎的驰名商标。但为了使声望价格得以维持，需要适当控制市场拥有量。

(四) 折扣定价策略

折扣定价是指对基本价格做出一定的让步，直接或间接降低价格，以争取顾客，扩大销量。其中，直接折扣的形式有数量折扣、现金折扣、功能折扣、季节折扣，间接折扣的形式有回扣和津贴。

1. 数量折扣

数量折扣是指按购买数量的多少，分别给予不同的折扣，购买数量越多，折扣越大。其目的是鼓励大量购买，或集中向本企业购买。数量折扣包括累计数量折扣和一次性数量折扣两种形式。累计数量折扣规定顾客在一定时间内，购买商品若达到一定数量或金额，则按其总量给予一定折扣，其目的是鼓励顾客经常向本企业购买，成为可信赖的长期客户。一次性数量折扣规定一次购买某种产品达到一定数量或购买多种产品达到一定金额，则给予折扣优惠，其目的是鼓励顾客大批量购买，促进产品多销、快销。数量折扣的促销作用非常明显，企业因单位产品利润减少而产生的损失完全可以从销量的增加中得到补偿。此外，销售速度的加快，使企业资金周转次数增加，流通费用下降，产品成本降低，从而导致企业总盈利水平上升。

2. 现金折扣

现金折扣是对在规定的时间内提前付款或用现金付款者所给予的一种价格折扣，其目的是鼓励顾客尽早付款，加速资金周转，降低销售费用，减少财务风险。采用现金折扣一般要考虑三个因素：折扣比例，给予折扣的时间限制，付清全部货款的期限。

现金折扣的前提是商品的销售方式为赊销或分期付款，因此，有些企业采用附加风险费用、管理费用的方式，以避免可能发生的经营风险。同时，为了扩大销售，分期付款条件下买者支付的货款数额不宜高于现款交易价太多，否则就起不到“折扣”促销的效果。

3. 功能折扣

功能折扣也称为贸易折扣，是指制造商给中间商的折扣。由于中间商在产品分销过程中所处的环节不同，其所承担的功能、责任和风险也不同，企业据此给予不同的折扣。对生产性用户的价格折扣也属于一种功能折扣。功能折扣的比例主要考虑中间商在分销渠道中的地位、对生产企业产品销售的重要性、购买批量、完成的促销功能、承担的风险、服务水平、履行的商业责任以及产品在分销中所经历的层次和在市场上的最终售价等。功能折扣的结果是形成购销差价和批零差价。

鼓励中间商大批量订货，扩大销售，争取顾客，并与生产企业建立长期、稳定、良好的合作关系是实行功能折扣的一个主要目标。功能折扣的另一个目的是对中间商经营的有关产品的成本和费用进行补偿，并让中间商有一定的盈利。

4. 季节折扣

有些商品的生产是连续的，而其消费却具有明显的季节性。为了调节供需矛盾，这些商品的生产企业便采用季节折扣的方式，对在淡季购买商品的顾客给予一定的优惠，使企业的生产和销售在一年四季能保持相对稳定。季节折扣比例的确定，应考虑成本、储存费用、基价和资金利息等因素。季节折扣有利于减轻库存，加速商品流通，迅速收回资金，促进企业均衡生产，充分发挥生产和销售潜力，避免因季节需求变化所带来的市场风险。

5. 回扣和津贴

回扣是间接折扣的一种形式，它是指购买者在按价格目录将货款全部付给销售者以后，销售者再按一定比例将货款的一部分返还给购买者。津贴是企业为特殊目的，对特殊顾客以特定形式所给予的价格补贴或其他补贴。比如，当中间商为企业产品提供了包括刊登地方性广告、设置样品陈列窗等各种促销活动时，生产企业给予中间商一定数额的资助或补贴。

削价最直截了当的方式是将企业产品的目录价格或标价绝对下降，但企业更多的是采用各种折扣形式来降低价格。如前文中提到的数量折扣、现金折扣、回扣和津贴等形式。此外，变相的削价形式有：赠送样品和优惠券，实行有奖销售；给中间商提取推销奖金；允许顾客分期付款；赊销；免费或优惠送货上门、技术培训、维修咨询；提高产品质量，改进产品性能，增加产品用途等。由于这些方式具有较强的灵活性，在市场环境变化的时候，即使削价也不会引起消费者太大的反感，同时又是一种促销策略，因此在现代经营活动中运用越来越广泛。上述各种折扣价格策略增强了企业定价的灵活性，对于提高厂商收益和利润具有重要作用。但在使用折扣定价策略时，必须注意国家的法律限制，保证对所有顾客使用同一标准。

运用数量折扣策略的难点是如何确定合适的折扣标准和折扣比例。如果享受折扣的数量标准定得太高，比例太低，则只有很少的顾客才能获得优待，绝大多数顾客将感到失望；购买数量标准过低，比例不合理，又起不到鼓励顾客购买和促进企业销售的作用。因此，企业应结合产品特点、销售目标、成本水平、资金利润率、需求规模、购买频率、竞争者手段以及传统的商业惯例等因素来制订科学的折扣标准和比例。

（五）地区定价策略

企业在向不同地区客户销售同种产品时，是否要实行差别定价，这需要企业根据产品特征及其他相关因素进行分析确定。通常概括起来，地区定价策略主要包括以下几种方式：

1. 统一定价

统一定价就是对全国各地的客户，实行相同的价格，客户不管去哪家经销商购买，产品的价格都相同。执行这种策略，有利于吸引各地的客户，规范市场和规范企业的营销管理。这种定价策略又可以分为两种情况，一种情况是用户自己在经销商处提车，并自负提车后的有关运输费用；或者收取合理的交付费用后，由厂家或经销商负责将商品车交付到用户家里，即非免费送货。另一种情况是厂家或经销商负责免费将商品车交付到用户家里，属免费送货。

2. 基点定价

企业选定某些城市作为基点，在这些基点城市实行统一的价格，客户或经销商在各个基点城市就近提货。如在制造厂商设在全国的地区分销中心或地区中转仓库提货，客户负担出库后至其家里的运送费用。

3. 分区定价

企业将全国市场划分为几个市场销售区，各区之间的价格不一致，但在区内实行统一定价。这种定价方法的主要缺点是价格不同的两个相邻区域，处于区域边界的用户对相同的商品，却要付出不同的价款，容易出现“串货”或商品的“倒卖”现象。

4. 产地定价

商品按产地的价格销售，经销商或用户负责从产地到目的地的运输，负担相应的运费和相关风险费用。这种定价策略已经不大采用，除非在销售较为旺盛时，部分非合同销售才可能出现这种情况。

任务三　汽车分销策略

【案例导入】

奇瑞汽车销售渠道策略

在奇瑞公司十几年的发展历程中，根据企业实际的发展情况和市场形势，奇瑞公司由4S渠道模式先后进行了分网销售、直营店销售和汽车城等创新。

1. 4S渠道模式

奇瑞公司从成立之初就开始采用4S渠道模式。但是，2004年年底渠道中出现了严重冲突，此后，奇瑞公司按照分销模式建立了专卖店（整车销售、售后服务、零部件供应、信息反馈四位一体的4S店）。但奇瑞公司的专卖店有三种形式：有“四位一体”的4S店，有做销售功能的3S店、有专做售后服务的1S店。奇瑞公司的该分销模式主要按国内合资厂家模式建立起来的，但由于奇瑞公司和这些合资公司在市场上存在明显不同的特点，如企业经营管理能力、经销商实力、市场环境等因素不同，所以在实行相同的专卖店分销模式时却出现不同市场反应。2004 年，全国汽车行业整体增幅较大，但是奇瑞的销量却大幅下降。

随着奇瑞公司的不断发展，4S 渠道模式运作一段时间以后，奇瑞公司渠道中逐步出现了以下一些问题：

① 经销商不愿意开发周边市场，也不愿意采取任何市场推广行，经销商没有开发市场的积极性。

② 在一个城市中同一车型有多个经销商，相互之间以价格战的形式进行恶性竞争，这极大地影响了奇瑞品牌战略的实施。

③ 有一部分经销商伴随着奇瑞公司的发展而逐步发展壮大，但后来由于竞争激烈，他们中有相当一部分奇瑞汽车的渠道策略开始兼营其他品牌，甚至有的经销商脱离了奇瑞公司而加入其他品牌的行列。

2. 分网销售渠道模式

从 2005 年 1 月开始，奇瑞公司着手对销售渠道进行重大调整，重点推行了分网销售和品牌专营制度。奇瑞公司进行分网时采取的主要措施有：

① 奇瑞公司将现有车型划分为 S 系列（QQ）、A 系列（风云和旗云）、B 系列（东方之子）、T 系列（瑞虎）四大系列。将这些车型分成两张网，一张网销售 ST 系列车，也就是 QQ 与瑞虎这两款车放在同一个经销店里销售；另一张网销 AB 系列车，主要是东方之子和风云这两款车型。

② 奇瑞公司分配品牌的依据是经销商的实力。具体方法就是通过竞标方式，经销商上报自己期望销售的车型、目标销售量，随后厂家进行分配。

③ 减少销售网络中一级成员的数量，增加市场覆盖面。要求每一个区域只容许一家销售 AB 系列车的一级经销商和另一家销售 ST 系列车的一级经销商，所以每个区域最多只有 2 家一级经销商。如果一个地区只有一家奇瑞的 4S 店，那么他可以销售奇瑞的所有车型。如果某个区域内没有奇瑞一级经销商，其他区域的销售商可以在那里建店。

④ 在实行专卖店的基础上，建立二级代理销售制。奇瑞公司所有的一级经销商都必须互为二级代理。对于经销商而言，作一级经销商和二级经销商的最大不同就是奖励方式。一级经销商在销售自身代理的车型时，可按双方拟定条款进行阶梯式返利；但作为二级代理商销售车辆，仅能获取销售奖励提成，其销售业绩将被计入该车型一级代理商名下。一级经销商享受到的是奇瑞公司的统一销售政策，二级经销商则根据自身的销量和能力受到一级经销商的管理。

⑤ 在分网销售的基础上建立了一系列严格的规章管理制度。为了保证分网销售取得成功，奇瑞公司实行了一些市场网络管理、经销商管理和服务支持的措施。分网销售使得奇瑞公司渠道系统得到了进一步的优化。由于分网销售，奇瑞公司具备了在同一地区选择不同销售平台的机会，授权经销商范围的扩大保证了奇瑞公司的运行效率。

3. 直营店销售方式

2005 年，奇瑞公司在销售欠佳的广州建立了第一个厂家直营店，之后由于广州市场表现提升比较快，奇瑞公司很快就把直营店转给当地的经销商来运营。作为市场推动的一种方式，直营店存在的时间并不长。2007 年 7 月，为了更好地推动浙江市场的发展，奇瑞在杭州建立了第二家直营店。这个直营店经营的效果非常好，不仅直接带来销量的增长，还大大提高了当地经销商的积极性，为当地市场注入了极大的活力。后来又由于 2006 年江苏市场上奇瑞车型的销售达不到奇瑞公司全国的年平均增长水平，于是 2007 年 10 月奇瑞公司在南京的直营店开业。奇瑞公司除了重资营建南京直营店，还抽调优秀的销售人员给予支持。南京直营店对当地市场起到了很好的推动作用。在表现欠佳的市场，奇瑞公司采用这种直营店来帮助当地经销商进行市场开拓，因此直营店是其他渠道模式重要的补充形式。

4. 汽车城渠道模式

2007 年初，作为对分网渠道模式的补充，奇瑞公司推出了另一创新的渠道模式，提出了建立超级 4S 店集群的“纵横中国”计划。这是在中国首次出现的单品牌汽车城，奇瑞公司计划于 2007 年在全国共规划 20 个汽车城。经销商只要有一张独立营业执照、一个独立 4S 店、一个独立的组织机构、一笔独立且封闭的运营资金就可以申报奇瑞汽车城，不受一个企业只能代理一个事业部产品的政策影响。这种设置若干个经销不同奇瑞产品的销售大厅，配备统一的服务及配套设施，成为“品”字布局的奇瑞汽车城。奇瑞汽车城的功能在 4S 店功能外继续向外延伸，为用户提供保险、上牌、客户联谊等“一站式”的附加服务。之所以叫做“纵横中国”，是因为从地理方位上，奇瑞公司在整个中国市场进行了新一轮的营销版图布局：纵线是指北起哈尔滨，通过长春、沈阳，沿 102 国道线到达北京，再沿着 107 国道南至深圳、东莞、广州。横线则是东始上海，向西延伸，顺着 312 国道一直到达乌鲁木齐。2007 年 4 月份奇瑞公司第一个中国汽车城在西安开业，5 月份北京、上海的两个汽车城同时开业，随后其他的汽车城陆续建立起来。

5. 奇瑞汽车公司渠道策略分析

无论是分网销售、直营店还是汽车城，无不体现奇瑞公司的渠道创新策略，总体来说主要表现在对经销商价值的提升和对消费者价值的提升两个方面。

① 经销商价值提升策略从 2005 年 3 月到 2007 年 3 月，奇瑞公司采取两大措施来实现经销商价值的全面提升，其一是通过在企业内建立独立销售部门，管理独立的销售渠道，4 大销售部对 9 大系列产品进行销售管理，通过稳定市场秩序，实施分网销售和经销商—工厂系统订单管理模式，创造良好竞争环境，使得奇瑞公司经销商的实力升级，从而为消费者提供更好的服务。其二是经销商分级管理。根据奇瑞区域网络规划和城市分类，对不同类别城市规划品牌经营组合，引导和促进销售服务商与奇瑞公司的同步发展，并充分保障老经销商利益，实现其优先发展，以实现对终端细分市场深度开发，促使雁队结构的最终形成。雁队结构的形成是根据经销商的年销售额，将经销商分别分为普通级、银级、黄金级、白金级、钻石级等五种级别进行管理，根据五种级别的数量排序后，形成的一个结构为类似雁队的结构趋势。

② 消费者价值提升策略从 2007 年 4 月以后，奇瑞公司通过对新渠道的开发以及对分销渠道的合理规划经营，实现从 4P 到 4C 的转化，提升消费者的价值。主要措施是通过创新渠道补充模式、增加新分销方式和创新大区模式三大主要战略模块来实现。（摘自中国汽车人才网）

思考：

1. 当前中国的汽车销售渠道模式有哪些？
2. 奇瑞公司为什么要对汽车销售渠道进行再设计？
3. 奇瑞公司采用新的渠道模式后有什么优势？

一、汽车分销渠道策略的含义和作用

1. 汽车分销渠道的含义

美国市场营销学权威菲利普·科特勒说过：营销渠道是指某种货物或劳务从生产者向消费者移动时，取得这种货物或劳务所有权或帮助转移其所有权的所有企业或个人。简单地说，营销渠道就是商品和服务从生产者向消费者转移过程的具体通道或路径。因此，汽车分销渠道实质是连接生产和消费之间的“桥梁”和“纽带”，它的起点是汽车生产者，终点是个人消费者或产业用户，中间环节是位于二者之间的中间商。尽管分销渠道的建立需要花费企业大量的资金、精力和时间。但是如果没有可靠的分销渠道，汽车企业生产的产品就不能及时地实现销售，从而影响企业营销目标的实现程度。

2. 汽车分销渠道的作用

分销渠道策略同产品、价格、促销策略一样，也是企业营销策略的重要组成部分，其在整个营销组合策略中占有独特的地位。其作用主要表现在以下几方面：

(1) 分销渠道与营销组合其他因素之间的关系　汽车企业即使能生产出很好的产品，但没有合适的销售渠道，产品也不能顺利到达目标客户手中。一个企业的销售渠道，一定程度上代表了企业或产品的形象和定位；此外，销售渠道还是影响商品价格的重要因素。汽车企业制订价格要以生产和流通成本为基础。分销渠道的选择必然影响其中的流通费用，选择得当则能减少流通费用，降低成本，最终价格就可以相对低一些。反之，分销渠道若选择不当，就会增加费用、提高成本，这种情况下，提价会影响商品竞争力，不提价又会发生亏损；此外，分销渠道与促销也有密切联系。各种促销方式的实施，都必须通过分销渠道，尤其是批发商和零售商的配合，否则就不能取得好的促销效果。

(2) 沟通和反馈市场信息的重要来源　渠道成员在销售产品的过程中，能及时准确地得到许多市场及产品方面的信息，同时，他们为了保证商品的销售顺畅，必然也会努力收集和反馈各种市场信息给生产企业。如：消费者喜欢什么，市场容量大致有多大，产品需要做哪些改进等。生产企业可通过他们得到有关信息，及时调整产品结构，不断满足市场需求。

(3) 加速商品流转、提高企业经济效益的重要手段　通过专业化的渠道成员，使产品能高效的送达消费者手中，同时利用中间商的中介作用，可以减低交易次数，节约交易成本，从而加快资金周转，提高了企业的经济效益，也降低了消费者的购货成本。如果分销渠道不畅通，将会造成资金和产品的严重积压，导致企业经济效益下降。

二、分销渠道的类型

汽车产品种类繁多，不同类型的汽车具有不同的特点和类型，因此其销售渠道也不尽相同。汽车企业应根据不同汽车产品的特点，选择适当的分销渠道结构。营销渠道的结构，可以分为长度结构、宽度结构以及广度结构三种类型，渠道结构中的长度变量、宽度变量及广度变量完整地描述了一个三维立体的渠道系统，营销渠道模式如图 4-3 所示。

(1) 营销渠道的长度结构　是指按照其包含的渠道中间商，即渠道层级的数量。通常情况下，根据包含渠道层级的多少，可以将一条营销渠道分为零级、一级、二级和三级渠道等。也可以将分销渠道分为直接渠道和间接渠道。

① 直接渠道，又称为零层渠道，是指产品从生产者流向最终消费者或产业用户的过程中不经过任何中间环节的销售渠道。直接渠道是最短、最简单的销售渠道。一般汽车企业将产品销售给整车企业就是采用这种渠道。这种渠道的特点是产品的销售不经过任何中间环节，生产者直接与用户联系，这样减少了产品的流通环节，有利于节约流通费用，从而使产品具有价格竞争力。例如，汽车企业自设商店销售、网络销售、上门推销等都属于直接销售。

② 间接渠道。间接分销渠道是指产品从生产者流向消费者过程中经过若干个中间环节的分销渠道，有一层渠道、二层渠道、三层渠道之分。如果产品从生产者到消费者的过程中

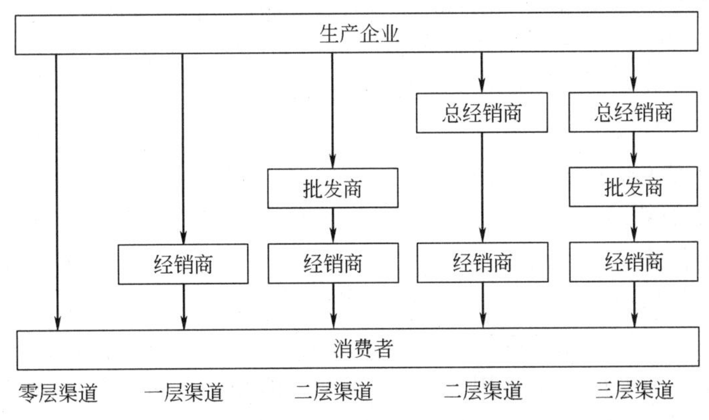

图 4-3 营销渠道结构图

只经过一层零售商即一层分销渠道；如果经过批发商后再经过零售商，或从代理商/总经销商再到零售商两层中间环节即二层渠道；三层渠道是指产品依次从生产者到代理商、批发商、零售商，最后到达消费者。

一般汽车产品销售给车主就会采用间接渠道。这种分销渠道利用中间商的销售网络、销售经验，减少了汽车企业的市场风险，但随着中间环节的增多，配件生产企业对终端销售的控制越来越弱，流通成本也越来越高。

(2) 营销渠道的宽度结构　是根据每一层级渠道中间商的数量的多少来定义的一种渠道结构，可将销售渠道分为宽渠道和窄渠道。生产企业选择较多的同类型中间商经销产品，则这种产品的分销渠道称为宽渠道；反之，如果只通过很少的专业批发商推销其产品，甚至在某一地区只授权一家经销商，这种渠道为窄渠道。

(3) 营销渠道的广度结构　是渠道的多元化选择，表明企业所利用的营销渠道的条数，具体可选择的范围有一条渠道与多条渠道，即混合渠道模式。

三、国外汽车营销渠道模式现状

(一) 国外汽车营销理念

以客户为中心，建立完善的售后服务体系，实现从“卖汽车”到“卖服务”的跨越，“以客户为中心，以服务促销售”是国外汽车营销的基本理念。在 20 世纪 90 年代初，世界上著名的汽车制造企业包括美国的通用、福特，日本的丰田等都制订了顾客需求至上的市场营销理念。通用公司针对不同群体建立不同分销渠道和售后服务体系，为客户提供个性化服务；自 1999 年初以来，福特公司首席执行官纳赛尔尝试着将传统的销售经营方式转变成一个能够满足消费者需求的公司；丰田公司提出了关怀式的服务理念。

(二) 国外汽车营销组织渠道

自 20 世纪 30 年代以来，世界的汽车产品趋于同质化，汽车生产能力趋于过剩，从而使得制造企业不再是单纯依靠技术而是越来越偏向于以市场营销构建企业的竞争优势。经过长年的发展，国外汽车产业已经形成了较为成熟的汽车市场渠道。目前，国外具有代表性的汽车营销模式主要有美国模式、以德国为主的欧洲模式及日本模式三种类型。

1. 美国汽车企业的营销渠道模式

美国汽车分销渠道经历了近百年的发展，逐渐趋于稳定，发展成为以制造企业主导的、经销商为主的专营代理渠道模式，在建立销售渠道过程中，制造商一般不对零售商出资，零售商的流动性较大。美国汽车销售主要的模式有汽车专卖店、多品牌专卖销售集团、汽车商店、汽车大道或汽车一条街等。美国汽车销售模式的特点主要体现在：一是专业性，在众多模式中汽车专卖店是主流；二是汽车销售企业的销售层次少，销售人员少；三是采用多品牌专卖销售集团模式，以规避单一品牌销售的风险，同时具有规模化效应，从而有效地降低成本；四是美国对汽车从业人员也有严格的招聘标准和培训安排，汽车销售人员一般有较高学历，接受过专业培训，是汽车方面的专家。

2. 以德国为主的欧洲汽车企业的营销渠道模式

欧洲的汽车销售体系是以汽车制造企业为中心的，分销商直接向汽车制造企业进货，然后批发给零售商和代理商进行销售。在德国，新车和二手车同店销售、4S 专卖店等是普遍的销售模式，其中同一厂家多品牌同店销售相对更加突出。从营销理念上，德国模式更注重人性化服务，培养了大量的“忠诚用户”。近年来，欧盟决定开放汽车销售形式，重新设计适应新环境的营销形式，将销售和维修完全分开，并且对汽车零售业进行改革，允许多品牌经营，减少中间环节，以达到降低成本、促进销售的目的。

3. 日本汽车企业的营销渠道模式

系列化销售一直为日本各大汽车企业所采纳，形成了日本独特的“排他性系列销售制”。日本的销售渠道有制造企业出资及独立经销商两种流通模式。日本汽车销售模式以地区经销店为代表，业务分为新车、二手车和售后服务。地区经销总店一般负责一个县的品牌销售，经销总店下设若干分店，遍布全县，总店具备完整的功能，包括整车销售、旧车交易、维修、配件销售等，分店的功能除了整车销售外还具备简单的维修设备，提供一些常用配件。同时，不同品牌的销售方式不尽相同，例如，丰田汽车从丰田产品品种繁多、受众范围跨度大的特点着手，设立了丰田店、丰田 PET 店、丰田花冠店、NETZ 这 4 种类型的销售通道。

四、汽车分销渠道模式的表现形式

汽车营销渠道是汽车产品实现其价值的重要环节，它包括：科学地确定汽车销售路线，合理地规划汽车销售网络，认真选择汽车经销商，高效地组织汽车储运，及时将品质完好的汽车提供给顾客，以满足消费者的需求。汽车营销渠道策略是汽车企业经营管理的重要组成部分，是汽车市场营销组合中的一个关键因素，它的宗旨是加速汽车产品的流通和销售资金的周转，提高汽车企业和中间商的经济利益。

目前汽车分销渠道的表现形式许有：特许经营专卖店（4S 店）、汽车交易市场、汽车超市、汽车大道、网络营销等多种渠道模式，其中，在我国以汽车交易市场历史最悠久，汽车超市、网络营销是后起之秀。

（1）汽车品牌专卖店店营销渠道

我国汽车品牌专营的发展相对较晚。20 世纪 90 年代中期开始，汽车市场由卖方市场转为买方市场，厂家的市场销售转为被动，大量产品积压，不得不给经销商让利来处理库存，最后肥了经销商苦了生产商。于是，从 1997 年底开始，厂家开始建立一种新的营销体系——以汽车厂家的营销部门为中心，以区域管理中心为依托，以特许或特约经销商为基点，受控于厂家的全新汽车营销模式，即汽车品牌专卖店。汽车品牌专卖店是指由汽车制造商授权，只经营销售专一汽车品牌、为消费者提供全方位购车服务的汽车交易场所。各厂商的品牌专营理论基本一致，但在功能和称谓上各有不同。在功能组合上，有的是“三位一体”模式，有的是在前者基础上再加上信息反馈功能的“四位一体”；有的是售车功能与服务功能两分离式。在称谓上，有的称“特许（授权）销售服务中心”；有的称“特许代理”，有的则称“特许专卖店”。该模式从根本上较好地解决了服务的专业化、方便化、优质化问题。

在目前中国的一级市场上，品牌专卖店中4S模式是主导的销售体系。4S模式是指集整车销售（Sale）、零配件供应（Spare part）、售后服务（Service）和信息反馈（Survey）“四位一体”的汽车特许经营模式；而近些年发展起来的5S，是指在4S的基础上增加了二手车交易方式（Second-hand）。在目前市场上随着汽车保有量的提升，二手车交易必将呈规模化发展趋势，而且单车利润相对于新车来说也相当可观，所以现有的5S模式不仅能增加二手车功能，而且能提高收益。但是专卖店代理商一般没有太多的自主权，厂家会统一规定整个专卖店的内部装修、形象的塑造，规范专卖店的经营、销售和服务等项目以及对销售团队素质、服务流程的控制。汽车专卖店能为企业树立良好的品牌形象，提升企业的信誉度；能够为顾客提供全方位的服务，包括汽车的销售、维修保养和信息反馈等一条龙服务；也有利于汽车生产企业对其销售终端的控制。

（2）汽车超市

这种百货超市式的大型汽车交易市场，就是在城市中规划出一块专业销售汽车的市场，其中聚集了各种品牌的汽车专卖店，同时具备车辆展示、销售、美容保养、专用服饰和书籍以及贷款、保险、上牌等一站式的服务功能，这种销售模式营业面积较大，销售品种齐全，消费者能在超市内完成购车的各个环节，超市内部竞争激烈。相对传统4S店的经营形态，“汽车超市”的优势得以体现：一是将高、中、低车型同场销售，为消费者提供最多的选择，享受更全面的售后服务；二是以规模效应降低销售成本和管理费用，利用各种品牌销售业绩之间“互补”来规避市场风险；三是通过新业务实现资源整合，将价格和服务整合为核心竞争力。但在汽车超市里购车，后期的维修、保养并不能享受到汽车专卖店那样优质的服务。

汽车超市在世界各国都比较流行，有的是以多品牌车型汇聚一堂，如北京北方汽车超市就同时销售上汽大众、上汽通用、东风本田、广州本田等多个汽车品牌。深圳润方汽车超市常驻品牌有英菲尼迪、宝马、雷诺、雷克萨斯、吉普、广汽丰田、一汽丰田、日产、斯柯达、本田、现代、江淮、起亚、铃木、吉利、东风小康、长安、一汽森雅等；有的是以某个品牌全系车型汇聚一堂，主要有长安汽车、吉利汽车等。长安汽车已经有9家汽车超市投入运营，在建的汽车超市有45家，其销售体系中包括长安微车、长安福特、长安马自达、长安轿车、长安铃木以及哈飞、昌河等品牌车型。长安汽车将以这种多品牌大营销的策略，通过构建立体化的销售体系来争取在未来的发展中不断取得突破。

汽车超市和汽车专卖店在产品组合测量尺度上的区别，见表4-3。

表4-3 汽车超市和汽车专卖店对比

类型	组合广度	组合深度	组合长度	组合相容度
汽车超市	宽	浅	长	差
汽车专卖店	窄	深	短	好

（3）汽车交易市场

汽车交易市场在二级市场，包括非沿海和经济发达地区的省会城市，是一种主流的汽车销售模式。这种模式集纳众多的经销商和汽车品牌于同一场地，形成了集中的多样化交易场所。也被称为是汽车城，其销售的汽车品种丰富多样，不仅便于购车者比较选择，而且具有服务快捷、管理规范的优势，是集咨询、选车、贷款、保险、上牌、售后服务于一体的汽车营销模式。此外，汽车交易场内热烈的交易气氛和规模经营所营造的良好购车氛围，以及由此产生的示范效应，都是汽车交易市场有别于其他汽车营销模式的独特优势。因此，汽车交易市场凭借规模效益，一方面降低了经营商的经营费用，另一方面因为汽车交易市场有着可观的销量和客户群，使汽车制造企业不能排斥汽车交易市场。我国北京的亚运村汽车市场就被称为中国汽车的“轿车市场晴雨表”，足可见汽车交易市场地位的重要性。但是由于我国汽车交易市场发展的特殊性，使得汽车交易市场的管理非常的混乱，服务不够专业，很多交易市场处于鱼龙混杂的状态。人们提到汽车交易市场时，总是和二手汽车交易联系在一起，这无形中降低了交易市场在人们心目中的形象和地位，降低了人们对汽车交易市场的认可度。

（4）汽车服务贸易园区

这是目前最先进的汽车营销模式，也成为汽车大道模式，表现为品牌汽车经销商在宽敞的公路两边盖起一个又一个的4S店。这类汽车营销组织在20世纪80年代就已在北美产生，至今仍在加拿大的蓝里市、美国的西雅图市等地存在。

由于市场竞争和城市规划的调整和推动，目前国内的汽车销售市场已经呈现集中交易的趋势，并且随着汽车市场的普及，广大汽车消费者也已不满足于一般化的销售模式，而需要更高水平的销售和服务，汽车服务贸易园区的创建将充分适应这种变化，功能齐全、运作规范、规模经营、信息权威、丰富多彩等特点将引导行业的新潮流。汽车服务贸易园区注重产业链条的上下衔接，注重文化休闲的延伸，功能更加完善，除了新车销售、零配件供应、维护与修理等基本功能外，更重视后市场项目参与，如二手车交易、汽车用品供应、汽车装饰与改装，而且所占比重越来越大。同时，汽车运动项目被引入了园区当中，使更多的群众可以观赏到激情四射的汽车竞技魅力，甚至是亲身参与体验其中，享受特技驾驶的惊险与刺激。汽车影院、汽车相关旅游项目、汽车相关娱乐项目等文化元素也都在不同的汽车服务贸易园区有所展现，汽车文化的展示与推广也成为汽车服务贸易园区重要的功能之一。目前，上海闸北区的联合汽车大道作为国内第一条汽车大道，吸引了国内外知名的汽车经销商入驻，并兴建起汽配商店、汽车俱乐部、汽车旅馆、餐饮娱乐、汽车金融保险和文化中心等相关产业组成的全方位贸易区，如今这类汽车大道在我国的河北省保定市、山西省太原市、江苏省常州市新区等地正在兴起。

（5）汽车网络化营销模式

目前越来越多的汽车企业开始认识到网络对汽车营销的重要作用，开始从网络产业中寻找汽车销售的业务链。汽车网络营销是建立在互联网基础之上，主要借助于互联网来更有效地满足顾客的需求和欲望，从而实现汽车企业营销目标的一种手段。我国的汽车网络化经营和电子商务，已经开始呈现发展的趋势。由于汽车网络营销具有成本低廉、时效性强，信息表达方式丰富的特点，非常方便汽车的展示，有相当部分购车者初期都是从网络了解汽车信息的，比如车辆评测、价格比较、购车心得等。另外，购车者还可以在线和销售员直接沟通、网上预约试驾甚至是订车。汽车网络营销在提升品牌的知名度、建立企业和产品良好形象上也能起到重要作用。汽车企业通过网络营销向顾客提供有用的信息，包括产品信息和促销信息等，同时利用互联网的交互性为顾客服务，解决顾客的疑问，增强与顾客的联系，培养顾客忠诚度。也有部分汽车企业可实现用户通过网络软件系统尝试改装车辆外观，选择个性化设计，并计算出最终的产品价格，系统接到订单后，销售人员会立即与顾客洽谈，实现汽车客户个性化的需求。

目前国内汽车网络营销常见形式除汽车生产企业或汽车经销商建立网站的方式外，利用淘宝等网购平台是很大的亮点。从奔驰SMART团购，到吉利、雪佛兰、现代、丰田、大众等主流品牌汽车整车销售，再到奥迪A6等高端新车首发线上线下同步，网络营销模式正展现强大的生命力。在针对网络营销的调查中，有60.68％的受访者能够接受网络购车，而且78.63%的受访者认为网络购车会普及。据统计，2011年天猫网购共销售整车2000余台，2012年数据会翻番，而包含车品等周边在内的天猫汽车类目销售2009年以来销售额以400%的增幅快速增长。但是汽车网络营销只是作为一种汽车营销模式或方式，只是对传统购车的一种有效的延伸和补充，是一种前端购车的行为，把购车的一部分程序转移到了网上。对于厂商来说，网上卖车的核心价值在于可以通过网络向购车者提供更多的信息，充分了解购车者的需求。不能完全代替其他营销模式，只能作为其他营销模式的一种补充。因此汽车网络营销要实现真正全过程的网络营销还有一定的距离。

品牌专卖是轿车市场的主流渠道模式。“四位一体”（整车销售、售后服务、零部件供应、信息反馈）的经营模式，在专卖店的后面就是售后服务中心。售前、售中、售后全程式服务，真正实现了以消费者为本的经营理念；透明的管理模式拉近了管理层与员工之间的距离，有助于培养团队合作的精神。汽车交易市场是用户购买汽车产品的主要场所，它集中了国内外多种品牌、价格、档次的汽车，由多个代理经销商分销，形成集中的多样化交易场所，使得购车人在同一地点即可比较选择各种品牌的车辆。汽车工业园区是结合中国市场“既集中又分散”的特点，以3S、4S店集群为主要形式；在规划和筹建上力求与国际接轨，并适度超前。汽车连锁经营，采用了世界第三次商业革命的成果——特许连锁经营作为手段，以低成本、低风险迅速发展销售网络。电子商务作为一个新兴的销售模式，越来越被经销商们所重视，但真正实施，做出影响的却不多，普遍被经销商作为其他模式的一种补充。通过网络进行信息传播，加强客户关系管理，实施有针对性的沟通，可以极大提高顾客满意度，创造消费价值。

五、汽车营销渠道的设计和实施

营销渠道设计是指为实现分销目标，对各种备选渠道结构进行评估和选择，从而开发新型的营销渠道或改进现有营销渠道的过程。

（一）营销渠道设计上的需求

从营销渠道设计的定义可以知道，存在两种渠道设计：一种是从零开始打造全新的渠道结构，另一种是对已用的渠道结构进行再设计。从零开始设计渠道结构，有以下几种情况：

① 在刚刚建立一个新公司之时，如上海通用汽车公司创建时，即面对渠道设计的决策。

② 作为合并或购并的结果，产生一个新公司时。

③ 公司进军一个全新的地域时，比如奇瑞汽车公司开辟海外市场，必须考虑哪个区域的渠道结构的选择问题。

对渠道进行改进，大体存在两种情况。第一种情形是由于公司内部的因素需要调整，这可能出现以下几种情形：

① 企业的战略发生转变时。

② 开发新的产品或产品生产线之时，如果现有渠道对新产品不适合，那么就需要设计新的渠道或调整现有渠道结构。

③ 将已有产品投放到新定位的目标市场时，比如对于已在工业市场销售的产品，公司拟投放到消费品市场。

④ 对营销组合中的其他内容进行大幅度的改动。如因公司强调低价格战略，需要把产品转移到低价销售商店。

⑤ 根据公司渠道管理中的检查与评估结果，发现需要改进渠道设计。一般公司周期性的检查与评估渠道设计以发现渠道中存在的问题，使修改现有渠道或设计一个新的渠道成为必要。

有时候，对渠道结构的再设计是由于公司外部的原因，具体来说，可能会出现以下几种情形：

① 适应分销商的改变。比如，如果分销商已经开始强调自己的品牌，那么制造商就可以寻找其他更能积极推介本公司产品的新的分销商。但是要注意区分渠道结构在设计和渠道成员的再选择的差异，如调整只涉及某些同类性质的渠道成员的更换，这仅仅是渠道成员的再选择，而一旦涉及渠道等级、渠道成员的类型的改变，这就属于渠道设计问题。

② 遇到渠道方面的冲突或面临渠道中其他问题的挑战。例如，在某些情况下，矛盾冲突可能很激烈，以至于不改变渠道模式就不可能解决；若制作商失去了分销商的支持，就需要设计一个全新的渠道，而且角色变化与沟通困难可能使市场营销者重新设计渠道。

③ 商业经营业态的发展，迫使公司根据趋势考虑选择更有效的分销商类型。例如，随着网络营销的发展，有些汽车企业就要考虑调整渠道结构。

（二）影响汽车分销渠道设计的因素

任何汽车制造商都不能随心所欲地选择分销渠道，因为分销渠道的选择要受到一系列因素的制约，包括宏观因素和微观因素。具体来说影响渠道选择的因素有：产品、市场、公司、经济形势等。

1. 产品因素

① 产品的理化性质。对于一些易腐烂易损害商品，应该避免多次转手，反复搬运，适宜选择较短渠道或专用渠道。体积大的商品，如汽车、大型配件等，也尽量缩短中间环节。

② 产品价值。通常，产品的价值越低，分销渠道应该越长，反之，价格昂贵的产品应减少中间流通环节，采用直接渠道或短渠道。

③ 产品技术含量。产品技术越复杂，用户对其安装、调试和维修服务要求越高，制造商需要销售人员和服务人员将产品的技术特点准确无误地传达给潜在顾客，同时在成交后还保持售后服务，这样通常采用较短的渠道。

④ 产品生命周期。当产品处于生命周期不同阶段时，企业设计的渠道结构也有所不同。对于导入阶段的新产品，企业需要通过短渠道来实现所有渠道成员协同努力实现产品的顺利过渡；而对于成长期和成熟期的产品，企业可以适当采用长渠道、宽渠道来扩大产品的知名度、提高产品的销售量。

2. 市场因素

① 目标市场范围。市场范围越大，地理区域和物理位置分布比较广，分销渠道相应的越长。

② 顾客的集中程度。顾客集中在某一地区，甚至某一地点（如产业用户一般相对集中），则可采用短渠道或直接渠道；如果顾客分散在广大地区，则更为需要发挥中间商的作用，采用长而宽的渠道。

③ 销售的季节性。销售季节性强的产品，一般应充分发挥中间商的调节作用，以便均衡生产，不失销售时机，所以较多采用较长的分销渠道。

④ 竞争状况。同类产品应与竞争者采取相同或相似的分销渠道，在竞争激烈时，则应伺机寻求有独到之处的销售渠道。

3. 企业因素

① 企业财力。公司资本越雄厚，对中间商的依赖程度越小，可以建立自己控制的分销系统或采用短渠道。

② 企业的管理能力。有较强的市场营销能力和管理经验的企业，可以自行销售产品，较短渠道或组合渠道营销系统。

③ 企业目标与战略。有些企业为了有效控制分销渠道，宁愿花费较高的成本，建立短而窄的渠道。也有一些企业并不希望控制渠道，会根据成本等因素采取较长而宽的分销渠道。

4. 经济形势

经济景气、发展快，企业选择分销渠道的余地大；当出现经济萧条时，市场需求下降，企业就必须减少一些中间环节，使用较短的渠道。

（三）选择和确定汽车分销渠道方案

1. 中间商选择与确定

(1) 中间商的概念

中间商是指介于生产者与消费者之间，参与产品交易活动，促进交易行为实现的企业或个人。在商品经济条件下，商品交换一般是以中间商为媒介进行的。由于中间商的介入，其专业性强，联系面广，在商品流通中能发挥其组织商品流通的技能和特长，把若干个生产企业所生产的商品集中采购，进行分类，根据不同的市场需求，将产品从品种、数量和时间上加以平衡分配，然后推销扩散到各地，以满足不同地区广大消费者的需要。这样不仅能加快商品流转，调节供求矛盾，而且简化了生产者的交易，减少产品占压资金，为生产者节约时间、人力、物力、财力，使生产者为社会创造更多的价值。

(2) 中间商的类型选择

根据不同的划分标准，中间商可有不同的类型。中间商按其在流通过程中所处的环节可分为批发商和零售商；按其是否拥有所经营商品的所有权划分，可分为经销商和代理商。

① 批发商。批发商是指将产品大量购进后又以小批量再销售给零售商或其他商业组织的中间商。因此批发商的交易对象是生产企业和零售商，一方面它向生产企业收购商品，另一方面它又向零售商业批销商品，并且是按批发价格经营大宗商品。其业务活动结束后，商品仍处于流通领域中，并不直接服务于最终消费者。可见，批发商的购买动机和目的通常是为了进一步转卖或供其他商业用途。

批发商是商品流通的大动脉，是关键性的环节，它是连接生产企业和商业零售企业的枢纽，是调节商品供求的蓄水池，是沟通产需的重要桥梁，对企业改善经营管理及提高经济效益、满足市场需求、稳定市场具有重要作用。

批发商按其是否拥有商品所有权可分为商业批发商、商品代理商和制造商的分销机构三种主要类型。

商业批发商。也叫买卖批发商、独立批发商，是指买下所经销的商品，然后再出售，即取得商品所有权的批发商。这类批发商按其经营商品范围可划分为：综合批发商，即一般批发商，这种批发商经营的商品品种繁多，规格齐全；产品线批发商，它经营的商品仅限于某一类商品，且这一类商品的花色、品种、规格、厂牌都较齐全；专业商品批发商，它经营产品线中有限的几种产品项目，专业化程度高，主要同大零售商和专业零售商进行交易。像汽车这样的生产资料商品专业批发商一般都有专门经营技术性或需要售后服务的工业品的批发销售。

商品代理商。商品代理商是指代表买方或卖方在市场上从事营销活动，负责寻找顾客，从中收取佣金或手续费，对商品没有所有权的商业单位或个人，其主要职能在于促成商品的交易，不必代垫商品资金和承担市场风险。

制造商的分销机构。这是一种为制造商所有、专门经营自己产品的批发销售业务，与商业批发商的职能类似，但属于制造商，与制造商是隶属和所有的关系，并独立于生产工厂之外。

② 零售商。零售商是指将所经营的商品直接出卖给最终消费者的个人或组织，它处于商品流通的最终阶段，基本任务是直接为最终消费者服务。但是，参与零售活动的机构，并不一定就是零售商，如许多生产企业、批发商也有少量的零售业务。零售商是指那些销售收入主要来自零售业务的商业企业或经营者，他是联系着生产企业、批发商与消费者的桥梁，在分销途径中具有重要作用。

零售商相对于批发商，具有以下几个特征：零售商的销售对象是最终消费者，对汽车而言，主要指汽车消费者个人、家庭或从零售商处购买汽车的机关团体等；零售商的交易较批发商零星、频繁，零售商整批购进商品，然后零星分散地销售出去，交易量小，而交易次数却较为频繁；零售商的地区分布较批发商广，一般分散在全国各地广大最终消费者中间。这是由零售商所处的地位决定的，零售商是专门从事零售贸易，直接为广大最终消费者服务的单位，而各种商品的最终消费者分散在全国各地。

(3) 中间商的数量选择

企业在确定备选的渠道方案时，就必须对每个渠道层次中要使用的中间商数量做出决策，在确定中间商数目时，有三种可供选择的战略，即密集性分销、选择性分销、独家分销。

密集分销，是指生产商尽可能地通过许多批发商、零售商来推销其产品，使其购买者能方便及时地买到所需的配件。汽车中的易损件、小工具件、汽车饰品件通常采用这种分销战略，以便扩大市场销售和快速进入一个新市场。

选择分销，是指生产商在某一市场区域内有选择地挑选一些条件较好、较合适的中间商来销售其配件。这样不仅在一定程度上能提高产品的形象，而且也能加强推销力度，有利于生产商和少数中间商之间形成良好的合作关系。如汽车轮胎、汽车音响等通常采用此种分销战略。

独家分销，是指生产商在某一地区仅选择一家中间商推销其产品，双方协商签订独家经销合同，进行独家买卖。通常规定经销商不得经营竞争者的产品，生产商也不得再向其他中间商供货。这种分销战略有利于控制经销商的业务经营，调动其经营积极性，建立双方之间长期稳定的合作关系。这种策略适合于高端汽车品牌。

2. 对渠道方案进行评估

企业根据自己目前的实力与环境状况对各个战略备选方案进行可行性分析，做出使用与否的评价。它的主要任务是在诸多方案中比较，选定其中相对满意的那个方案。企业可以从以下几个方面对渠道进行评估。

(1) 经济性评估：每一种渠道方案都将产生不同水平的销售和成本。因此，生产企业需要考察的第一个问题是：使用企业自己的推销队伍带来的销售量大还是借助分销机构带来的销售量大，以及考虑哪种方式下企业的销售成本小。如图 4-4 所示。

一般情况下，企业使用一家销售代理机构支付的固定成本要比自己建立一支销售队伍支付的固定成本低，但是通过销售代理机构销售成本会随着销量的增大而急剧上升，这是因为销售代理机构获得的佣金费用要比企业销售人员高。在图 4-4 横轴上有一点 Q，在这一销售量水平上，上述两种渠道的销售成本是基本相同的。但是，在销售量低于 Q 时，企业喜欢采用中间商进行销售，因为其销售成本低；在销售量大于 Q 时，企业愿意使用自己的销售

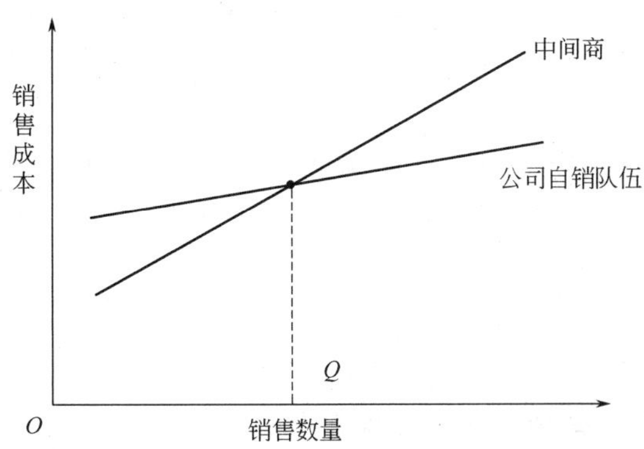

图 4-4 利用中间商和公司自销队伍的成本对比

队伍，因为这样的销售成本低。一般说来，较小企业倾向于采用中间商销售产品，大型企业喜欢建立自己的销售网点。

(2) 可控性评估：评价必须要考虑渠道的控制问题。如使用销售代理商意味着会产生更多有关控制的问题。任何一个分销商只对本企业的利润最大化感兴趣，所以分销商的精力主要集中在如何刺激消费者购买方面上。一家分销机构分销的产品可能有很多种，对于产品的技术问题或其他相关资料信息缺乏细致、周到的了解，导致不能有效地针对产品特性和顾客特性进行营业推广活动，影响到企业产品的销售量。因此，生产企业在选择分销模式时要考虑如何对分销机构施加控制的问题。要想使分销机构全力以赴推销自己的产品，除了在价格上给予一定的折扣条件外，还必须在管理上加强对分销机构成员的控制。

(3) 适应性评估：企业与营销渠道成员常常有一个较为长期的合作关系，并通过一定的形式固定下来。这种长期经销时间的约定，会影响制造商的应变能力，适应性差。如何实现稳定性与灵活性的统一，就是渠道设计者要考虑的适应性标准。从趋势上看，由于产品市场变化迅速，渠道设计者需要寻求适应性更强大的渠道结构，以适应不断变化的营销战略。

任务四 汽车促销策略

【案例导入】

2013 年 1 月 26 日，当李娜第二次因为脚踝受伤临时休息时，身边围绕着教练和来自全世界的闪光灯、摄像机，她略微伸伸手臂，就能看到 T 恤上那明显的三叉星辉标志。最终，这位网球明星与澳网冠军失之交臂。也就在同时，奔驰中国的营销团队换下了原本计划好的祝贺广告，取而代之的是奔驰官号发布的“拼搏，不亚于人”的微博。

然而，奔驰显然不是这场比赛的输家。长达三个半小时的比赛转播，央视转播收视份额分别为 7.57%，与伦敦奥运会央视每天 7.6%平均收视份额不相上下。高收视率配合间隙的电视广告，与李娜一样，奔驰也赚足了观众的眼球。尽管李娜最终没有夺冠，但奔驰再一次将进取、拼搏，通过长袖善舞的网球成功传递。

2012 年奥运会，刘翔飞人大战前夕，宝马营销团队仍在焦急等待，这是宝马奥运会营销策略的收官之战。随着雷声、徐莉佳均已获得金牌，刘翔的战果成为宝马的最后赌注。可惜的是，翔飞人还是提前和奥运会说了再见。好在另两位代言人表现出色，否则宝马也将遭遇尴尬落幕。

类似的押宝戏码仍在持续上演，每一次选择，对于汽车企业而言都经历了一次艰难决定。明星策略，必然是一场赌局。如同竞技体育，残酷无常，没有人注定能永远站到最高领奖台上。

奔驰一直以来坚持赞助网球比赛，并与费德勒、李娜等网球明星签约，对践行年轻奔驰战略也起到了提升作用。

资料整理自：周维维汽车企业“押宝”体育营销

【问题引入】

1. 奔驰及宝马汽车都用了哪些促销工具？

2. 李娜代言奔驰对这个品牌有些什么作用？

一、汽车促销组合

（一）促销的概念

促销或促进销售（Promotion），是企业通过人员和非人员的方式，沟通企业与消费者之间的信息，引发和刺激消费者需求，从而促进消费者购买的活动。

促销方式一般分为两大类：人员促销和非人员促销。非人员促销具体又包括广告、公共关系和营业推广三个方面。促销方式的选择运用，是促销策略中需要认真考虑的重要问题。促销策略的实施，事实上也是各种促销方式的组合编配和具体运作。

促销的实质是达到企业与消费者买卖双方之间的信息沟通。一方面，企业作为产品的供应者或卖方，需要把有关企业自身及所生产的产品、劳务的信息广泛地传递给消费者。这种由卖方向买方传递的信息，是买方借以作出购买决策的基本前提。另一方面，作为买方的消费者，也需要把对企业及产品、劳务的认识和需求动向反馈到卖方，促使卖方根据市场需求进行生产。这种由买方向卖方的信息传递，是卖方借以作出营销决策的重要前提。可见，促销的实质是卖方与买方的信息沟通，这种沟通是一种由卖方到买方和由买方到卖方的不断循环的双向式沟通。如图 4-5 所示。

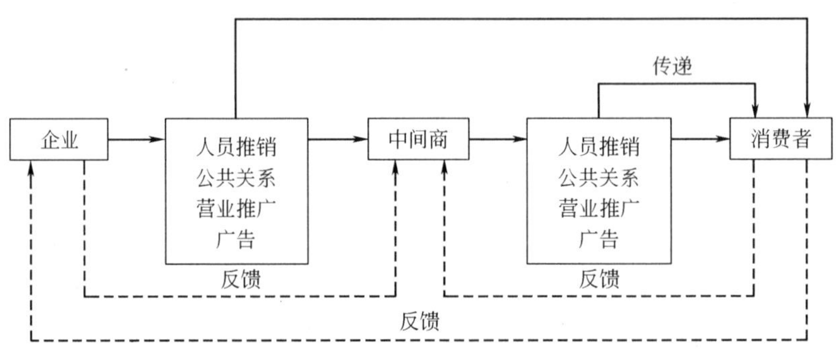

图 4-5　交易双方信息沟通

促销的最终目的是引发和刺激消费者产生购买行为。企业通过运用各种促销方式，对本企业产品进行有效宣传，刺激消费者的欲望，引发消费需求和购买动机，从而促成消费者的购买行为，实现产品和劳务的转移。

（二）促销的作用

在现代市场营销活动中，促销具有以下几方面的重要作用：

（1）传递信息　产品进入市场或即将进入市场，企业通过促销手段及时向中间商和消费者提供信息，并引起社会公众广泛的注意，吸引他们注意这些产品和服务的存在，把分散、众多的消费者与企业联系起来，便于消费者选择和购买，成为现实的购买者。

(2) 唤起需求　在促销活动中向消费者介绍产品，不仅可以诱导需求，有时还可以创造需求。消费需求产生的原始动机，是由人类生存和发展的需要而引发的。随着经济发展和人民生活水平的提高，人们生存、发展需要的内容和范围也在不断拓展，从而形成不断发展的潜在需求。促销的重要作用，就在于通过介绍新的产品，展示合乎潮流的生活方式，从而唤起消费者的购买欲望，创造出新的消费需求。

(3) 突出特点　面对市场上琳琅满目的产品，消费者往往难以准确地识别其性能和效用。企业通过促销活动，可以显示自身产品的突出性能和特点，或者显示产品消费给顾客带来的利益，促使消费者加深对本企业产品的了解，从而增加购买。

(4) 稳定销售　通过有效地实施促销活动，企业可以得到反馈的市场信息，及时作出相应的对策，加强促销的目的性，使更多的消费者对企业及产品由熟悉到偏爱，形成对本企业产品的惠顾动机，从而稳定产品销售，巩固企业的市场地位。

(三) 促销组合

促销组合是指企业有计划有目的地把人员推销、广告、公共关系、营业推广等促销方式进行适当配合和综合运用，形成一个完整的销售促进系统或促销策略。促销组合是市场营销组合的第二个层次。人员推销、广告、公共关系及营业推广等促销方式各有长处和短处，促销的着重点在不同时期、不同商品上也有区别。因此，在实际制订促销策略过程中，需要根据实际情况，对四种促销方式进行适当选择，综合编配，形成不同的促销组合策略。

确定促销组合策略，主要应考虑以下因素：

(1) 促销目标　促进销售的总目标，是通过报道、诱导和提示，促进消费者产生购买动机，影响消费者的购买行为，实现产品由生产领域向消费领域的转移。但在总目标的前提下，在特定时期对特定产品，企业又有具体的促销目标。例如，针对某些产品，企业的促销目标可能是引起社会的公众注意，报道产品存在的信息；也可能是重点突出产品特点、性能，以质量、造型或使用方便吸引顾客；还可能是强调优良的售后服务等。总之，要根据具体的营销目标对不同的促销方式进行适当选择，组合使用，从而达到促销目标的要求。

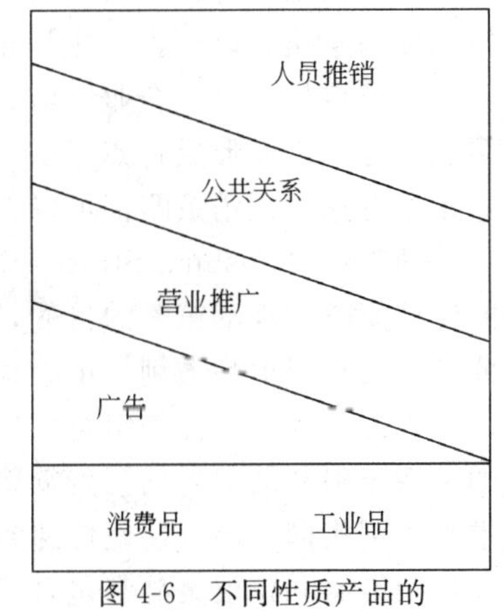

图 4-6　不同性质产品的促销方式选择

(2) 产品性质　不同性质的产品，消费者状况以及购买要求不同，因而采取的促销组合策略也有不同。一般来说，具有广泛的消费者、价值比较小、技术难度较低的消费品，促销组合中广告的成分要大一些；而有较集中的消费者、价值较大、技术难度较高的工业品，运用人员推销方式的成分要大一些。公共关系、营业推广两种方式，在促销活动中对不同性质的产品的反应相对较均衡，应根据具体情况而定，如图 4-6 所示。

(3) 产品生命周期　产品生命周期的不同阶段，企业促销的重点和目标不同，要相应制订不同的促销组合。导入期重点是让消费者了解产品，所以主要采取广告方式，同时也可通过人员推销诱导中间商采购。成长期和成熟期重点是增进消费者的兴趣、偏好，多采取不同形式的广告介绍商品特点、效用。衰退期重点是促成持续的信任和刺激购买，多做广告效果已不大，适宜多采取营业推广的方式增进购买，见表 4-4。

表 4-4 产品生命周期各阶段的促销方式

产品市场生命周期	促销重点目标	促销主要方式
导入期	认识了解产品	各种广告
成长期	增进兴趣与偏爱	改变广告形式
成熟期		
衰退期	促成信任购买	营业推广为主、辅以广告减价等
市场生命周期各阶段	消除不满意感	改变广告内容,利用公共关系

(4) 市场性质　市场地理范围、市场类型和潜在顾客的数量等因素，决定了不同的市场性质；不同的市场性质，又决定了不同的促销组合策略。一般来说，目标市场的空间大，属于消费品市场，潜在顾客数量较多，促销组合中广告的成分要大一些；反之，目标市场的空间小，属于工业品市场，潜在顾客的数量有限，促销组合推销的成分则要大一些。

(5) 促销预算　促销预算因不同的竞争格局、企业和产品而有所不同。促销预算往往采取按营业额确定一个比例的方法，或者采取针对竞争者预算来确定预算额度的方法。不同的预算额度，从根本上决定了企业可选择的促销方式。例如，促销预算大，就可以选择电视广告等费用较高的促销方式。反之，则只可能选择费用较低的促销方式。企业应根据自己的促销目标和其他因素，全面衡量主客观条件，采取经济而又有效的促销组合。

(四) 促销组合的基本策略

不同的促销组合，形成不同的促销策略（Promotional Strategy）。例如，以人员推销为主体的促销策略，以广告为主体的促销策略等。而在以某一种促销方式为主体的促销组合中，又因其市场竞争、企业性质、产品特点、促销目标等诸多条件制约，组合的因素也有轻重缓急之分，进而形成特点各异、样式丰富的促销策略。如果从促销活动运作的方向来区分，则所有这些促销策略都可以归结为两种基本的类型，推动策略和拉引策略。

推动策略（Pushing Strategy）是通过以人员推销方式为主的促销组合，把商品推向市场的促销策略。推动策略的目的，在于说服中间商和消费者，使他们接受企业的产品，从而让商品一层一层地渗透到分销渠道中，最终抵达消费者。拉引策略（Puling Strategy）是通过以广告方式为主的促销组合，把消费者吸引到企业特定的产品上的促销策略。拉引策略的目的，在于引起消费者的消费欲望，激发购买动机，从而增加分销渠道的压力，进而使消费需求和购买指向一层一层地传递到企业。

推动策略和拉引策略都包含了企业与消费者双方的能动作用。但前者的重心在推动，着重强调企业的能动性，表明消费需求是可以通过企业的积极促销而被激发和创造的；而后者的重心在拉引，着重强调消费者的能动性，表明消费需求是决定生产的基本原因。企业的促销活动，必须顺乎消费需求，符合购买指向，才能取得事半功倍的效果。

【小资料 4-1】

在下列情况下，应以推动策略为主：①企业规模小或无足够的资金推行完善的广告计划。②市场比较集中，渠道短，销售力量强。③产品单位价值高，如特殊品、选购品。④企业与中间商、消费者关系亟待改善。⑤产品性能及使用方法需作示范。⑥需要经常维修或需退换。

在下列情况，适宜以拉引策略为主：①产品的市场很大，多属便利品。②产品的信息须以最快速度告知消费者。③对产品的原始需求已显示有利趋向，市场需求日渐升高。④产品具有差异化的机会，富有特色。⑤产品具有隐藏性质，须告知消费者。⑥产品能够激起情感性购买动机。⑦企业拥有充分的资金，有力量支持广告活动计划。

二、人员推销

（一）人员推销的特点

人员推销（Personal Selling）是指通过推销人员深入中间商或消费者中间进行直接的宣传介绍活动，使其采取购买行为的促销方式。

与非人员推销（non-Personal Selling）相比，人员推销的最大特点是具有直接性。无论是采取推销人员面对面地与顾客交谈的形式，还是采取推销人员电话访问顾客的形式，推销人员都在通过自己的声音、形象、动作或拥有的样品、宣传图片等直接向顾客展示、操作、说明，并直接发生相互交流。人员推销的这种直接性的特点，决定了实施过程中既具有优于非人员推销的一面，也有劣于非人员推销的一面。

人员推销的优点主要表现在以下方面：

① 作业弹性大。推销人员与顾客保持直接联系，在促销过程中可以直接展示商品，进行操作表演，帮助安装调试，并且根据顾客反映出来的欲望、需求、动机和行为，灵活地采取必要的协调措施。对顾客表现出来的疑虑和问题，也可以及时进行讨论和解答。此外，推销人员在促销的同时，尚可兼做许多相关性的工作，如服务、调研、情报收集等。

② 针对性强。采取广告方式等非人员推销手段，面对的是广泛的社会公众，他们可能是也可能不是该产品的顾客。而人员推销在作业之前往往要事先对顾客进行调查研究，选择潜在顾客，直接针对潜在顾客进行促销活动，具有较强的针对性，促销绩效也比较明显。

③ 及时促成购买。人员推销的直接性，大大缩短了从促销活动到采取购买行为之间的时间间隔。如果采取广告促销方式，顾客尚有一个接收、思考、比较、认定以及到店购买的时段，而人员推销活动，则可以使顾客的种种问题迎刃而解，在推销人员面对面的讲解、说服帮助下，可以促进顾客立即采取购买行为。

④ 巩固营业关系。推销人员在与顾客长期反复的交往过程中，往往培养出亲切友好的关系。一方面，推销人员帮助顾客选择称心如意的商品，解决产品使用过程中的种种问题，使顾客对推销人员产生亲切感和信任感；另一方面，顾客对推销人员的良好行为予以肯定和信任，也会积极宣传企业的产品，帮助推销人员拓展业务，从而形成长期稳定的营业关系。

人员推销最主要的缺点是：当市场广阔而又分散时，推销成本较高；推销人员的管理比较困难；理想的推销人员也不容易获得。

（二）推销队伍的设计

推销人员是企业与消费者之间的纽带。一方面，推销人员代表着企业，是企业的代表，因而对推销人员一种流行的称谓是销售代表（sales representative）；另一方面，推销人员又与消费者紧密联系，反映着市场需求状况。企业应认真研究销售队伍的设计问题，确定销售队伍的职责、结构、规模和报酬方式。

1. 推销人员的职责

① 探寻。不仅了解和熟悉现有顾客的需求动向，而且尽力寻找新的目标市场，发现潜在顾客，从事市场开拓工作。

② 沟通。与现实的和潜在顾客保持联系，及时把企业的产品介绍给顾客，同时注意了解他们的需求，沟通产销信息。

③ 销售。通过与消费者的直接接触，运用推销的艺术，分析解答顾客的疑虑，达成交易的目的。

④ 服务。除了直接的销售业务，推销人员尚需提供各类服务，诸如业务咨询、技术性协助、融资安排、准时交货。

⑤ 调研。推销人员可以利用直接接触市场和消费者的便利，进行市场调研和情报工作，并且将访问的情况作出报告，为开拓市场和有效推销提供依据。

⑥ 分配。在产品稀缺时，将稀缺产品分配给最急需的顾客并指导客户合理利用资源。

2. 推销队伍的结构

随着市场经济日益发展，市场状况复杂多变，需要把推销队伍的结构问题纳入企业销售战略来认真研究。推销队伍的结构主要有以下几种设计：

① 地区式结构，即按区域设置销售代表，几个销售代表或销售小组负责一个区域的商品销售。这种结构的好处是：推销人员的责任明确；促进推销人员与当地客户的联系；因推销人员固定在一个区域活动而减少费用开支。

② 产品式结构，即按产品设置销售代表。随着产品技术日益复杂、产品种类的增加以及产品间关联度的下降，推销人员要掌握全部产品的知识日益困难，按产品专门化组成销售队伍就有利于推销人员熟悉产品性能，有效组织销售。

③ 市场式结构，即按顾客的特点设置销售代表。企业可针对不同行业设置销售代表，便于推销人员长期了解该行业的需求特点；企业也可针对客户规模设置销售代表，便于对大客户和小客户分别促销。市场式结构的好处在于每个推销人员对特定顾客的需求可进行深入了解；市场式结构缺点是，如果各类顾客较为分散，则推销人员的费用开支较大。

④ 复合式结构，即将地区、产品、市场几种结构混合起来设置销售代表。这一类结构可以按“地区-产品”、“地区-顾客”、“产品-顾客”进行分工，也可以按“地区-产品-客户”进行分工。复合式结构适应于复杂多变的市场情况，增强了企业营销能力，但由于形式复杂，也给管理带来一定的难度。

【小资料 4-2】

推销队伍是企业最具有生产力和最昂贵的资产之一。高质量的推销队伍可以创造巨大的财富，当然推销人员的增加又会增加企业成本。因此，需要将推销队伍的规模确定在适当的水平。

企业通常采用工作量法来确定推销队伍的规模。这个方法主要包括五个步骤：

1. 将顾客按年销售量分成大小类别。

2. 确定每类顾客所需的访问次数。

3. 各类顾客所需的访问次数即是整个地区的访问工作量，即每年的销量访问次数。

4. 确定一个推销代表每年可进行的平均访问次数。

5. 将总的年访问次数除以每个销售代表的平均访问次数即得所需的销售代表数。

3. 推销人员的报酬

为了吸引高素质的推销人员，企业应拟定一个具有吸引力的报酬计划，推销人员的报酬水平，一般应以同类销售工作和所需能力的“当前市场价格”为依据。

销售代表的报酬一般采取三种方式：

① 纯薪金制。推销人员获得固定的薪金，开展业务所需的费用由企业支付。这种方式的优点是给推销人员很高的安全感，易于管理；缺点是缺少有效的物质激励，难以激发推销人员的进取心。

② 纯佣金制。推销人员的报酬完全与其销售额或利润挂钩。在纯佣金制中，推销人员的各项费用开支，已计入所获的报酬中，费用开支大小完全由推销人员自己负责。纯佣金制的优点是给推销人员巨大的激励，鼓励推销人员尽最大的努力工作；缺点是推销人员缺乏安全感，不愿意做推销工作以外的其他工作。

③ 薪金佣金混合制。企业把推销人员的报酬分成两大部分：一部分是相对固定的薪金，另一部分是佣金。这种方式力求保留薪金制和佣金制的优点，又尽量避免各自的缺点。薪金与佣金的比例要根据企业的实际情况确定。

（三）推销队伍的管理

推销队伍的管理包括推销人员的招聘、培训、指导、激励和评价等环节。

1. 推销人员的招聘

企业高效率的推销取决于拥有一支高素质的推销队伍，选拔优秀的推销人员，对于企业拓展市场极为重要。如果优秀的推销人才为竞争者所罗致，对企业将是双重的损失。企业家的重要任务之一，就在于识别和选拔优秀的推销人才。推销人员的甄选，可选自企业内部，亦可对外公开招聘。从企业内部挑选，由于被选人员业已具备企业产品技术知识，对企业的政策及经营计划也比较清楚，可以减少培训的时间与内容，迅速扩充销售力量。

【小资料 4-3】

一般来说，优秀的推销人员需要具备以下素质：

1. 富于进取心。销售人员肩负联系企业与消费者的重任，工作艰巨。因此，推销人员应具有对企业和产品高度的热忱，有坚定的信心，有勤劳的习惯，有任劳任怨的精神和克服困难的勇气。优秀的推销人员有一种内驱力，具有强烈要求完成推销任务的内在需要。

2. 服务精神好。推销人员不仅是企业的代表，也是消费者的顾问。要想顾客之所想，急顾客之所急，勇于服务，不辞辛苦。不仅能把握推销机会，还能作为客户的顾问，帮助顾客获取购买和消费的利益。优秀的推销人员，能设身处地为顾客着想。

3. 知识层面广。推销人员必须有旺盛的求知欲，善于学习为完成推销工作所必需的广泛知识。推销人员的知识主要包括：企业知识、产品知识、用户知识、市场知识。优秀的推销人员，是一个“万事通”，是熟悉本行业产品的行家里手。

4. 推销技巧熟。销售人员要举止适度，谦恭有礼，仪表端庄，态度从容，谈吐文雅，口齿流利，平易近人，谨慎机敏。绝对避免与顾客争吵，保持良好的礼貌与风度。为了获得推销的成功，推销人员要准确地了解顾客的愿望、需要、爱好、职业和购买习惯，利用推销艺术，帮助顾客克服疑虑，把握良好的成交机会。优秀的推销人员，能做到不卑不亢，知己知彼，灵活机动，运用自如。

2. 推销人员的培训

推销人员甄选决定后，应认真加以训练，才可充任企业的代表从事推销工作。原有的推销人员，每隔一段时间，也应组织集训，学习和认识企业新的经营计划，新的市场营销策略与新产品。

推销人员的训练的总目标一般是：

① 以一定的推销成本获得最大的销售量。

② 确定推销队伍。

③ 达成良好的公共关系。

在总目标下，还应根据推销人员的任务，推销人员的建议以及推销工作中出现的问题，确定训练项目，作为每阶段训练的特殊目标。推销训练的内容一般包括：产品知识、企业知识、市场知识、推销技巧。具体要结合推销目标、推销职务所需的条件、推销人员的现有素质、企业的市场策略等因素来确定。

推销训练的方法可分集体训练和个别训练两种。集体训练的方法有：专题讲演与示范教学，按学习纲要进行考试与品评，分组研讨，职位演练等。个别训练的方法有：在职训练、个别谈话、函授课程、采用手册或其他书面资料、利用视听教辅器材等。

推销人员的训练是一项经常性的工作，由于新产品、新技术、新设备、新建议、新市场、新竞争对手不断产生，只要有推销人员和推销任务，都必须继续训练和反复训练，并对训练效果进行评价。推销训练效果的评价主要有以下几方面：

① 新进推销人员达到一般水平所需时间。

② 受过训练与未受训练者的推销成果比较。

③ 最佳与最差推销人员的个别受训背景。

（四）推销程序

人员推销是一门科学，也是一门艺术。推销要遵循一定的程序和方法，但同时又要灵活运用，只有结合推销人员自身条件以及市场环境，融会贯通，巧妙运筹，才能取得良好的推销效果。整个推销过程包括了如图 4-7 所示的相互联系的步骤。

图 4-7 推销程序

1. 加强信心

推销人员具有成功的信心，才能在推销活动中语言、资料运用自如，在推销产品的同时也把成功的信心和感觉传递给顾客。这种顽强精神和毋庸置疑的态度，往往使顾客对推销人员和产品产生信任，从而促进交易的进行。

加强信心的方法主要有：了解企业及产品的资料；了解自己并用己之长；总结经验；放松自己。

2. 发展信任

顾客的信任是推销人员得以顺利展开促销活动的重要环节。赢得顾客的信任，就能找到推销的理由和途径；得不到顾客的信任，顾客就可能从防御的立场出发，使推销难以进行。换言之，顾客只愿同他们信任的推销人员做生意，推销人员推销的首先是自己。顾客先买你，然后才买你的产品。企业的产品同竞争对手的差异越少，推销人员推销自己的成分就越大。

发展信任的主要方法是：帮助顾客；突出产品的特点。

3. 分辨需求

要达成有效的推销，必须了解顾客的需求，弄清顾客究竟要什么。如能搞清顾客的要求和他们如何考虑问题，就可使顾客置身于交易之中，聚精会神地考虑你的观点，从而分辨出消费者的真正目标。推销人员往往主观地认为顾客知道自己要什么，而实际上常常并非如此。顾客可能知道自己的问题和目标，但他可能常常不知道通过什么方式来满足需求，不知道选择什么商品以及这些选择带来的影响。推销人员的任务在于要在一系列表面现象中抓本质，明确消费者的实际需求，并明确他们如何作出购买决策以及决策的关键人物。

分辨需求的主要方法包括以下几方面：提出问题；筛选问题；重点讨论。

4. 提出建议

提出建议是实现交易目标的前提。在提出建议阶段，推销人员作为顾客的参谋、顾问的角色表现得淋漓尽致。了解了消费需求后，要懂得提出合理的建议，最大限度地满足顾客需求，才能一矢中的。提出建议的过程是推销人员的目标与顾客的目标协调一致的过程，推销目标与需求目标的交叉点或吻合点是达成交易的关节点。如果顾客对推销人员的建议没有疑问，距达成交易的目的就不远了。

提出建议的方法主要包括：在适当的时刻提出建议；突出交易带来的利益；有效运用交易辅助品。交易辅助品，包括纸、笔、样品、宣传资料、视听资料、图片等。

5. 推动交易

推销的有效性是由顾客的行动来衡量的，如果无法成交，你就无法卖出产品。成交是一系列促使顾客做出购买决定的行为。所有的交易在最后时刻都面临三种结果：拒绝、拖延、成交。推销人员要力求避免前两种情况的出现，一鼓作气推动交易完成。

推动交易的主要方法包括以下几个方面：选择适当的成交时间，推销人员要特别注意达成交易的信号，在出现这些信号时，要提出成交的要求。说服顾客现在采取行动。成交的一般规律是：一直向顾客提供现在就买的理由，指出如果延误造成的损失及立即行动带来的收益；重复保证购买的收益。推动交易的另一个重要方法是：当感到顾客有拖延的倾向，犹豫不决时，应及时抓住重点，向顾客重复宣传达到交易带来的收益以及延伸效益，加强顾客的信心。

6. 后续服务

后续服务是指推动交易完成后，尚需进行持久的追踪调研和持续访问。不少推销员在交易完成之后就停止工作，恰恰是失去未来顾客的重大失误。持之以恒地保持同顾客的关系，往往可以长期保持销售关系，甚至扩大销售；此外，对那些拒绝、拖延的顾客进行持之以恒的努力，也将取得出人意料的结果。

后续服务的方法主要是进行追踪访问。在大部分交易中，追踪访问比多次访问新顾客的投入少、效果好。追踪访问应从调查产品使用效果或保持良好的人际关系入手，做到未雨绸缪。如果一味急于扩大销售或询问顾客的决策，往往不受顾客的欢迎。当很多工作做在前面时，达成新的交易的目的就不难实现了。

（五）推销谈判

人员推销的过程，在一定意义上就是推销人员与客户进行谈判的过程。推销谈判，是指推销人员与客户为达成商品交易所进行的相互磋商交易条件的过程。

推销谈判的主体是代表企业利益的推销人员和作为推销对象的客户（包括营利组织、非营利组织、政府机构和最终消费者）。推销谈判的目的是达成商品交易，即推销人员有效地把产品和劳务销售给客户。推销谈判的方式是对交易条件进行相互磋商，最重要的交易条件是价格，此外还包括数量、质量、包装、储运、保险、支付、商检、索赔、仲裁等一系列其他交易条件。

一般来说，推销谈判包括了规划、开局、磋商、结束等四个相互联系的阶段，在不同的阶段有特定的工作内容和工作技巧，需要推销人员认真学习，反复实践和总结。

1. 规划阶段

规划阶段的主要工作是背景调查、组织准备、制订计划三个方面。

（1）背景调查　推销人员在正式进行推销谈判之前，需要对所处的政治、法律、经济、自然和文化环境进行调查，还要对谈判对手的组织、人员背景以及谈判人员自身状况进行调查。通过对环境、谈判对手、自身状况的充分调查研究、充分掌握谈判的基本资料，为有效开展谈判创造良好的基础。

（2）组织准备　对即将展开的谈判进行组织准备，包括对谈判人员的选择以及谈判班子的搭配。

（3）制订计划。制订谈判计划，主要是对谈判时间、地点、议程的基本安排。

2. 开局阶段

开局是正式进入谈判的第一阶段，主要工作是营造气氛和开场陈述。

（1）营造气氛　推销人员要努力营造一个有利于展开谈判的气氛，通过语言、表情、环境和有关活动的开展，形成有利于相互信任和交流的场景。

（2）开场陈述　在开场陈述中表明自身的立场、观点以及可以为达成协议所作的贡献，使参与谈判的另一方明确对方的基本立场和基本态度。开局的基本要求是：行为得体、表情自信、沟通顺达。

3. 磋商阶段

磋商包括报价与价格解释，价格评论与讨价还价，谈判僵局的化解等几个方面。

（1）报价与价格解释　报价的技巧是：策略性虚报、差别报价、对比报价、分割报价。在报价之后，报价方要进行价格解释，即就商品特点，报价的价值基础，市场行情以及计算方式向对方进行介绍、说明和解答。价格解释的技巧是：有问必答、不问不答、避实就虚、能言勿书。

（2）价格评论与讨价还价　价格评论是谈判一方对报价方的报价及其解释进行的评析、论述。价格评论的基本原则是：针锋相对、严密组织、边听边议。讨价是要求报价方改善报价的行为，讨价的基本技巧是：以理服人、相机行事、投石问路。还价是谈判一方对报价方的报价作出的反应性报价行为，还价的基本技巧是：吹毛求疵、积少成多、最大预算。

（3）谈判僵局的化解。在谈判中，由于双方立场争执，沟通障碍等原因可能会形成僵持的局面。化解僵局的主要技巧是：转移话题，避免长时间争论；暂时休会，利用场外沟通取得谅解；有效退让，通过有条件地让步化解僵局。

4. 结束阶段

在谈判进行到一定阶段，如果出价方已进入己方最低目标，并且关键的问题已得到解决，就进入结束阶段。此时，应把握火候，通过折中进退的方式，及时结束谈判。

三、广告

（一）广告及作用

1. 广告的概念

广告（Advertising）具有悠久的历史，广告的定义随着时代的发展而变迁。早期人们通常把凡是以说服方式（包括口头方式和文字、图画等），有助于商品和劳务销售的公开宣传，都称为广告，即所谓广义的广告。随着时代的发展，人们逐步把广告的概念进一步界定，形成狭义的广告，或营销活动中的广告。

【小资料 4-4】

15 世纪中叶，美国第一个印刷家威廉·凯克斯顿印出第一张文字广告。1662 年英国《每日新闻》开始刊登报纸广告。1882 年，哈默在伦敦安装了第一个灯光广告。20 世纪 20 年代出现了广播广告，20 世纪 40 年代出现了电视广告。

在营销活动中，广告是指由特定的广告主，有偿使用一定的媒体，传播商品和劳务信息给目标顾客的促销行为。这个概念包含了以下含义：

① 广告应有特定的广告主并由其付出一定的代价。市场营销活动中所指广告需要有特定的广告主，并为其所作的广告付费。

② 广告是市场经济活动的一种传播手段。广告本身不是一个独立的实体，而是市场营销活动的组成部分，它的真正目标是为增加销售作有效的传播。因而广告的最后效果在于修正消费者的态度和行为。

③ 广告是以非人员方式有计划地进行促销活动。广告活动必须通过一定的媒体，并且要为之支付费用，它是一种系列活动，包括计划、准备和通过大众传播媒体作信息的传递。

④ 商品广告的范围主要包括商品与服务两大部分。通过广告活动，能唤起有关商品与服务的需求，诱导和促进购买动机的产生。

2. 广告的作用

在市场营销活动中，广告的功能主要包括以下几方面：

(1) 认识的功能　广告深入到社会各个角落，传播面广而及时。对某些商品购买者而言，人员推销反而不易接近，唯有广告才能迅速缩短距离，减少隔阂。广告可为企业敲开广大消费者之门，使他们对企业、产品、品牌、商标等有所认识。通过广告的介绍可帮助消费者认识新产品的质量、性能、用途、保养使用方法和购买地点、手续以及各种售后服务情况。

(2) 心理的功能　广告可使消费者对企业和产品具有良好印象，诱发消费者的感情，引起购买欲望，促进消费者采取购买行为。成功的广告活动，可以发展顾客对企业和产品的偏爱，增加习惯性购买，防止销路萎缩，延长产品生命周期。在大多数情况下，利用广告来扩大销路比削价的办法更为有效。削价不仅易遭到竞争者的报复，而且易引起消费者对产品的不信任感。生产者的广告活动，还可增强中间商对产品的信心，密切与中间商之间的关系。

(3) 美学的功能　广告也是一种艺术，好的广告能给人以美的享受，能使店容店貌更加宜人，能美化市容环境。广告设计通过选择令人感兴趣的题材，进行艺术加工，从而形成形式与内容的统一，引人入胜。

(4) 教育的功能　广告题材十分广泛，它不仅来自商品本身，而且可选择与人们身心健康有关的题材，与儿童成长有关的题材，与社交活动有关的题材，有助于人们发奋进取的题材等，从而起到帮助消费者树立新的道德观、人生观和良好道德风尚的作用。

（二）广告决策

1. 广告目标的确定

决定广告策略，首先要考虑的因素是广告欲达成的目标。依据对增加销售和利润的重要程度，广告目标可有以下四种：

(1) 呈现　目标在于透过广告把商标、企业名称传送给社会，让大家知道这家企业的存在，当推销人员去拜访时，脑子里应先有印象。

(2) 认识　企业在目标顾客已看到或听到其广告后，进一步要通过广告让顾客充分认识企业和产品，记住产品的性能、品质特点。

(3) 态度　目标在于增进目标顾客对企业和产品的喜爱程度，希望通过广告改变人们的态度和思考方式，更倾向于企业的产品。

(4) 销售　一切广告的最终目标都在于增加销售，但广告本身很可能并不会达成某一交易。以销售为目标的广告，重点是宣传现在就买的理由。

由于广告目标的差别，可将广告分为两种类型：企业广告，目的在于提高企业的名望，属于商誉广告，可间接加强对产品的推广；产品广告，目的在于提供产品信息，增进商品销售。产品广告又分为开拓性广告和竞争性广告，前者的目的在于唤起初级需求，适用于产品初期推广阶段。后者的目的在于唤起选择性需求，适用于市场成长阶段及成熟阶段。

企业究竟选择什么样的广告目标，需要具体分析以下一些重要因素：

① 企业的市场发展总策略，广告目标必须与之相协调。

② 产品的市场生命周期，处于不同阶段的产品，广告目标也必然不同。

③ 消费者特征及所处的行为程序阶段。消费者对不同的产品有不同的购买特点，在购买过程中也有不同阶段的行为特征，广告必然要针对具体的情况和要求选择相应的目标。

2. 广告预算的安排

广告预算从财务上决定了企业广告宣传的规模和类型。广告预算大时，企业可以从事许多种类的广告，也可选择一些花费高昂的广告，反之则只可能进行有限的选择。

影响广告预算的因素主要有：产品新颖程度、产品差别的可能性、产品竞争能力、目标市场的大小，竞争能手的强弱等。当然，最根本的是企业自身的实力如何。企业的实力雄厚，财务状况良好，预算的额度就可能大一些。

广告预算的主要方法有：

(1) 倾力投掷法　在企业实力雄厚的情况下，广告预算采取广告费用能支付多少，就定多少的办法。这种方法的优点在于有利于大力宣传企业的产品，易于迅速扩大知名度。缺点是广告费用支出不一定符合市场开发的需要，可能出现浪费。

(2) 销售百分比法　按销售额的一定百分比确定预算。其中因销售额的选择不同，如可选上年的销售额，本年计划的销售额，以及前几年平均的销售额等，可能有不同的销售百分比。这种方法的优点是：广告费与销售额挂钩，使企业的每一笔广告费支出都与企业盈亏息息相关。缺点是倒果为因，把销售额的变动作为广告费变动的原因而不是结果，由于不区分市场情况，常依过去的经验采用同一百分比，缺乏机动性。

(3) 竞争对等法　以竞争对手的广告支出作为参照来确定企业的广告预算。其基本假定是竞争对手的支出行为在本行业中有一定代表性，同时本企业有能力赶上竞争对手的广告努力。这种方法的优点是有利于企业竞争，缺点是竞争对手的广告费用不易确定，并且在很多方面难以模仿。

(4) 目标任务法　在确定广告预算时主要考虑企业广告所要达到的目标。首先尽可能地明确广告的目标；其次确定这些目标所要从事的工作；最后估计每项工作所需的成本，各项成本相加即广告预算。这种方法的优点是逻辑上合理，使企业的特定目标与广告努力联系起来。缺点是广告目标不易确定，预算也就不易控制。

3. 广告媒体的选择

广告所发出的各种信息，必须通过一定的媒介载体才能传达到消费者。广告媒体是在广告主与广告接受者之间起媒介作用的物体。广告所运用的媒体，有报纸、杂志、广播、电视、网络、电影、幻灯片、户外张贴、广告牌、霓虹灯、样本、传单、书刊和包装纸等。其中最常用的四大媒体是报纸、杂志、广播、电视。由于不同的广告媒体有不同的特点，起不同的作用，各有其优缺点，在广告活动中应根据实际情况择善而行。

根据各种媒体客观上存在的优缺点，在选择时应着重考虑以下因素：

(1) 产品的性质　工业品和消费品，高技术性能产品和一般性产品，应分别选用不同的媒体。如服装广告，重要的是显示其式样、颜色，最好在电视和杂志上用彩色画面做广告，可以增加美感和吸引力；高技术性能的机械电子产品，则宜用样本做广告，可详细说明其性能。

（2）消费者的媒体习性 不同媒体可将广告传播到不同的市场，而不同的消费者对杂志、报纸、广播、电视等媒体有不同阅读、收视习惯和偏好。广告媒体的选择要适应消费者的这些习惯和偏好才能成功。如女士用品广告，刊登在妇女杂志上较好；学龄前儿童广告，最好的媒体选择是电视。

（3）媒体的流通性 不同的媒体传播的范围有大有小，能接近的人口有多有少，市场的地理范围关系到媒体的选择。目标市场面向全国的产品，宜在全国性报纸杂志和广播、电视上做广告；局部地区销售的产品，则可选用地方性的广告媒体。

（4）媒体的影响力 报纸杂志的发行量，广播电视的收视率，是媒体影响力的标志。媒体的影响深入到市场的每一个角落，但越出目标市场则属于浪费发行；需要一定频率才能加深消费者印象的，消费者接触少就不易见到收效；需要把握季节性宣传的，不能及时刊登就会丧失市场机会。

（5）媒体的成本 广告活动应考虑企业的经济负担能力，力求在一定预算条件下，达成一定的触及、频率、冲击与持续。

4. 广告的步骤与方法

为使广告活动取得预期效果，除认真研究各种主客观因素，选择广告媒体，拟定广告预算外，还必须精心设计和制作广告。好的广告必须先有好的广告文本。创作良好的广告文本应遵照以下四个步骤：

（1）引起注意 只有引起消费者的注意，才能达到广告宣传的目的。因此，制作广告首先要使消费者对宣传的事物产生注意力，利用各种方式吸引消费者。从心理学上说，注意分为无意注意和有意注意。前者指无目的的、由外部刺激所引起的注意；后者指自觉的、由本身发生的刺激所引起的注意。在现实生活中，大部分的注意都是无意注意。广告的制作，要力求使顾客由无意注意转化为有意注意。

广告制作中引起注意的方法一般有以下几种：

① 增强刺激。在其他因素不变的情况下，注意力与刺激的强度成正比。艳丽的色彩、曲调悠扬的音乐等因素都能加强刺激。

② 扩大地位。将广告置于显著位置，或将广告的重点置于展示的中心，会达到引人注目的效果。

③ 加强对比。通过大小、轻重、浓淡、动静、强弱等方面的强烈对比，也能引起注意。

④ 突出目标。在广告内容、构图上力求中心突出，才能引起注意。否则，内容过于庞杂零乱，容易使人不知所云。

（2）把握兴趣 在引起注意的基础上，要进一步诱发顾客兴趣，强调产品利益，这样可以引起顾客的关注和好奇心，这是把握兴趣的关键。此外，由于消费者的文化、职业、年龄的不同，兴趣各异，应针对具体情况，从广告语言、氛围、造型等方面适应消费者的不同需要。

（3）形成愿望 在拟定广告文本时，应运用心理学或社会学的技巧，以理智和情感动机，触动消费者对某一产品产生需求，诱发其购买动机。

（4）诱导行为 必须使消费者深信企业的产品确实可满足其个人需求，并使其态度倾向于广告展示。由于消费者需求不同，故应区分异质产品，区分潜在市场，并分别作展示，建立商标印象，促进诱导工作的完成。

（三）广告效果的测定

广告应讲求经济效果。要提高广告宣传经济效果，首先应对广告效果进行测定和分析，找出广告活动中的问题所在，改进广告设计及制作，避免有形损失与无形损失，发现提高广告效果的准则。

测定广告效果，可以从广告引起的销售效果和广告自身的效果两个方面来进行。

销售效果是把广告费用与销售额的增加作比较。计算公式为：

$$广告效果比率=\frac{销售增加率}{广告费增加率}\times 100\%$$

采用此法测算广告效果，只能作测量广告效果的参数。因为商品销售的增减及增长的快慢，是由多种因素决定的，广告的影响只是诸多因素之一。而在诸多因素中要把广告因素单独抽出来，又是难以办到的。并且广告作用的发生，不一定有立即性，常常附有延迟性的影响。所以，广告效果测定还应主要从广告本身的效果来测定。

广告本身效果是以广告的收视率、收听率、产品知名度等间接促进销售的因素为根据的。广告本身效果的测定，主要包括以下项目：

① 注意度测定，是指对种种媒体广告的读者率、收听率、视听率的测定。

② 记忆度测定，是指对广告重点内容的记忆，如企业名称、商品名称、商标、商品性能等，其中主要是知名度的测定。目的是了解消费者对广告印象的深刻程度。

③ 理解度测定，是指消费者对广告所表达的内容和信息的理解程度的测定。测定理解度，对改进广告创作技术有重要参考价值。

④ 购买动机形成测定，是指测定广告对顾客的购买动机形成究竟起多大作用。

广告自身效果测定的方法，可采取市场调查、实验以及专家评价等形式进行测定。当然，仅用上述广告的经济效果测定还不够。广告所传播的范围广泛，还要考虑其对社会的影响，因此，广告其效果测定也应包括社会效应的内容。

【小资料 4-5 汽车展销会】

顾名思义，汽车展销会的意义就在于通过对汽车这种产品的展览和展示来促进其的销售。由于汽车展销会具有一般广告、促销、直销、公共关系等营销沟通工具的共性，所以近几年来伴随着我国汽车工业的大发展，各种各样的汽车展销会也如雨后春笋般蓬勃地发展起来，汽车展销会也越来越赢得汽车制造商和销售企业的青睐。

首先，汽车展销会的参观者在短时间内比较集中，而且大部分都是潜在的汽车消费者，所以对于汽车生产和制造企业来说是一个展示品牌和形象的绝佳机会。其次，汽车展销会还是生产商、批发商、分销商交流沟通贸易的汇集点。第三，汽车生产商和销售商还能够通过汽车展销会调查、观察有关信息。它能够帮助生产商和销售商准确把握行业发展趋势，制订符合实际的生产、经营战略、策划和计划。同时，汽车展销会还是一个低成本的营销中介体。据有关资料介绍，就寻找一个客户所花费的平均费用，它与推销员推销、公关推销、广告推销等手段相比是 1∶6，显然优于其他手段。

正是由于以上这些功能作用，面对各种大小规模不一的汽车展销会，汽车生产商和销售商如何利用这种销售促进的方法就值得认真去推敲和琢磨了。参加汽车展会的工作要点有：

1. 展前工作

(1) 确定展览主题及主推车型

根据展览主要目标，选择制定展览主题，并围绕主要车型设计及规划，以取得最佳展示效果。

(2) 会场布置

其中包括现场环境的布置、设计及颜色搭配，对于灯光及前景音乐都应与展览主题充分结合。

(3) 展览现场活动设计

为了更加有效地吸引客户注意力，现场可穿插表演、产品介绍、抽奖等活动，提高客户的参与度。

(4) 资料包的设计

其中包含纪念品及单张精致宣传资料，并将其适当分类、组合，提供人员在现场根据客户不同的意向提供不同内容的资料包。

(5) 人员训练

包含人员的接待技巧、活动流程掌握、专业知识及销售工作的相关工具，都应透过训练，使所有参与人员的工作表现确实到位。

2. 展期工作

(1) 客户资料及信息收集

可透过活动现场来进行潜在客户信息收集及客户意见调查。

(2) 活动时间及流程的掌握

按展会过程，透过时间的安排，有效开展不同的活动，以不同的面貌带给客户不同的感受。同时现场工作人员也应确实掌握现在客户动态，并引导其参与活动。

3. 展后工作

(1) 活动总结

在活动结束后，应将本次活动从过程及结果进行总结，了解活动的实际表现与活动的计划之间的评估比较。

(2) 客户追踪

活动结束后，应将客户信息进行分类、确认，并对重点客户进行后续追踪。

(3) 下次活动准备

根据本次活动的经验提炼下次活动的关键成功要素，以强化下次活动执行结果。

【案例链接】

北京时间2012年3月20日，据彭博网的埃里克-马图泽斯基报道，林书豪在球场上春风得意时，在场外他的商业代言活动也方兴未艾。近日，他将与沃尔沃公司签订两年合同，成为该公司所生产汽车的代言人。

林书豪和在中国和美国两地均有大宗生意的沃尔沃公司签订两年合约。作为首位效力于NBA的美籍亚裔球员，林书豪将于赛季结束后，拍摄为沃尔沃代言的首款广告片。据该公司相关人士透露，他的形象此后将在公司的广告宣传活动中多次出现。“从小到大，我从未购置过任何豪华车、名贵手表及其他奢侈品，”林书豪称，他还特意提到如今虽然在纽约生活，他也没有购置过一辆车，“能寻觅到一家高端的，我也还能负担得起相关费用的汽车品牌，对我来说很重要。”

而由浙江吉利控股集团所有的沃尔沃公司，也希望借助林书豪的人气，于2020年时在中国内地这片汽车销量增幅最快的市场，将销售量翻一番，达到80万辆。

浙江吉利控股集团在2010年8月，花费18亿美元从福特公司旗下收购沃尔沃，创下了中国汽车制造商海外收购的最高纪录。沃尔沃生产的S40和XC90款汽车，去年共售出44.9255万辆。该公司还准备在中国再开设两家汽车制造厂和一家发动机制造厂。

资料来源：新浪体育讯　2012年3月20日

【问题思考】

你是如何看待沃尔沃汽车的代言人选择的？

四、营业推广

（一）营业推广的特征和类型

1. 营业推广的特征

营业推广（Sales Promotion）是指为刺激需求而采取的能够迅速激励购买行为的促销方式。与其他的促销方式不同，营业推广多用于一定时期、一定任务的短期特别推销。一般来说，人员推销、公共关系、广告等促销方式都带有持续性和常规性的特征，而营业推广则常常是上述促销方式的一种辅助手段，用于特定时期、特定商品的销售。

营业推广主要是一种战术性的营销工具，而非战略性的营销工具，作为一种短期的促销方式，营业推广一般具有两个相互矛盾的特征：

（1）强烈呈现　营业推广的许多方法往往把销售的产品在消费者的选择机遇前强烈地呈现出来，似乎告诉消费者这是一次永不再来的机会，购买该产品可以带来额外的好处。通过这种强烈的刺激，企业迅速消除顾客疑虑、观望的心理，打破顾客的购买惰性，使其迅速购买。

（2）产品贬低　由于营业推广的很多方法都呈现强烈的吸引氛围，有些做法难免显示出企业急于出售产品的意图，如果使用不当，就可能使消费者怀疑产品的品质，产生逆反心理。

营业推广这种刺激迅速购买的方式，暗含了一个基本的假设前提——消费者的购买欲望，是可以通过强烈刺激而释放或提前释放的。因此，企业在以其他方式促销的同时，短期内需要给予消费者一剂“兴奋剂”来消除其购买惰性，增加商品购买行为。当然，这种方式的副作用就是可能造成产品贬值，因而要适可而止，因地因品适度展开。

2. 营业推广的类型

根据市场和产品等不同特点，营业推广的手法多种多样，归结起来，主要有三种方式或类型：

① 针对消费者的推广，是指通过对消费者的强烈刺激，以求迅速采取购买行为。

② 针对中间商的推广，是指通过刺激中间商，促使中间商迅速采取购买行为。

③ 针对推销人员的推广，是指针对本企业推销人员展开的推广，目的是鼓励推销人员积极开展推销活动，以达到更大的销售量。

（二）营业推广的作用

最近十余年来，营业推广在促销组合中的作用日益加强，营业推广的费用在企业促销费用支出中的比例越来越大，已远远超过广告费用支出。企业之所以对营业推广倍加青睐，是因为在日益剧烈的市场竞争中，营业推广发挥着独特的作用。

（1）加速新产品市场导入的进程　当消费者对刚进入市场的新产品还不够了解，不能作出积极的购买决策时，通过有效的营业推广措施，如免费试用、折扣优惠等，可以在较短时期迅速让消费者了解新产品，促进消费者接收产品，从而加速市场导入的进程。

（2）强化消费者重复购买的行为　消费者对某一品牌的首次购买，并不一定保证其再购。但是，通过销售积分奖励、赠送购物券等多种推广形式的运用，则可以在很大程度上吸引消费者重复购买，进而养成对该产品的购买习惯。

（3）刺激消费者迅速购买　通过运用价格优势、附赠品等多种方式，形成强烈的利益诱导，可以在短期内刺激消费者的购买欲望，加速消费者的购买决策，从而在短期内迅速扩大企业的销售额。

（4）抵御竞争者的促销活动　当竞争者大规模展开促销活动时，可以有针对性地选择营业推广的手段，抵御和反击竞争者促销行为，保持顾客忠诚度，维持本企业的市场份额。

必须明确，由于营业推广只是一种战术性的营销手段，它的运用只起到一种即时激励的作用，一般难以建立品牌忠诚，也难以在销售大幅度下滑中发挥起死回生的作用。

（三）营业推广的方法

营业推广的方法五花八门、数不胜数，但围绕着对消费者进行短期利益诱导这个基本点，可以对各种各样的方法进行分门别类的整理，形成几大系列，以利于有效利用并加以不断创新。

1. 免费赠送

免费赠送是使消费者免费获得企业赠送的物品或利益的推广方法。采用这一类方法，对消费者的刺激度和吸引力最大。

免费赠送主要包括：样品、附赠品、赠品印花。免费样品是将产品免费赠送给预期消费者试用和消费的促销方式。在开拓新市场和新产品导入过程中，免费样品的促销方式消除顾客接收时的种种障碍，激发消费者的购买欲望。附赠品是消费者在购买时获赠本产品或其他物品的促销方式。免费赠品可以采用加送整单位的本产品以及在原价基础上加大包装量的方式，也可以采用附赠本企业其他产品的方式。免费赠品对于强化顾客购买欲望以及新产品导入和市场开拓都有积极的作用。赠品印花是通过消费者收集赠卷、标签、购买凭证等印花获赠有关物品的促销方式。采用赠品印花的方式可以促使消费者持续购买，培养顾客的忠诚度。

2. 折扣优惠

折扣优惠是企业对消费者折扣让利的促销方法。通过折扣优惠，使消费者在购买过程中以较少的价格获得更多的产品和利益。

折扣优惠的方法主要包括：折价券、折扣、自助获赠、还款优惠、合作广告。折价券是向潜在顾客发送小面额有价证券，持券人凭券购买商品时享受优惠的促销方式。折扣是通过调低商品售给消费者的价格的促销方式。自助获赠是指顾客将购买某种商品的凭证附上少量货币换取赠品的促销方式。还款优惠是指顾客通过提供购买商品的凭证以获取购物的全款或部分款项的促销方式。合作广告是制造商为强化合作伙伴关系，与经销商合作开展广告宣传活动的促销方式。通常制造商提供给经销商的优惠是：提供详细的产品技术宣传资料、协助零售商进行店面设计、合作进行广告活动等。

3. 促销竞赛

促销竞赛是利用人们的竞争心里，通过组织相关的竞赛活动以达成促销目的的促销方式。

促销竞赛包括：消费者竞赛、经销商竞赛、销售人员竞赛。消费者竞赛是通过组织消费者参与多种形式的竞赛活动，强化产品的顾客扩散，以达到促销的目的。经销商竞赛一方面可以激发经销商的合作兴趣，加大进货和分销力度，另一方面可以密切制造商与经销商的关系，加强彼此的协作。销售人员的竞赛有利于提高销售人员个人或团体的销售量，同时也有利于销售人员之间的相互学习和共同提高。

4. 组合推广

组合推广是通过一些综合性的手段，进行商品促销的方式。它主要包括：示范推介、财务激励、联合促销、连锁促销、会员制促销。示范推介是通过对产品的操作示范或组织产品推介活动等形式来进行促销。财务激励是通过消费信贷方式开展的促销活动。联合促销是两个以上的厂商共同开展的促销活动，如航空业与旅游业的联合促销活动。连锁促销是通过连锁方式进行的促销活动，比之单个企业的促销活动，显然具有整体促销的效益。会员制促销是通过会员制或俱乐部的方式，对会员在一定时期进行折扣促销，这有助于吸引顾客入会享受较长时期的优惠。

【案例链接】

和大多“中国式”一样，国内消费者在买车时也偏爱扎堆。比如在每年五一、十一黄金周期间，还有元旦与春节前后也会迎来一波购车潮。针对国内消费者的购买习惯，多数汽车厂商都会在年底至春节之前集中发力，推出各种不同形式手段的促销活动。当现有汽车产品技术越来越成熟的时候，各种实在的优惠让利和促销活动便成为了导致消费者最终出手的关键因素。

因为年底促销往往会涉及经销商年终冲量，所以厂家与经销商都是将全线产品投入市场。因为不同需求的消费者会关注不同级别的车型，如刚参加工作的年轻人因为预算等问题，会考虑价位较低的入门小型车；而不少家庭会首选配置较全、空间舒适的紧凑型车；部分要置换旧车的客户则会选择更大更豪华的中型商务轿车。从终端市场来看，东风悦达起亚、上海大众等都是投入全系车型的厂商。以东风悦达起亚为例，由于产品线比较全，这样就可以满足不同需求的消费者。

对于那些购车消费者而言，车型确定后，促成最终成交的主要因素就是价格了。近期东风悦达起亚全系车型的优惠力度从最低 2000 元一直到最高 2.5 万元。例如主力的紧凑型家用车——福瑞迪降幅就达到了 1.5 万元，而 K3 也有 3000 元的惠民补贴政策。同样热销的 K5 与智跑这里两款车的现金让利幅度也早已接近 2 万元。和竞争车型相比，目前东风悦达起亚全系车型的价格都到了全年的低点，性价比表现是非常突出的。

除了经销商给出的实惠现金让利外，厂商针对春节购车也会推出一系列的官方促销。最近东风悦达起亚有一个名为“感恩福袋，祈愿平安”的活动，只要意向客户到店试驾起亚任一车型或老客户介绍亲友到店赏车，则新老客户均可获赠新年福袋一个。除了给客户带来新年福气外，还有千万彩票的送出。同时在“打开心门，赢取惊喜”这个活动中，只要客户成功购买起亚任一车型，都能获赠心形抽奖卡一张，刮开即中惊喜好礼，其中一等奖的价值高达 5500 元。这样在经销商让利与厂商官方促销的双重吸引下，大大激发了消费者在节前的购车热情。

资料整理自：车市也“春运”——解析中国式的买车新浪汽车综合

【问题思考】

请问你是如何看待案例中汽车企业春节使用的营业推广方式的？

五、公共关系

公司不仅必须建设性地与客户、供应商和经销商相联系，还必须与大量感兴趣的公众相联系。公众（Public）是指对公司实现其目标的能力有实际或潜在的兴趣或影响的任何群体。公共关系（Public Relations，简称 PR）包括用于促进或保护公司形象或个别产品的各种计划。

聪明的公司采用具体的步骤去管理他们与关键公众群体的成功关系。多数公司都有一个公共关系部门，用于监控公众态度及通过发布信息和传播来建立商誉。最好的公共关系部门会建议高层管理者采用积极的方案并消除有问题的做法，使负面宣传不会在第一时间出现。公共关系部门有以下五个功能：

① 与新闻界的关系：以最正面的方式呈现关于公司的新闻和信息。

② 产品宣传：为宣传特定产品而举办各种活动。

③ 公司传播：通过内部和外部传播，促进对公司的了解。

④ 游说：与立法者和政府官员打交道，从而促进或废除立法和规定。

⑤ 咨询：在顺境和逆境中就公共议题、公司定位和形象向管理层提出建议。

（一）营销公共关系

很多公司开始使用营销公共关系（Marketing Public Relations，简称 MPR）来支持公司或产品的宣传及形象塑造。像金融公共关系和社区公共关系一样，营销公共关系服务于特定部门，即营销部门。

营销公共关系以前被称为宣传（Publicity），任务是确保在印刷和广播媒体上的非付费报道空间（不同于付费报道空间），从而推广或“炒作”产品、服务、想法、地点、人物或组织。营销公共关系不只是简单的宣传，它在以下任务中发挥着重要作用：

① 推出新产品。吉利汽车、克莱斯勒 300C 等获得的惊人成功都要归功于强有力的宣传。

② 重新定位成熟产品。宝马汽车在 1993 年欧洲一体化后对欧洲内部各国重新进行定位。

③ 建立对产品品类的兴趣。公司和行业协会使用营销公共关系来重新建立人们对正在衰退的产品的兴趣，如本田推出轻便小型摩托车时所有员工先选择该车型出行引起注意的做法。

④ 影响特定目标群体。如通用雪佛兰 2006 年“红粉笔乡村教育计划”。

⑤ 保护面临公共问题的产品。公共关系的专业人员必须擅长危机管理，比如丰田和英国石油（BP）等著名品牌在 2010 年遇到的危机。

⑥ 建立能够积极地反映在产品上的公司形象。2005 年，上海通用经过系列公关活动明确了雪佛兰 SUV 的品牌理念。

随着大众广告力量的削弱，营销经理开始通过营销公共关系来为新产品和成熟产品建立知晓度和品牌知识。在覆盖地方社区和到达特定群体方面，营销公共关系也是有效的，并且性价比高于广告。不过，它必须与广告一起进行规划。

很明显，创造性的公共关系能够影响公众知晓度，而成本只为广告的一部分。公司不需要为媒体空间或时间付费，只需要员工去开发和传播故事并管理某些事情。媒体挑选的一个有趣故事的价值相当于上百万美元的广告。一些专家称，消费者受新闻评论文本影响的可能性比广告大 5 倍。

（二）营销公共关系的主要决策

在考虑合适和如何使用营销公共关系时，管理层必须建立营销目标，选择公共关系信息和载体，认真执行计划，并评估结果。表 4-5 介绍了主要的营销公共关系工具。

表 4-5 营销公共关系的主要工具

出版物：公司广泛地依靠出版材料到达和影响目标市场。包括年报、宣传册、文章、公司新闻通信和杂志，以及视听资料
事件：公司通过安排和宣传新闻发布会、讲座、户外运动、贸易展、展览、竞赛和周年庆等能够到达目标公众的特别事件，可以吸引人们对新产品或公司其他活动的关注
赞助：公司通过赞助和宣传体育、文化事件和备受尊重的公益活动宣传自己的品牌和公司名称
新闻：公共关系专业人员的一个主要任务就是发现和创造关于公司及其产品和人员的积极的新闻，并使媒体接受新闻稿和参加新闻发布会
演讲：越来越多的公司主管必须在贸易协会或销售会议上回答媒体提问或进行演讲，而这些露面可以帮助建立公司形象
公共服务活动：公司通过将资金和时间贡献给一项好的公益活动建立商誉
身份媒介：公司需要一个公众能够立刻识别的可视化身份。可视化身份可以是公司商标、信纸、宣传册、符号、业务形式、名片、建筑物、制服及着装要求

1. 建立目标

营销公共关系通过在媒体中植入故事来吸引人们关注产品、服务、个人、组织或想法，从而建立品牌知晓度；它还可以通过新闻评论传播信息来建立可信性；它也可以在推出新产品前用该产品的故事来帮助销售人员和经销商提高热情。由于营销公共关系的成本低于直邮和媒体广告，因此，它可以降低促销成本。

尽管公共关系从业者通过大众媒体到达目标公众，但营销公共关系越来越多地利用直接响应营销的技术一对一地到达目标受众成员。

2. 选择信息和载体

假设一个相对不知名的学院想要获得更多曝光，营销公共关系从业者就要搜寻故事。有没有教员正在进行不寻常的研究项目？有没有很新、很不寻常的课程？校园中有没有发生有趣的事件？如果没有有趣的故事，公共营销关系从业者就要提出学院可以赞助的有新闻价值的事件，这里的挑战是要创造有意义的新闻。公共关系创意包括举办重要的学术会议，邀请专家或名人演讲嘉宾，以及召开新闻发布会。

每个事件和活动都是针对不同受众开发多种故事的机会。一个好的公共关系运动可以吸引方方面面的公众。

3. 实施计划和评估效果

营销公共关系的贡献很难测量，因为它常与其他促销工具一起使用。营销公共关系效果最简单的测量标准是它在媒体上的曝光次数（Exposures）。宣传人员可以向客户提供一份剪报，介绍刊登了产品新闻的所有媒体，并包含一段汇总陈述，比如：

媒体覆盖包括总发行量为 7940 万的 350 份出版物上的 3500 栏新闻和照片：听众总人数约 6500 万的 290 家广播电台上 2500 分钟的播音时间；观众总人数约 9100 万的 160 家电视台上的 660 分钟播放时间。如果以广告费率购买这些时间和空间，需要花费 1047000 美元。

这种测量标准不是很令人满意，因为它没有揭示有多少人真正读到、听到或能够回忆这些信息以及他们之后的想法是什么；它也不包含净到达受众的相关信息，因为出版物在读者上是有重叠的。它还忽略了电子媒体的效果。宣传的目标是到达，而非频率，所以知道所有媒体类型产生的不重复的曝光数量更加有用。

一个更好的测量标准是营销公共关系导致的产品知晓、理解或态度的改变（排除其他促销工具的影响之后）。例如，有多少人能够回忆出听到的新闻？多少人把它告诉了其他人（口碑的测量）？多少人在听到之后改变了想法？

【案例链接】

早上8点开始，幸运乘客陆陆续续赶到了活动现场。他们脸上绽放着快乐的笑颜。在他们旁边，17辆爱心直通车依次排开，车上字牌标注开封、洛阳、平顶山等地字样。

本次大型公益活动由海马福仕达携手新浪河南开展，面向广大河南籍朋友公开报名，只要参与报名就有机会免费回家过大年。活动还得到了省内包括电视台、广播、平面等媒体的大力支持，报名情况异常火爆，其中信阳、南阳等热门线路在三天内报名人数就突破了一百人。

在发车仪式上，新浪河南总经理乔新表示，“新浪”成立十余年来，正是以服务大中华地区与海外华人为己任，秉承以用户价值为依归的经营理念，成为在全球最受信赖和最具影响力的中文网络媒体。新浪河南，致力于建设成为区域最具影响力和号召力的新闻资讯平台、生活服务平台和互动交流社区。春节将近，在外工作的人们思家心切，这个活动不仅创意好，而且在这其中所显示出来的诚意和人文关怀是促使新浪河南与海马福仕达进行合作的重要原因，希望我们的行动能够给更多的家庭带来温暖，让爱得以延续和传递。

海马郑州销售公司总经理刘海权在接受记者时称：“每逢佳节倍思亲，对于那些辛辛苦苦在郑州工作、平时难得回家的人来说，春节回家过个团圆年是最迫切的愿望，帮助他们及时回家与亲人团聚，理应是全社会的责任。作为河南汽车界的微客品牌，福仕达的发展离不开党和政府的好政策，离不开社会各界朋友的鼎力相助，感恩惜福是我们一贯倡导的理念，福仕达始终坚守公民社会责任，以一颗感恩的赤子之心，回报国家、回馈社会。此次携手新浪河南开展爱心公益活动，让节前需要返乡的家乡人民感受到社会的温暖，为他们切实提供更多的方便，正是为了回馈家乡人民多年来对福仕达的关爱和支持。”发车仪式结束后，在新浪吉祥物大浪人的引导下，乘客们依次领取海马福仕达为大家精心准备的新年礼物，幸福登车。整个活动现场秩序井然，找不到往日归家的急切，更多的是快乐和满足。

家住信阳的大学生小张因为要趁寒假兼职，错过了回家的最佳时间，正当他为车票一筹莫展之际，无意间看到了活动消息。成功拿到车票的他，兴奋地一直在用微博直播整个发车仪式，小张表示，待会儿他还要把路上的情景全都拍成照片发到微博上，让这份幸福传得更远。

主办方还担心发车太早乘客来不及吃早餐，还准备了早餐，上午10点，在所有乘客全部登车后，伴着阵阵祝福声，17辆爱心直通车按照预定线路发车，点对点地免费送家乡人民回家过年。

资料整理自：新浪体育新闻　2013年2月5日

【问题思考】

案例中公益活动的组织有哪些参与要素和设计呢？

【能力训练题】

1. 访问一些汽车企业的网站，用下列几种因素评价其促销方面的有效性：

- 网站是否很容易找到？

• 这家公司网站呈现的产品是否符合目标市场的期望呢?
• 想一下，这家公司网站的促销因素设计有没有创意?
• 想象一下目标顾客是否会在该公司的网站上购物呢?

2. 选择一家汽车4S店，了解其优秀推销员工有哪些?现场观察该些优秀员工的推销活动，总结他们的推销及沟通技巧，撰写不少于500字的体会。

项目小结

本项目包含以下四个任务：汽车产品策略、汽车价格策略、汽车分销策略、汽车促销策略。

1. 汽车产品策略介绍了产品整体的概念及五个基本层次：核心产品、形式产品、期望产品、延伸产品和潜在产品；介绍了汽车产品生命周期含义以及生命周期各阶段的营销策略；介绍了汽车品牌，是指用来标志并识别某一或某些车型的符号系统，以及汽车品牌设计、定位、运用策略；介绍了汽车产品组合的测量尺度以及缩减汽车产品策略；向上延伸、向下延伸和双向延伸策略。

2. 汽车价格策略介绍了汽车价格的影响因素和制订方法，有成本导向定价方法、需求导向定价方法、竞争导向定价方法；汽车新产品定价策略，有高价风险型定价策略、低价渗透型定价策略、适中定价策略；汽车产品组合定价策略，有产品线定价策略、选择品及非必需附带产品的定价策略、必需附带产品定价策略、系列产品定价策略、分级定价策略；汽车产品价格调整策略，有削价策略、提价策略、心理定价策略、折扣定价策略、地区定价策略。

3. 汽车分销渠道是指某种货物或劳务从生产者向消费者移动时，取得这种货物或劳务所有权或帮助转移其所有权的所有企业或个人。营销渠道的结构，可以分为长度结构、宽度结构以及广度结构三种类型。目前汽车分销渠道的表现形式许有：特许经营专卖店（4S店）、汽车交易市场、汽车超市、汽车大道、网络营销等多种渠道模式。

营销渠道设计是指为实现分销目标，对各种备选渠道结构进行评估和选择，从而开发新型的营销渠道或改进现有营销渠道的过程。汽车营销渠道设计内容包括中间商选择与确定、对渠道方案进行经济性、可控性、适应性等方面的评估。

4. 汽车促销策略是企业通过人员和非人员的方式，沟通企业与消费者之间信息，引发和刺激消费者需求，从而促进消费者购买的活动。其实质与核心就是沟通信息，目的是引发、刺激消费者产生购买欲望。

促销方式一般分为两大类：人员促销和非人员促销。非人员促销具体又包括广告、公共关系和营业推广三个方面。

人员推销的最大特点是具有直接性。其主要优点表现在：作业弹性大；针对性强；及时促成购买；巩固营业关系等。缺点是：当市场广阔而又分散时，推销成本较高；推销人员的管理比较困难；理想的推销人员也不容易获得。

公共关系是指一个组织为改善与社会公众的联系状况，增进公众对组织的认识、理解与支持，树立良好的组织形象而进行的一系列活动。企业公共关系作为一种特殊的促销方式，是指企业与其相关的社会公众的相互关系。企业形象是企业公共关系的核心，最终目的是促进商品销售，提高市场竞争力。

营业推广是指为刺激需求而采取的能够迅速激励购买行为的促销方式。营业推广一般具有两个相互矛盾的特征：往往把销售的产品在消费者的选择机遇前强烈地呈现出来，使其迅速购买；很多方法都呈现强烈的吸引氛围，难免显出企业急于出售产品的意图，可能使消费者怀疑产品的品质，产生逆反心理。

广告是指由特定的广告主，有偿使用一定的媒体，传播商品和劳务信息给目标顾客的促销行为。在市场营销活动中，广告的功能主要包括以下：认识的功能、心理的功能、美学的功能、教育的功能。

思考与练习

一、单选题

1. 丰田公司在其中档产品卡罗纳牌的基础上，为高档市场增加了佳美牌，为低档市场增加了小明星牌，丰田公司采取________的产品线延伸策略。

   A. 向下延伸　B. 向上延伸　C. 双向延伸　D. 两端延伸

2. 商家在给销售商品作定价时，有意制订一个很高的价格或定一个很低的价格，其目的是以价格来吸引顾客的注意，招揽顾客，这种定价方式我们称作________。

   A. 撇脂定价法　B. 尾数定价法　C. 低价定价法　D. 招徕定价法

3. 当新产品开始进入目标市场时，如果目标市场规模不大，而且消费者已经相当了解这项产品；并且愿意出高价，同时竞争者尚未进入市场。此时，该公司应采用________。

   A. 高价快速促销策略　B. 低价快速促销策略
   C. 高价低促销策略　D. 逐步加入市场策略

4. 过了________，市场需求趋向饱和，潜在的顾客已经很少，销售额增长缓慢直至下降。

   A. 介绍期　B. 成熟期　C. 成长期　D. 衰退期

5. 对名牌产品，企业在制订最终价格时，宜采用________的技巧。

   A. 尾数定价　B. 促销定价　C. 声望定价　D. 折扣定价

6. 优点是对象明确、效益高、制作质量好、有保存性，但其缺点是销量小、影响不大的媒体是________。

   A. 报纸广告　B. 杂志广告　C. 电视广告　D. 广播广告

7. 丰田公司为纪念丰田佐吉 100 周年诞辰，推出非量产车“丰田世纪”，价格昂贵，它采取了________。

   A. 功能定价　B. 高价策略　C. 声望定价　D. 数量折扣

8. 一般说来，批发商最主要的类型的是________。

   A. 经纪人　B. 商人批发商　C. 代理商　D. 制造商代表

9. 奥迪主力车型 A6 系列，价格定在 40 万～55 万元人民币之间，这在中国汽车市场是一个高端层面的定价，宝马自视品牌价值比奥迪汽车高贵，销售价格自然不可能低于奥迪，所以逼着宝马将新入市的 3 系汽车价格定价在 50 万元以上，但 50 万元以上的定价令中国绝大部分购车者退避三舍，奥迪击败宝马采用________策略。

   A. 撇脂定价　B. 渗透定价　C. 满意　D. 竞争

10. 某汽车生产企业原来一直生产大众化，价格适中的汽车，后来根据市场需求，开发了高档汽车投放市场，取得了一定的效果，并使企业增加了产品线的长度，这种方法可称为________。

    A. 向下延伸　B. 向上延伸　C. 双向延伸　D. 产品线扩充

二、多选题

1. 营业推广的形式包括（　）。

   A. 商品降价　B. 散发宣传材料　C. 免费使用产品　D. 有奖销售
   E. 现场展示产品

2. 汽车促销组合的几种主要方式有（　）。

   A. 人员推销　B. 广告　C. 公关　D. 营业推广

E. 展览会

3. 汽车销售程序内容（　　）。(按顺序给出)

A. 整车销售　　B. 销售服务　　C. 备件供应　　D. 维修服务

E. 信息反馈　　F. 按揭贷款

4. 汽车营销员必备的销售工具有（　　）。

A. 公司介绍　　B. 汽车目录　　C. 地图　　D. 名片夹

E. 通讯录　　F. 计算器　　G. 笔记用具　　H. 最新价格表

I. 空白合同申请表　　J. 拜访记录

5. 影响汽车广告预算制订的因素有（　　）。

A. 产品生命周期　　B. 销售目标　　C. 企业财务条件　　D. 市场竞争状况

三、判断题

1. 在产品整体概念中最基本最主要的部分是核心产品。（　　）
2. 汽车产品生命周期是指一款汽车从投放市场开始到该产品停产、退出市场所经历的时间，其与汽车使用寿命是同一个概念。（　　）
3. 产品生命周期的长短，主要取决于企业的人才、资金、技术等实力。（　　）
4. 品牌标志是指品牌中可以用语音识别的部分。（　　）
5. 产品线是构成产品组合和产品线的最小产品单位。（　　）
6. 汽车产品组合的深度是指企业所拥有的各条产品线及其所包含的产品项目的总和。（　　）
7. 评价广告效果，主要是看信息传递效果。（　　）
8. 按产品分配营销人员，有利于提高推销效率，并能节省差旅费用和路途时间。（　　）
9. 营业推广是汽车营销活动中最主要的促销手段。（　　）
10. 直复营销是一种以人力为中心的汽车销售方式。（　　）
11. 公共关系是注重长期效应的间接促销方式。（　　）

四、简答题

1. 简述汽车产品的整体概念。
2. 简述汽车产品生命周期各阶段的营销策略。
3. 汽车价格的定价方法有哪些?
4. 汽车销售渠道中涉及的中间商有哪些?
5. 谈谈目前中国汽车企业进行网络化营销的现状。
6. 说明推式促销策略和拉式促销策略的区别。
7. 简述广告的媒介有哪些，并说明各自的优缺点。
8. 营业推广的对象是谁? 并举例说明有哪些具体的推广措施?
9. 举例说明汽车企业通常采用哪些公共关系的手段来进行促销?

五、案例分析：雷克萨斯的奇迹

20 世纪 60 年代，丰田用小型车撬开了美国汽车市场，但高档车皇冠却败走麦城，丰田因此背上了“廉价、低档车”的坏名声。4 年的卧薪尝胆，经过精心筹划，1989 年丰田在美国推出了雷克萨斯（LEXUS)。为了不让丰田品牌连累 LEXUS，在美国 LEXUS 是独立的渠道，独立的专卖店，一切都与丰田品牌迥然不同，甚至长期不在日本本土销售，直到 2004 年 8 月才开始“出口转内销”。

1999 年起，LEXUS 在美国销量超过奔驰、宝马，此后 6 年，连续摘走了豪华车销量第一的桂冠。2005 年，雷克萨斯全球销售了 39 万辆，其中 30 万辆销售在北美。据调查，雷克萨斯的新车质量、可靠性、顾客销售满意度，均列美国豪华车市场第一位，被美国人称为“雷克萨斯奇迹”。

请回答：销售渠道在品牌传播中的作用。

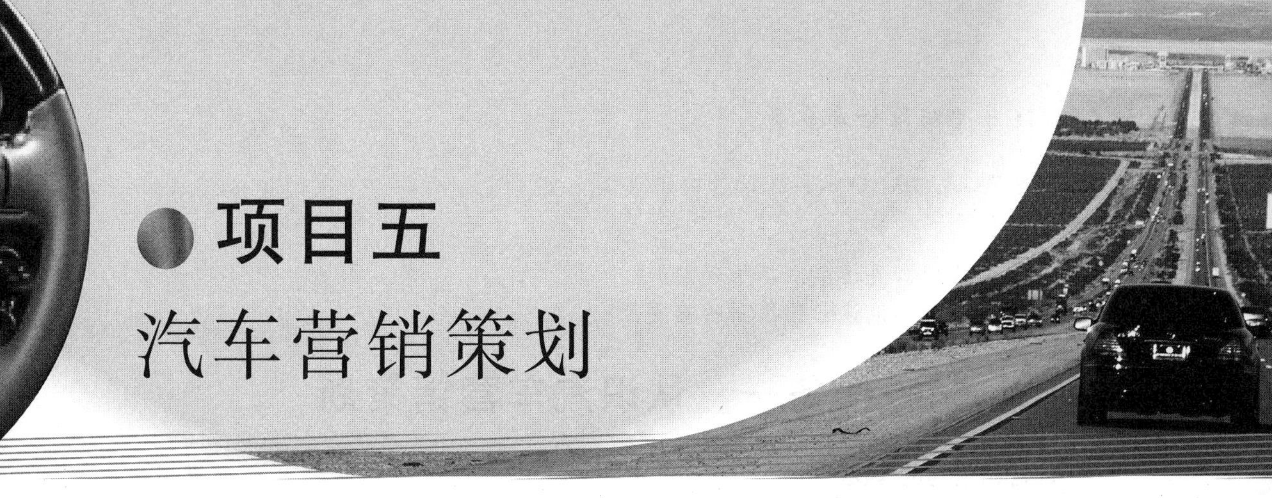

项目五 汽车营销策划

【学习目标】

1. 知识目标

(1) 了解汽车营销策划的含义与特点。

(2) 熟悉汽车营销策划的内容。

(3) 掌握汽车营销策划书的撰写方法。

2. 能力目标

(1) 具备营销策划实践训练的能力。

(2) 具备撰写营销策划书的能力。

(3) 具备营销策划人员的基本素质。

【案例导入】

Chevy 为什么要送车主二维码贴纸?

Volt 是一款由 Chevy 所推出的油电混合车，特色是可以直接使用家庭的电源插座充电，充满后可以直接使用电力行驶；最近他们免费送出二维码车窗贴纸给所有的 Volt 车主。为什么要送车主二维码贴纸？贴纸里面内含什么内容？

(1) 对 Volt 有兴趣的路人，只要扫描车上的二维码就能认识这台车。

Chevy Volt 跟其他的油电混合车，都面对了一个问题：要怎么样告诉消费者油电混合的好处？这可以通过广告、公关等行销活动达成，但是 Chevy 通过二维码贴纸，选择了一个更有效的沟通时机：当消费者对于这款车外观有兴趣的时候。

我们常常看到新的车款在路边停着，但是通过外观只能看到车子的厂牌与型号，关于这款车的其他好处，我们无法得知。Chevy 通过这样的二维码贴纸，可以让任何对这台车有兴趣的民众，直接通过扫描二维码，看到 Chevy Volt 的介绍影片。因为，二维码最大的优势就在于，能够在实体世界即时提供使用者相关资讯；Chevy 便把这个优势发挥得淋漓尽致。

试想，如果你在路上看到 Chevy Volt，当下就能直接用手机了解更多信息，而不是用 Google 搜寻，这样是不是省掉非常多力气？

(2) 车主行销：发贴纸给科技圈意见领袖试用，写“开箱文”。

Chevy 非常了解 Volt 的车主绝大部分是科技早期采用者，而且也往往是科技社群的意见领袖，只要他们对科技产品有良好的使用者体验，是不吝于把好名声传出去的；而这一步，就是油电混合车这样的新科技产品最需要的。比如，某科技新闻网站的编辑收到二维码贴纸后，便写了一篇文章介绍这个贴纸的用途与好处。

通过这样的二维码贴纸，Chevy 车主可以贴在车窗上，当有朋友询问：“这台车开起来怎么样?”车主可以直接让朋友们扫描二维码；这个动作，不仅在品牌意识上代表了 Chevy 在运用新科技的领先，对车主而言，也多了一个再次跟 Chevy 这个品牌做互动的机会。对于那位编辑来说，把这样的好体验传出去，是最自然不过的事情。

资料整理自：4AAD讯：2013/01/30

【问题导入】

1. Chevy为什么要送车主二维码贴纸？

2. 结合本案例，谈谈营销策划的重要性？

任务一　认识汽车营销策划

一、营销策划的含义

（一）策划的含义

策划一词最早出现在《后汉书·隗嚣传》中“是以功名终申，策画复得”之句。其中“画”与“划”相通互代，“策画”即“策划”，意思是计划、打算。目前，我们指的策划一词，其主要含义有这么几种：

① 日本策划家和田创认为：策划是通过实践活动获取更佳效果的智慧，它是一种智慧创造行为。

② 美国哈佛企业管理丛书认为：策划是一种程序，“在本质上是一种运用脑力的理性行为”。

③ 陈放《策划学》认为：策划是指运用人的智能，对未来所做的事情进行预测、分析、使之有效完成。

④ 著名策划专家叶茂中认为：将适合的产品用合适的方法、在合适的时间、合适的地点卖给合适的消费者的一种技巧，就是营销策划。

⑤ 深圳著名策划专家朱玉童认为：策划就是创造性地去解决有关经营管理、营销等问题，当然还可以延伸到一些非营利机构，如运动会、政府机构等。广义上来说，实际上所有的工作都会遇到策划的问题，它是一个动脑筋的过程，当遇到一个问题，用常规的方法不能解决的时候，就需要创造性思维，使这些看似不可解决的问题得以圆满解决。

通过以上中外学者对策划概念的述说，已经给我们勾勒出一幅策划这个词的内在含义。我们认为策划是：通过概念和理念创新，利用整合各种资源，达到实现预期利益目标的过程。

它具有以下几个特征：

① 必须是创新的。概念创新和理念创新是策划的本质特征，资源整合在一起，能不能产生新的绩效、有没有创新，这是策划的关键，不然就是实施计划，资源整合所聚集的能量就是创新，没有创新的资源整合过程，不认为是策划，策划追求创新，是策划与计划的根本区别，策划创新非常强调通过资源整合进行创新，这与科技创新、通过实验发明创造创新是有区别的，通过资源整合创新就是策划的精髓。

② 必须是有资源的。这种资源可能是物质资源，也可能是关系资源或是政府资源，因此这就决定了策划必须脚踏实地，它的发生过程是要使用资源的，没有资源就完全是想象、空想，这是策划的物质基础。

③ 必须是有整合可能性的。也就是说这种资源必须是能够使用的，能够整合在一块的，如果没有整合性，也就没有使用性，不能使用的资源整合在一起，本身就是不可能的，也是一种空想、想象，这是策划的条件。

④ 必须达到一定预期的目标。做任何事情都是有一定目的性的，策划就应该有目的性，俗话说“无事不谋”，要做事，就应该有方向、有目标，策划是一个行为过程，它不仅是人的行为过程，也是资源配置的行为过程，因此，达到一定预期目标，是策划的目的，一个人、一个企业、一个国家在做一件事情时，都是有目的性的，目的性在一定程度上的量化过程，就成为目标。因此，达到预期目标是策划的目的。

（二）营销策划的含义

市场营销的战略主要的任务就是站在战略经营单位的角度分析形式，制订目标和计划。营销策划的战略是营销策划中至关重要的带方向性，全局和综合性的谋划。

营销策划（Marketing Plan）是在对企业内部环境予以准确地分析，并在有效运用经营资源的基础上，对一定时间内的企业营销活动的行为方针、目标、战略以及实施方案与具体措施进行设计和计划。

营销策划，首先要确定营销概念，其次是在营销理念基础上的策划。营销策划是根据企业的营销目标，以满足消费者需求和欲望为核心，设计和规划企业产品、服务和创意、价格、渠道、促销，从而实现个人和组织的交换过程。营销策划是为了改变企业现状，完成营销目标，借助科学方法与创新思维，立足于企业现有营销状况，对企业未来的营销发展做出战略性的决策和指导，带有前瞻性、全局性、创新性、系统性。营销策划适合任何一个产品，包括无形的服务，它要求企业根据市场环境变化和自身资源状况做出相适应的规划，从而提高产品销售，获取利润。营销策划的内容包含市场细分、产品创新、营销战略设计、营销组合 4P 战术等四个方面的内容。

营销策划包括品牌策划、产品策划、价格策划、渠道策划、推广策划、公关策划等。营销策划公司是指从事市场营销服务，运用专业营销经验，通过“智慧和创意”，帮助企业以更经济更快速的方式打开市场的专业服务公司，属于商业性服务公司。

营销策划人员的基本要求为：首先，优秀策划人必须具备优秀的品德，诚信有责任感；其次，必须具备 5～10 年实战营销经验，从基层做起，有促销、业务、销售、市场经验，营销总监的综合管理经验；再次，能够以事实为依据，旨在为企业“解决问题”。另外，具备优秀的学习能力，从“全球化、信息化、知识化”的角度、用麦肯锡的方法、系统化的思维，注重解决方案与企业资源的匹配性和可行性。能够深入洞察市场环境变化、明晰市场竞争态势、熟知顾客心智需求和行为特性，结合自身丰富的实战经验，为企业破解营销迷局，提供长期制胜之道。运用全方位与之匹配的营销战略和出奇制胜的策略方案，稳步提升企业业绩和市场份额。

【应用案例】 丰田公司反败为胜

20 世纪 60 年代初日本丰田公司由于懈怠于策划，很长一段时间内没有生产出新产品，以至于在轿车的生产和销售方面被日产公司远远抛在后面。丰田公司开始惊醒了，并进行精心策划。首先，是对光环牌轿车的车型更新、发动机改装；接着又重新策划了丰田广告，电视里反复播发“海滨之虎一光环”、“空中飞车一光环”、“悬崖滚落一光环”、“猛撞油桶一光环”等广告片，光环车坚固耐用的印象在公众心目中产生。从 1964 年 9 月丰田公司开始出售新型光环车，到 1965 年 4 月光环车在市场上销售压倒了日产公司，1967 年光环车已在小轿车市场上遥遥领先。丰田公司这一反败为胜的例子说明，市场就是战场，竞争如同战争，只有善于策划精于用谋，才能立于不败之地。

（案例来源：单宝．企业创意与策划［M］．北京：民主与建设出版社，2002）

（三）营销策划的发展阶段

1．产品策划阶段

顾客需要物美价廉的商品，所以企业主要营销策划工作是集中力量改进产品，而不注重顾客的需求和愿望，并忽略了分销、促销等方面的营销工作，从而导致一旦新技术和替代品出现，企业的产品就出现滞销。

2. 促销策划阶段

大众化时代，商品更加丰富，企业在营销策划方面的重点是如何促销自己的产品，因此各企业设置销售人员，并制订激励体制鼓励销售人员多卖产品，并同时运用广告战、价格战来刺激消费者需求，不考虑消费者的喜欢和满意程度。

3. 系统营销策划阶段

经济不断发展，消费者在需求上发生转变，大众化的商品得不到消费者的认可，因此企业营销策划的重点是不断分析消费者心理和行为特征，并进行市场细分，通过设计产品、定价、分销和促销等一系列系统手段来满足消费者的需求和欲望。

传统营销是在推销观念基础上的升级，重点强调市场营销组合手段的创新和品牌概念的传播，在一段时期，中国很多企业确实通过传统营销手段取得了很辉煌的成绩，但消费者需求一旦发生改变，企业就会陷入困惑和不归之路。

系统营销策划是建立在以消费者需求基础上的营销系统工作，要求营销工作更完善和精准，包含市场细分、产品创新、营销战略设计、营销组合 4P 战术的控制四个部分，能有效解决企业在营销中的问题、提高企业营销管理能力、建设企业核心竞争力三大优势。系统营销策划是以消费者需求和欲望为核心，充分利用企业内部和外部资源，用更全面、更立体、更长远的营销策划模式解决企业营销根本问题，让企业稳健经营。

二、营销策划的过程

（一）营销策划的步骤

营销策划包括六个步骤：情景分析、目标、战略、战术、预算和控制。

（1）情景分析　企业首先要明确所处环境的各种宏观力量（经济、政治/法律、社会/文化、技术）和局内人——企业、竞争者、分销商和供应商。企业可以进行 SWOT 分析（优势 Strengths、劣势 Weaknesses、机会 Opportunities、威胁 Threats）。但是这种分析方法应该做一些修改，修改后成为 TOWS 分析（威胁 Threats、机会 Opportunities、劣势 Weaknesses、优势 Strengths），原因是分析思维的顺序应该由外而内，而不是由内而外。SWOT 分析方法可能会赋予内部因素不应有的重要性，误导企业根据自身的优势来选择性地认识外部威胁和机会。这个步骤还应包括公司各部门面临的主要问题。

（2）目标　对于情景分析中确认的那些最好的机会，企业要对其进行排序，然后由此出发，定义目标市场、设立目标和完成时间表。企业还需要为利益相关者、企业的声誉、技术等有关方面设立目标。比如海尔的企业口号“真诚服务到永远”，佛尔盛的“让传动更简单，让传动更节能”等。

（3）战略　任何目标都有许多达成途径，战略的任务就是选择最有效的行动方式来完成目标。

（4）战术　战略充分展开成细节，包括 4P 和各部门人员的时间表和任务。

（5）预算　企业为达到其目标所计划的行为和活动需要的成本。

（6）控制　企业必须设立检查时间和措施，及时发现计划完成情况。如果计划进度滞后，企业必须更正目标、战略或者各种行为来纠正这种局面。

菲利普·科特勒认为：营销开始于业务计划过程之前，与制造和销售观点不同，该业务过程由价值创造和随后的传递组成，这个过程包括三个阶段。

① 选择价值。在任何产品产生以前，必须先做营销“作业”。营销工作过程是细分市场（segmentation）、目标（targeting）、定位（positioning）——STP，它是战略营销的精粹。

② 一旦业务单位选择好了将提供给目标市场的价值，它即准备提供价值工作。有形产品和服务必须是具体明确的，目标价格必须建立，产品必须制造和分销给市场。在第二个阶段，开发特定产品的性能、价格和分销，这也是战术营销（tactical marketing）的内容。

③ 传播价值。战术营销在延伸：组织销售力量、促销、广告和其他推广工作，以使该供应品为市场所知。营销过程始于产品以前，继续于产品开发之中，在产品销售之后还应延续。

（二）营销策划过程中的认识误区

营销策划过程中应该避免的常见误区有：

① 营销策划是策划者瞎吹，是策划者为了私利赚钱。

② 营销策划“包治百病的良方”。

③ 营销策划是误人子弟的东西，是一些花样文章、吹牛。

④“策划方案可以模仿着做”这实际上是对策划的核心的误解，策划的核心是创意。

⑤ 有实践经验就可以做好营销策划，这也是一部分策划者的误解。

⑥ 有专业知识就能做好营销策划。也有一部分人专修过市场营销的相关课程，或者是科班出身，就自认为有了一定的经济理论知识、营销理论、策划理论的培训经历，就能做策划，就能做好策划。

⑦ 会出“鬼点子”就能做好营销策划。有些人脑子灵活，“鬼点子”多，也就自认为可以做好策划工作，就能做出好的策划方案。

⑧ 营销策划是未来营销决策的依据。随着市场营销实践的发展，不少企业对未来市场的发展趋势十分关心。

⑨ 营销方案交给你，我就完成任务了。这是一些人的看法，他们忙于到处拉策划业务，到企业游说。

⑩ 营销方案写得好就是好策划。

⑪ 营销策划方案一经确定，就要不折不扣地执行。这种情况所反映的是策划方案的实施与控制问题。

【营销策划案例链接】

某汽车销售公司确保进口高级车销售量第一之新年度营销策划案

1. 本年度进口高级车市场环境总分析

(1) 政府法律环境

(2) 整体购车市场景气环境

(3) 竞争对手做法环境

(4) 本公司国外母公司配合环境

(5) 其他影响车市的周边环境（包括金融、利率、汇率等）

2. 本年度最强竞争对手（第二名、第三名）营销策略实行情报收集分析

(1) Benz 品牌营销竞争策略

(2) BMW 品牌营销竞争策略

(3) 小结

3. 本公司品牌上年度销售量跃升第一名的关键因素持续加强以及较弱条件的补强措施说明

4. 本公司本年度营销竞争策略说明

(1) 产品竞争策略　　(2) 定价竞争策略

(3) 渠道竞争策略　　(4) 广告竞争策略
(5) 促销竞争策略　　(6) 服务竞争策略
(7) 销售人员竞争策略　　(8) 媒体宣传竞争策略
(9) 公益活动竞争策略　　(10) 会员关系竞争策略
(11) 信息技术竞争策略

5. 本年度销售目标挑战
(1) 全车系销售量/销售额目标
(2) 各地区经销商业绩目标
(3) 各车型业绩目标
(4) 全公司营业收入、净利润预算表

6. 结论

(资料来源：戴国良著. 图解营销策划案［M］. 北京：电子工业出版社，2012)

三、营销策划的原则

(一) 创新性原则

创新是人类社会发展的主要手段，没有创新就没有发展。美国学者阿瑞提普曾说："单靠科学上的创造力是不能解决人类一切领域里的不幸和苦恼的，甚至可能会给世界上的生活增加潜在的危险。而在智慧上的不断创新却能够回答人与人之间的信任及相互帮助而提出的问题。"没有创新的策划只能是一潭死水。"人无我有，人有我优，人优我新，人新我变"的营销策划是想在竞争中取胜的企业立于不败之地的原则。

营销策划的创新意味着创意的出奇制胜。策划主体无不推崇这一原则，旨在"出其不意，攻其不备"，意在达到出奇效果，引起轰动效应。出奇制胜表现在以下几个方面：一是奇，即不同于一般，非同凡响；二是特，即有别于人，别开生面；三是独，即独一无二。"奇"、"特"、"独"应该成为营销策划中最精彩的内容。

(二) 整体性原则

整体性原则也称为系统性原则。在营销策划过程中，策划主体应用系统的联系观、层次观、结构观和进化观来分析事物，以求从整体上进行谋划，从而提供一套切实可行的全方位、多层次、宽领域的策划方案，以实现企业营销整体最优化。依据该原则，策划主体应注意以下几个方面。

① 策划时必须将所有有利于策划的因素整合在一起，并以整体的形象一致对外，尽量减少内耗，集中优势力量，确保达到策划目标。

② 局部服从全局，以全局带动局部。为了全局甚至不惜牺牲和舍弃局部。有时虽然局部蒙受了损失，但从全局着眼，局部的损失可以换来全局的胜利。

③ 为了整体策划目标，要把眼光瞄准长远的策划目标，不要被眼前利益所迷惑，要注重策划的长期性。

④ 内外部利益统筹考虑，不仅注重企业自身效益，还要追求顾客满意与社会效益的最大化。

(三) 时效性原则

营销策划一定要适应时机，顺应潮流，把握机遇，否则再完善的策划方案都不可能达到预期的效果。营销策划可以预测趋势甚至超越时代潮流，但却不能背离客观规律，逆转事物的发展方向。营销策划必须顺应市场经济发展进程，遵循市场竞争规律，尊重消费者模式和消费潮流，适应企业营销的演变趋势，这样才能够促进和推动营销变革和进步。同时营销策划要善于抓住有利时机，引发策划方案的“轰动效应”，并且产生长效作用。市场环境的动态和变迁决定营销策划目标具有时效性，相对其他领域策划而言，其期限较短，因此营销策划必须讲求实效，过期策划将是事倍功半甚至徒劳的策划。

（四）权变性原则

营销环境总是处于变动之中，策划主体在确定了可行的策划方案并开始实施以后，不可以恪守教条，而应该审时而行、因地制宜。因此，营销策划模式仅供参照、借鉴或者模仿，却不能照搬。策划技术和方法也不是一成不变的，要留有余地、机动灵活，而且策划的创意还要与众不同，这是权变原则对营销策划的一项具体要求。同时营销策划应该是机动性的，即策划主体随时跟踪策划标的、对象及其环境的变化，在进行科学监测的基础上，随机应变地调整策划目标并修正策划方案。然而这种调整和修正并不是随意而为的，而是有限度的。这种限度可以从 3 个方面来把握：一是看变化信息的可靠程度，根据信息的可靠程度决定是否对策划方案进行调整；二是看变化的程度，即变化的范围和幅度，以此来决定调整和修正的幅度；三是看调整和修正后的效益度。

（五）可操作性原则

可操作性原则是指营销策划方案投入运行并且能够卓有成效。营销策划在强调创意的同时必须做到主观意志与现实生活中的客观实际相结合，因人而异，因事而别。策划主体的主观能动性，必须符合客观事物的一般规律；策划必须做到顺应历史，与时俱进，把握并顺应消费者的需求心理，这样营销策划才可以成功。

可操作性原则包括以下几项具体要求：

① 要进行可行性分析。通过可行性分析选出最优方案，其中包括利害分析、经济性分析、科学性分析、合法性分析 4 个方面的内容。

② 要进行可行性试验。通过试验证明策划的可行性。

③ 要便于运行、实施并且有效。

任务二　营销策划书的撰写

营销策划书是企业根据市场变化和企业自身实力，对企业的产品、资源及产品所指向的市场进行整体规划的计划性书面材料。营销策划书是一种说服性材料，它通过使人信服的材料为提案者和接受方在营销策划的实施中提供了通用的语言。

策划书要能准确、完整地表现营销策划的内容，要能够充分、有效地说服决策者。对于一个策划者来说，首先追求的是决策者能采纳营销策划中的意见，并按营销策划的内容去实施营销方案。

所谓“人要衣装，佛要金装”，一份条理清晰、版面活泼的营销策划书，对于提高说服力和接受度有极大的帮助。营销策划书没有固定的格式，但却有必备的项目或条件，以及构思、表现等方面的技巧。

一、营销策划书的撰写步骤

1. 构建营销策划书的框架

在书写策划书之前，先用因果关系图（也称树状图）将有关概念和框架汇集与一张纸上，以描述策划整体构想，其目的在于将核心问题、内外环境因素，以及解决问题的思路清晰地展示出来。

2. 整理资料

在汇集资料时，应先对资料加以整理、分类，再按照营销策划书的框架顺序一一列入，绝对不允许将无关紧要的资料硬塞进策划书中。在进行资料整理前要进行充分的市场调研，把握好市场最新消息，并做到资料的属实性，那样更具说服力。

3. 版面设计

确定版面的大小，每页标题的位置，在版面中的哪个位置放置文本，哪个位置安放图片，确定页码的位置与设计，目录的设计排列不应该一成不变，防止刻板老套，多运用图表、图片、插图、曲线图以及统计图表等，并辅之以文字说明，增加可读性。版面设计尽量做到形象具体，也要有所创新，有自己的特色。在标题前加上统一的识别符号或图案来作为策划内容的视觉识别。自行设计的文字符号将会产生意想不到的效果，应该适当加以应用。标题可以分为主标题、副标题、标题解说等，通过这种简练的文字，使策划书的内容与层次一目了然。

二、营销策划书的必备项目

营销策划书中必备项目有如下内容：

① 封面。呈报对象，文件种类，策划名称（策划主题　副标题）策划者姓名及简介（小组名称、成员名称：单位、职称和姓名）策划制作年、月、日，编号及总页数。

② 目录。

③ 策划目的（前言）。

④ 内容的简要说明（策划摘要）。

⑤ 策划内容的详细说明（策划的背景、动机，环境分析，目标，营销策略等）。

（策划书内容的正文部分，表现方式为简单明了，使人一看就容易理解，形式：文字、照片、图片、统计图或表等）

⑥ 策划费用预算。

⑦ 策划实施时的步骤说明以及计划书（时间、人员、操作等的计划表）。

⑧ 策划的预期效果（使用资源、预期效果及风险评估）。

⑨ 对本策划问题症结的想法。

⑩ 可供参考的策划案、文献、案例等。

⑪ 如果有第二、第三备选方案时，列出其概要。

⑫ 实施中应注意的事项。

注意：当项目相对简单时，有①～⑥项就可以了。如果为了实施简便起见，把⑦和⑧加进去更好。如果要更详细说明时，⑨至⑫就有必要加进去。

营销策划书在编制的时候要遵循逻辑思维原则、简洁朴实原则、可操作原则和创意新颖原则。

【小知识】 汽车营销比赛地址连接

- 现代汽车大学生营销创意大赛 http://www.uni-marketers.com/
- 汽车营销——全国职业院校技能大赛 http://www.nvsc.com.cn/jsxm-gz/index_610.shtml
- 上海大众汽车营销技能 http://www.svwstar.com/epss/xh_index.jsp

项 目 小 结

营销策划的实践不断地丰富营销策划理论，而营销策划理论的逐步完善，又指导着营销策划和营销活动不断地取得成功。

营销策划具有创新性、效益性、可行性和应变性等特征。

营销策划的内容丰富，领域广泛，依据不同的标准，从不同的角度可以有不同的划分。作为一名优秀的营销策划人员，必须在知识、素质、能力方面具备一定的条件，尤其是洞察力、想象力、分析力、执行力是必不可少的。

营销策划的功能主要表现为：促进市场经济的发展，增强企业的竞争力；解决企业难题，提高经营管理水平；促进企业资源的高效配置，创造良好的经济效益；降低未来的不确定性，使企业稳定发展、塑造企业形象，提高企业无形资产。

营销策划的误区主要有：营销策划是万能的；营销策划的“经验论”与“知识论”；盲目追求轰动效应；策划多而策略少；模仿其他企业的成功案例；营销策划越复杂越好；营销策划方案的刻板执行。

【能力训练题】

以小组为单位撰写一份汽车促销策划书，并制作完成 PPT，面向全班同学进行宣讲。

思考与练习

一、不定项选择题

1. 营销策划包括（　　）。

A. 创意　　B. 目标　　C. 可操作性　　D. 影响力

2. 根据营销规划的环节不同，营销策划可以分为（　　）。

A. 营销战略策划　　B. 营销调研策划　　C. 产品策划

D. 定价策划　　E. 促销策划

二、案例分析

[案例 1]　日本丰田汽车如何打开美国汽车市场

在第二次世界大战后国际市场的竞争角逐中，日本人屡战屡胜，其重要原因就是他们做到了妙算在先，以谋制胜。纵观日本人打开外国市场的过程，大体上可以分为两步，进入前的活动，其作用在于识别机会，了解竞争对手，确定目标市场，营销中的策略，其作用在于为进入某一市场制订特殊的市场战略与战术。

日本丰田汽车打开美国汽车市场也是如此。第一步，为了成功地打入美国市场，丰田汽车公司做了大量的准备工作。当时美国的小型车市场是由德国大众汽车公司统治的，为与德国大众较量，丰田汽车公司委托一家美国市场营销调查公司去访问大众汽车的拥有者，倾听他们对大众汽车的毁誉褒贬，了解这些消费者尚未满足的需求。然后，他们又详细研究了美国人的特性、交通条件以及顾客对“舒服”的评价。通过调查，他们发现美国人把汽车作为地位或象征地倾向正在削弱，对汽车的消费更注重实用。美国人希望新型小轿车容易驾驶，且行使平稳，能留给顾客腿部有更大的活动空间，但是又希望能大幅度减少在汽车上的花费，做到耗油少、耐用、售价低、维修方便。另外他们还发现，由于交通拥挤和交通条件的日益恶化，消费者特别希望购买停靠方便和转弯灵活的小型汽车。以上种种“征兆”早已出现，而美国汽车制造商和大众汽车公司却视而不见。研究还表明，大众汽车之所以能在美国的小型汽车市场上占据霸主地位，是因为该公司建立了行之有效的服务系统，它所提供的维修服务打消了美国消费者买得起、用不长、维修难的顾虑。

在上述调查研究的基础上，第二步，丰田汽车公司根据自身特点，设计出了一整套打入美国市场的详尽的营销策略。

产品策略。生产小型的、经过改进和创新的“光冠”牌轿车，增加产品的实用性。这种轿车不仅在发动机功率和性能上比大众汽车公司提高了一倍，而且容易操作、省油、转弯灵活。此外，车外部造型美观，内部配备了美国人喜欢的柔软舒适的座椅、柔色的玻璃等，就连扶手的长度和腿部活动的空间都是按美国人的身材专门设计的。

定价策略。以打入美国市场和扩大市场占有率为主要目的，“光冠”牌轿车售价只有1800美元，加之维修费用低，丰田汽车公司给美国消费者的印象是物美价廉。丰田汽车公司进攻性的低价策略，在美国汽车市场上与大众汽形成了直接对抗。

销售渠道策略。丰田汽车公司采取的销售渠道策略是由点及面、逐渐扩大。销售初期，他们将自己的重点集中在美国西海岸的四个主要城市——洛杉矶、旧金山、波特兰、西雅图。这使得丰田汽车公司能集中自己的销售力量，严密监视整个市场的营销活动，在对一个地区完全渗透之后，再进入另一地区。为了扩大自己的影响，他们在销售过程中聘用了众多代理商。随着市场占有率的巩固和扩大，丰田汽车公司迅速增加了它的销售网点和经销商数量，并以发展经销商来弥补自己销售力量的不足。例如，1965年，丰田汽车公司推出了“光冠”牌轿车时，经销商数量仅有384家，到1970年则发展到1000家以上。此外，他们还以每辆车大约让利181美元的优惠条件扶持和发展自己的经销商。

丰田汽车公司最初的做法就是针对目标市场大量做广告，通过电视、报纸、产品说明书等形式直接向顾客介绍自己的产品。广告费用支出虽十分庞大（如1965年该公司在美国只销售了13万辆轿车，广告费用却为1850万美元），但通过广告增强了代理商的信心，消除了美国消费者因购买不寻常的外国汽车而产生的不平衡感。后来，丰田汽车公司在大做广告的同时，针对顾客对广告内容所产生的疑惑，通过公证机构等组织向消费者承诺：保证实现自己在广告中所说的一切。随着广告费用支出的增加，丰田汽车公司在美国市场的市场占有率和销售额也在日益扩大。

由于日本丰田汽车公司的周密调查和精心策划，加上行之有效的市场营销策略的实施，终于击中了竞争对手的要害，从而逐渐打破了大众汽车公司在美国小型汽车市场的垄断地位，摘取了美国小型汽车市场的销售桂冠。

（案例来源：单宝. 企业创意与策划［M］. 北京：民主与建设出版社，2002）

根据案例思考，丰田汽车此次策划成功的关键有哪些？

［案例2］ 红旗的品牌价值迷思

国产汽车品牌“红旗”的品牌价值是历史情感的继承，属于历史阶段的产物。2003年，“红旗”的品牌价值达到52.48亿元，可是，在新的市场环境中，“红旗”的品牌价值并没有转化为相应的市场销量。这是“红旗”有待突破的品牌迷思。

“红旗”的品牌价值在一定程度上是与市场培养脱离的，它的品牌价值来源于消费者的历史情结，而非红旗的市场培养。所以才会出现市场销量与品牌价值相差甚远的情况。

解决这一问题的唯一方法就是重新进行市场定位，将“红旗”的品牌形象重新灌输到具体的产品中，将品牌的市场培养行为与红旗的固有品牌形象紧密联系。

2002年，“红旗”进行了市场细分。“世纪星”主要面对公务市场，“名仕”和“18”针对个人购车和出租车市场。实际上，对于“红旗”这样一个特殊的汽车品牌，简单地以使用性作为划分标准很难树立统一的形象。如果想要避免“明仕”和“18”在市场定位上的向下延伸损伤原有的品牌资产，同时让有限的投入兼顾这些市场，必须找到一种共性，然后用另一种方式进行品牌划分，这也恰恰是使“红旗”品牌以一个统一的形象面对市场的关键环节。

可行的“红旗”市场细分的划分要素是购买者的价值观——对“红旗时代”那种精神的认同和怀旧是真正具有凝聚力的东西，也是真正能够唤起消费者情感的东西，这样的划分将使红旗清晰顺畅地达到公务车与个人购车两个市场的形象的内在统一。

一个来自专业机构的设想是：

“红旗”品牌的核心价值可以定位为光荣、奋斗、回馈。而在公务车市场上延伸的元素为勤政、爱国、服务社会；在个人购车市场上则表现为精英、开拓、回馈社会。

红旗的目标消费群可以定位为30～45岁的男性，他们通过了个人奋斗获得了一定的成绩，稳重务实、适应时代，内心有种潜在的对“红旗”精神的共鸣。然后，针对这样的消费群去做一个调研以得到有针对性的信息，比如人群的分布、阅读偏好、对信息的接收放式、平时出现的场所、兴趣偏好等，这些信息将对后期的推广产生关键的作用，实现有的放矢。

市场推广的目标是塑造产品品牌，树立企业形象。而对企业品牌的塑造最终是为了拉动市场，也就是说不是为了给企业营造一个有利的销售氛围，是为了使消费者由信赖品牌到产生购买行为。

“红旗”的市场推广可以分为三个层面：

首先是塑造氛围。除了日常的媒体传播不断地渗透新的品牌形象外，这种继承性的转型需要通过一个规模盛大、影响广泛的主体活动完成承上启下、继往开来的任务，完成对历史赋予“红旗”盛名的承接，从内涵上不着痕迹地转换，将“红旗”品牌形象的立足点从历史转换到文化上来。

其次是渠道推广。红旗的渠道推广可以定位为激励渠道信心、加强厂商联动、提高渠道形象、宣传“红旗”经销商服务意识。

最后是产品推广。对于产品推广的公关活动来说，单纯从硬件角度的宣传是误入歧途，推广的路线应沿着知晓、关注、判断、行动和推荐的行为规律配合系列产品的特色进行传播。品牌推广的诉求在产品推广中可以进一步进行提炼：公务车推广诉求主题为“荣誉与尊严”；私用车推广诉求主题为“价格与价值”；混合推广诉求主题为“尊严与理性”。

（案例来源：孙科炎．营销策划技能案例训练手册 2.0 [M]．北京：机械工业出版社，2013）

评价专业机构的对于“红旗”汽车突破品牌迷思的帮助。

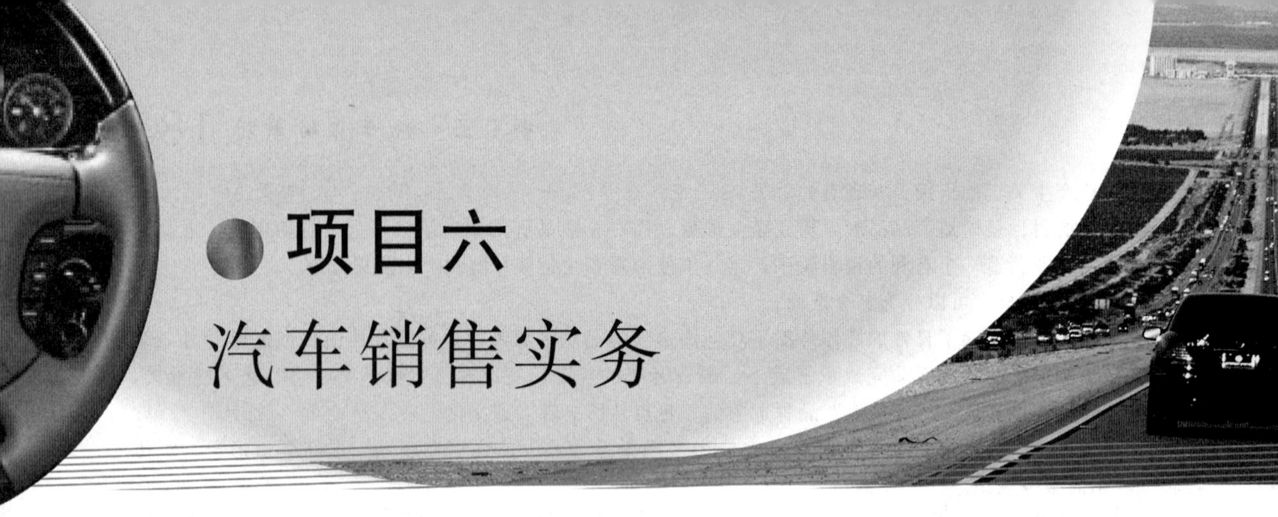

项目六 汽车销售实务

【项目目标】

1. 知识目标

(1) 掌握汽车销售技巧和礼仪。

(2) 掌握汽车销售的标准销售流程。

2. 能力目标

(1) 能运用规范的销售礼仪接待顾客。

(2) 能熟练运用汽车销售流程和相关销售工具为顾客说明车辆情况，促成交易。

【案例导入】

某日，一对夫妇走进某品牌的汽车专卖店，他们经过其他几款车后径直奔向某一辆黑车轿车前，接待他们的销售人员立刻意识到他们的价值，于是热情地、滔滔不绝地用比较专业的术语向他们介绍了本款车的结构和性能。其介绍车时想起哪里介绍到哪里，并且没有指出本车给使用者带来什么样的好处，而此时的顾客只是点头，不时地说："是吗？谢谢。"在销售人员介绍车身时，顾客突然提问："本款汽车是全铝车身吗，全铝车身有什么好处？"顾客提出的这个问题有点突然，而且销售人员第一次听到全铝车身的概念。于是乱了阵脚，支支吾吾地说，我为您查一查。见此情形夫妇对接待他的销售人员说："谢谢你，改天我们再来。"二位顾客边走边谈论着，女顾客说："刚才的销售人员说了些啥呀，怎么不如刚才的专卖店的销售人员说得明白呢？感觉这家销售店不如刚才的销售店正规，以后维修保养也是问题。"男顾客说："我也听得不是特别懂，并且特别想验证一下刚才那家店的销售人员说得是否对，没想到他根本就不知道，算了。虽然，这家店便宜一点，但买车这样的价格高的产品，不能单纯看价格便宜那300元钱了，还是去刚才那家去买吧。"于是二位夫妇兴冲冲地回到原来的专卖店去买车了。

请思考：顾客为什么流失，产品介绍中要注意什么？

任务一 汽车销售礼仪

礼仪是在人际交往中，以一定的、约定俗成的程序、方式来表示尊重对方的过程和手段。礼仪的根本内容是"约束自己，尊重他人"；礼仪的目的是为了让人们能轻松愉快地交往；礼仪的基本原则是"为他人着想"，"己所不欲，勿施于人"则是礼仪的精髓。

就个人来说，礼仪可以有效塑造自己，使交往对象对自己产生专业、敬业、权威、有礼、有节的良好印象，从而形成独特的竞争优势。

就企业来说，礼仪可以塑造工作人员完美的专业形象，给客户留下最好的第一印象。礼仪同时贯穿在每个可操作的具体环节上，它可以帮工作人员从细节上区分客户的心理，和客户打交道时能更加得心应手，赢得他们的好感、信任和尊重，并转化为公司形象的具体表现。我们的顾客购买的已不再仅仅是商品本身，“商品的质量，工作人员的态度，随之相关的服务”是现在顾客选择购买的新标准。

现代型的企业，强调的是组织团队的力量，而礼仪正可以促进这一力量。它使同事之间的交往更加得体，平级及上下级之间的关系处理更加有分寸，与客户的关系更加紧密。

所以，学习和运用礼仪，已成了企业提高美誉力、提升核心竞争力的重要手段。这不仅顺应潮流，更是形势所需。

一、汽车销售顾问服装

（一）着装要求

男士、女士在不同场合的着装标准见表 6-1。

表 6-1 不同场合的着装标准

场合	说明	基本要求	适宜服装
公众场合	执行公务时涉及的场合	庄重保守	男士：制服、西装套装、长裤、长袖衬衫 女士：制服、西装套群、长裙
社交场合	工作之余在公众场合和同事、商务伙伴友好进行交往应酬的场合，如宴会、舞会、音乐会等	时尚个性	礼服、时装等
休闲场合	工作之余一个人单独或在公众场合和其他不认识的人共处，如健身运动、逛街购物、观光旅游等	舒适自然	牛仔服、运动装、沙滩装等

（二）男性着装规范

1. 男士着装标准

男士销售顾问，胡须应每天刮干净，头发梳理整齐，服装必须整齐干净，不得穿便服、或休闲服，应穿公司规定的制服，新进人员为分发制服前，应穿白衬衫系领带。男士着装标准见表 6-2 和图 6-1。

表 6-2 男士着装标准

场合	适宜服装
衬衫	白色或单色衬衫，无污渍，袖口不得长于手。领口不得有显露的破痕。所有扣子均系上，质地、款式、颜色与其他服饰相匹配，并符合自己的年龄、身份和公司的个性
领带	领带紧贴领口，端正整洁，不歪不皱，不过分华丽耀眼，质地、款式、颜色与其他服饰相匹配，并符合自己的年龄、身份和公司的个性
西装	整洁笔挺，背部无头发和头屑。不打皱，不过分华丽。与衬衫、领带和西裤匹配。与人谈话或打招呼时，将第一个纽扣扣上。上口袋不要插笔，所有口袋不要因放置钱包、名片、香烟等物品而鼓起来
铭牌	擦亮，表面没有胶条及皮筋。佩戴在上衣口袋连缝处，不能随意佩戴各种纪念牌
皮带	松紧适度，高于肚脐，不选用怪异的皮带头，颜色与鞋子、公文包搭配
裤子	无褶皱，适体，不系裤带时不掉落。站立时裤脚不应拖地，应能盖住袜子，系简单的黑色皮带
鞋袜	鞋袜搭配得当。鞋面干净亮泽，鞋底不宜钉铁掌。袜子无褶皱、脏迹、破痕、异味。不露出腿毛，不穿尼龙丝袜，袜子颜色和皮鞋相近

2. 男西装正确穿着法

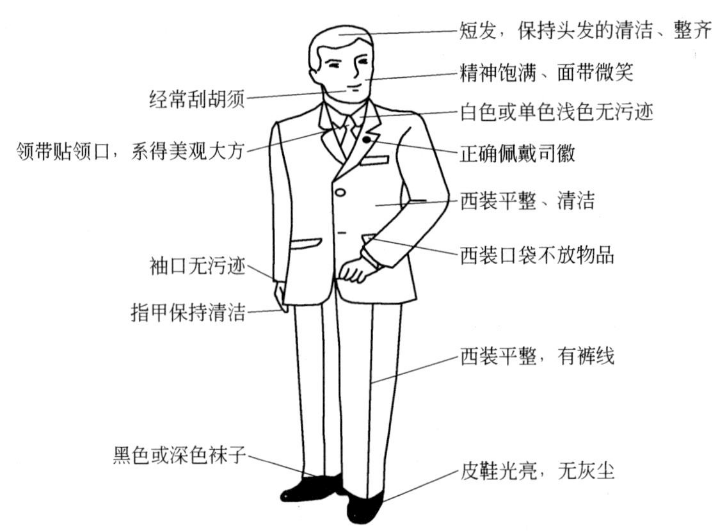

图 6-1 男士着装标准

男性出席正式场合穿西装、制服，要坚持三色原则，即身上的颜色不能超过三种颜色或三种色系（皮鞋、皮带、皮包应为一个颜色或色系）。

① 穿单排钮的单件西装，可以不系领带，穿成套西装，最好系上领带；穿双排钮西装则必须系上领带。

② 系领带时领结必须抽紧，卡住衬衫领口，不要吊在领角下面。领带的内页应短于外页。

③ 打领带时，衬衫领口纽扣应扣上；不打领带时，衬衫领口应敞开。

④ 穿背心或毛衣时，领带必须放在里面。

⑤ 单排钮西装，一粒扣的，系上端庄，敞开潇洒；两粒扣的，只系上面一粒扣是洋气、正统，只系下面一粒是牛气、流气，全扣上是土气，都不系敞开是潇洒、帅气，全扣和只扣第二粒不合规范；三粒扣的，系上面两粒或只系中间一粒都合规范要求。双排钮西装，应两粒纽扣都扣上，至少扣合下面一粒纽扣。

⑥ 西装的上口袋，不宜插钢笔、圆珠笔及眼镜。

⑦ 证章及纪念章不可别在西装的口袋上方。

⑧ 西装的口袋一般不放东西，最多放一块手帕，不可放得鼓鼓囊囊的；走路时，也不要把双手插在西装上衣或裤子口袋内。

⑨ 衬衫的袖口应露出在西装袖口外面，且衬衫袖口一定要扣上。

⑩ 穿西装时应穿皮鞋。不能穿尼龙丝袜和白色的袜子。

（三）女性着装规范

1. 女士着装标准

女性着装应符合身份，扬长避短，区分场合，遵守惯例。制服要完整、清洁及合身，不得穿脏或有皱折的衣服。女士着装标准见图 6-2 和表 6-3。

2. 女士着装的注意事项

① 不能在工作场合穿黑色皮裙。

② 不光腿。

③ 袜子上不能有洞。

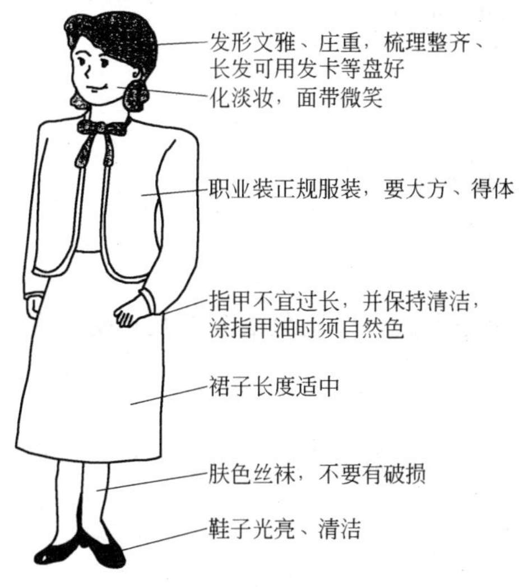

图 6-2 女士着装基本礼仪

表 6-3 女士着装标准

场合	适宜服装
衬衫	领口无显露的破痕、无污渍，领带、领结及所有扣子应系好
西装	无明显褶皱，着装平整，按要求标准着装，无污渍
铭牌	擦亮，表面没有胶条及皮筋。佩戴在上衣口袋连缝处，不能随意佩戴各种纪念牌
裙子	长度适宜，无褶皱、破痕
裤子	无褶皱，适体，不系裤带时不掉落。站立时裤脚不应拖地，应能盖住袜子，系简单的黑色皮带
筒袜	没有显露的破痕，一般穿肉色短袜或长筒袜
鞋袜	擦亮，没有显露的破痕

④ 套裙不能配便鞋。

⑤ 穿正式凉鞋——前不露脚趾，后不露脚跟。

⑥ 不能出现三截腿——裙子一截，腿一截，袜子一截。

⑦ 不能拿健美裤充当袜子。

⑧ 不能将长筒袜卷曲一截。

女士着装的原则是：不过分杂乱，不过分鲜艳，不过分裸露，不过分透视，不过分短小，不过分紧身。

二、汽车销售员展厅礼仪

（一）握手礼仪

1. 握手次序

① 年长者与年幼者握手，年长者先伸手。

② 长辈与晚辈握手，长辈先伸手。

③ 老师与学生握手，老师先伸手。

④ 男士与女士握手，女士先伸手。

⑤ 已婚者与未婚者握手，已婚者先伸手。

⑥ 先至者与后来者握手，先至者先伸手。

⑦ 上级与下级握手，上级先伸手。

2. 握手的禁忌

① 不用左手握手。

② 与异性握手一般不用双手。

③ 握手时要把帽子、手套等摘掉。

④ 避免交叉握手。

3. 握手动作

对方伸手后，我方应迅速迎上去，但避免很多人互相交叉握手，用大约 2 公斤的力，避免上下过分地摇动。

4. 握手位置

女士握位，食指位；男士握位，整个手掌；一般关系，一握即放；屈前相握。

5. 何时要握手

① 遇见认识人。

② 与人道别。

③ 某人进你的办公室或离开时。

④ 被相互介绍时。

⑤ 安慰某人时。

6. 握手礼仪的标准

① 同时要看着对方的眼睛。

② 有力但不能握痛。

③ 大约持续三秒钟。

④ 只晃两三下。

⑤ 开始和结束要干净利落。

⑥ 不要在介绍过程中一直握着对方的手。

（二）介绍礼仪

① 先把顾客向主人介绍之后，随即将主人再介绍给顾客。

② 在一般情况下，应先把男子介绍给女士之后，再把女士介绍给男士；应先把年轻的、身份低的介绍给年长的、身份高的，再把年长的、身份高的介绍给年轻的、身份低的；先把未婚者介绍给已婚者，再把已婚者介绍给未婚者。

③ 介绍时，要把被介绍的姓名、职衔（职位）说清楚。

④ 同级、同身份、同年龄时，应将先者介绍给后者。

⑤ 介绍双方姓名时，口齿要清晰，说得慢些，能让双方彼此记住。

⑥ 向双方做介绍时，应有礼貌地以手示意。手向外示意时手心向外，手向里示意时，手心向着身体，身体稍倾向介绍者，切勿用手指划，更不能拍打肩膀或胳膊。

汽车销售人员进行自我介绍时注意介绍的内容要让人对自己的信息有所了解，一般包括姓名、职业、单位、经历、年龄、特长和兴趣，但初次见面时可只向对方介绍前三项即可。

（三）接电话礼仪

1. 接电话的四个基本原则

① 电话铃响在 3 声之内接起。

② 电话机旁准备好纸笔进行记录。

③ 确认记录下的时间、地点、对象和事件等重要事项。

④ 告知对方自己的姓名。

2. 接电话的注意事项

① 左手持听筒、右手拿笔。

② 电话铃声响过两声之后接听电话。

③ 报出公司或部门名称。

④ 确定来电者身份。

⑤ 听清楚来电目的。

⑥ 注意声音和表情。

⑦ 保持正确姿势。

⑧ 复诵来电要点。

⑨ 最后道谢。

⑩ 不要先挂断电话。

3. 接电话的技巧

① 铃声响起。

② 拿起听筒。

③ 报出名字及问候。

④ 确认对方名字。

⑤ 询问来电事项。

⑥ 再汇总确认来电事项。

⑦ 礼貌地结束电话。

⑧ 挂电话。

4. 打电话的技巧

① 拨出电话。

② 自我介绍。

③ 确定对方及问候。

④ 说明来电事项。

⑤ 再汇总确认。

⑥ 礼貌地结束谈话。

⑦ 挂断电话。

5. 转电话的礼仪

在转接电话的时候，时间不能超过 10 秒。当接到一个顾客的电话是找另外一个人时，应先请顾客稍等，把这个电话转给他要找的那个人。如果那个人不在座位上，或者由于其他的原因不能迅速接到电话，必须在 10 秒之内把这个电话接回来，向顾客说清楚，或者留下联络方法。

（四）名片使用礼仪

1. 使用名片的礼仪

初次见到顾客，首先要以亲切态度打招呼，并报上自己的公司名称，然后将名片递给对方，名片夹应放在西装的内袋里，不应从裤子口袋里掏出。

① 递接名片时最好用双手，名片的正方应对着对方、名字向着顾客，最好拿名片的下端，让顾客易于接受。

② 如果是事先约好才去的，顾客已对你有一定了解，或有人介绍，就可以在打招呼后

直接面谈，在面谈过程中或临别时，再拿出名处递给对方。以加深印象，并表示保持联络的诚意。

③ 异地推销，名片上留下所住旅馆名称、电话，对方递给名片时，应该用双手接。

④ 接过后要点头致谢，不要立即收起来，也不应随意玩弄和摆放，而是认真读一遍，要注意对方的姓名、职务、职称，并轻读不出声，以示敬重。对没有把握念对的姓名，可以请教一下对方，然后将名片放入口袋或手提包、名片夹中。

2. 名片的用处

名片除在面谈时使用外，还有其他一些妙用。

① 去拜访顾客时，对方不在，可将名片留下，顾客来后看到名片，就知道你来过了。

② 把注有时间、地点的名片装入信封发出，可以代表正规请柬，又比口头或电话邀请显得正式。

③ 向顾客赠送小礼物，如让人转交，则随带名片一张，附几句恭贺之词，无形中关系又深了一层。

④ 熟悉的顾客家中发生了大事，不便当面致意，寄出名片一张，省时省事，又不失礼。

3. 接递名片的注意事项

① 不可递出污旧或皱折的名片。

② 名片夹或皮夹置于西装内袋，避免由裤子的后口袋掏出。

③ 上司在时不要先递名片，要等上司递上名片后才能递自己名片。

④ 外出拜访时，经上司介绍后，再递出名片。

⑤ 起身站立走上前，双手递过名片，正面朝对方。

⑥ 对外宾应递上印有英文的一面、面带微笑并说“多多关照”、“常联系”。

禁忌：背面、字向颠倒。

（五）回答问题的礼仪

1. 让知道的人来回答

如果碰到来电或者来访的顾客问你一些汽车方面的问题，比如新车具备哪些新的功能、新的装备、外观如何，与老款车有什么区别等，如果你知道答案就可直接回答，如果不知道答案，绝对不能勉强。一定要把电话转给了解该产品的人，这也是一种规范。

2. 区别标准装备和选装配置

作为一款新车，出厂后都具备标准的装备，同时还会有一些选装件，特别是在进口车当中比较多，有的选装件的配置高达几十种。销售人员要把这几十种选装件另外列一个清单，每加一个配件，都需额外增加费用，所以销售人员在回答顾客问题时，必须了解这些清单里面的内容和车本身标准装备的价格。在回答顾客价格、咨询的时候，必须分门别类，向顾客解释清楚。

3. 销售与售后服务各司其职

如果顾客提出售后服务方面的问题，销售人员不应替售后服务人员去回答这些问题。因为每一个部门、每一个专业都有各自的分工。销售人员不可能承担售后服务的职能，而售后服务部门的人员比较清楚有关售后服务方面的问题，所以凡是遇到顾客咨询售后服务方面的问题，最好把问题转给售后服务部门，他们的回答比较专业，特别是一些技术上的问题。

4. 按照规定回答

二手车业务在过去的汽车公司经营的不多，但从 2004 年开始，一些大型的汽车公司都陆陆续续地开展了二手车的业务。开展二手车业务也需掌握二手车的专业知识，当顾客问起二手车业务的时候，销售人员不能随心所欲，在自己一知半解的情况下去回答顾客的问题。公司应制订一些规定，业务人员最好按照这些规定去回答顾客。

三、汽车销售顾问标准姿势

（一）站姿的标准

① 女士：挺胸、收腹、抬头，下颌微收、目视前方，视线与眼睛同高，眼睛看前方1米左右，肩膀往后垂，前腿轻轻地，重心全部放在后腿上。要表现出女性的温顺和娇巧、纤细、轻盈、娴静、典雅之姿，给一种“静”的优美感，如图6-3所示。

② 男士：挺胸、收腹、抬头，两腿稍微分开，与肩同宽，若是空着手，可双手在下体交叉，右手放在左手上，双手放前、放后均可以，如图6-4所示。

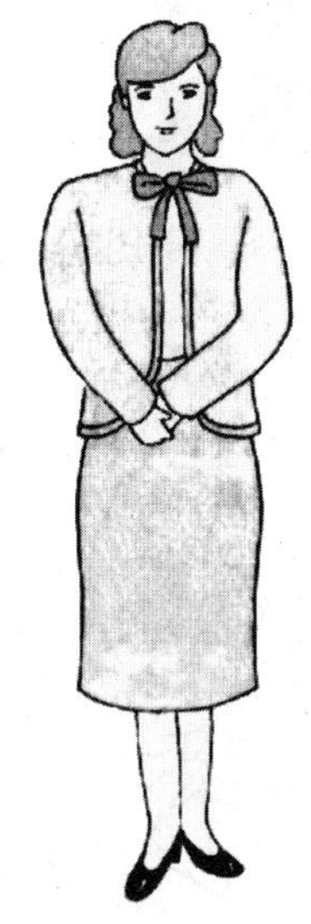

图6-3 女士标准站姿

图6-4 男士标准站姿

（二）坐姿的标准

① 女士：胸部自然挺直，立腰收腹，肩平头正，目光平视，女销售顾问着裙时双腿并拢，斜放或平直放，双手自然摆放在腿上，如图6-5所示。

② 男士：胸部自然挺直，立腰收腹，肩平头正，目光平视，膝部可以分开些，但不宜超过肩宽。如图6-6所示。

入座时要轻，至少要坐满椅子的2/3，后背轻靠椅背，身体稍向前倾，表示尊重和谦虚。

不正确的坐姿：两腿叉开，腿在地上抖动，腿翘得太高。

（三）蹲姿的标准

① 女士：下蹲时不要光弯腰，臀部向后撅起，这非常不雅，也不礼貌。正确的蹲姿应该是弯下膝盖，两个膝盖应该并起来，不应该分开的，臀部向下，上身保持直线，如图6-7所示。

② 男士：下蹲时右脚在前，左脚稍后，两腿靠紧向下蹲。右脚全脚着地，小腿基本垂直于地面，左脚脚跟提起，脚掌着地。左膝低于右膝，左膝内侧靠于右小腿内侧，形成右膝高左膝低的姿态，臀部向下，基本上以左腿支撑身体，如图6-8所示。

四、汽车销售基本话术

1. 迎宾用语

图 6-5　女士标准坐姿

图 6-6　男士标准坐姿

图 6-7　女士标准蹲姿

图 6-8　男士标准蹲姿

"您好，您想看什么样的车?"

"请进，欢迎光临我们的专卖店!"

"请坐，我给您介绍一下这个车型的优点。"

2. 友好询问用语

"请问您怎么称呼? 我能帮您做点什么?"

"请问您是第一次来吗? 是随便看看还是想买车。"

"我们刚推出一款新车型，您不妨看看。不耽误您的时间的话，我给您介绍一下好吗?"

"您是自己用吗? 如果是的话您不妨看看这辆车。"

"好的，没问题，我想听听您的意见可以吗?"

3. 招待介绍用语

"请喝茶，请您看看我们的资料。"

"关于这款车的性能和价格有什么不明白的请吩咐。"

4. 道歉用语

"对不起，这种型号的车刚卖完了，不过一有货我马上通知您。"

"不好意思，您的话我还没有听明白"、"请您稍等"、"麻烦您了"、"打扰您了"、"有什么意见，请您多多指教”、“介绍得不好，请多原谅”。

5. 恭维赞扬用语

“像您这样的成功人士，选择这款车是最合适的。”

“先生（小姐）很有眼光，居然有如此高见，令我汗颜。”

“您是我见过的对汽车最熟悉的客户了。”

“真是快人快语，您给人的第一印象就是干脆利落”、“先生（小姐）真是满腹经纶；您话不多，可真正算得上是字字珠玑啊”、“您太太（先生）这么漂亮（英俊潇洒），好让人羡慕”。

6. 送客道别用语

“请您慢走，多谢惠顾，欢迎下次再来！”

“有什么不明白的地方，请您随时给我打电话。”

“买不买车没有关系，能认识您我很高兴。”

任务二 汽车销售流程

在汽车4S店，销售顾问的销售环节是非常重要的，汽车销售的标准销售流程是怎样的呢？

在世界汽车行业影响比较大的公司进行市场调研时，有相当一部分是基于汽车销售的流程和规范进行的。因此规范汽车的销售流程、提升销售人员的营销技能，成为当今各汽车公司以及各4S店的追求。在本单元中，我们将以销售技巧和规范的销售流程为中心，以客户需求为导向，而不是以产品为导向，系统地讲述当今汽车市场需要规范的销售流程，并且对汽车销售的各个流程一一作介绍。

（1）客户开发　客户开发是汽车销售的第一个环节，这一环节主要是关于如何去寻找客户，在寻找客户的过程当中应该注意哪些问题。

（2）展厅接待　在展厅接待环节，要学习怎样有效地接待客户，怎样获得客户的资料，怎样把客户引导到下一环节中去。

（3）需求分析　在需求分析里，将以客户为中心，以客户的需求为导向，对客户的需求进行分析，为客户介绍和提供一款符合客户实际需要的汽车产品。

（4）商品介绍　在商品介绍中，将紧扣汽车这个产品，对整车的各个部位进行互动式的介绍，将产品的亮点通过适当的方法和技巧进行介绍，向客户展示能够带给他哪些利益，以便顺理成章地进入到下一个环节。

（5）试乘试驾　客户可以通过试乘试驾的亲身体验和感受以及对产品感兴趣的地方进行逐一的确认。这样可以充分地了解该款汽车的优良性能，从而增加客户的购买欲望。

（6）报价成交　在报价成交中，主要是汽车销售人员在即将成交的这个环节上所面临的“临门一脚”的问题。

（7）交车服务　交车是指成交以后，要安排把新车交给客户。在交车服务里应具备规范的服务行为。

（8）售后跟踪　最后一个环节是售后跟踪。对于保有客户，销售人员应该运用规范的技巧进行长期的维系，以达到让客户替你宣传、替你介绍新的意向客户来看车、购车的目的。因此，售后服务是一个非常重要的环节，可以说是一个新的开发过程。

一、客户开发

（一）发掘潜在顾客的方法

发掘潜在客户有以下两种通用的方法：一是资料分析法，二是一般性方法。

1. 资料分析法

是指通过分析各种资料（统计资料、名录类资料、报章类资料等），从而寻找潜在客户的方法。

（1）统计资料

指国家相关部门的统计调查报告、行业在报刊或期刊等上面刊登的统计调查资料、行业团体公布的调查统计资料等。

（2）名录类资料

指客户名录（现有客户、旧客户、失去的客户）、同学名录、会员名录、协会名录、职员名录、名人录、电话黄页、公司年鉴、企业年鉴等。

（3）报章类资料

指报纸（广告、产业或金融方面的消息、零售消息、迁址消息、晋升或委派消息、订婚或结婚消息、建厂消息、诞生或死亡的消息、事故、犯罪记录、相关个人消息等），专业性报纸和杂志（行业动向、同行活动情形等）。

2. 一般性方法

（1）主动访问

① 别人的介绍。如顾客、亲戚、朋友、长辈、校友等。

② 各种团体。如社交团体、俱乐部等。

（2）其他方面

邮寄宣传品，利用各种展览会和展示会，经常去人口密集的地方走动。

（二）寻找潜在顾客的渠道

1. 逐户访问

（1）优点

① 范围广、涉及客户多。

② 可借机进行市场调查，了解客户的需求倾向，并挖掘潜在客户。

③ 可以与各种类型的客户打交道并积累经验。

（2）缺点

① 很盲目，容易遭受拒绝。

② 耗费大量的人力、财力和时间。

2. 广告搜寻

（1）优点

① 传播速度快。

② 传播范围广。

③ 节约人力、物力和财力。

（2）缺点

① 目标对象的选择不易掌握。

② 广告费用昂贵。

③ 企业难以掌握客户的具体反应。

3. 连锁介绍

（1）优点

① 信息比较准确、有用。

② 能够增强说服能力。

③ 是无限寻找法，例如每个人介绍 2 名顾客，重复 12 次，得到 8400 名顾客。

（2）缺点

① 事先难以制订完整的客户开发访问计划。

② 营销人员常常处于比较被动的地位。

4. 资料查询

（1）优点

① 较快地了解市场容量和准客户的情况。

② 成本较低。

（2）缺点

商业资料的时效性比较差。

（三）寻找潜在顾客的原则

在寻找潜在顾客的过程中，可以参考“MAN”原则：

M：money，代表购买能力。指所选择的对象必须有一定的购买能力；M 指有购买能力，m 指无购买能力。

A：authority，代表购买决定权。指购买对象对购买行为有决定、建议或反对的权力；A 指有决定权，a 指没有决定权。

N：need，代表需求。指购买对象有这方面（产品、服务）的需求；N 指有需求，n 指没有需求。

潜在顾客应具备以上特征，但在实际中，会碰到以下情况，应根据具体情况采取具体对策。

① M＋A＋N：有效顾客，是理想的销售对象。

② M＋A＋n：可以接触，配上熟练的推销技巧，有成功的希望。

③ M＋a＋N：可以接触，并设法找到具有决定权的人。

④ m＋A＋N：可以接触，需调查其业务状况，信用条件等等给予贷款。

⑤ m＋a＋N：可以接触，应长期观察培养，使之具备另一条件。

⑥ m＋A＋n：可以接触，应长期观察培养，使之具备另一条件。

⑦ M＋a＋n：可以接触，应长期观察培养，使之具备另一条件。

⑧ m＋a＋n：非顾客，应停止接触。

由此可见，潜在顾客有时欠缺了某一条件（如购买力、需求或购买决定权）的情况下，仍然可以开发，只要应用适当的策略，便能使其成为企业的新客户。

二、展厅接待

1. 展厅接待流程

展厅接待流程图如图 6-9 所示。

2. 顾客若开车来

① 顾客到来时迎至展厅外（至少在门口）迎接，主动为顾客引导安排车位，停放车辆，第一顺位值班人员引导顾客进入展厅。

② 观察顾客动作、车辆外形及新旧、车辆内部状况，以了解该顾客的特性及可能的需求，考虑合适的接待方式。

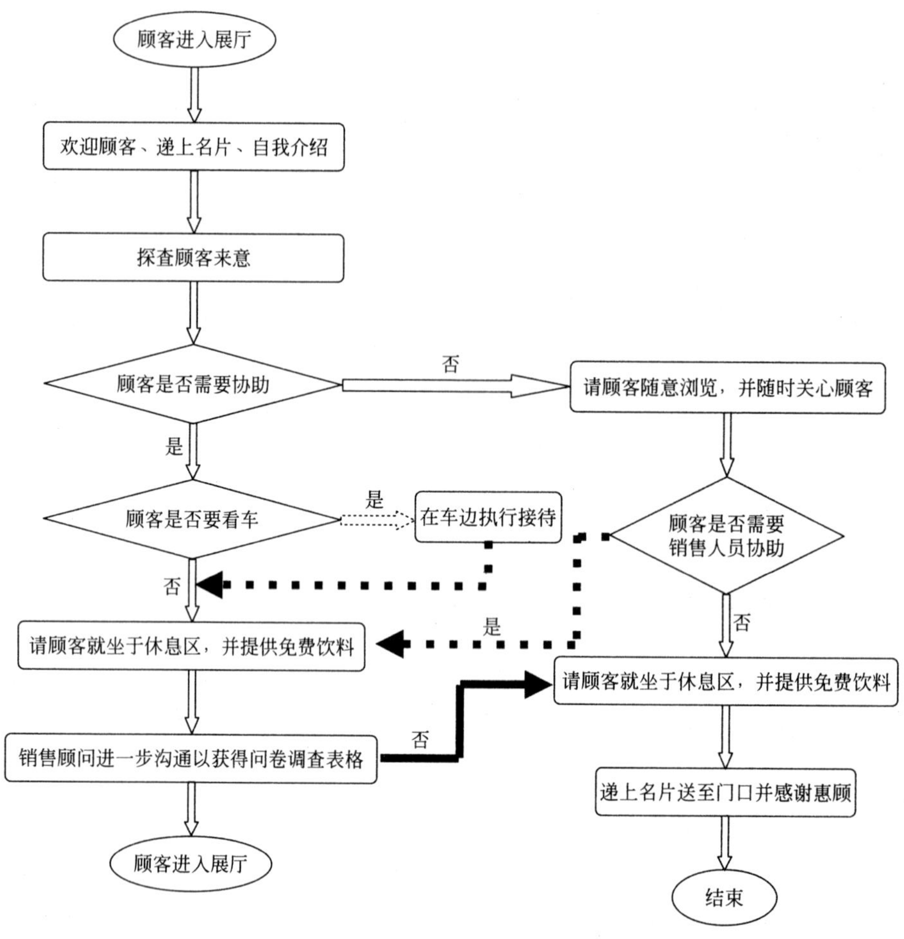

图 6-9　展厅接待流程图

③ 若是下雨天，主动拿伞出门迎接顾客。

3. 顾客进入展厅时

① 点头、微笑、目视并保持眼神接触，所有员工遇到顾客时都应以充满活力、明朗、欢快的声音，向顾客打招呼、致意。

② 热情招呼顾客带来的每一个人，第二顺位者应主动协助招呼顾客的同行人员。

③ 介绍自己并递上名片，在迎接后立即询问顾客是否能为他效劳，以便弄清楚顾客光临的目的。若顾客不需要协助，让顾客轻松的自由活动；若顾客有疑问或需要服务的时候，要立即上前服务。

④ 创造与顾客交谈的机会，适时灵活地随声附和顾客。

⑤ 与顾客初步交谈时说话要热情，充分表达对企业及产品的信心。

⑥ 若是二人以上同行则不可忽视对其他人的招呼应对；若同时有两三组人来看车，要请求支援，不可有任何人受到冷落；若有儿童随行，其他业务代表应负责招待，若儿童愿意到儿童游乐区，则引导他们前往。

4. 顾客自行参观车辆时

请顾客自己随意浏览参观，离开并保持一定的距离，在顾客目光范围内随时关注顾客的需求。

5. 顾客需要帮助时

① 顾客表示想问问题时，销售顾问应立即上前服务。

② 用亲切的态度和易懂的语言与顾客交谈，准确地回答顾客的问题。

③ 通过开放式提问了解顾客对车辆的需求，不用专业术语询问顾客。

④ 从一般性的问题开始提问，例如，询问顾客是否来过展厅，购车的用途，过去使用车辆的经验等。

⑤ 与顾客交谈时要有热情和信心，适当介绍公司及其产品。

6. 顾客离开时

① 顾客要离开时，要和顾客约定下次见面的时间、地点等事项，并提醒顾客携带的物品。

② 放下手中的其他的事务，陪同顾客到停车场，感谢顾客光临。

③ 陪同顾客到车位，为顾客打开车门，引导车辆出入。

④ 真诚地感谢顾客关照，热情地欢迎再次来店。

⑤ 微笑，向顾客挥手致意，并目送顾客离去。

7. 顾客离去后

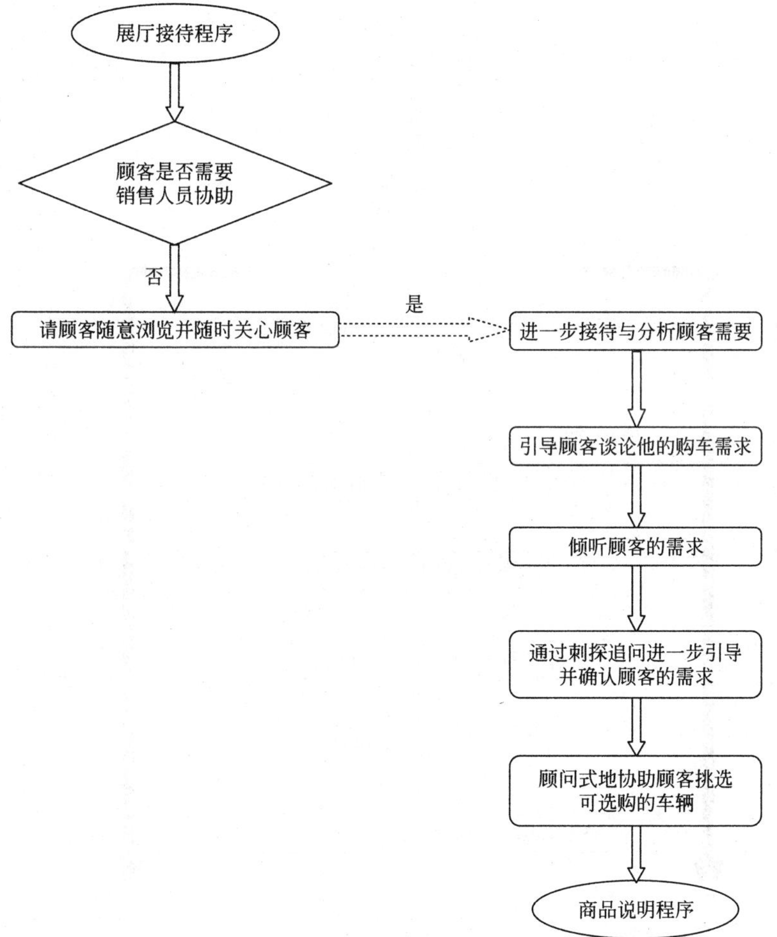

图 6-10 需求分析流程图

① 整理顾客信息，填写 A 卡及《来店（电）顾客登记表》。

② 联系顾客致谢。

③ 设定明确目标，实施计划、实施时间、实施对象。

④ 对每一位顾客进行锲而不舍的追踪，直到达成交易。

三、需求分析

1. 需求分析流程

需求分析流程图如图 6-10 所示。

2. 顾客开始表达需求

① 眼神的接触，关心的表情，身体前倾，热情倾听，表示对顾客的关心与尊重。

② 征得顾客同意，详细记录顾客谈话的要点。

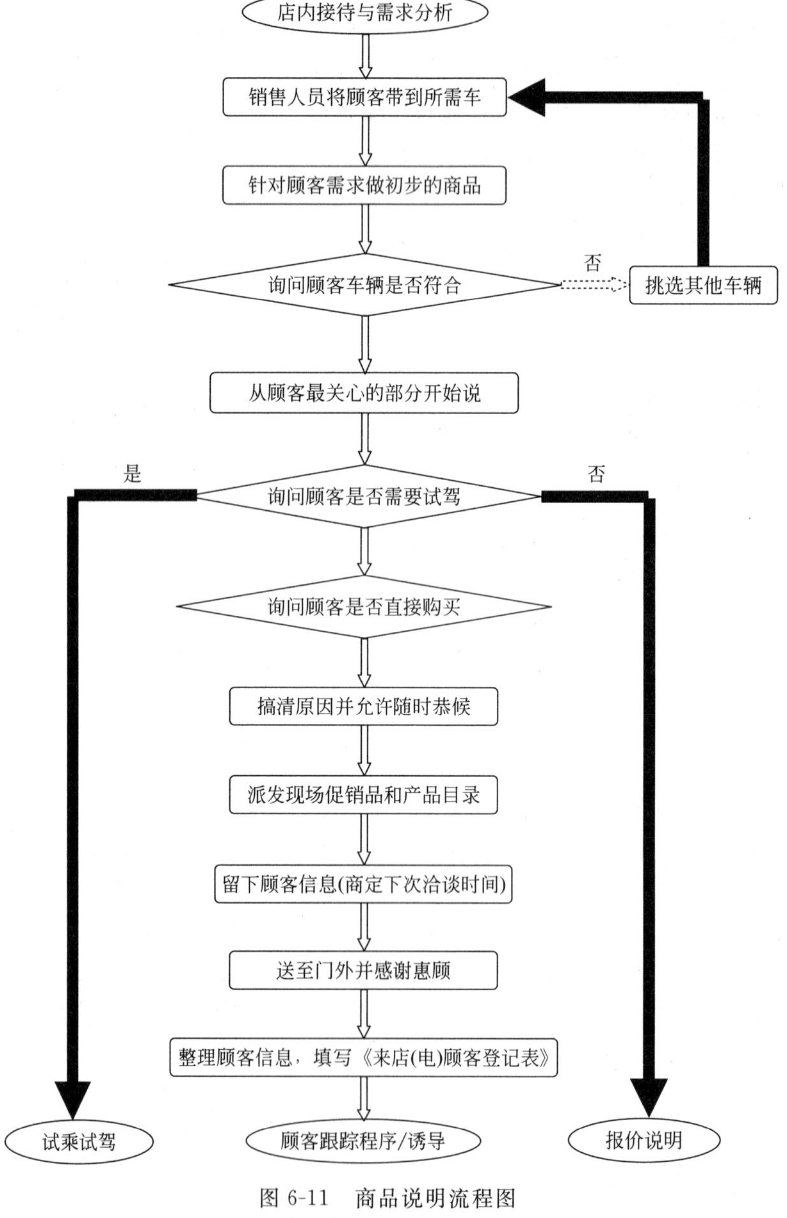

图 6-11 商品说明流程图

③ 运用一般性问题，收集顾客的信息。如：

您在购车上有什么想法？

您现在开什么车？

您看过什么车呢？

④ 运用辨识性问题理解顾客的需求，如：

您购车的主要用途是什么？

您购车时会考虑哪些因素？

⑤ 不要打断顾客的发言，顾客说完后再讲述自己的意见；未确认顾客需求时，不可滔滔不绝地做介绍。

3. 协助顾客总结需求

利用总结法确认顾客的需求，如：

我帮您总结一下……

四、商品说明

1. 商品说明流程

商品说明流程图如图 6-11 所示。

2. 汽车产品介绍的程序

目前，汽车产品展示一般都遵循六位绕车法，如图 6-12 所示。六位绕车法最早是奔驰公司首先启用的，后来被日本丰田的雷克萨斯汽车采用并发扬光大。六位绕车法是指销售顾问按顺序从六个方位向顾客介绍车辆的特征、优势和带个顾客的利益的汽车介绍法。这六个步骤需要 40 分钟左右的时间来完成。

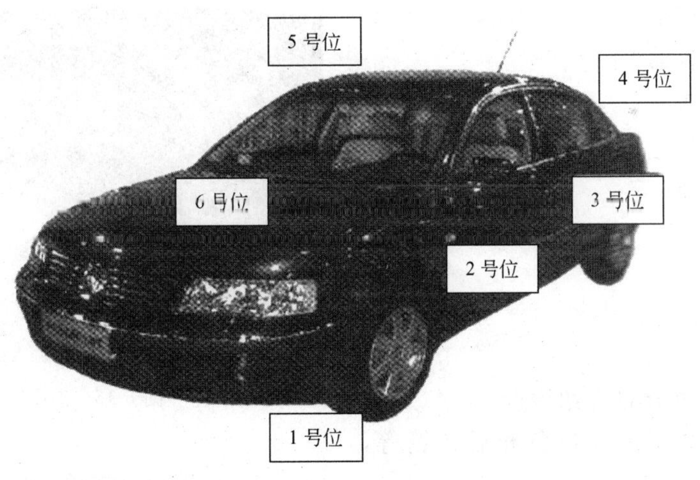

图 6-12 六位绕车法

(1) 1 号位：车头前端（据前方 120cm，左 90cm）介绍重点（如图 6-13 所示）

① 车的设计理念、风格、外观与造型。

② 车标。

③ 散热格栅。

④ 保险杠设计。

⑤ 前大灯组合。

⑥ 车身尺寸。

⑦ 雨刮器。

⑧ 前风挡玻璃。

⑨ 腰线。

⑩ 前脸

图 6-13　1 号位

（2） 号位：驾驶座介绍重点

这一方为主要介绍乘坐舒适性和驾驶的操控性。如图 6-14 所示。

① 车门开启角度。

② 驾驶空间。

③ 座椅调节角度。

④ 方向盘。

⑤ 仪表板。

⑥ 操控台。

⑦ 音响、空调。

⑧ 天窗。

⑨ 安全带。

⑩ 门锁系统

图 6-14　2 号位

（3） 3 号位：后排座介绍重点

后排的位置主要介绍乘坐的空间及其舒适性，如图 6-15 所示。

① 头、肩、腿部空间。

② 座椅的材质。

③ 后排安全带。

④ 儿童安全锁。

⑤ 内饰。

⑥ 储物盒。

⑦ 后排空调。

⑧ 车窗按钮

图 6-15　3 号位

（4） 4 号位：车尾部介绍重点

车尾部主要介绍尾部特色和后备箱等，如图 6-16 所示。

① 车尾设计。

② 后窗雨刷及加热。

③ 高位刹车灯。

④ 尾灯。

⑤ 倒车雷达。

⑥ 行李箱。

⑦ 保险杠。

⑧ 备胎。

图 6-16　4 号位

⑨ 后组合灯。

⑩ 天线。

(5) 5 号位：侧车身介绍重点

侧车身主要介绍安全性，车门把手和轮胎轮毂等，如图 6-17 所示。

图 6-17 5 号位

① 安全气囊。

② 车门把手。

③ 防撞钢梁。

④ 车身线条。

⑤ 车窗。

⑥ 悬架系统。

⑦ 轮胎轮毂。

(6) 6 号位：发动机

发动机是介绍的重点。主要介绍车的发动机特点和动力性，如图 6-18 所示。

图 6-18 6 号位

① 发动机动力性能。

② 发动机经济性能。

③ 电子防盗系统。

④ 电子喷射系统。

⑤ ABS 系统。

⑥ 三元催化转化器。

⑦ 发动机号、车架号。

⑧ 储液罐。

3. 汽车产品介绍的方法

汽车产品介绍的主要方法是 FAB 法，其中 F 是指车辆的配备和特性；A 是指配备和特性的优势；B 是指给顾客带来的利益和好处。如：这台车带有 ABS，我们把这个 ABS 用 FAB 这个方法给大家做一个介绍。首先 ABS 是这个车的配置，有了 ABS 以后，它可以有效地控制车行驶的方向。我们在一些汽车的样本资料里可以看到这样的图片，就是有两辆车走两条道，其中有一台车前面有一个障碍物，那辆车绕个弯儿过去了，第二个图片是另辆车直接撞上了那个障碍物。这两个图片要说的意思是一辆车有 ABS，另外一辆车没有，所以它不能够控制车行驶的方向，直接撞上了那个障碍物。如果这个障碍物是人的话，那就产生了人员的伤亡；如果是一个物的话，那财产就受到了损失。

那么 ABS 怎么工作呢？当你发现前面有障碍物踩刹车时，如果没有 ABS 的一下子就把轮子抱死了，车子完全是靠着惯性向前冲的，方向没法控制。而有了 ABS 以后，刹车抱住那个车轴一秒钟有的是 16 次、17 次，不停地抱紧松开，这样，车轮可以控制前进的方向。这样给客户带来的利益是双方的。一个是不会给对方造成损失；第二个是自己的车也不会受损失。通过 FAB 法给客户介绍，就会让客户感觉到印象很深。

4. 介绍汽车产品的注意事项

(1) 介绍产品时要强调顾客的利益

顾客关心的不是产品本身，而是产品所带来的利益。因此，销售顾问在销售汽车时要运用 FAB 法。

(2) 介绍产品时要充满信心

销售顾问应该充满热情、充满信心地介绍产品。如果销售顾问对自己的产品都缺乏足够的信心和热情，顾客就和对销售顾问介绍的产品感到怀疑。

(3) 介绍产品时态度要不卑不亢

销售顾问的傲慢无礼或低声下气最容易引起顾客的反感，平等真诚地对待顾客，以朋友的身份真心为顾客着想，就会赢得顾客的信任。

(4) 介绍产品时不要太积极

这里所指的“不要太积极”不是说可以用消极的态度对待顾客。有些销售顾问在介绍产品时为了表明自己对车型的熟悉，会把自己所知道的知识信息全部介绍给顾客。每个车型都会有其优点和弱点，如果不加以思考，有选择性地进行介绍，顾客往往会从销售顾问的口中了解到起初并未发现的汽车弱点，或者其余竞争车型的优势，从而错失了顾客购买汽车的机会。

五、试乘试驾

(一) 试乘试驾流程

试乘试驾流程图如图 6-19 所示。

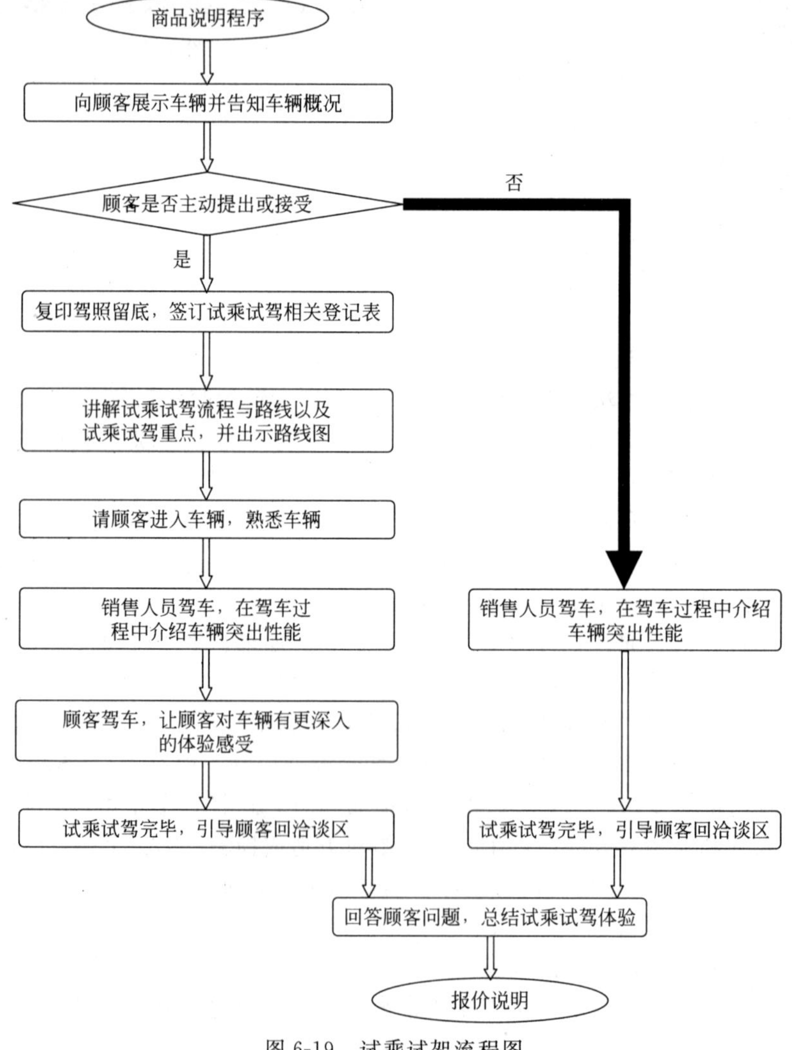

图 6-19 试乘试架流程图

（二）试乘试驾前的准备

1. 试乘试驾的路程和时间的安排

试乘试驾的路线应该选择有变化的路段进行，应能满足试加速性能、刹车性能和转向性能等要求，试车路段应该避免建筑工地和交通拥挤的地段，并充分展示车辆性能与特色，在半途有一地点可以安全地更换驾驶员。一般试乘试驾的时间为 10～20 分钟，既能满足试车的需求，也不会浪费过多的时间。应将试乘试驾路线制作成路线图，并摆放在展厅，便于销售顾问在试乘试驾前向顾客进行路线的说明。

2. 试乘试驾的车辆准备

管理员每天上班要检查车辆的行驶性能，包括发动机、变速器、刹车系统、音响、空调、座椅调节、雨刮器、轮胎等系统是否正常，如发现问题要及时进行调整和维修，确保车辆处于最佳状态；每天检查油量，确保油箱内至少有 1/2 箱燃油；同时应保持车内外清洁，车辆贴上试乘试驾标志，CD 碟中有 CD，车内有脚垫。

3. 试乘试驾车辆证件的准备

试乘车的证件要齐全，试乘试驾车必须上车牌，行驶证、保险卡、养路费、车船税等一应俱全，严禁用商品车进行试驾。顾客必须持有国家规定的 C 级或 C 级以上的机动车驾驶证，才能亲自驾驶相应的试乘试驾车辆。

4. 试乘试驾前销售人员的准备

进行试乘试驾的销售顾问应具有合法的驾驶执照，在试乘试驾前应熟悉试乘试驾路线，至少在试车路段驾驶过两次以上，并经过系统的培训，知道在试乘试驾过程中的注意事项。销售顾问应熟悉试乘试驾中商品介绍的要点和时机。

5. 试乘试驾前相关表格的准备

试乘试驾前应根据试乘试驾要求填写《试乘试驾登记表》（见表 6-4），依次沈南鹏试乘试驾。准备并签订《试乘试驾同意书》（见表 6-5），明确界定双方的权利和义务。还应准备《试乘试驾评估表》（见表 6-6），以征询顾客对试乘试驾的感受。

（三）试乘试驾过程

① 销售顾问首先请顾客试乘，由销售顾问驾驶。在一阶段主要是让顾客熟悉路况，为接下来的顺利试驾做好准备；销售顾问在家驾驶的过程中要向顾客讲解此次试驾的主要内容，让顾客了解在什么地方试加速性能、什么地方试刹车性能、什么地方试转向、什么地方体验悬架系统、什么地方试感受静谧性等。这样，在接下来顾客自己试驾的过程中，顾客就知道应该试什么内容，在什么时候试，一方面可以提高提高试驾的效果，另一方面也提高了试驾的安全性。

② 在试驾开始前，顾客已经落座在车内的时候，如果试乘试驾顾客还有其他一起来的朋友，也可以将地图分发给他们。引发他们足够的好奇，并可基本掌握试乘试驾的话语主动权。

③ 试乘试驾在发动车之前应注意调整座椅、内外后视镜、方向盘的位置，注意指示转向灯开关的位置、指示雨刮器开关灯的位置、换挡的位置、大灯开关的位置；可以让顾客在乘坐时注意驾驶座空间、前方视野等，并告知顾客百公里加速、紧急制动、安全气囊、ABS 等都不是试乘试驾的内容。

④ 在试乘试驾过程中，指路是销售顾问的重要职责。在行驶的过程中注意给顾客指路，可以保证顾客在驾驶过程中的安全性，使顾客在试乘试驾过程中保持愉悦的心情。在指路的过程中可提示顾客感受操控的感觉、行驶中的力量、发动机的声音，并提示顾客在安全行驶

表 6-4 试乘试驾登记表

欢迎您参加×××试乘试驾活动！

<table>
<tr><td colspan="3">试乘试驾路线图</td><td colspan="3">试乘试驾注意事项：
请严格遵守驾驶规章制度，保证安全。
★试乘试驾时请全程系好安全带。
★请按照线路图设定的路线试驾。
★试乘试驾过程中请遵从销售顾问的安排。
★严禁在试驾时进行危险驾驶动作。</td></tr>
<tr><td>顾客姓名</td><td>顾客关注点</td><td>时间</td><td>销售顾问</td><td>公里数</td><td>备注</td></tr>
<tr><td></td><td>◇启动◇加速◇制动
◇转弯◇静谧◇舒适</td><td></td><td></td><td></td><td></td></tr>
<tr><td></td><td></td><td></td><td></td><td></td><td></td></tr>
<tr><td></td><td></td><td></td><td></td><td></td><td></td></tr>
<tr><td></td><td></td><td></td><td></td><td></td><td></td></tr>
</table>

表 6-5 试乘试驾同意书

试乘试驾同意书

经销店名称：____________________

试乘试驾车型：__________________

致：

本人于____年____月____日在________________________________经销店参加__________车型试乘试驾活动，特此作如下陈述与声明。

本人在试乘试驾过程中将严格遵守行车驾驶的法规和要求，并服从公司的指示，安全、文明驾驶，尽最大努力保护试乘试驾车辆的安全和完好。否则，对贵公司造成的一切损失，将全部由本人负担。

试驾人姓名：____________________

驾驶证号码：____________________

联系地址：______________________

联系电话：______________________

表 6-6 试乘试驾评估表

顾客试乘试驾评估表

尊敬的朋友：

非常感谢您对×××进行试乘试驾，为了及时得到您对试乘试驾的安排与×××车性能的反馈信息，请配合填写以下评估问卷，以便于我们改进工作，为顾客提供优质服务。谢谢！

试乘试驾时间： 年 月 日

试乘试驾用户信息：

姓 名：__________ 年 龄：__________

职 业：__________ 性 别：__________

联系电话：__________ 电子邮件：__________

通信地址：__________ 邮 编：__________

您的驾龄：__________ 评估车型：__________

关于×××车

1. ×××车的造型美感如何？

□极好 □很好 □好 □一般 □较差

2. ×××车的内部装备如何？

□非常充足 □充足 □比较充足 □不足 □较差

3. 前排座椅的舒适度如何？

□极好 □很好 □好 □一般 □较差

4. ×××车的操控稳定性如何？

□极好 □很好 □好 □一般 □较差

5. ×××车的油门感应如何？

□极好 □很好 □好 □一般 □较差

6. ×××车的悬架系统的舒适度及路面感知力如何？

□极好 □很好 □好 □一般 □较差

7. ×××车的内饰视觉感？

□极好 □很好 □好 □一般 □较差

8. ×××车的中控台各类操作开关布局是否合理，使用是否得心应手？

□极好 □很好 □好 □一般 □较差

9. ×××车的中低速加速性能如何？

□极好 □很好 □好 □一般 □较差

10. ×××后排座椅舒适度以及膝盖间距是否满意？

□极好 □很好 □好 □一般 □较差

11. ×××车的自能钥匙系统感觉怎样？

□极好 □很好 □好 □一般 □较差

12. ×××车的空间宽敞如何？

□极好 □很好 □好 □一般 □较差

13. ×××车在怠速工况及高速行驶中的隔音效果如何？

□非常宁静和谐 □宁静和谐 □感觉一般 □不太满意

表 6-7 试乘试驾意见表

试乘试驾意见表

试乘试驾车型：____________________ ____年____月____日

1. 请您就一下项目对试乘试驾车型给出您的意见

启动、起步	□好	□较好	□一般	□差	□很差
加速性能	□好	□较好	□一般	□差	□很差
转弯性能	□好	□较好	□一般	□差	□很差
制动性能	□好	□较好	□一般	□差	□很差
行驶操控性	□好	□较好	□一般	□差	□很差
驾驶视野	□好	□较好	□一般	□差	□很差
乘驾舒适性	□好	□较好	□一般	□差	□很差
静谧性	□好	□较好	□一般	□差	□很差
音响效果	□好	□较好	□一般	□差	□很差
空调效果	□好	□较好	□一般	□差	□很差
操控便利性	□好	□较好	□一般	□差	□很差
内部空间	□好	□较好	□一般	□差	□很差
内饰工艺	□好	□较好	□一般	□差	□很差
上下车便利性	□好	□较好	□一般	□差	□很差
外形尺寸	□好	□较好	□一般	□差	□很差
外部造型	□好	□较好	□一般	□差	□很差

2. 您对随同试驾顾问的满意程度？

□很满意 □满意 □一般 □不满意 □很不满意

3. 您对经销店试乘试驾服务的满意程度？

□很满意 □满意 □一般 □不满意 □很不满意

4. 您有任其他宝贵意见和建议：

____

____

____

____

姓　　名：____________________ 通信地址：____________________

联系电话：____________________ 电子邮件：____________________

的情况下，注意操作音响、空调，并观察速度表、发动机转速表等。在试乘试驾过程中以“顾客第一”的态度，让顾客充分体验试乘试驾，完成试乘试驾。

⑤ 在试乘试驾返程的过程中，可以播放一些轻松舒缓的音乐，并主动征求顾客对这款车的意见，如对这款车的动力性、舒适性、操控性的评价，以及和一些其他车型的驾车感受的对比。

⑥ 全程确保车上人员系好安全带，保证安全。

（四）试乘试驾之后

① 再顾客试乘试驾结束后，引导顾客回展厅，让其坐下来好好休息一下，可为顾客倒上一杯咖啡，舒缓一下顾客刚才驾车时的紧张情绪，并适当地称赞顾客的驾驶技术，并请顾客填写《试乘试驾意见表》（见表 6-7）。

② 在试乘试驾后，应针对顾客特别感兴趣的地方再次有重点地强调说明，并结合试乘试驾中的体验加以确认。如果顾客试驾后对车型产生疑虑，应用展车向顾客进行合理和客观的说明。如无异议，应促使顾客签约成交；对暂时不能成交的顾客，要留下顾客的相关信息，并与顾客保持联系。

六、报价签约

（一）报价签约流程

报价签约流程图如图 6-20 所示。

（二）价格商谈的原则

原则一：

① 控制价格谈判的时机，避免让顾客开始价格商谈。

② 不要太早地将顾客导向价格商谈。

③ 绝不在价格面前投降。

④ 只有在极端例外的情况下，价格才是决定性的因素。

原则二：

① 通过对产品优势与利益的阐述，让顾客觉得物有所值。

② 尽量避免价格波动，让顾客认可他的需求、愿望和要求都通过产品真正地实现了。

（三）价格商谈方法

1. 三明治法

在汽车销售中，销售顾问要将汽车销售价格放在两个利益之中，从而使顾客愉快地接受公司给定的销售价格的现象，称为三明治法，如图 6-21 所示。

这种现象就如三明治，上面这一层是大家认同、肯定好处和利益，中间这一层夹着汽车销售价格，下面这一层是汽车售后的服务或附带的超值利益。

这种价格商谈方法不仅不会挫伤顾客的自尊心和购买欲，还会促进顾客签约，同时顾客会把这种愉快的信息传递给他人。

2. 附加价值法

附加价值法是在产品的原有价值的基础上，通过生产过程中的有效劳动新创造的价值，即附加在产品原有价值上的新价值，附加值的实现在于通过有效的营销手段进行连接。

附加价值法是汽车营销中常用的一种策略，是指在增加一种产品或者服务在消费者心目中所具有的价值。

3. 最小化法

把整个价格分成几部分，让每一部分的价格看起来低一些，这样能容易满足顾客的心理

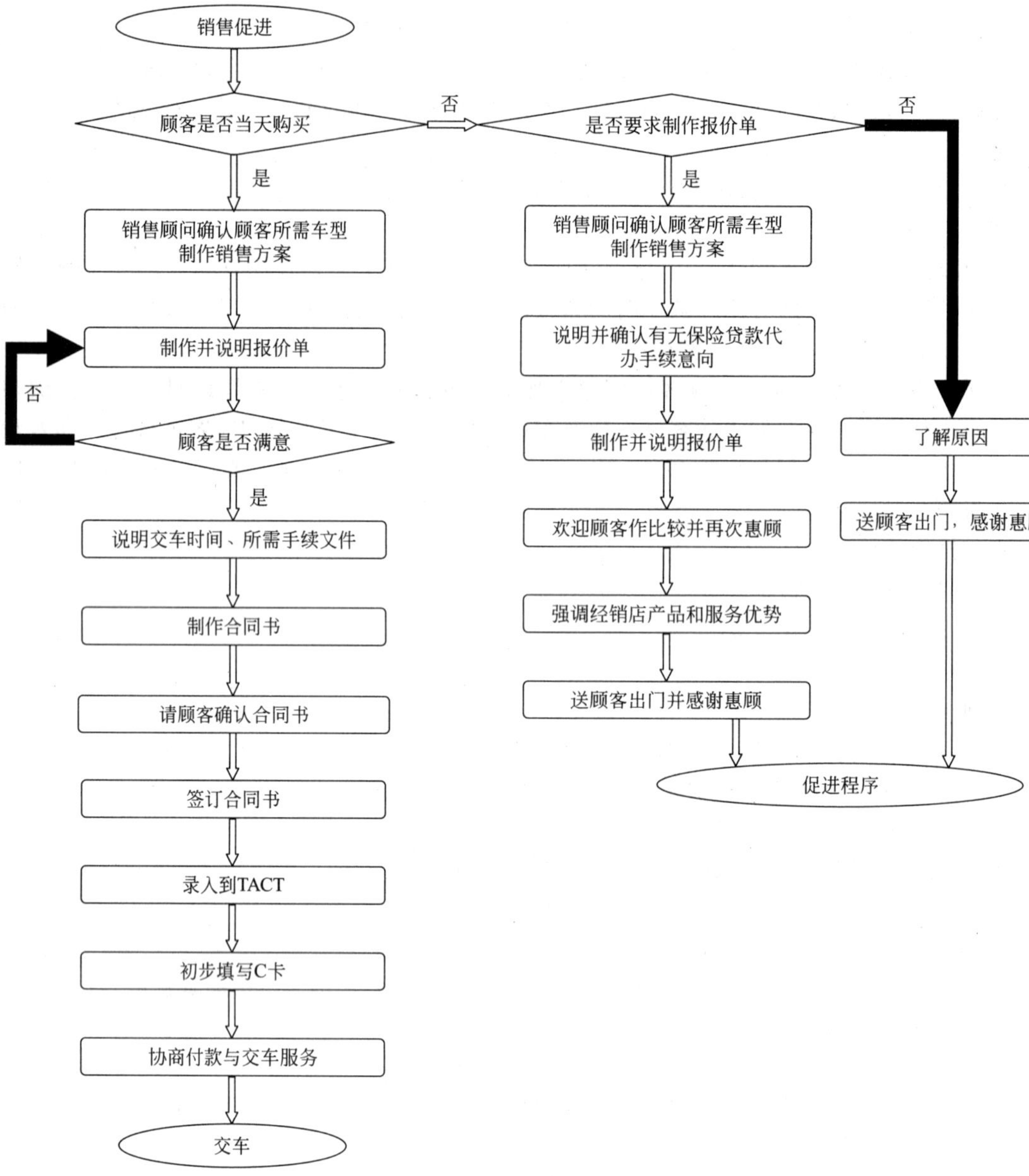

销售促进

顾客是否当天购买

是 → 销售顾问确认顾客所需车型制作销售方案 → 制作并说明报价单 → 顾客是否满意（否 → 制作并说明报价单）

是 → 说明交车时间、所需手续文件 → 制作合同书 → 请顾客确认合同书 → 签订合同书 → 录入到TACT → 初步填写C卡 → 协商付款与交车服务 → 交车

否 → 是否要求制作报价单

是 → 销售顾问确认顾客所需车型制作销售方案 → 说明并确认有无保险贷款代办手续意向 → 制作并说明报价单 → 欢迎顾客作比较并再次惠顾 → 强调经销店产品和服务优势 → 送顾客出门并感谢惠顾 → 促进程序

否 → 了解原因 → 送顾客出门，感谢惠顾 → 促进程序

图 6-20 报价签约流程图

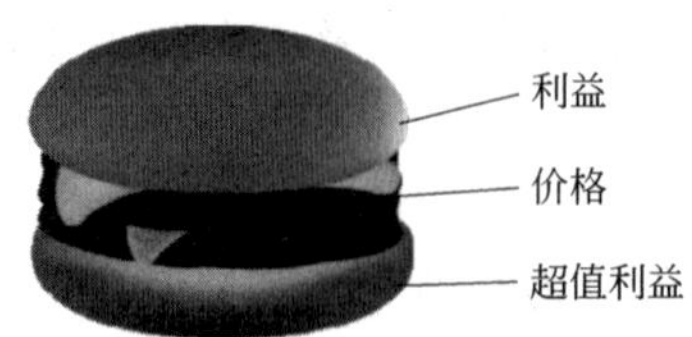

图 6-21 三明治法

价格。

例如：18 万的斯巴鲁，按 8 年报废计算，每天才花费 60 元。

4. 比较法

在介绍汽车价格时，与更高价位市场的汽车产品作比较，以突出本公司的汽车价格的优势；也可与同价位的其他品牌进行比较，以突出本公司汽车的品牌优势。

例如："我们明锐车装备的 TSI 发动机和 AUDITT 采用相同样的技术"。

5. 减少支付法

在介绍汽车价格时，从使用上要减少支付费用的角度出发，以突出此款车的经济性。

例如：您就按照百公里省 2L 油，每年 1 万公里行驶里程计算，1 年下来就省 200L 油，节省 1000 元。

6. 价差法

价差法适合顾客做车辆置换时的价格商谈。

例如：您只要再添 5 万元，就可以把这部崭新的明锐开回家了。

7. 衡量法

在商谈价格时，销售顾问要了解顾客所有的购买原因以及担心的各种情况，之后销售顾问就要根据顾客的这些乐于购买的项目和不乐于购买的项目有针对性地开展销售活动，最终达到说服顾客做出购买决定的目的。

8. 忽略法

在汽车销售过程中，当顾客提出两款车之间差异时，销售顾问经常贬低相关的微小差异，以达到顾客认同此款车的目的。

（四）抓住成交的最佳时机

① 确认顾客已经完全理解在本阶段里双方所提方案中的所有内容，回答顾客所有的担心和疑虑，让顾客有充分的时间自己来思考和核准方案的可行性。

② 成交时机是顾客购买欲望达到最高的时候，通过把握住顾客的性格、想法、要求、条件等，从气氛、动作、表情的变化中抓住成交时机，不要放过顾客任何不经意流露出来的本意，积极地促进成交。

③ 如果不在时机成熟时寻求成交，则机会稍纵即逝，会变成没有机会或是再需要更辛苦的努力重新制造机会，也会造成顾客的疑虑和不满。

④ 寻求成交的时机要根据顾客的个性、当时情况、洽谈气氛等而定，要稳稳地把握住时机，即使第一次无法成功，还要创造下一次的机会。

⑤ 当顾客心情非常欢乐、轻松时，销售人员适时提出成交要求，成交的概率会很大。使如：顾客开始向销售人员敬烟时，对销售人员突然亲热时，对销售人员的谈话表示十分赞同时，销售人员就要抓住这样好的时机。因为此时，顾客的心情很好，非常放松，多数人是会听从你的建议立即购买的。

⑥ 当销售人员进行完商品的说明、介绍和回答了顾客提出的疑问之后，就要抓住时机，技巧性地向顾客询问所需汽车的型号、数量或者颜色等，也可以询问顾客采用什么方式付款，上午提车还是下午提车，现在就给他安排做"PDI"（新车交车前的检查）等。这时提出的诱导性建议是成交的一种最好的办法。

⑦ 当顾客提出反对意见时，销售人员就要向顾客作正确的解释，解释完之后，再征求顾客的意见，询问顾客是否完全了解产品的说明，是否需要补充，当顾客认可销售人员的说明时，销售人员就要抓住这一有利时机，进一步询问顾客选择何种产品，是手动挡的还是自动挡的，或是必须有特定喜好的配置。当销售人员对顾客的反对意见作出说明和解释被认可后，便可以直接向顾客要求成交。

对于优秀的销售顾问而言，若想成功地完成销售，关键是全面地了解目标顾客的态度以及他对产品成交试探所作出的反应。这就要求销售人员选择使用最恰当的成交技巧，而不是简单直接地询问目标顾客是否愿意购买。同时，销售人员若能在第一时间捕捉到顾客的购买信号，并以恰当的方式提出成交建议，是最好不过的了，也是在本阶段必须要运用的非常重要的销售技能。

（五）购买信号

所谓购买信息，就是顾客做购买决定时在无意中流露出来的信号。顾客在购买信号可分为行为信号和语言信号两种。销售顾问可根据下列特征判断成交时机已经成熟了。

1. 行为信号

（1）根据顾客表情

① 嘴巴微张、嘴边肌肉松弛时。

② 表现出满意或者接受的表情时。

③ 随着销售人员的话，表情微妙变动时。

（2）根据顾客的动作

① 拿手上的汽车样本资料做笔记，拿出计算器计算，并开始热烈讨论时。

② 对销售人员的说明开始点头时。

③ 顾客突然间点根烟，深呼吸一下，然后沉静下来思考时。

（3）根据现场气氛

① 顾客的反应变得积极时。

② 对销售人员的态度比平常亲切时。

③ 对决定权以外的人表现出友好的态度时。

④ 顾客主动问话时。

⑤ 销售人员拿出订购合同顾客也不说什么时。

2. 语言信号

① 开始认真地杀价时。

② 谈及具体的支付条件、赠送品、车身颜色、交货期时。

③ 提出有关保修、售后、各种费用、保险等问题时。

④ 询问第三者意见时。

（六）促进成交的方法和技巧

1. 请求成交法

请求成交法是销售员用简单明确的语言直接要求顾客购买。成交时机成熟时销售顾问要及时采取此办法。此方法有利于排除顾客不愿主动成交的心理障碍，加速顾客决策。但此办法将给顾客造成心理压力，引起反感。该方法适用于顾客有意愿，但不好意思提出或犹豫时。

2. 假定成交法

假定成交法为假定顾客已经做出了决策，只是对某一些具体问题要求作出答复，从而促使成交的方法。如对意向顾客说“此车非常适合您的需要，你看我是不是给你搞搞装饰”。此方法适用于老顾客、熟顾客或个性随和、依赖性强的顾客，不适合自我意识强的顾客。

3. 选择成交法

选择成交法是指汽车销售顾问通过提出选择性问句，让顾客在提供的选择范围之内作出回应。此方法适用的前提是：顾客不是在买与不买之间作出选择，而是在产品属性方面作出选择，如产品价格、规格、性能等。

4. 利益汇总成交法

利益汇总成交法是销售员将所销的车型将带给顾客的主要利益汇总，提供给顾客，有利于激发顾客的购买欲望，促成交易。但此方法必须准确把握顾客的内在需求。

5. 从众成交法

消费者购车容易受社会环境的影响，如现在流行什么车，某某名人或熟人购买了什么车，常常将影响到顾客的购买决策。但此法不适应于自我意识强的顾客。

6. 优惠成交法

汽车销售中提供优惠条件来促进成交即为优惠成交法。此方法利用顾客沾光的心理，促成成交。但此法将增加成本，可以作为一种利用顾客进行推广并让顾客从心理上得到满足的一种办法。

7. 保证成交法

保证成交法即为向顾客提供售后服务的保证来促成交易。采取此方法要求销售员必须“言必信，行必果”。

8. 小点成交法

小点成交法是指销售顾问通过解决次要的问题，从而促成整体交易的办法。牺牲局部，争取全局。如销车时先解决顾客的执照、消费贷款等问题。

9. 最后机会法

是指给顾客提供最后的成交机会，促使购买的一种办法。如：这是促销的最后机会。“机不可失，时不再来”，变顾客的犹豫为购买。

10. 诱导成交法

诱导成交法是指通过提问、答疑、算账等方式，向顾客提示购买所能带给他们的好处，如折扣、抽奖、送礼物等，从而打动顾客的心，刺激他们的购买欲望，营造成交气氛。

11. 压力成交法

压力成交法是以该车型颜色、数量等供应紧缺，给顾客造成一定的压力，促使顾客作出购买决策。

12. 本杰明·富兰克林成交法

本杰明·富兰克林成交法是销售人员把顾客购买产品所能得到的好处和不购买产品的不利之处一条一条地列出来，用列举事实的方法增强说服力。在使用中，销售服务可用纸张列出该车的不利点和有利点（见表 6-8），然后同顾客一起进行比较，得出该辆车的有利点远多于不利点，道道顾客接受的目的。

表 6-8　本杰明·富兰克林成交法的应用

不利点	有利点
动力稍差 工艺粗糙	油耗低 价格合理 维修方便 后续费用低 储物空间大 生活、休闲两用

（七）促进成交的注意事项

① 成交的阶段。积极地在顾客的感情方面做工作；一旦进入成交阶段就不动摇条件了；

有气魄的说话，短促有力，不说多余的事情；让顾客有自己决定的感觉；不要使用含糊的语句（明确 YES/NO）。

② 写订单之前的阶段。不要在销售条款上软下来；在规定的条件框内决定。

③ 写订单的阶段。不要说多余的话；一定要将承诺和条件互相确认；确认车辆的所有人；确认支付方法、支付银行、交易银行、有无账户等。

④ 签字或盖章的阶段。动作迅速；尽可能规范性地处理；一定要确认资金和支付方式；收取定金；把订单的顾客联交给顾客；注意事项在事前说清楚。

⑤ 成交后注意事项：洽谈完毕后怎么都会表现高兴、得意的表情，但这个阶段顾客对洽谈的内容还存在有担心，所以，一定要给顾客留下“买了好东西”的印象。例如“买得正是时候啊”、“真的是买了好东西”、“到底还是给您便宜了很多”。

七、交车过程

（一）交车过程流程

交车过程流程图如图 6-22 所示。

（二）交车基本事宜

1. 交车前的准备

① 由服务部完成新车 PDI 检查，销售人员再次确认并在《PDI 检查单》上签名确认。

② 确认并检查车牌、登记文件和《保修手册》，以及其他文件和发票等，再次确认顾客的付款条件和付款情况。

③ 电话联系顾客，确认交车时间、参与人员，并对交车流程和所需时间再做简要介绍，征得顾客认可。

2. 交车区和车辆的安排

① 交车区设在来店顾客可明显看见的区域，交车区有明显标志，场地打扫干净。

② 清洗车辆，保证车辆内外美观整洁，车内地板铺上保护纸垫。

3. 实车说明

① 邀请售后服务顾问出席，并向顾客介绍售后部的营业时间、行驶证、车辆钥匙等预约流程和××公司的服务网络。

② 售后服务顾问和销售顾问使用《实车说明清单》，用简单易懂的语言进行车辆说明。

③ 使用《用户手册》介绍如何对待新车。

④ 确认顾客所定购的选装件、附属件。

4. 有关保修事项的说明

① 向顾客解释车辆检查、维护的日程，重点介绍和说明顾客可能利用的免费维护项目。

② 利用《用户手册》和《保修手册》，说明保修内容和保修范围。

③ 说明发生故障的有关手续和联系方法。

④ 确认后，核对《交车确认单》，并请顾客签字。

5. 交车仪式

① 介绍销售经理、售后服务经理或其他人员与顾客认识。

② 在其他顾客面前向顾客赠送鲜花，拍摄纪念照。另外可向顾客及其同来人赠送小礼物。上列人员与经销店有空闲的工作人员列席交车仪式，鼓掌以示祝贺。

6. 文件点交

① 向顾客点交相关文件，包括合格证、保修手册和使用说明书等。

② 向顾客说明各种证件的功能，请顾客妥善保存，并出示交车确认表，请顾客依各点

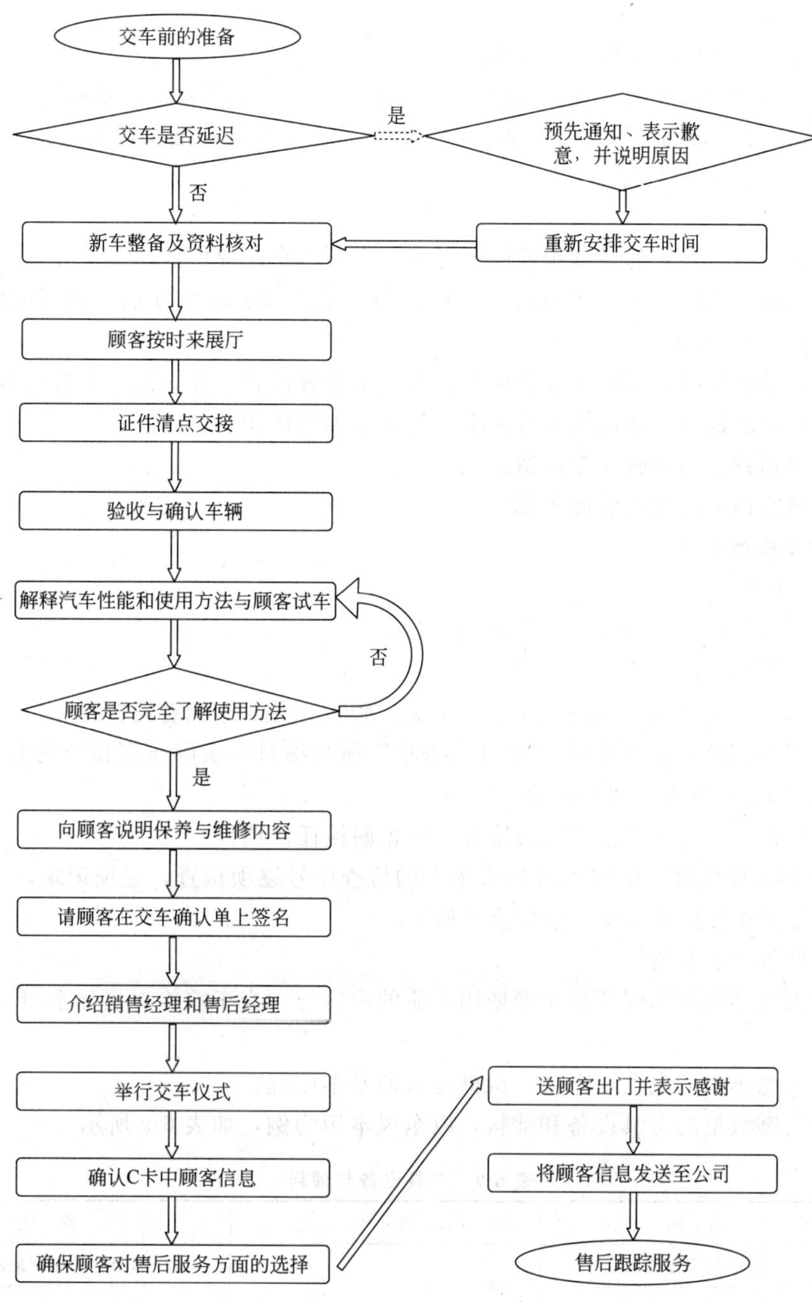

图 6-22　交车流程图

交项目逐项确认。

③ 说明车辆登记与更新的程序。

④ 向顾客进行费用说明及单据点交，包括发票、保险单据、上牌费、车船使用税和车辆购置税等。

⑤ 各项费用要向顾客详细解说，且要和商谈前符合，如果有不符合的地方，要向顾客说明原因。

⑥ 出示交车确认表，依各点交项目请顾客逐项确认。

7. 车辆操作

① 在指定的交车区将车提交给顾客。

② 示范车辆各项功能的操作：座椅、方向盘调整、后视镜调整、电动窗操作、儿童安全锁、空调及除雾、音响、灯光、仪表、电子钟、特有配备的功能及任何顾客可能不熟悉的事项。

8. 建立长期关系

① 向顾客说明专营店的后续跟踪服务程序和专营店自己提供的增值服务。

② 确定顾客对后续跟踪服务方式的选择，如联系方式、联系地点、联系时间，将以上信息记入《保有顾客管理卡》。

③ 在可能的范围内，尽可能地获得有关顾客的各种信息，并记入《保有顾客管理卡》。

④ 如顾客要求试驾，要确认顾客完全懂得该车如何操作。

⑤ 衷心感谢顾客的惠顾并拍摄留念照。

⑥ 将该顾客档案转交售后服务部。

（三）PDI 检查事宜

1. 检查工作要点

① 进行 PDI 检查前，应先将车辆清洗干净。

② 最好在快修工位检查。

③ 操作人员必须穿戴干净的工作服、手套、脚套，并对车辆有防护措施。

④ 根据车型以及年款的不同，“PDI 检查单”所列项目与实际车型检查内容可能有所不同，为此，请结合实际车型进行检查。

⑤ PDI 检查单将有助于正确完成检查并防止漏检任何项目。

⑥ 进行 PDI 检查时，应按 PDI 检查单上的检查序号逐项检查，逐项记录。

⑦ PDI 的操作方法见《交车前检查手册》。

2. 必须具备的基本条件

① 操作人员必须全面阅读新车型使用手册的内容与《交车前检查指导手册》，培训合格后方能上岗。

② 必须熟悉车辆的电器、电路、机械运行的基本原理。

③ 具备足够数量的工具设备和辅料，以东风本田为例，如表 6-9 所示。

表 6-9 工具设备与辅料

序号	名 称	型 号	备 注
1	HDS 故障诊断仪	如《东风本田设备工具配备标准》	诊断软件保持最新版本
2	高压冷热水清洗机		
3	吸水吸尘器		
4	数字万用表		应符合计量标定要求
5	蓄电池充电机		恒压、可变电流
6	带充气嘴的气压表		应符合计量标定要求
7	常用工具一套		

④ 必备资料：《用户使用手册》、《交车前检查手册》、《维修手册》与《维修手册增补册》、PDI 检查 AB 单。

3. PDI 特别注意事项

① 如果 PDI 检查有一个或几个项目不合格，检查员要把所需修理项目填写在 B 单，修理完毕并确认后填上“已修复”，同时重新填写一份全部合格的 A 单。

② PDI 检查完成后，检查员必须在检查单上签字，并在《保修手册》中“交车前检查”栏中签字。

③ 车辆销售时顾客在确认车辆完好后，必须请顾客在全部检查项目合格的 A 单上签字，以明确车辆在交付顾客时处于完好的状态，避免以后发生问题时因责任不清而产生纠纷。

④ 售后经理或质检员每周至少应抽查一台 PDI 已完成的车辆。

八、售后跟踪

（一）售后跟踪流程

售后跟踪流程图如图 6-23 所示。

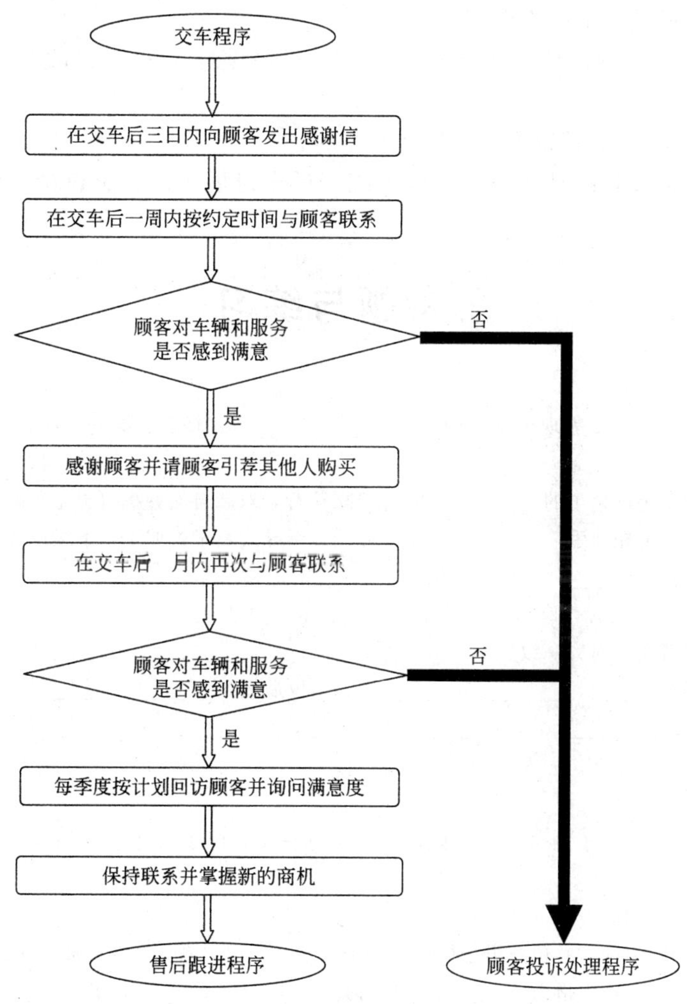

图 6-23　售后跟踪流程图

（二）新车交车后的跟踪

① 销售顾问在交车后三日内向顾客发出感谢信，并电话致谢。

② 服务顾问（车保服务担当）在交车后一周内根据约定的时间与顾客进行电话联系，

询问车辆情况，介绍维护服务等业务。

③ 跟踪人员在电话中直接告知自己的姓名、职称和经销商的名称。依据顾客的意愿掌握谈话内容与谈话时间。

项目小结

1. 汽车销售顾问礼仪包括服装、站姿、坐姿、握手礼仪等。

2. 汽车销售基本流程：展厅接待、需求分析、商品介绍、试乘试驾、报价签约、交车服务和售后跟踪。

【能力训练题】

实训项目：整车销售。

实训目标：掌握整车销售流程。

实训组织：学生分组设计销售情景方案，通过扮演顾客和销售顾问等角色进行整车销售。

实训提示：考察4S店销售顾问是如何卖车的。

实训成果：根据教师的具体要求，分组练习后全班展示，大家讨论、评比，进行小组竞赛。

思考题与练习

一、填空题

1. 女性站姿要有女性特点，要表现出女性的________、________、轻盈、娴静、典雅之姿，给一种“静”的优美感。
2. 入座时要轻，至少要坐满椅子的________，后背轻靠椅背，双膝自然并拢（男士可略分开）。
3. 握手次序：________士先伸手，________士才可握手；领导或长辈先伸手，下级或晚辈才可握手。
4. 握手位置：女士握位，________；男士握位，________；一般关系，一握即放；屈前相握。
5. 展车方向盘调整至较高位置，座椅头枕调整至最低位置，驾驶座座椅向后调，椅背与椅垫成________角，与副驾驶座椅背角度对齐一致。
6. 六位绕车法指的是________、________、________、车位后端、________、________。
7. 价格商谈方法：________、________、________、________、________、________、________、________。

二、选择题

1. 正确的坐姿是身体坐在椅子的（　　）处，上身保持正直，两手自然放于两膝上，两腿平行，与肩同宽。

   A. 1/3　　B. 2/3　　C. 3/4　　D. 4/5

2. 握手位置：女士握位，（　　）位；男士握位，整个手掌；一般关系，一握即放；屈前相握。

   A. 食指　　B. 中指　　C. 拇指　　D. 无名指

3. 名片夹或皮夹置于（　　）。

   A、裤子的后口袋　　B、西装内袋　　C、裤子口袋　　D、西装外袋

4. 展车前后均有车牌（前后牌），指示车辆（　　）。

   A. 名称/型号　　B. 类型　　C. 厂家　　D. 产地

5. 下面哪个不是六位绕车法中车头部分介绍的（　　）。

A. 外观　　B. 类型　　C. 发展历史　　D. 设计理念

6. 下面哪个不是六位绕车法中发动机舱介绍的（　　）。

A. 车辆引擎　　B. 传动系统　　C. 转向系统　　D. 动力系统

7. 展车方向盘调整至较高位置，座椅头枕调整至最低位置，驾驶座座椅向后调，椅背与椅垫成（　　）角，与副驾驶座椅背角度对齐一致。

A. 90°　　B. 105°　　C. 100°　　D. 110°

8. 下列不是六位绕车法中内饰部分讲解的（　　）。

A. 内部空间　　B. 内饰装潢　　C. 仪表盘　　D. 座椅空间

9. FABE 法中的 F 是指（　　）。

A. 配备和特性的优势　　B. 顾客的利益和好处

C. 车辆的配备和特性　　D. 商品

10. FABE 法中的 A 是指（　　）。

A. 配备和特性的优势　　B. 顾客的利益和好处

C. 车辆的配备和特性　　D. 座椅空间商品

11. FABE 法中的 B 是指（　　）。

A. 配备和特性的优势　　B. 顾客的利益和好处

C. 车辆的配备和特性　　D. 座椅空间商品

12. 下面不是价格商谈方法的是（　　）。

A. 三明治法　　B. 证明法

C. 附加价值法　　D. 最小化法

三、判断题（正确画√、错误画×）

1. 男士站立时，若空着手，可双手在下体交叉，右手放在左手上，双手放前、放后均可以。（　　）

2. 名片接过后要点头致谢，不要立即收起来，也不应随意玩弄和摆放，而是认真读一遍，要注意对方的姓名、职务、职称，并轻读不出声，以示敬重。（　　）

3. 名片夹或皮夹置于裤子的后口袋掏出。（　　）

4. 展车方向盘调整至较高位置，座椅头枕调整至最低位置，驾驶座座椅向后调，椅背与椅垫成 105°角，与副驾驶座椅背角度对齐一致。（　　）

5. 控制价格谈判的时机，避免让顾客开始价格商谈。（　　）

四、简答题

1. 握手的礼仪标准。

2. 接电话的注意事项。

3. 价格商谈方法有哪些？

参 考 文 献

[1] 李刚．汽车及配件营销 [M]．北京：北京理工大学出版社，2008.

[2] 刘志忠．汽车营销 [M]．北京：清华大学出版社，2013.

[3] 宋润生．汽车营销基础与实务 [M]．广州：华南理工大学出版社，2008.

[4] 林凤．汽车配件管理与营销 [M]．重庆：重庆大学出版社，2009.

[5] （美）科特勒（Kotler，P.），（美）阿姆斯特朗（Armstrong，G.）著，郭国庆等译．市场营销原理 [M]．北京：清华大学出版社，2007.

[6] 何宝文．汽车营销学 [M]．2 版．北京：机械工业出版社，2010.

[7] 陈萍．汽车营销 [M]．北京：中国广播电视出版社，2009.

[8] 肖国普．现代汽车营销 [M]．上海：同济大学出版社，2002.

[9] 李文以．汽车市场营销 [M]．北京：人民交通出版社，2004.

[10] 刘雅杰．汽车营销 [M]．北京：中国人民大学出版社，2009.

[11] 黄本新．汽车营销实务 [M]．北京：北京交通大学出版社，2010.

[12] 高凤荣．市场营销基础与实务 [M]．北京：机械工业出版社，2011.

[13] 栾志强，陈红华．汽车营销师 [M]．北京：北京理工大学出版社，2007.

[14] 菲利普·科特勒，凯文·莱恩·凯勒．王永贵，等译．营销管理 [M]．北京：北京大学出版社，2004.

[15] 郭国庆．市场营销学通论 [M]．北京：中国人民大学出版社，2011.

[16] 吴建安．工商管理硕士 MBA 系列教材·营销管理 [M]．2 版．北京：高等教育出版社，2010.

[17] 罗纳德·B·马克斯．人员推销 [M]．6 版．北京：中国人民大学出版社，2002.

[18] 王国梁．推销与谈判技巧 [M]．北京：机械工业出版社出版，2006.

[19] 陈培爱．广告学概论 [M]．北京：高等教育出版社，2010.

[20] 陈永革．汽车市场营销 [M]．北京：高等教育出版社，2008.

[21] 黄红惠．汽车营销 [M]．北京：机械工业出版社，2008.

[22] 王春兰．市场营销理论与实务 [M]．北京：中国经济出版社，2008.

[23] 吴建安．市场营销学 [M]．北京：高等教育出版社，2007.

[24] 郭毅．营销渠道管理 [M]．北京：电子工业出版社，2002.

[25] 夏志华．汽车营销实务 [M]．北京：北京大学出版社，2011.

[26] 卜妙金．分销渠道管理 [M]．北京：高等教育出版社，2002.

[27] 赵平．市场营销渠道 [M]．北京：清华大学出版社，2002.

[28] 宿春礼．营销渠道 [M]．北京：机械工业出版社，2004.

[29] 戴国良．图解营销策划案 [M]．北京：电子工业出版社，2012.

[30] 孟韬．市场营销策划 [M]．沈阳：东北财经大学出版社，2011.

[31] 孙科炎．营销策划技能案例训练手册 2. 0 [M]．北京：机械工业出版社，2013.

[32] 何佳讯．广告案例教程-如何创建品牌资产 [M]．上海：复旦大学出版社，2010.

[33] 贾格莫汉·拉古，张忠．让顾客自己来定价 [M]．北京：中国人民大学出版社，2012.

[34] 朱晓．从竞争优势理论看奇瑞有限公司 [J]．企业导报，2010 年第 4 期.